공학텍스트북

파이썬 수치해석

PYTHON PROGRAMMING AND NUMERICAL METHODS

A GUIDE FOR ENGINEERS AND SCIENTISTS

Qingkai Kong, Timmy Siauw, Alexandre Bayen

이광수 역

AP

Human Science
휴먼싸이언스

ELSEVIER

Python Programming and Numerical Methods ISBN: 9780128195499

Printed in Korea

공학텍스트북 파이썬 수치해석

초판 인쇄 : 2022년 2월 10일
초판 발행 : 2022년 2월 18일

저　자 : Qingkai Kong, Timmy Siauw and Alexandre M. Bayen
역　자 : 이 광 수
발행인 : 박 주 옥
발행처 : 휴먼싸이언스
주　소 : 서울시 도봉구 시루봉로 291 B1(도봉동 613-14 숙진빌딩)
전　화 : (02) 955-0244
팩　스 : (02) 955-0245
e-mail : humansci@naver.com
표지디자인 : 성지은

등록번호 : 제2008-20호
등록일 : 2008. 10. 13

ISBN : 979-11-89057-31-2 (93560)
정가 33,000원

나의 가족 *Fanyu*, *Fanqi*, *Fan*, *Xianzhong*, *Ping*에게

UC 버클리의 과거, 현재, 미래의 E7 클래스 수강생들에게

프로그래밍의 세계에 갓 눈을 뜬 나의 딸 *Myriam*에게

서문

목표

프로그래밍은 공학, 과학, 의학, 미디어, 비즈니스, 금융 및 기타 여러 분야에서 필수 구성요소로 자리 잡았기 때문에 과학자나 엔지니어가 경쟁력을 갖추려면 컴퓨터 프로그래밍에 대한 기본 소양을 갖추는 것이 중요하다. 이 책은 다양한 배경을 가진 학생들에게 프로그래밍을 소개하며, 또한 일생 동안 각자의 전문 분야에서 유용하게 사용할 프로그래밍 기술과 수학적 지식을 제공한다.

이 책은 대체로 버클리 캘리포니아 대학교(UC 버클리)에서 **E7 과목(이공계 학생용 컴퓨터 프로그래밍 입문)**에서 가르치는 강의 자료를 따르고 있다. E7 과목은 대부분의 공대 신입생이 수강하며, 그 외에도 물리학, 생물학, 지구과학, 인지과학 등을 포함하는 여러 전공의 학부생들도 수강한다. 이 과목은 원래 Matlab을 사용하여 진행되었지만 최근 버클리의 데이터사이언스 추세에 따라 데이터사이언스 통합학부는 다양한 전공의 학생들이 다른 데이터사이언스 교과목들을 수강하는 데 도움이 될 수 있도록 E7 과목을 파이썬 중심 수업으로 전환하도록 의견을 모으고 이를 지원하고 있다. 이 과목에서 두 가지 기본 목표는 다음과 같다.

- 프로그래밍에 대한 사전 지식이 없는 이공계 학생에게 파이썬 프로그래밍을 가르친다.
- 과학 및 공학 문제의 해결에 유용한 다양한 수치해석 도구를 소개한다.

이러한 두 가지 목표를 반영하기 위해 이 책은 다음과 같은 두 부분으로 구성된다.

- 이공계 학생들을 위한 프로그래밍 소개
- 수치해석 소개

이 책은 티미 샤우와 알렉산더 바옌 공저의 『*An Introduction to MATLAB® Programming and Numerical Methods for Engineers*』 책에 기초하여 저술되었다. 이 책은 먼저

대화형 방식으로 주피터 노트북에서 작성한 다음 LaTeX으로 변환하였다. 이 책에 나오는 대부분의 코드는 주피터 노트북 코드 셀에서 가져온 것으로 주피터 노트북에서 바로 실행할 수 있다. 책 안의 모든 주피터 노트북 코드는 웹사이트 pythonnumericalmethods.berkeley.edu에서 제공된다.

이 책은 매우 광범위한 주제들을 다루기 때문에 어떤 개별 주제에 대해서도 깊게 다루지는 않는다. 각 장에서 다루는 개별 주제를 한 학기 동안 강의하는 교과목들도 있지만, 이 책의 각 장은 최대 2시간의 강의 시간에 맞추어 작성되었다. 이 책은 주제들을 깊이 있게 다루기보다는 학생들에게 광범위한 프로그래밍 지식과 수학 개념들을 제공하여 활용할 수 있도록 하자는 목표를 갖고 있다.

우리는 새로운 외국어를 배우는 것과 마찬가지로 프로그래밍을 배우는 것이 재미도 있고 소양을 넓히는 데 도움이 될 수도 있다고 믿는다. 독자들도 이 책을 공부하는 동안 우리의 견해에 동의하게 되기를 희망해본다.

사전 지식에 대한 전제

이 책은 컴퓨터 프로그래밍에 대한 사전 경험이 전혀 없는 학생들에게 프로그래밍과 수치해석을 소개하기 위한 의도로 집필되었으며, 이러한 기본 의도에 맞추어 텍스트의 전개 속도, 어조, 내용 등을 구성하였다. 그러나 프로그래밍과 관련하여서는 독자가 다음과 같은 정도의 사전 지식을 갖추고 있는 것으로 가정한다.

- 컴퓨터 모니터, 그리고 키보드/마우스 입력 장치에 대한 이해
- 대부분의 운영체제에서 파일을 저장하는 데 사용되는 폴더 구조에 대한 이해

수학적 내용과 관련하여서는 독자가 다음과 같은 정도의 사전 지식을 갖추고 있는 것으로 가정한다.

- 고등학교 수준의 대수 및 삼각함수
- 대학 수준의 미적분

이상의 사전 지식으로 충분할 것이다. 만일 본문에서 이 이상의 지식을 필요로 하는 내용이 있다면 저자들의 실수일 것이며, 개념이 불분명하게 서술되어 혼란을 초래하는 경우가 있다면 미리 사과를 표한다.

이 책의 구성

1부에서는 프로그래밍의 기본 개념을 다룬다. 1장에서는 파이썬과 주피터 노트북을 소개한다. 2장에서 7장까지는 프로그래밍의 기초를 다루며, 이 내용을 숙지할 경우 상상할 수 있는 것은 거의 모두 프로그램으로 작성할 수 있도록 충분한 배경 지식을 제공한다. 8장에서는 실행 속도에 근거하여 컴퓨터 프로그램을 분류하는 이론을 제공하며, 9장에서는 컴퓨터에서 숫자를 표현하는 방법과 이것이 연산에 미치는 영향에 대해 알아본다. 10장에서는 컴퓨터 코드에서 발생하는 실수를 줄이기 위한 좋은 프로그래밍 기법에 대한 유용한 정보를 제공하며, 실수가 발생했을 때 이를 찾는 방법을 알려준다. 11장에서는 장기적으로 데이터를 저장하는 방법과 파이썬 프로그램의 결과를 파이썬 밖에서 (즉, 다른 프로그램에서) 유용하게 이용할 수 있는 방법을 설명한다. 12장에서는 그래프나 차트의 생성에 사용할 수 있는 파이썬의 그래픽 기능을 소개한다. 이는 엔지니어나 과학자가 결과를 시각화하는 데 유용한 기능이다. 마지막으로 13장에서는 오늘날 컴퓨터의 다중 코어 설계를 활용하기 위한 파이썬의 병렬 프로그래밍에 대한 기초적인 내용을 소개한다.

2부에서는 엔지니어에게 유용한 다양한 수치해석에 대한 개요를 제공한다. 14장에서는 선형대수학의 주요 내용을 요약한다. 본질상 이론적이지만, 선형대수학은 많은 고급 공학 주제를 이해하는 데 가장 중요한 개념이다. 15장에서는 공학과 과학에서 중요한 도구인 고윳값과 고유벡터, 그리고 이들을 활용하는 방법에 대해 설명한다. 16장은 이론적 모델을 관찰된 데이터에 맞추는 방법인 회귀분석에 대해 설명한다. 17장은 데이터 포인트 간의 함수 값을 추론하는 "보간법"이라는 프레임워크에 대해 설명한다. 18장에서는 복잡한 함수에 대한 근사식을 다항식으로 표현하는 아이디어를 소개하는데, 이러한 기법은 복잡한 함수를 단순화하는 데 유용할 수 있다. 19장에서는 함수의 근을 찾는 두 가지 알고리즘, 즉 $f(x)=0$이 되는 x를 찾는 알고리즘을 소개한다. 20장과 21장에서는 각각 함수의 도함수와 적분을 근사하는 방법을 다룬다. 22장과 23장에서는 "상미분방정식"을 소개한다. 이 두 장에서는 각기 서로 다른 문제, 즉 초깃값 문제와 경곗값 문제에 초점을 맞추고 해를 찾는 여러 방법을 제시한다. 24장에서는 "이산 푸리에 변환" 및 "고속 푸리에 변환"의 개념과 디지털 신호 처리에서의 응용을 소개한다.

이 책을 읽는 방법

프로그래밍 학습의 핵심은 끊임없는 연습이다. 새로운 언어를 배우는 것과 마찬가지로, 내용을 읽고 외우고 지속적으로 사용하지 않고서 컴퓨터 프로그래밍을 마스터할 수 있는 방법은 없다.

텍스트를 읽을 때 이상적으로는 주피터 노트북이나 대화형 웹 사이트를 통해 책에 있는 수많은 예제를 모두 실행해보면서 천천히 읽어가는 것이 좋다. 모든 예제에서 파이썬 코드가 어떤 일을 하는지 이해하는 데 시간을 들인다면, 소설 읽듯이 텍스트를 넘겨가는 것과는 비교할 수 없을 정도로 배우는 바가 많을 것이다.

텍스트의 1장부터 5장까지는 프로그래밍의 기초를 다루기 때문에 먼저 읽고 내용을 이해해야 한다. 6장부터 11장까지는 어떤 순서로 읽든지 무방하다. 그래프 표현과 병렬 프로그래밍에 대한 12장과 13장은 문제 해결 기술을 향상시키고자 한다면 반드시 읽어야 하는 장이다. 2부에서는 14장을 먼저 읽어야 한다. 이어지는 장은 선형대수 개념에 의존하기 때문이다. 나머지 장은 어떤 순서로 읽든지 무방하다. 19장과 20장을 읽기 전에 17장과 18장을 먼저 읽는 것이 좋다.

본문에 굵은 글씨로 표시된 단어들이 있는데, 이러한 단어들을 만나면 시간을 들여 외우고 제시된 자료의 맥락에서 그 의미를 이해하는 노력을 기울여야 한다.

넘쳐나는 내용으로 초점을 잃지 않도록 텍스트를 각기 다른 기능의 더 작은 블록들로 구성하였으며, 몇 가지 예를 들면 다음과 같다.

[실행 예제] 이것은 텍스트에서 가장 자주 나타나는 블록이다. 일반적으로 연습문제나 활동에 대한 간략한 설명이 제시되며, 파이썬에서 연습문제/활동을 실제로 수행해보기 바란다.

[참고] 이 블록은 더 쉽게 프로그래밍을 할 수 있도록 조언을 제공하기 위한 것이다. 이 블록에 본문의 핵심 개념을 이해하는 데 필수적인 새로운 내용이 포함되지는 않는다.

[예제] 새로운 개념을 설명하기 위한 구체적인 예제이다. 새로운 개념에 대해 생각하는 데 도움이 되도록 설계되었지만, 실행해보지 않고 지나가도 좋다.

[주의] 프로그래밍을 배우는 과정에서 여러 가지 함정을 만날 수 있다. 이 블록에는 혼동, 나쁜 습관, 주요 개념의 오해 등을 방지하는 데 도움이 되는 정보가 포함되어 있다.

[세부사항] 이 블록에서는 파이썬에서 프로그램을 실행할 때 발생하는 상황을 이해하는 데 도움이 되도록 세부적인 내용을 자세히 살펴본다.

[구문] 프로그램 작성에는 일반적이고 중요한 작업을 수행하기 위해 예약된 표준 구문이 있다. 이 블록에서는 이러한 구문과 용법을 간략하게 제시한다.

모든 장의 끝에는 두 개의 공통적인 절이 있다. 요약 절에는 해당 장에서 다룬 내용들의 요점이 나열되어 있으며, 각 장이 끝날 즈음에는 이러한 요점들을 이해할 수 있어야 한다. 문제 절은 해당 장에서 소개된 개념들에 대한 이해를 심화할 연습문제들을 제공한다.

마지막으로 언급할 사항은 동일한 작업을 파이썬에서 수행하는 여러 가지 방법이 있다는 점이다. 처음에는 이것이 유용한 특징처럼 보일 수 있지만, 간단한 작업의 경우 여러 가지 가능성이 있다는 것이 프로그래밍 초보자에게 파이썬 학습을 혼란스럽게 하거나 복잡하게 만들 수도 있다. 이 책에서는 작업을 수행하는 방법을 한 가지씩만 제시함으로써 초보자들에게 일관된 학습 구조를 제공하고 불필요한 정보를 줄이고자 노력하였다. 텍스트의 해법보다 우수한 다른 해법들을 찾을 수 있는 경우도 있을 것이다. 스스로 이러한 대체 해법들을 찾고 텍스트의 해법과 비교해보는 것도 학습에 도움이 될 수 있으며 이를 권장하는 바이다.

왜 파이썬인가?

파이썬은 여러 가지 응용에 적합한 고급 범용 컴퓨터 언어이다. 초보자 친화적인 언어이므로 여러분들에게도 배우기 쉽고 프로그래밍이 즐거운 활동이 될 수 있기를 바란다. 언어 자체는 매우 유연하므로 기능을 구현하는 방법에 대한 엄격한 규칙이 없으며, 동일한 문제를 해결하는 여러 가지 방법이 있음을 알게 될 것이다. 아마도 가장 큰 장점은 파이썬을 지원하는 훌륭한 사용자 커뮤니티가 있으며, 아주 적은 노력으로 프로그램에 장착하여 이용할 수 있는 많은 패키지가 있다는 점이다. 파이썬의 지속적 인기는 유지될 것이며, 파이썬은 오늘날 데이터사이언스의 목표에도 부합한다. 파이썬은 무료(오픈 소스)이며, 대부분의 파이썬 패키지도 무료로 사용할 수 있다. 오픈 소스 프로그래밍 언어라는 사실은 학습 곡선에서도 큰 작용을 한다. 이러한 패키지들을 무료로 사용할 수 있을 뿐만 아니라 다른 사용자가 개발한 패키지의 소스 코드에서 많은 고급 기술을 배울 수 있다. 이 책에서 제공되는 내용에 따른 파이썬 학습을 즐기고 업무나 생활에서 활용할 수 있기를 바란다.

파이썬 및 패키지 버전

이 책은 파이썬 3을 사용하여 작성되었다. 다음은 이 책에서 사용된 패키지들의 버전 목록이다. 이러한 패키지들에 대한 지속적인 개발이 이루어지고 있으므로, 여러분의 컴퓨터에서 사용되는 버전의 경우 일부 기능들에 대해 추가, 제거, 또는 변경 등이 있을 수 있다.

- `jupyter` - 1.0.0
- `IPython` - 7.5.0
- `NumPy` - 1.16.4
- `SciPy` - 1.2.1
- `h5py` - 2.9.0
- `matplotlib` - 3.1.0
- `cartopy` - 0.17.0
- `joblib` - 0.13.2

감사의 글

이 책의 첫 번째 버전은 UC 버클리의 공과대학(및 타 단과대학)에서 가르쳤던 기본 언어가 Matlab이었을 때 집필되었다. 그 시작은 엔지니어링 직업 전반에 걸쳐 파이썬이 일반적으로 사용되는 언어로 등장한 현재의 데이터사이언스-기계학습 시대 이전인 2000년대 중반으로 거슬러 올라간다. 따라서 첫 번째 버전은 많은 학생들에게 프로그래밍과 수치해석을 소개하는 UC 버클리의 E7 강의 자료로 작성되었다. UC 버클리에서 매 학기 수백 명의 학생들에게 E7을 가르치는 도전적인 과정을 통해 우리를 도운 동료, 대학원생 강사팀, 채점자, 행정업무 담당자의 도움 없이는 결코 작성되지 못했을 것이다. 또한 인내심을 가지고 책을 읽고 피드백을 준 학생들의 도움이 없었다면 이 책의 초판이 완성되지 못했을 것이다. E7을 여러 번 강의하는 과정에서 우리는 수천 명의 학생, 수십 명의 대학원생 강사와 채점자, 수십 명의 동료, 행정업무 담당자와 협동 작업을 해왔으며 관련된 인원 규모를 감안할 때 불가피하게 누락하게 된 분들께 사과드린다. 동료 교수인 Panos Papadopoulos, Roberto Horowitz, Michael Frenklach, Andy Packard, Tad Patzek, Jamie Rector, Raja Sengupta, Mike Cassidy, Samer Madanat의 지도에 깊은 감사를 드린다. 특히 Roberto Horowitz, Andy Packard, Sanjay Govindjee, Tad Patzek 교수가 수업에 사용한 자료를 공유하고 이 책의 자료에 기여한 것에 감사드린다.

E7을 가르친 학기 동안 이 책의 초안을 사용하고 원고를 개선하는 데 도움 되는 피드백을 준 Rob Harley와 Sanjay Govindjee 교수에게도 감사드린다. 학기 중 수업의 순조로운 진행은 저자들에게 이 책을 만들 수 있는 시간과 에너지를 갖게 해주었으며, 잡다한 업무를 처리해준 여러 행정업무 담당자들의 노력 덕분에 수월하게 강의 관리를 할 수 있었다. 특히 Joan Chamberlain, Shelley Okimoto, Jenna Tower, Donna Craig에게 감사드린다. 2011년에 두 번째 저자를 강사로 배정해준 점에 대해 토목/환경 공학과 부학과장인 Bill Nazaroff에게 감사드린다. 이러한 강사 배정이 없었다면 이 책의 두 저자는 함께 일하면서 이 책을 쓸 기회를 갖지 못했을 것이다. E7은 UC 버클리 공과대학에서 가장 가르치기 어려운 수업으로 악명이 높다. 그러나 함께 했던 재능 있는 대학원생 강사들의

도움 덕분에 여러 학기 동안 계속 순조롭게 진행되었으며, 이를 통해 저자들은 이 과목을 어떻게 가르쳐야 할지 배울 수 있었다. 저자들이 수업을 진행했던 수년 동안, 유능한 대학원생 강사 대표들이 강의의 틀을 잡고 학생들에게 의미 있는 경험이 되도록 하는 데 기여했다. 특히 Scott Payne, James Lew, Claire Saint-Pierre, Kristen Parish, Brian McDonald, Travis Walter는 각자 대표로서의 역할을 다하며 헌신적인 대학원생 강사 팀을 훌륭하게 이끌었다. 특히 2011년 봄의 대학원생 강사들과 채점자들은 이 책의 내용에 많은 영향을 미쳤다. 그 중요한 학기 동안 그들의 공헌에 대해 Jon Beard, Leah Anderson, Marc Lipoff, Sebastien Blandin, Sam Chiu, Rob Hansen, Jiangchuan Huang, Brad Adams, Ryan Swick, Pranthik Samal, Matthieu Lewandowski, Romain Bourcier에게 감사드린다. 또한 텍스트에서 오류를 찾아 수정 사항을 원고에 반영하는 데 도움을 준 Claire Johnson과 Katherine Mellis에게도 감사드린다. 우리는 E7 학생들이 우리에게 인내심을 가지고 자료를 자세히 읽어준 데 대해 감사드린다. 수년에 걸쳐 수천 명의 수강생들의 피드백이 있었는데, 여기에서 Gurshamnjot Singh, Sabrina Nicolle Atienza, Yi Lu, Nicole Schauser, Harrison Lee, Don Mai, Robin Parrish, Mara Minner 등의 이름만 언급함에 대해 미안하게 생각한다.

2018년에는 UC 버클리 캠퍼스가 이미 컴퓨팅, 데이터사이언스, 사회학 통합학부의 탄생으로 이어지는 전환기에 깊숙이 참여하면서 UC 버클리 학생들이 파이썬을 배워야 할 필요성에 대한 수많은 대화가 시작되었으며, 그동안 파이썬은 대부분의 기술 기업의 채용에서 주요 선택 기준이 되었다. 따라서 이 책은 이공계 학생들에게 기본적인 데이터사이언스 도구를 마련해주자는 의도에서 시작되었다. UC 버클리의 컴퓨팅, 데이터사이언스, 사회학 통합학부는 학생들이 고급 교과목들의 수강을 준비할 수 있도록 저학년 학부 과정을 위한 이 교재를 만드는 데 적극적인 역할을 했다. 이 책을 집필하는 데 도움을 주고 책을 개선하는 방법에 대해 토론에 참여해준 Cathryn Carson과 David Culler에게 감사드린다. 이들은 컴퓨팅, 데이터사이언스, 사회학 통합학부를 출범시키기 위해 엄청난 노력을 들이는 와중에서 시간을 내어 도움을 주었으며, 이는 UC 버클리에서 풍부하고 혁신적인 데이터사이언스 환경을 구축하기 위한 과학적 관대함과 헌신의 많은 표현 중 하나이다. 마지막으로 Eric Van Dusen과 Keeley Takimoto의 관심과 도움에 감사드린다.

이 책의 약 2/3는 우리 중 마지막 두 저자가 집필한 원본 Matlab 버전인 『*An Introduction to MATLAB® Programming and Numerical Methods for Engineers*』에 담긴 내용을 각색한 것이다. Matlab 코드의 일부를 파이썬으로 변환하는 데 도움을 준 Jennifer

Grannen, Brian Mickel, Nick Bourlier, Austin Chang에게 감사드린다. 우리는 책의 두 번째 버전에 도움을 준 Claire Johnson과 텍스트에서 오류를 찾아 수정 사항을 원고에 반영하는 데 도움을 준 Jennifer Taggart에게 감사드린다. 또한 이 책을 집필하고 수년간 파이썬 교육을 지원해 준 버클리 지진연구소에도 감사드린다.

칭카이 콩
티미 샤우
알렉산더 M. 바옌
2020년 6월

차례

CHAPTER 10 오류, 좋은 프로그래밍 습관, 그리고 디버깅

CHAPTER 11 파일 입출력

CHAPTER 19

근의 계산

CHAPTER 20

수치 미분

CHAPTER 21

수치 적분

CHAPTER 22

상미분방정식(ODE) 초깃값 문제

CHAPTER 23 상미분방정식(ODE)의 경곗값 문제

CHAPTER 24 푸리에 변환

APPENDIX A 윈도우에서 파이썬 시작하기

CHAPTER

파이썬 기초

1

CONTENTS

1.1 파이썬 시작하기

1.1.1 작업 환경 설정

파이썬 사용의 첫 번째 단계는 컴퓨터에 작업 환경을 설정하는 것이며, 이 절에서는 이를 위한 초기 과정을 소개한다.

파이썬 및 관련 패키지를 설치하는 방법은 다양하며, 아나콘다[1] 또는 미니콘다[2]를 사용하여 패키지를 설치하고 관리하는 것이 좋다. 사용 중인 **운영체제**(예: 윈도우, 맥OS X,

1) https://www.anaconda.com/download/
2) https://conda.io/miniconda.html

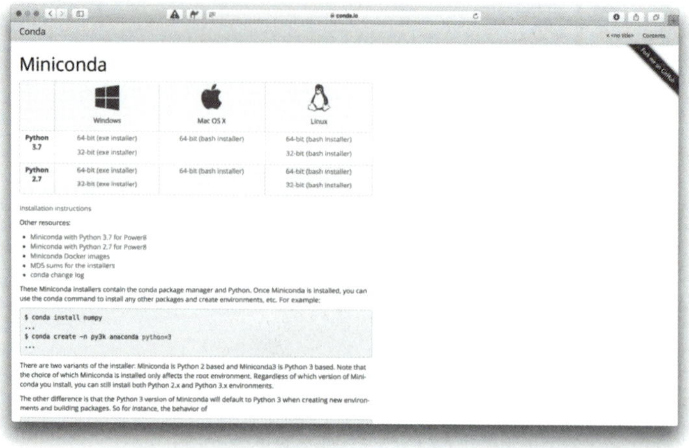

그림 1.1
미니콘다 다운로드 페이지; 운영체제에 맞추어 설치 프로그램을 선택한다.

또는 리눅스)에 따라 자신의 컴퓨터에 맞는 설치 프로그램을 다운로드해야 한다. 아나콘다와 미니콘다는 모두 과학계산이나 데이터사이언스에서 파이썬 작업 환경을 관리하는 쉬운 방법을 제공한다.

이 예에서는 맥OS X를 사용하여 미니콘다를 설치하는 방법을 보여준다(절차는 리눅스에 설치하는 것과 매우 유사함). 윈도우 사용자의 경우 이 절의 나머지 부분을 건너뛰고 설치 안내에 대한 부록 A를 읽기 바란다. 아나콘다와 미니콘다의 주요 차이점은 다음과 같다.

- **아나콘다**는 파이썬 인터프리터, 패키지 관리자, 과학계산에서 일반적으로 사용되는 패키지 등을 포함하는 완전한 배포판이다.
- **미니콘다**는 일반적으로 사용되는 패키지를 포함하지 않는 아나콘다의 "경량형" 버전이다. 다른 모든 패키지들은 각자 설치해야 하지만, 파이썬 인터프리터와 패키지 관리자는 미니콘다에 포함된다.

여기에서 선택한 옵션은 미니콘다이며, 우리가 필요한 패키지만 설치할 것이다. 미니콘다 설치 과정은 다음과 같다.

단계 1. 웹사이트[3]에서 미니콘다 설치 프로그램을 다운로드한다. 다운로드 페이지는 그림 1.1과 같다. 여기에서 운영체제에 따라 다른 설치 프로그램을 선택할 수 있다. 이 예에서는 "Mac OS X"와 "Python 3.7"을 선택한다.

3) https://conda.io/miniconda.html

단계 2. 터미널을 연다(맥의 경우 스포트라이트 검색창에서 “terminal”을 검색함). 그림 1.2에 표시된 명령을 사용하여 터미널에서 설치 프로그램을 실행한다. 설치 프로그램을 실행한 후 안내에 따라 설치를 완료한다.

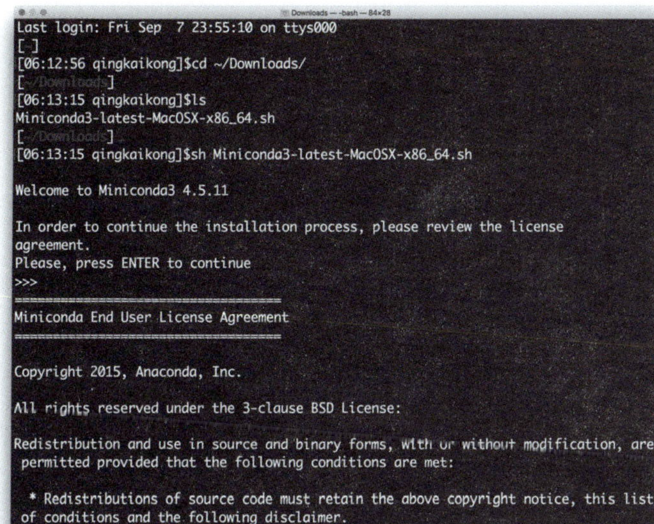

그림 1.2

터미널에서 설치 프로그램 실행을 보여주는 스크린샷.

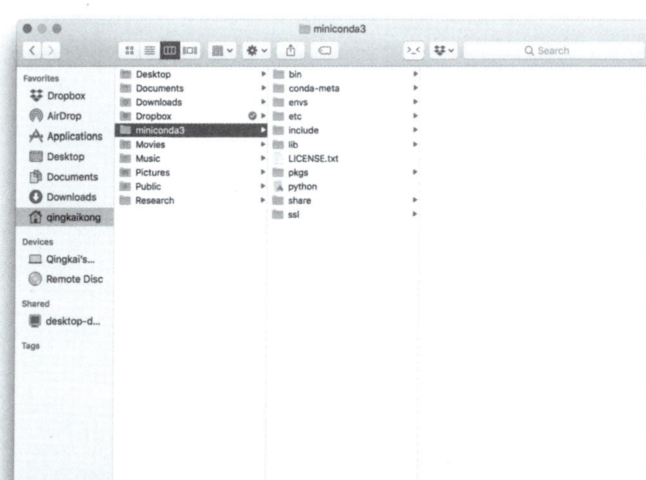

그림 1.3

파일 시스템상의 기본 설치 위치.

컴퓨터상의 대체 위치를 지정하여 설치 위치를 변경할 수 있지만, 설치 위치의 기본값은 홈 디렉토리이다(그림 1.3). 설치 후 그림 1.4와 같은 명령들을 입력하면 설치된 패키지를 확인할 수 있다.

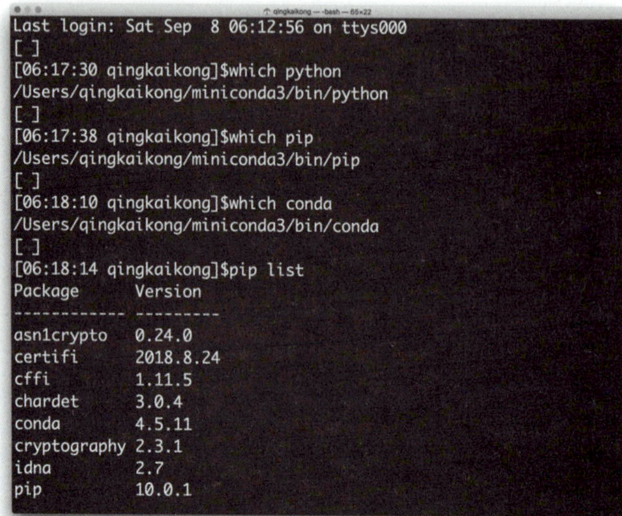

그림 1.4

미니콘다가 성공적으로 설치되었고 프로그램이 제대로 실행되는지 확인하는 간단한 방법.

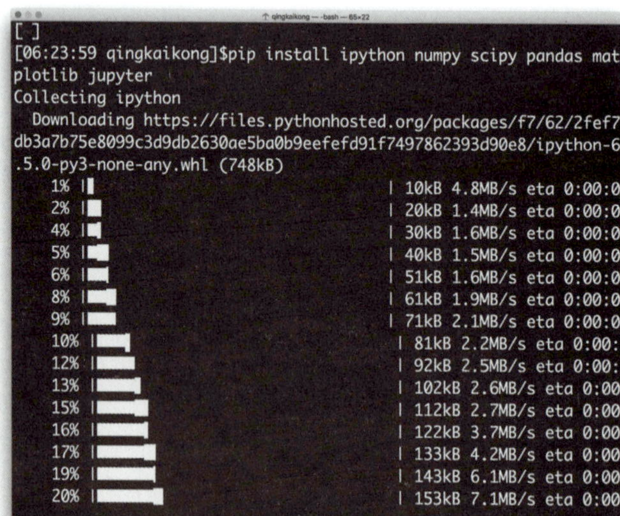

그림 1.5

이 책에서 사용할 패키지의 설치 과정.

단계 3. 그림 1.5와 같이 이 책에서 사용하는 기본 패키지인 ipython, numpy, scipy, pandas, matplotlib, 주피터 노트북 등을 설치한다. 나중의 절에서 패키지 관리에 pip와 conda를 사용하는 방법을 설명할 것이다.

1.1.2 파이썬 코드를 실행하는 세 가지 방법

파이썬 코드를 실행하는 다양한 방법이 있으며, 각기 다른 용도로 사용된다. 이 절에서는 세 가지 방법을 소개한다.

파이썬 셸 또는 IPython 셸의 사용

파이썬 코드를 실행하는 가장 쉬운 방법은 **파이썬 셸**이나 **IPython**(Interactive Python) **셸**을 사용하는 것이다. IPython 셸은 파이썬 셸보다 강력하며, 탭 자동 완성, 색상으로 강조 표시된 오류 메시지, 기본 UNIX 셸의 통합 등과 같은 기능을 제공한다. 방금 설치된 IPython을 사용하여 "Hello World" 예제를 실행해보자. IPython 셸을 시작하려면 먼저 터미널에 ipython을 입력한다(그림 1.6 참고). 그런 다음 셸에 파이썬 명령을 입력하고 엔터키를 누르면 명령이 실행되고 결과가 즉시 표시된다. 예를 들어, 그림 1.6과 같이 파이썬의 print 함수를 사용하여 "Hello World"를 출력할 수 있다.

명령 행에서 파이썬 스크립트/파일 실행

파이썬 코드를 실행하는 두 번째 방법은 모든 명령을 파일에 넣고 확장자가 .py인 파

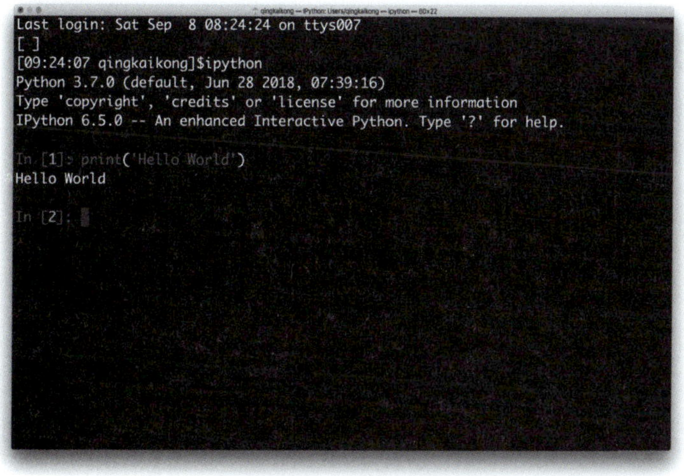

그림 1.6

명령을 입력하여 IPython 셸에서 print("Hello World")를 실행한다. print는 나중에 배울 함수이며, 괄호 안에 있는 모든 내용을 인쇄한다.

일로 저장하는 것이다. 파일 확장자는 무엇이든 될 수 있지만 일반적으로 .py를 사용한다. 예를 들어, 즐겨 사용하는 텍스트 편집기(여기서는 Visual Studio Code[4])를 사용)를 사용하여 그림 1.7에 표시된 대로 hello_world.py라는 파일에 실행하려는 명령을 입력한 다음, 터미널에서 실행한다(그림 1.8 참고).

그림 1.7

Visual Studio Code를 사용하는 파이썬 스크립트 파일의 예. 실행하려는 명령을 입력하고 적절한 이름으로 파일을 저장한다.

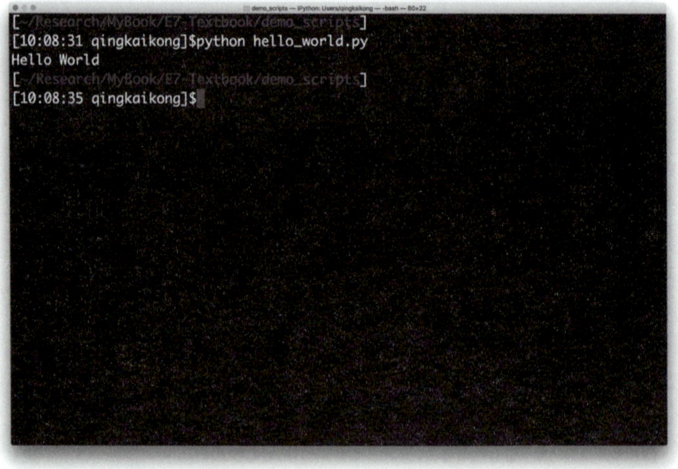

그림 1.8

명령 행에서 파이썬 스크립트를 실행하려면 "python hello_world.py"를 입력하면 된다. 이 행은 파이썬에게 이 파일에 저장된 명령을 실행하도록 지시한다.

---

4) https://code.visualstudio.com

주피터 노트북의 사용

파이썬을 실행하는 세 번째 방법은 매우 강력한 브라우저 기반 파이썬 환경인 **주피터 노트북**을 사용하는 것이다. 이 장의 뒷부분에서 이에 대해 자세히 설명할 것이다. 여기에서는 주피터 노트북을 사용하여 코드를 실행하는 방법을 간략하게 소개한다. 터미널에 "`jupyter notebook`"을 입력하면 로컬 웹 페이지가 팝업 창에 나타난다. 그림 1.9와 같

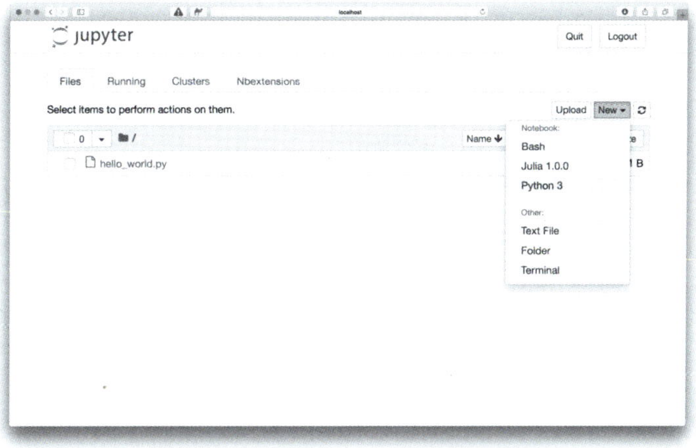

그림 1.9
주피터 노트북 서버를 시작하려면 명령 행에 "`jupyter notebook`"을 입력한다. 그러면 여기에 표시된 대로 브라우저 페이지가 열릴 것이다. 오른쪽 상단의 "New" 버튼을 클릭하고 "Python3"을 선택한다. 그러면 파이썬 코드를 실행할 파이썬 노트북이 생성된다.

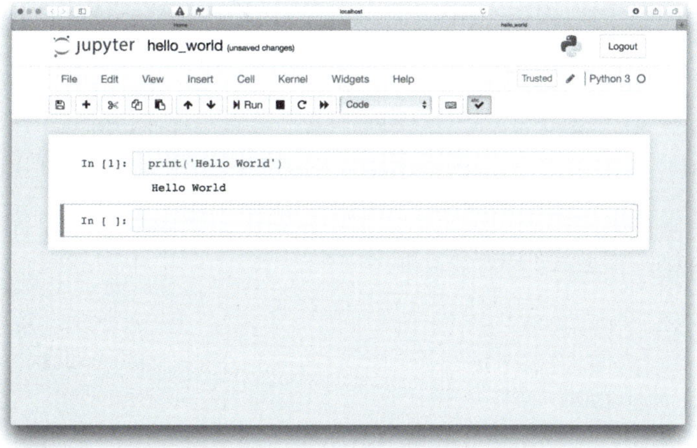

그림 1.10
주피터 노트북에서 "Hello World" 예제를 실행하려면 코드 셀(회색 상자)에 명령을 입력하고 Shift + Enter를 누른다.

이 오른쪽 상단 버튼을 사용하여 새로운 Python3 노트북을 만든다.

주피터 노트북에서 코드를 실행하는 것은 쉽다. 셀에 코드를 입력하고 `Shift + Enter`를 눌러 셀을 실행한다. 결과는 코드 아래에 표시된다(그림 1.10).

1.2 파이썬을 계산기로 사용하기

파이썬에는 표준 계산기에서 볼 수 있는 기능들이 포함되어 있다. 산술 연산으로는 두 숫자에 대한 더하기, 빼기, 곱하기, 나누기, 멱승 등이 있다. 산술 연산자는 파이썬에서 앞서 언급한 연산 중 하나를 의미하도록 예약한 기호이며, 덧셈의 경우 +, 뺄셈의 경우 –, 곱셈의 경우 *, 나눗셈의 경우 /, 멱승의 경우 **을 사용한다.

명령 프롬프트에서 명령을 실행하려면, 파이썬 셀 상에서 >>> 기호가 (또는 IPython 셀에서 In [1]:이) 표시되는 곳에 명령어를 입력한 다음 엔터키를 누르면 된다. 주피터 노트북의 경우 코드 셀에 코드를 입력하고 Shift + Enter를 누르면 된다. 이 책에서는 주피터 노트북을 사용할 것이므로 다양한 옵션에 익숙해질 수 있도록 이 절의 모든 예제는 IPython 셀에 표시된다. IPython에서 작업을 시작하는 방법에 대해서는 이전 절을 참고하기 바란다. 윈도우 사용자의 경우 터미널을 사용하는 대신 부록 A에 표시된 아나콘다 프롬프트를 사용한다.

실행 예제

1과 2의 합을 계산해보자.

```
In [1]: 1 + 2
Out[1]: 3
```

연산 순서는 서로 다른 연산 사이에 정해져 있는 표준적인 우선순위를 말한다. 파이썬은 초등학교에서 배운 것과 동일한 연산 순서를 사용한다. 멱승은 곱셈과 나눗셈보다 먼저 실행되고, 곱셈과 나눗셈은 덧셈과 뺄셈보다 먼저 실행된다. 괄호 ( )는 파이썬에서 표준 연산 순서보다 우선적으로 작용한다.

실행 예제

$\frac{3 \times 4}{(2^2 + 4/2)}$를 계산해보자.

```
In [2]: (3*4)/(2**2 + 4/2)
Out[2]: 2.0
```

> **참고** Out[2]는 마지막으로 실행된 작업의 결과 값이다. 밑줄 기호 _를 사용하여 이 결과를 나타낼 수 있으며, 이를 통해 복잡한 식을 더 간단한 식들로 분할하여 표현할 수 있다.

실행 예제

3을 4로 나눈 값을 계산한 다음 그 결과에 2를 곱하여 얻은 결과를 세제곱해보자.

```
In [3]: 3/4
Out[3]: 0.75

In [4]: _*2
Out[4]: 1.5

In [5]: _**3
Out[5]: 3.375
```

파이썬의 (이 장의 뒷부분에서 설명할) math라는 모듈에는 sin, cos, tan, asin, acos, atan, exp, log, log10, sqrt 등 다수의 수리함수들이 포함되어 있다. 먼저 이러한 함수들을 이용하기 위해서는 먼저 math 모듈에 대한 import 절차가 필요하다.

```
In [6]: import math
```

> **참고** 주피터 노트북이나 IPython에서 "모듈 이름 + 점(.) + TAB"을 입력하여 해당 모듈에 있는 내용을 빠르게 볼 수 있다. 또한 함수의 처음 몇 글자까지 입력하고 TAB 키를 누르면 "TAB 완성"이라고 하는 기능이 작동하여 함수 이름을 자동으로 완성해준다(그림 1.11의 예제 참고).

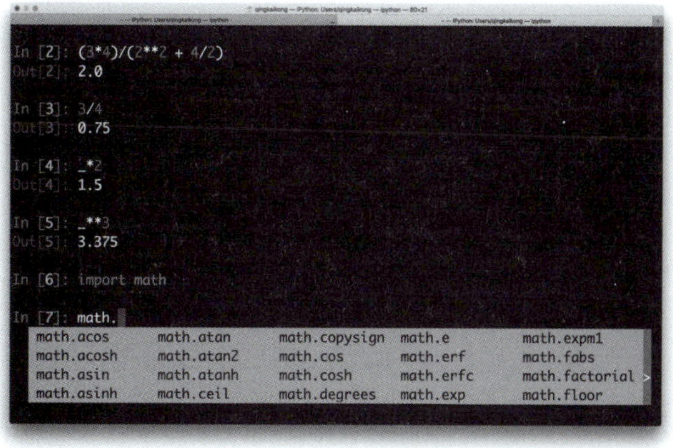

그림 1.11

점 뒤에 TAB를 입력하여 IPython 내에서 함수에 대한 대화식 검색을 보여주는 예이다. 회색 상자에서 사용 가능한 모든 함수를 보여준다.

이러한 수리 함수는 (math.sqrt와 같이) module.function 형식으로 이용할 수 있다. 이들에 대한 입력은 항상 함수 이름 뒤에 오는 괄호 안에 배치된다. 삼각 함수의 경우 π 값이 필요할 수 있으며, math.pi를 입력하여 이 값을 받아올 수 있다.

실행 예제

4의 제곱근을 구해보자.

```
In [7]: math.sqrt(4)
Out[7]: 2.0
```

실행 예제

$\sin\left(\frac{\pi}{2}\right)$를 계산해보자.

```
In [8]: math.sin(math.pi/2)
Out[8]: 1.0
```

파이썬에서 합성 함수의 경우 당연히 가장 안쪽에 위치한 함수가 먼저 실행된다. 산술 연산을 포함하는 경우에 대해서도 마찬가지이다.

실행 예제

$e^{\log 10}$을 계산해보자.

```
In [9]: math.exp(math.log(10))
Out[9]: 10.000000000000002
```

파이썬 함수 log는 $\log_e$, 즉 자연 로그이다. $\log_{10}$을 사용하려면 math.log10 함수를 사용해야 한다.

> **참고** 위의 결과는 10이어야 하겠지만, 파이썬에서는 10.000000000000002로 표시되는 것을 볼 수 있다. 이것은 파이썬에서는 근삿값을 사용하기 때문이며, 이에 대해서는 9장에서 논의될 것이다.

실행 예제

$e^{\frac{3}{4}}$을 계산해보자.

```
In [10]: math.exp(3/4)
Out[10]: 2.117000016612675
```

> **참고** 명령 프롬프트에서 위쪽 화살표를 사용하면 이전에 실행된 명령을 불러온다. 실수로 명령을 잘못 입력한 경우, 전체 줄을 다시 입력하는 대신 위쪽 화살표를 사용하여 그 명령을 다시 불러와 편집할 수 있다.

종종 파이썬에서 함수를 사용할 때 함수의 용법에 관련된 도움말이 필요한 경우가 있다. IPython이나 주피터 노트북에서는 `function?` 형식의 입력을 통해 함수에 대한 설명을 볼 수 있다. 물음표는 도움말에 대한 단축 기호이다. 익숙하지 않은 함수가 보이면 담당 강사에게 묻기 전에 물음표를 사용해보는 것이 좋은 습관이다.

실행 예제

물음표를 사용하여 계승 함수의 정의를 찾아보자.

```
In [11]: math.factorial?

Signature: math.factorial(x, /)
Docstring:
Find x!.
Raise a ValueError if x is negative or non-integral.
Type: builtin_function_or_method
```

파이썬은 1/0(무한대에 해당함)이라는 표현이 나타나면 `ZeroDivisionError`를 발생시켜 알려준다.

실행 예제

1/0.

```
In [12]: 1/0

---------------------------------------------------------------------------
ZeroDivisionError                 Traceback (most recent call last)
<ipython-input-12-9e1622b385b6> in <module>()
----> 1 1/0

ZeroDivisionError: division by zero
```

명령 프롬프트에서 `math.inf`를 입력하여 무한대를 나타내거나 `math.nan`을 입력하여 숫자로 취급할 수 있는 값이 아닌 경우를 표현할 수 있다. 이것이 혼란스럽다면 지금은 이러한 구분을 건너뛰기 바란다. 나중에 자세히 설명할 기회가 있을 것이다. 그리고 파이썬에서는 허수도 표현할 수 있다.

실행 예제

$1/\infty$와 ∞*2를 입력하여 파이썬이 무한대를 예상대로 처리하는지 확인해보자.

```
In [13]: 1/math.inf
Out[13]: 0.0

In [14]: math.inf * 2
Out[14]: inf
```

실행 예제

∞/∞를 계산해보자.

```
In [15]: math.inf/math.inf
Out[15]: nan
```

실행 예제

합 2 + 5i를 계산해보자.

```
In [16]: 2 + 5j
Out[16]: (2+5j)
```

파이썬에서 허수부는 i 대신 j로 표시됨에 유의하기 바란다. 파이썬에서 복소수를 나타내는 또 다른 방법은 함수 complex를 사용하는 것이다.

```
In [17]: complex(2,5)
Out[17]: (2+5j)
```

파이썬은 두 숫자 사이의 문자 e를 사용하여 과학적 표기법을 처리할 수도 있다. 예를 들어 1e6=1000000이며, 1e−3=0.001이다.

실행 예제

과학적 표기법을 사용하여 3년이 몇 초인지 계산해보자.

```
In [18]: 3e0*3.65e2*2.4e1*3.6e3
Out[18]: 94608000.0
```

참고 math 모듈의 함수가 입력될 때마다 항상 `math.function_name` 형식의 입력을 사용해왔는데, 사실은 더 간단한 방법이 있다. 예를 들어, math 모듈에서 sin과 log를 사용하려는 경우 "`from math import sin, log`"와 같은 import 문을 사용할 수 있다. 이 경우 함수 이름만 써주면 된다(예: `sin(20)` 또는 `log(10)`).

이전 예제들에서 파이썬을 계산기로 사용하여 다양한 데이터 값을 처리하는 방법을 보인 바 있다. 파이썬에는 `int`, `float`, `complex` 등과 같이 숫자 값에 관련된 데이터 유형들이 있다.

- int: 1, 2, 3, ...와 같은 정수
- float: 3.2, 6.4, ...와 같은 부동 소수점 실수
- complex: 2 + 5j, 3 + 2j, ...와 같은 복소수

함수 type을 사용하여 값에 대한 데이터 유형을 확인할 수 있다.

실행 예제

1234의 데이터 유형을 알아보자.

```
In [19]: type(1234)
Out[19]: int
```

실행 예제

3.14의 데이터 유형을 알아보자.

```
In [20]: type(3.14)
Out[20]: float
```

실행 예제

2+ $5j$의 데이터 유형을 알아보자.

```
In [21]: type(2 + 5j)
Out[21]: complex
```

물론 부울, 문자열 등과 같은 다른 데이터 유형들도 있으며, 이들에 대해서는 2장에서 소개할 것이다.

이 절에서는 IPython 셀에서 명령을 실행하여 파이썬을 계산기로 사용하는 방법을 보여주었다. 더 복잡한 코딩으로 넘어가기 전에 패키지 관리, 즉 패키지의 설치, 업그레이드, 제거 등을 수행하는 방법에 대해 자세히 알아보자.

1.3 패키지 관리

파이썬의 대단한 점 하나는 사용자 커뮤니티에서 개발한 다양한 **패키지**와 **모듈**이다. 어떤 함수나 알고리즘을 적용하려는 경우 찾아보면 대부분 이미 필요한 패키지가 여러 개 존재하고 있음을 발견할 수 있을 것이다. 이 경우 패키지를 설치하고 코드에서 사용하기만 하면 된다. 파이썬 활용을 극대화하기 위해 배워야 하는 가장 중요한 기술 중 하나가 바로 패키지 관리이다. 이 절에서는 파이썬에서 패키지를 관리하는 방법을 보여준다.

1.3.1 패키지 관리자를 사용하여 패키지 관리하기

이 책의 시작 부분에서 "pip install 패키지_이름" 형식의 입력을 통해 pip를 사용하여 몇 가지 패키지를 설치한 바 있다. 이것은 현재 파이썬 패키지를 설치하는 가장 일반적이고 간단한 방법이다. pip는 패키지 설치, 업데이트, 제거 절차를 자동화하는 패키지 관리자로서 PyPI(Python Package Index)[5]에 게시된 패키지를 설치할 수 있다. 미니콘다를 설치하면 pip를 사용할 수 있다.

그림 1.12와 같이 다양한 명령에 대한 도움말을 보려면 pip help를 사용하면 된다. 패키지 설치, 업그레이드, 제거 등이 가장 많이 사용되는 pip 명령이다.

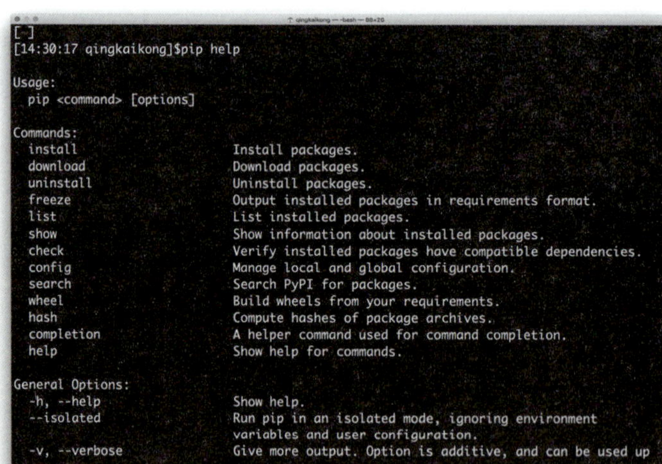

그림 1.12

pip help를 실행하여 볼 수 있는 pip의 도움말 문서.

5) https://pypi.org/

패키지 설치

최신 버전의 패키지를 설치하려면 다음과 같이 입력한다.

```
pip install 패키지_이름
```

특정 버전을 설치하려면 다음과 같이 입력한다(예: 버전 1.5 설치).

```
pip install 패키지_이름==1.5
```

pip은 사용할 패키지 및 종속 패키지를 설치해준다.

패키지 업그레이드

설치된 패키지를 *PyPI*에서 최신 버전으로 업그레이드하려면 다음과 같이 입력한다.

```
pip install --upgrade 패키지_이름
```

또는 보다 짧게 다음과 같이 입력한다.

```
pip install -U 패키지_이름
```

패키지 제거

```
pip uninstall 패키지_이름
```

기타 유용한 명령

설치된 패키지에 대한 정보를 제공하는 유용한 명령들이 있다. 그림 1.13에서 보여주고 있는 것처럼 설치된 모든 패키지 목록을 얻으려면 다음 명령을 사용할 수 있다.

```
pip list
```

패키지의 위치, 필요한 다른 종속 패키지 등과 같이 설치된 패키지에 대한 추가적인 정보가 필요할 경우, 그림 1.14에서와 같이 다음 명령을 사용할 수 있다.

```
pip show 패키지_이름
```

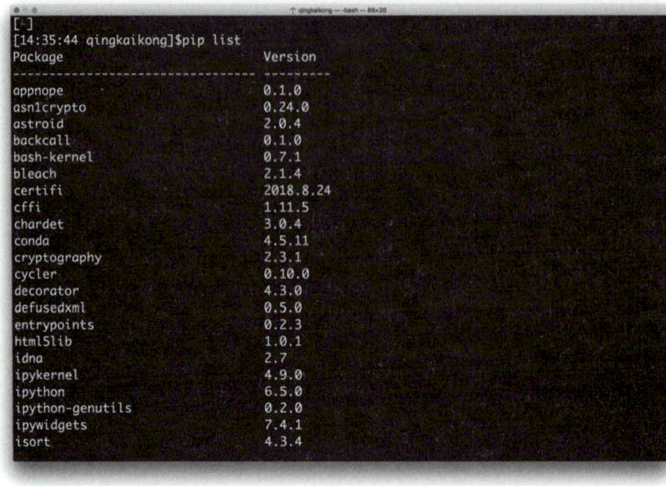

그림 1.13

pip list를 사용하여 컴퓨터에 설치된 모든 패키지를 표시한다.

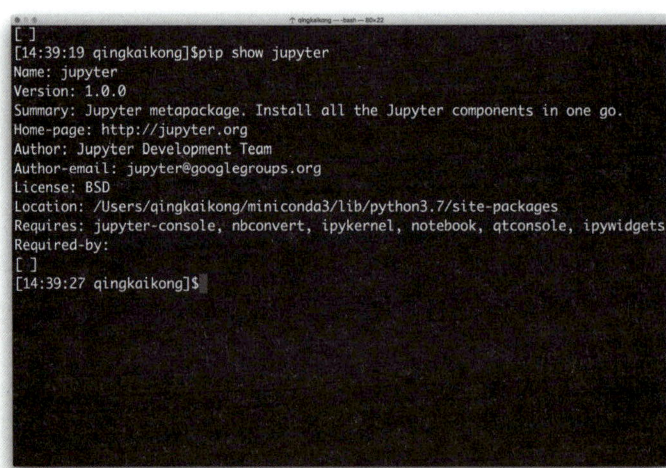

그림 1.14

pip show를 사용하여 설치된 패키지에 대한 자세한 정보를 얻는다.

conda(아나콘다 배포판에 포함되어 있으며 기능 면에서 pip와 유사함)와 같은 다른 패키지 관리자들도 있지만 이들에 대해서는 더 이상 논의하지 않으며, 추가적인 정보가 필요하다면 관련 설명서[6]를 참고하기 바란다.

---

6) https://conda.io/docs/user-guide/getting-started.html

1.3.2 소스 파일을 이용한 패키지 설치

경우에 따라 PyPI에 없는 프로젝트의 소스 파일을 다운로드해서 설치해야 할 수도 있다. 이 경우 패키지를 설치하는 방식이 달라진다. 일반적인 경우 다운로드한 파일의 압축을 풀면 생성된 폴더 안에 setup.py라는 설정 스크립트와 모듈 빌드 및 설치 방법을 설명하는 README 파일이 포함되어 있을 것이다. 대부분의 경우 터미널에서 다음 명령 하나만 실행하면 패키지가 설치된다.

```
python setup.py install
```

윈도우 사용자는 명령 프롬프트 창에서 다음 명령을 실행하면 된다.

```
setup.py install
```

이제 파이썬에서 패키지를 관리하는 방법을 알게 되었을 것이며, 이는 파이썬을 올바르게 사용하는 데 있어 중요한 사항이다. 다음 절에서는 이 책에서 사용하는 주피터 노트북에 대해 더 자세히 살펴볼 것이다.

1.4 주피터 노트북 개요

이미 IPython 셸을 사용하여 코드를 행 단위로 실행해보았다. 행의 수가 많거나 블록별로 실행하고 싶거나 다른 사람들과 코드를 공유하고 싶을 경우 어떻게 하겠는가? 이 경우 IPython 셸은 좋은 선택이 아니다. 이 절에서는 이 책에서 사용할 방법으로 **주피터 노트북**을 소개한다. 주피터 노트북 웹사이트[7]에서는 다음과 같이 소개하고 있다.

> 주피터 노트북은 실행 가능한 코드, 방정식, 시각화 자료와 설명 텍스트가 포함된 문서를 만들고 공유할 수 있는 오픈 소스 웹 애플리케이션이다. 데이터 정리 및 변환, 수치 시뮬레이션, 통계 모델링, 데이터 시각화, 기계 학습 등을 포함하는 다양한 용도로 사용할 수 있다.

주피터 노트북은 브라우저를 사용하여 실행되며, 개인 컴퓨터를 로컬 서버로 사용하는 방식의 로컬 실행도 가능하고 원격 서버를 통해 코드를 원격으로 실행할 수도 있다. 노트북이라고 불리는 이유는 실행 가능한 코드, 방정식, 링크, 이미지, 테이블 등등의 다양한

---

7) http://jupyter.org/

서식 있는 텍스트 요소를 포함할 수 있기 때문이다. 따라서 하나의 문서에서 아이디어와 실행 가능한 코드를 모두 설명할 수 있는 아주 멋진 필기장처럼 사용할 수 있다. 주피터 노트북은 아이디어를 테스트하거나 블로그, 논문, 책 등을 작성하는 인기 있는 방법으로 인정받고 있다. 사실 이 책은 전적으로 주피터 노트북으로 작성한 다음 나중에 LaTeX로 변환하였다. 주피터 노트북에는 다른 많은 장점이 있지만, 여기에서는 기초적인 사항만 소개할 것이다.

1.4.1 주피터 노트북 시작하기

앞에서 본 것처럼 터미널 상에서 노트북들을 저장할 폴더로 이동한 다음, 아래 명령을 입력하여 주피터 노트북을 시작할 수 있다(윈도우 사용자의 경우 아나콘다 프롬프트에 이 명령을 입력함).

```
jupyter notebook
```

주피터 노트북 대시보드는 그림 1.15와 같이 브라우저 상에 나타난다. 기본 주소는 http://localhost:8888이며 그림 1.15와 같이 로컬 호스트 상의 포트 8888을 나타낸다(다른 주피터 노트북에서 이미 포트 8888을 사용하고 있는 경우 자동으로 다른 포트를 사용함). 이것은 브라우저에서 실행할 로컬 서버를 생성하는 작업이다. 브라우저로 이동하면 대시보드가 표시될 텐데, 이 대시보드에는 핑크색으로 표시된 몇 가지 중요한 기능이 있

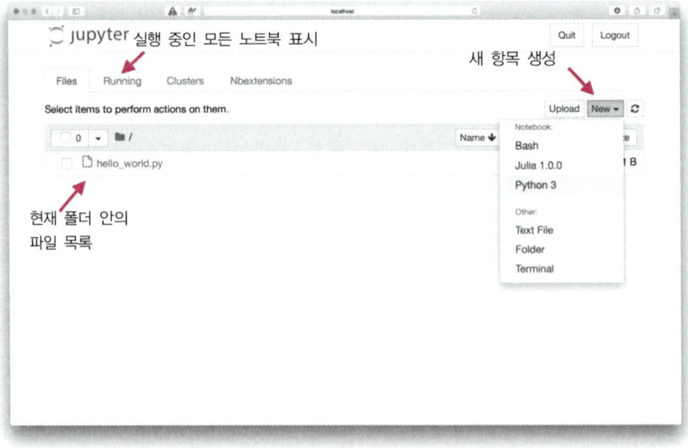

그림 1.15
서버 실행 후의 주피터 노트북 대시보드. 핑크색 화살표는 대시보드에서 자주 사용되는 기능들을 가리킨다.

다. 새 파이썬 노트북을 만들려면 일반적으로 파이썬 커널을 나타내는 "Python 3"을 선택한다. 주피터 노트북에서 다른 커널도 실행할 수 있다. 예를 들어, 그림 1.15에는 노트북으로 실행할 수 있는 bash 커널이나 julia 커널도 있지만, 이들을 사용하기 위해서는 먼저 설치해야 한다. 여기에서는 파이썬 커널을 사용할 것이며, 따라서 Python 3 커널을 선택한다.

1.4.2 노트북 내에서의 활동

새 파이썬 노트북을 생성하면 그림 1.16과 같은 모양이 된다. 툴바와 메뉴에 대해서는 별도의 설명이 필요하지 않을 것이다. 커서를 툴바 위로 이동시키면 해당 도구의 기능이 표시된다. 메뉴를 누르면 드롭다운 목록이 표시된다. 주피터 노트북에 대해 알아야 할 중요한 사항은 셀이 코드나 텍스트를 작성할 수 있는 곳이라는 사실이다. 이 셀을 실행하면 이 셀 블록 안의 코드만이 실행된다. 두 가지 중요한 셀 유형은 코드 셀과 마크다운 셀이다. (a) 코드 셀은 코드를 입력하여 실행하는 곳이며, (b) 마크다운 셀은 서식 있는 텍스트 형식으로 설명을 입력하는 곳이다(그림 1.16의 예 참고). "Markdown cheatsheet"를 검색하면 마크다운에 관한 기본적인 정보를 얻을 수 있다. 노트북에서 코드를 실행하거나 마크다운 결과물을 표시하는 방법은 간단한데, 바로 `Shift + Enter`를 누르는 것이다.

노트북을 사용하면 셀을 위아래로 이동하거나, 셀을 삽입 또는 삭제할 수 있다. 주피터 노트북에서 이용할 수 있는 여러 가지 좋은 기능들이 있으며, 온라인 자습서들을 찾아 공부해보기 바란다.

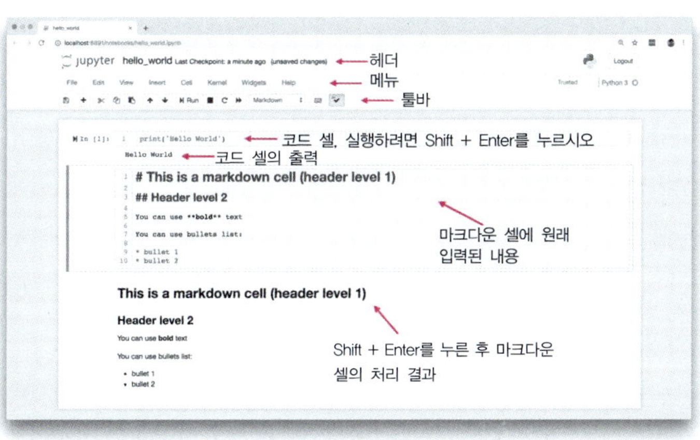

그림 1.16

노트북의 간략한 모습. 노트북의 헤더는 노트북의 이름을 표시한다. 메뉴에는 노트북의 모든 기능들을 이용할 수 있는 드롭다운 목록들이 있다. 툴바는 자주 사용되는 기능들에 대한 바로가기를 제공한다.

1.4.3 노트북을 닫는 방법

노트북 브라우저 탭을 닫는다고 해서 실제로 노트북이 닫히는 것은 아니며, 여전히 백그라운드에서 실행되고 있다. 노트북을 완전히 닫으려면 대시보드로 이동하여 닫고자 하는 노트북 앞의 체크박스에 체크 표시를 하고 위쪽 툴바의 shutdown 기능을 선택한다. 이것이 노트북을 완전히 닫는 올바른 방법이다.

1.4.4 주피터 노트북 서버 종료

브라우저를 닫아도 노트북 서버는 종료되지 않고 실행 중 상태로 남으며, 브라우저에서 이전 주소를 입력하여 다시 열 수 있다. 완전히 종료하려면 노트북 실행에 사용한 터미널을 닫아야 한다.

이제 주피터 노트북을 시작하고 실행할 수 있는 기본 지식을 갖추어 파이썬 학습을 계속할 준비가 되었을 것이다.

1.5 논리식과 연산자

논리식은 참 또는 거짓이 될 수 있는 문장이다. 예를 들어, $a < b$는 논리식이며, a와 b의 값에 따라 참이 될 수도 있고 거짓이 될 수도 있다. 이것은 참인 문장을 나타내는 **수학식**과는 다르다는 점에 유의하기 바란다. 수학식 $a < b$가 주어질 경우, 이는 a가 b보다 작음을 의미하고 $a \geq b$가 성립하는 a, b의 값은 허용되지 않는다는 의미가 된다. 컴퓨팅의 기초를 형성하는 것은 논리식이며, 이 책에서 모든 문장은 달리 명시되지 않는 한 수학식이 아니고 논리식이라 가정한다.

파이썬에서 참인 논리식을 계산한 결과 값은 `True`이다. 거짓인 식을 계산한 결과 값은 `False`이다. 내장 값 `True`와 `False`로 이루어지는 새로운 데이터 유형이 있으며, 이를 **부울**(boolean)이라고 부른다. 이 책에서 True는 1에 해당하고 False는 0에 해당한다. 논리식은 파이썬에 질문을 제기하는 데 사용된다. 예를 들어, "3 < 4"는 "3이 4보다 작은가?"에 해당한다. 이 문장이 참이기 때문에 파이썬에서는 1로 계산된다. 그러나 "3 > 4"라고 쓰면 거짓이고, 파이썬에서는 0으로 계산된다.

비교 연산자는 논리식을 작성하는 데 사용되는 두 숫자의 값을 비교한다. 파이썬에서 "보다 큼", "크거나 같음", "보다 작음", "작거나 같음", "같지 않음", "같음" 등을 나타내기 위해 >, >=, <, <=, !=, == 등의 기호를 사용한다. 표 1.1을 참고하기 바라며, 예에서는 $a = 4$, $b = 2$로 가정하여 계산한다.

표 1.1 비교 연산자			
연산자	설명	예	결과
>	보다 큼	a > b	True
>=	크거나 같음	a >= b	True
<	보다 작음	a < b	False
<=	작거나 같음	a <= b	False
!=	같지 않음	a != b	True
==	같음	a == b	False

실행 예제

"5와 4는 같은가?", "2가 3보다 작은가?" 등을 나타내는 논리식을 작성해보자.

```
In [1]: 5 == 4
Out[1]: False

In [2]: 2 < 3
Out[2]: True
```

표 1.2에 표시된 논리 연산자는 두 개의 논리식(설명을 위해 P와 Q라고 부름) 사이의 연산이다. 여기에서 사용할 기본 논리 연산자는 and, or, not이다.

표 1.2 논리 연산자			
연산자	설명	예	결과
and	논리곱	P and Q	P와 Q가 모두 참이면 참이고, 그렇지 않으면 거짓
or	논리합	P or Q	P와 Q 중 하나라도 참이면 참이고, 그렇지 않으면 거짓
not	부정	not P	P가 거짓이면 참이고, P가 참이면 거짓

그림 1.17에서 보여주고 있는 것처럼 논리 연산자 또는 논리식의 진리표는 P와 Q의 모든 진리 값 조합에 대한 결과를 제공한다. 그림 1.17은 "and"와 "or"에 대한 진리표를 보여준다.

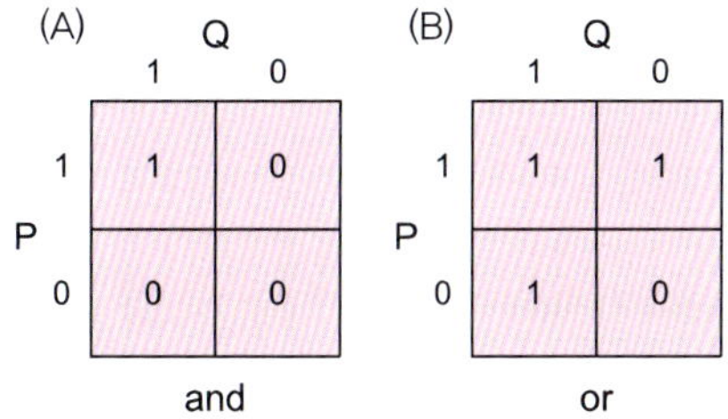

그림 1.17

논리적 and/or에 대한 진리표.

실행 예제

P가 참이라고 가정하고, 파이썬을 사용하여 Q가 참인지 여부에 관계없이 (P AND NOT(Q)) OR (P AND Q) 식이 항상 참인지 확인해보자. 논리적으로 이것이 성립하는 이유를 설명할 수 있겠는가? 먼저 Q가 참이라고 가정한다.

```
In [3]: (1 and not 1) or (1 and 1)
Out[3]: 1
```

이번에는 Q가 거짓이라고 가정한다.

```
In [4]: (1 and not 0) or (1 and 0)
Out[4]: True
```

산술 연산자의 경우와 마찬가지로 논리 연산자들도 서로에 대해 또 산술 연산자에 대해 상대적 연산 순서를 갖는다. 모든 산술 연산은 비교 연산보다 먼저 실행되며, 비교 연산은 논리 연산보다 먼저 실행된다. 괄호를 사용하여 연산 순서를 변경할 수 있다.

실행 예제

$(1+3)>(2+5)$을 계산해보자.

```
In [5]: 1 + 3 > 2 + 5
Out[5]: False
```

참고 연산 순서를 숙지하고 있는 경우에도 일반적으로 의도를 더 명확히 하기 위해 괄호를 사용하는 것이 작성자 본인에게나 또는 코드를 읽는 다른 사람들에게 도움이 된다. 앞의 예에서 $1+3>2+5$보다 $(1+3)>(2+5)$가 더 명확한 표현이다.

주의

파이썬의 논리 구현에서 1은 참을 나타내고 0은 거짓을 나타내는 데 사용된다. 그러나 1과 0은 여전히 숫자이기 때문에 파이썬에서는 $(3>2)+(5>4)$와 같은 어색한 표현을 허용하며, 그 값은 2가 된다.

```
In [6]: (3>2) + (5>4)
Out[6]: 2
```

주의

형식 논리에서 1은 참을 나타내기 위해 사용되고 0은 거짓을 나타내기 위해 사용된다. 그러나 파이썬의 표기 체계는 다르며, 논리 연산에서 0이 아닌 모든 숫자는 참을 나타낸다. 예를 들어 3 and 1은 참으로 계산된다. 파이썬의 이러한 기능은 사용하지 않는 것이 좋으며, 숫자로 참을 나타낼 경우 항상 1을 사용하기 바란다.

참고 2주는 14일로 구성된 기간이다. 논리식을 사용하여 2주가 100,000초보다 큰지 확인하시오.

```
In [7]: (14*24*60*60) > 100000
Out[7]: True
```

1.6 요약, 그리고 문제

1.6.1 요약

1. 이제 파이썬의 기초적인 내용을 배웠으며, 파이썬 작업 환경을 설정하고 파이썬을 실행하는 방법들을 실험할 수 있어야 한다.
2. 파이썬을 계산기로 사용할 수 있다. 파이썬에서는 공학용 계산기에서 일반적으로 사용되는 모든 함수와 산술 연산이 제공된다.
3. 패키지 관리자를 사용하여 파이썬 패키지를 관리할 수 있다.
4. 주피터 노트북과 대화하는 방법을 배웠다.
5. 파이썬을 사용하여 논리 연산을 수행할 수 있다.
6. 이제 파이썬에서 정수(int), 실수(float), 복소수(complex), 문자열(string), 부울(boolean) 등의 데이터 유형을 소개하였다.

1.6.2 문제

1. 파이썬 셀을 사용하여 "I love Python"을 인쇄하시오.
2. 1의 명령을 .py 파일에 입력한 다음 명령 행에서 실행하여 "I love Python"을 인쇄하시오.
3. IPython 셀에서 `import antigravity`를 입력해보시오(xkcd로 이동하여 멋진 파이썬 실행 결과물을 볼 수 있을 것이다).
4. "exercise"라는 이름의 폴더에서 새로운 주피터 노트북 서버를 시작하고 "exercise_1"이라는 이름으로 새로운 파이썬 노트북을 생성하시오. 이 절의 나머지 문제들을 이 노트북에 넣으시오.
5. 밑변이 10이고 높이가 12인 삼각형의 넓이를 계산하시오. 삼각형의 넓이는 (1/2 × 밑변 × 높이)임을 이용하시오.
6. 반지름이 5이고 높이가 3인 원통의 표면적과 부피를 계산하시오.

7. 점 (3, 4)와 점 (5, 9) 사이의 기울기를 계산하시오. 점 (x_1, y_1)과 (x_2, y_2) 사이의 기울기는 $\frac{y_2 - y_1}{x_2 - x_1}$임을 이용하시오.

8. 점 (3, 4)와 점 (5, 9) 사이의 거리를 계산하시오. 2차원에서 점 사이의 거리는 $\sqrt{(x_2 - x_1)^2 + (y_2 - y_1)^2}$ 임을 이용하시오.

9. 파이썬의 `factorial` 함수를 사용하여 6!을 계산하시오.

10. 1년을 365일이라고 하지만 좀 더 정확히 말하면 365.24일이다. 결과적으로 1년을 365일 기준으로 유지한다면 시간이 지남에 따라 점차적으로 .24 부분을 잃게 될 것이고 계절이나 기타 천문학적 사건은 예측대로 발생하지 않을 것이다. 윤년은 시간 척도를 제대로 유지하기 위해 2월 29일을 추가로 포함하는 해이다. 윤년은 100으로 나누어떨어지지 않으면서 4로는 나누어떨어지는 해에 발생한다. 단, 400으로 나누어떨어지는 경우는 예외이다. 예를 들어, 2004년은 윤년이고 1900년은 윤년이 아니다. 2000년은 윤년이다. 1500년과 2010년 사이의 윤년 수를 계산하시오.

11. π에 대한 매우 정밀한 근삿값은 Srinivasa Ramanujan이라는 뛰어난 수학자에 의해 개발되었는데, 계산 공식은 다음과 같다.

$$\frac{1}{\pi} \approx \frac{2\sqrt{2}}{9801} \sum_{k=0}^{N} \frac{(4k)!(1103 + 26390k)}{(k!)^4 396^{4k}}$$

Ramanujan의 공식을 사용하여 $N = 0$ 및 $N = 1$에 대해 π의 근삿값을 계산하시오. π에 대한 파이썬의 저장된 값과 여기에서 구한 근삿값을 비교하시오.

Hint 정의에 따라 $0! = 1$이다.

12. 쌍곡사인 sinh는 지수 함수를 이용하여 $\sinh(x) = \frac{\exp(x) - \exp(-x)}{2}$와 같이 정의된다. 지수 함수를 사용하여 $x = 2$에 대한 `sinh`를 계산하시오. 계산된 결과가 실제로 쌍곡사인이 맞는지 `math` 모듈의 파이썬 함수 `sinh`를 사용하여 확인하시오.

13. $x = \pi, \frac{\pi}{2}, \frac{\pi}{4}, \frac{\pi}{6}$에 대해 $\sin^2(x) + \cos^2(x) = 1$인지 확인해보시오.

14. sin 87°를 계산하시오.

15. "AttributeError: module 'math' has no attribute 'sni'"와 같은 오류를 생성하는 파이썬 문장을 작성하시오.

Hint sni는 sin 함수의 철자 오류이다.

16. "TypeError: sin( ) takes exactly one argument (0 given)"와 같은 오류를 생성하는 파이썬 문장을 작성하시오.

    Hint 입력 인수는 함수의 입력을 나타낸다. 예를 들어 $\sin(\pi/2)$의 입력은 $\pi/2$이다.

17. P가 논리식인 경우, 비모순의 법칙에 따르면 P AND (NOT P)가 항상 거짓이 된다. P가 참인 경우와 P가 거짓인 경우에 대해 이를 확인하시오.
18. P와 Q를 논리식이라고 하자. 드모르간의 법칙에 따르면 NOT (P OR Q) = (NOT P) AND (NOT Q)이고 NOT (P AND Q) = (NOT P) OR (NOT Q)이다. 드모르간의 법칙이 항상 참임을 보여주기 위해 각 명제에 대한 진리표를 생성하시오.
19. P와 Q에 대한 어떤 조건에서 (P AND Q) OR (P AND (NOT Q))가 거짓이 되는가?
20. AND와 NOT만을 사용하여 OR와 동등한 논리식을 구성하시오.
21. OR과 NOT만을 사용하여 AND와 동등한 논리식을 구성하시오.
22. 논리 연산자 XOR를 위한 진리표는 그림 1.18과 같다. AND, OR, NOT만을 사용하여 XOR와 동등한 논리식을 구성하시오.
23. 파이썬 명령 프롬프트에서 다음 계산을 수행하시오.

$$e^2 \sin \pi/6 + \log_e(3) \cos \pi/9 - 5^3$$

24. 파이썬 명령 프롬프트에서 다음 논리 연산과 비교 연산을 수행하시오. P와 Q가 논리식이라고 가정한다. $P=1$이고 $Q=1$인 경우 (NOT P) AND (NOT Q)를 계산하시오. 또 $a=10$이고 $b=25$인 경우에 대해 $(a<b)$ AND $(a=b)$를 계산하시오.

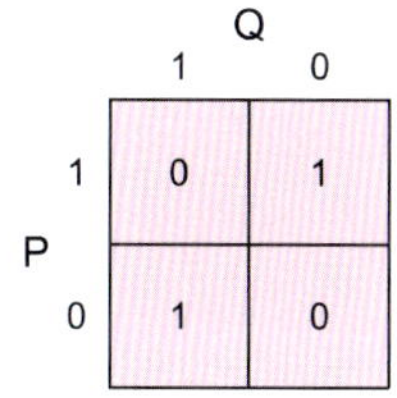

그림 1.18
논리적 XOR에 대한 진리표.

CHAPTER

변수와 기본 데이터 구조 2

CONTENTS

2.1 변수와 지정

프로그램을 작성할 때 **변수**에 정보를 저장할 수 있다는 점은 대단히 유용하다. 변수 이름은 문자와 숫자로 이루어지며, 변수는 정보와 연계된다. "=" 기호로 표시되는 **지정 연산자**는 파이썬에서 변수에 값을 지정하는 데 사용되는 연산자이다. 내용이 x=1인 행을 실행하면, 값 1을 이름이 "x"인 변수에 지정한다. 값이 변경되거나 변수가 삭제될 때까지 변수 x는 값 1처럼 동작한다.

```
In [1]: x = 1
        x
Out[1]: 1
```

실행 예제

변수 y에 값 2를 지정해보자. 또 변수 y가 값 2처럼 동작함을 확인하기 위해 y에 3을 곱해보자.

```
In [2]: y = 2
        y
Out[2]: 2
```

```
In [3]: y*3
Out[3]: 6
```

변수는 컴퓨터 메모리에 데이터를 저장하기 위해 사용되는 "용기"와 같다. 변수의 이름은 메모리상에서 이 값을 찾을 위치를 컴퓨터에 알려준다. 지금으로서는 노트북상의 모든 변수를 저장할 수 있는 자체 메모리 공간이 노트북 안에 있다는 것을 아는 것으로 충분하다. 앞의 예제를 수행한 결과로 메모리에 변수 x와 y가 생성된다. 매직 명령 %whos를 사용하여 노트북 안에 있는 모든 변수의 목록을 볼 수 있다(매직 명령은 IPython 커널에서 제공하는 특수 명령 집합이며, 명령 표현에 접두사 %가 사용된다).

실행 예제

현재 노트북의 모든 변수를 나열해보자.

```
In [4]: %whos

Variable    Type    Data/Info
-----------------------------
x           int     1
y           int     2
```

메모 프로그래밍에서 등호는 수학에서의 등호와는 다른 의미를 갖는다. 수학에서 $x=2$라는 문장은 주어진 프레임워크 내에서 x는 2라는 보편적 사실을 선언한다. 프로그래밍에서 $x=2$라는 문장은 어떤 값과 변수 이름 사이의 연계성을 의미한다. 수학에서 $1=x$라는 표현은 유효하지만, 파이썬의 지정은 항상 왼쪽을 향한다. 즉, 등호 오른쪽의 값이 등호 왼쪽의 변수에 지정된다. 따라서 $1=x$는 파이썬에서 오류를 발생시킨다. 지정 연산자는 산술 연산자, 논리 연산자, 비교 연산자 등 어떤 연산자보다 낮은 연산 순위를 갖는다.

실행 예제

수학 방정식 $x=x+1$에 대해서는 어떤 값도 x에 대한 해가 될 수 없다. 프로그래밍에서 x의 값을 1로 초기화해보면 $x=x+1$이라는 명령문의 의미는 명백하다. 즉, "x에 1을 더하여 얻은 2라는 값을 변수 x에 지정함"을 의미한다. 이 연산의 결과로 x에 저장된 이전 값을 덮어쓰게 된다.

```
In [5]: x = x + 1
        x
Out[5]: 2
```

변수가 취할 수 있는 이름에는 몇 가지 제약이 있다. 변수 이름은 영숫자(영문자와 숫자)와 밑줄만 포함할 수 있다. 그러나 변수 이름의 첫 번째 글자는 영문자 또는 밑줄이어야 한다. 변수 이름 내의 공백은 허용되지 않으며, 변수 이름에서 대소문자는 구분된다(예: x와 X는 다른 변수로 간주됨).

참고 순수 수학에서와 달리 프로그래밍의 변수는 거의 항상 어떤 실체를 나타낸다. 이것은 공간상의 두 점 사이의 거리일 수도 있고 특정 개체군 안의 토끼 수일 수도 있다. 따라서 복잡한 코드 상에서 변수가 무엇을 나타내는지 잘 표현할 수 있는 이름을 갖는 것이 매우 중요하다. 예를 들어, 공간상의 두 점 사이의 거리를 나타내는 변수로는 x보다 변수 `dist`가 더 적합하며, 모집단의 토끼 수를 나타내는 변수로는 y보다 `n_rabbits`가 더 적합하다.

변수가 일단 지정된 다음에는 어떤 과정을 거쳐 지정되었는지를 기억하지 않는다. 즉, 변수 y의 값이 x와 같은 다른 변수에서 구성된 경우, x 값을 변경해도 y 값은 변경되지 않는다.

예제

다음 코드가 실행된 후 y가 갖는 값은 무엇일까?

```
In [6]: x = 1
        y = x + 1
        x = 2
        y
Out[6]: 2
```

주의

파이썬에 저장된 변수나 함수를 덮어쓸 수 있다. 예를 들어 `help=2` 명령은 이름이 `help`인 변수에 값 2를 저장한다. 이 지정 후에 `help`는 함수 `help`가 아니라 값 2처럼 동작한다. 따라서 내장 함수 이름이나 내장 값 이름을 변수 이름으로 정하지 않도록 항상 주의해야 한다.

참고 이제 변수에 지정하는 방법을 알았으므로 **미지정 명령**을 절대 남겨두지 않는 것이 중요하다. 미지정 명령이란 결과가 있지만 그 결과가 변수에 지정되지 않은 연산이다. 예를 들어 `2+2`를 사용하면 안 된다. 대신 `x=2+2`에서와 같이 그 결과를 어떤 변수엔가 지정해야 한다. 이를 통해 이전 명령의 결과를 "간직할" 수 있으며, 또한 파이썬과의 대화가 명확해진다.

`del` 명령을 사용하여 노트북에서 변수를 제거할 수 있다. `del x`를 입력하면 작업공간

에서 변수 x가 제거된다. 매직 명령 %reset을 사용하면 노트북의 모든 변수가 제거된다.

수학에서 변수는 대개 미지수와 연계되지만, 프로그래밍에서 변수는 특정 유형의 값과 연계된다. 변수에 지정할 수 있는 여러 가지 데이터 유형이 있는데, **데이터 유형**은 변수에 저장되는 정보 유형에 대한 분류이다. 이 책에서 사용할 기본 데이터 유형에는 부울(boolean), 정수(int), 실수(float) 외에도 문자열(string), 리스트(list), 투플(tuple), 집합(set), 사전(dictionary) 등이 있다. 다음 절들에서 이러한 데이터 유형들에 대해 하나씩 살펴보자.

2.2 데이터 구조 - 문자열

앞에서 int, float, boolean 등의 데이터 유형을 소개한 바 있는데, 이들은 모두 단일 값을 나타낸다. 이 장에서는 여러 개의 값을 저장할 수 있는 데이터 유형들을 소개한다. 이러한 새로운 유형과 관련된 데이터 구조는 문자열, 리스트, 투플, 집합, 사전 등이다. 먼저 문자열부터 살펴보기로 한다.

문자열은 1장에서 본 "Hello World"와 같은 일련의 문자이다. 문자열은 작은따옴표(')나 큰따옴표(")로 둘러싸여 있다. print 함수를 사용하여 문자열을 화면에 출력할 수 있다.

실행 예제

화면에 "I love Python!"이라고 인쇄해보자.

```
In [1]: print("I love Python!")
```

실행 예제

이름이 s인 변수에 문자 "S"를 지정하고, 변수 w에 문자열 "Hello World"를 지정한다. type 함수를 사용하여 s와 w의 유형이 문자열임을 확인해본다.

```
In [2]: s = "S"
        w = "Hello World"

In [3]: type(s)
Out[3]: str

In [4]: type(w)
Out[4]: str
```

> **메모** "Hello"와 "World" 사이의 공백 " "도 `str` 유형이다. 연산자를 위해 예약된 기호를 포함하여 모든 기호는 문자가 될 수 있다. `str` 유형의 기호는 원래의 기호로서의 기능을 수행하지 않는다는 점에 유의하시오. `str` 유형의 기호와 원래의 기호는 같아 보이지만, 파이썬은 이들을 완전히 다르게 해석한다.

실행 예제

빈 문자열을 생성한다. 빈 문자열이 `str` 유형을 갖는지 확인해보자.

```
In [5]: s = ""
        type(s)
Out[5]: str
```

문자열은 문자의 배열이기 때문에 문자열의 크기를 나타내는 길이라는 속성을 갖는다. 예를 들어 내장 함수 `len`을 사용하여 문자열의 길이를 확인할 수 있다.

```
In [6]: len(w)
Out[6]: 11
```

문자열에는 그림 2.1에서 보여주고 있는 것처럼 각 문자의 위치를 나타내는 인덱스가 있으며, 인덱스는 0부터 시작한다.

대괄호와 인덱스를 사용하여 개별 문자에 접근할 수 있다. 예를 들어 문자 `"W"`에 접근하려면 다음과 같이 입력한다.

```
In [7]: w[6]
Out[7]: "W"
```

문자열 슬라이싱을 사용하여 시퀀스를 선택할 수도 있다. 예를 들어 `"World"`에 접근하려면 다음 명령을 입력한다.

```
In [8]: w[6:11]
Out[8]: "World"
```

문자	H	e	l	l	o		W	o	r	l	d
인덱스	0	1	2	3	4	5	6	7	8	9	10

그림 2.1

문자열 "Hello World"에 대한 문자열 인덱스.

[6:11]은 시작 위치가 인덱스 6이고 끝 위치가 인덱스 10임을 의미한다. 파이썬 문자열 슬라이싱 범위에서 상한은 제외된다. 이것은 [6:11]이 인덱스 6에서 10까지의 문자들을 "슬라이싱" 한다는 것을 의미한다. 파이썬에서 슬라이싱을 위한 구문은 [start:end:step]이고, 세 번째 인수인 step은 선택 사항이다. step 인수를 생략하면 기본 값 1로 설정된다.

문자열의 끝까지 슬라이싱 하려는 경우 끝 위치를 생략할 수 있다. 예를 들어 다음 명령은 위 명령과 동일하다.

```
In [9]: w[6:]
Out[9]: "World"
```

실행 예제

문자열 w에서 슬라이싱으로 "Hello"라는 단어를 추출해보자.

```
In [10]: w[:5]
Out[10]: "Hello"
```

문자열을 슬라이싱할 때 음수 인덱스를 사용할 수도 있다. 즉, 문자열의 끝에서부터 세어나간다. 예를 들어 −1은 마지막 문자를 의미하고 −2는 마지막에서 두 번째 문자를 의미하는 식이다.

실행 예제

변수 w에서 "Wor"를 슬라이싱 해보자.

```
In [11]: w[6:-2]
Out[11]: "Wor"
```

실행 예제

변수 w에서 짝수 인덱스를 갖는 문자들을 슬라이싱 해보자.

```
In [12]: w[::2]
Out[12]: "HloWrd"
```

문자열은 수학 연산에 사용할 수 없다.

실행 예제

두 개의 숫자에 대한 덧셈에 "+"를 사용해보고, "+"가 덧셈 연산자인 +처럼 동작하지 않음을 확인해보자.

```
In [13]: 1 "+" 2

      File "<ipython-input-13-46b54f731e00>", line 1
    1 "+" 2
        ^

  SyntaxError: invalid syntax
```

주의

문자열 안에 숫자를 사용할 수 있다. 예를 들어, `x = '123'`은 x가 숫자 123이 아니라 문자열 123임을 의미한다. 그러나 문자열은 단어나 텍스트를 나타내므로 덧셈이 정의되지 않는다.

참고 문자열 안에 아포스트로피(')를 사용하려는 상황에 처할 수 있다. 그런데 아포스트로피가 문자열을 표시하는 데 사용되기 때문에 문제를 일으킬 수 있다. 다행히도 문자열에서 아포스트로피를 사용할 수 있는 좋은 방법이 있다. 백슬래시(\)는 파이썬에게 이것이 문자열을 표시하기 위한 것이 아니라 문자열의 일부임을 알려주는 방법이다. 백슬래시 문자는 행 변경(\n), 백슬래시 자체(\\) 또는 따옴표 문자(\' 또는 \")와 같이 특별한 의미가 있는 문자를 문자열 안에 표현하는 데 사용된다. 작은따옴표나 큰따옴표가 문자열의 일부인 경우 파이썬에서는 이를 수행하는 다른 방법도 있다. 다음 예제와 같이 문자열을 각각 큰따옴표 또는 작은따옴표로 묶으면 된다.

```
In [14]: "don't"
Out[14]: "don't"
```

\+ 연산자를 사용하여 한 문자열을 다른 문자열과 결합할 수 있다. 예를 들어:

```
In [15]: str_a = "I love Python! "
         str_b = "You too!"
         print(str_a + str_b)

I love Python! You too!
```

내장 함수 str을 사용하여 다른 데이터 유형도 문자열로 변환할 수 있으며, 이것은 유용하게 이용될 수 있다. 예를 들어 1을 정수 유형으로 저장한 변수 x가 있다고 하자. 이를 문자열로 직접 인쇄하려는 경우, 문자열을 정수와 결합할 수 없다는 취지의 오류가 발생한다.

```
In [16]: x = 1
         print("x = " + x)
```

```
    ---------------------------------------------------------------
    TypeError              Traceback (most recent call last)

    <ipython-input-16-3e562ba0dd83> in <module>()
       1 x = 1
----> 2 print("x = " + x)

    TypeError: can only concatenate str (not "int") to str
```

올바른 방법은 먼저 정수를 문자열로 변환한 다음 인쇄하는 것이다.

실행 예제

x = 1을 화면에 출력해보자.

```
In [17]: print("x = " + str(x))
x=1

In [18]: type(str(x))
Out[18]: str
```

파이썬에서 문자열은 일종의 객체이며, 객체들은 그것을 조작하는 데 사용할 수 있는 다양한 메서드를 갖는다(이것이 소위 객체지향 프로그래밍이며 나중에 설명할 것이다). 이러한 메서드를 이용하려면 "문자열.메서드_이름" 형식의 구문을 사용한다.

실행 예제

변수 w에 지정된 문자열 안의 영문자들을 대문자로 바꾸어보자.

```
In [19]: w.upper()
Out[19]: "HELLO WORLD"
```

실행 예제

w 안에서 문자 "l"의 발생 횟수를 구해보자.

```
In [20]: w.count("l")
Out[20]: 3
```

실행 예제

변수 w 안의 "World"를 "Berkeley"로 바꾸어보자.

```
In [21]: w.replace("World", "Berkeley")
Out[21]: "Hello Berkeley"
```

포맷 문자열을 사용하는 다양한 방법이 있다. 여기서는 두 가지 방법을 소개한다. 예를 들어, name과 country라는 두 개의 변수가 있고 이를 문장 안에 포함시켜 출력하고 싶지만, 앞에서 소개한 문자열 결합을 사용할 경우 + 기호를 너무 많이 사용하게 되어 피하고 싶을 경우 다음의 방법을 사용할 수 있다.

```
In [22]: name = "UC Berkeley"
         country = "USA"

         print("%s is a great school in %s!"%(name, country))

UC Berkeley is a great school in USA!
```

위의 예에서 큰따옴표 안의 %s는 파이썬에게 이 위치에 어떤 문자열을 삽입하고 싶다는 의미이다(여기에서 s는 string을 나타냄). %(name, country)는 삽입할 두 개의 문자열을 나타낸다.

[새로운 기능] 파이썬 3.6 이상에서만 도입된 다른 방법이 있다. f-string이라고 하며 이는 포맷 문자열을 의미한다. 다음 행과 같은 형식을 사용하여 포맷 문자열을 쉽게 지정할 수 있다.

```
In [23]: print(f"{name} is a great school in {country}.")

UC Berkeley is a great school in USA.
```

수식의 경우에도 데이터 유형 변환 없이 포맷 문자열로 인쇄할 수 있다.

실행 예제

f-string을 사용하여 3*4의 결과를 출력해보자.

```
In [24]: print(f"{3*4}")

12
```

지금까지 문자열 데이터 구조에 대해 살펴보았다. 이것은 이 책에서 소개하는 첫 번째 시퀀스 데이터 구조이다. 이제 다른 시퀀스 구조에 대해 살펴보자.

2.3 데이터 구조 - 리스트

이전 절에서 문자열이 문자 시퀀스를 표현할 수 있음을 살펴보았다. 이제 파이썬에서 보다 다양한 용법을 제공하는 시퀀스 데이터 구조인 **리스트**를 소개한다. 리스트를 정의하는 방법은 한 쌍의 대괄호 [ ]를 사용하는 것이며, 그 안의 원소들은 쉼표로 구분된다. 리스트는 숫자, 문자열, 또는 기타 유형 등과 같은 어떤 유형의 데이터라도 원소로 포함할 수 있다. 예를 들어보자.

```
In [1]: list_1 = [1, 2, 3]
        list_1
Out[1]: [1, 2, 3]

In [2]: list_2 = ["Hello", "World"]
        list_2
Out[2]: ["Hello", "World"]
```

하나의 리스트에 서로 다른 유형의 원소들을 섞어 넣을 수도 있다.

```
In [3]: list_3 = [1, 2, 3, "Apple", "orange"]
        list_3
Out[3]: [1, 2, 3, "Apple", "orange"]
```

리스트들을 중첩시킬 수도 있다. 예를 들면 다음과 같다.

```
In [4]: list_4 = [list_1, list_2]
        list_4
Out[4]: [[1, 2, 3], ["Hello", "World"]]
```

리스트 안의 원소를 가져오는 방법은 문자열에 대한 방법과 매우 유사하다(문자열 인덱스에 대해서는 그림 2.1 참고).

리스트	1	2	3	Apple	Orange
인덱스	0	1	2	3	4

그림 2.2
리스트 인덱스의 예.

실행 예제

list_3에서 세 번째 원소를 가져온다.

```
In [5]: list_3[2]
Out[5]: 3
```

실행 예제

list_3의 첫 세 개의 원소를 가져온다.

```
In [6]: list_3[:3]
Out[6]: [1, 2, 3]
```

실행 예제

list_3의 마지막 원소를 가져온다.

```
In [7]: list_3[-1]
Out[7]: "orange"
```

실행 예제

list_4에서 첫 번째 리스트를 가져온다.

```
In [8]: list_4[0]
Out[8]: [1, 2, 3]
```

리스트에 대해서도 len 함수를 사용하여 리스트의 길이를 얻을 수 있다.

```
In [9]: len(list_3)
Out[9]: 5
```

+ 기호를 사용하여 두 리스트를 결합할 수 있다.

실행 예제

list_1과 list_2를 하나의 리스트로 결합해보자.

```
In [10]: list_1 + list_2
Out[10]: [1, 2, 3, "Hello", "World"]
```

리스트의 append 메서드를 사용하여 기존 리스트에 새 항목을 추가할 수 있다.

```
In [11]: list_1.append(4)
         list_1
Out[11]: [1, 2, 3, 4]
```

메모 append 메서드는 위의 예에서와 같이 리스트 자체에 작용하며 리스트에 4가 추가된다. 그러나 list_1 + list_2 예제에서는 list_1과 list_2가 변경되지 않는다. list_2의 내용을 조사하여 이를 확인할 수 있다.

insert 메서드나 remove 메서드를 사용하여 리스트에서 원소를 삽입하거나 제거할 수도 있다. 이들 또한 리스트에 직접 작용한다는 점을 유의하기 바란다.

```
In [12]: list_1.insert(2,"center")
         list_1
Out[12]: [1, 2, "center", 3, 4]
```

메모 remove 메서드를 사용하면 항목의 첫 번째 출현만 제거된다(remove 메서드에 대한 설명서 내용 참고). 인덱스 기능을 사용하여 항목을 제거하는 또 다른 방법이 있는데, 바로 del 명령을 사용하는 것이다.

```
In [13]: del list_1[2]
         list_1
Out[13]: [1, 2, 3, 4]
```

빈 리스트를 정의한 다음 나중에 append 메서드를 사용하여 새로운 원소들을 추가할 수 있다. 루프를 통해 일련의 항목들을 리스트에 포함시킬 때 파이썬에서 많이 사용하는 방법이며, append 메서드에 대해서는 5장에서 더 자세히 살펴볼 것이다.

실행 예제

빈 리스트를 정의한 다음 그 리스트에 값 5와 6을 추가해보자.

```
In [14]: list_5 = []
         list_5.append(5)
         list_5
Out[14]: [5]

In [15]: list_5.append(6)
         list_5
Out[15]: [5, 6]
```

in 연산자를 사용하여 원소가 리스트에 들어있는지 빠르게 확인할 수 있다.

실행 예제

숫자 5가 list_5에 들어있는지 확인해보자.

```
In [16]: 5 in list_5
Out[16]: True
```

list 함수를 사용하여 다른 시퀀스의 항목들을 리스트로 바꿀 수 있다.

실행 예제

"Hello World" 문자열을 문자 리스트로 바꾸어보자.

```
In [17]: list("Hello World")
Out[17]: ["H", "e", "l", "l", "o", " ", "W", "o", "r", "l", "d"]
```

리스트는 파이썬에서 데이터에 대한 작업에서 자주 사용되며, 다양한 응용에 대해 차차 논의하게 될 것이다.

2.4 데이터 구조 - 투플

파이썬에서 또 다른 시퀀스 데이터 구조인 **투플**에 대해 살펴보자. 일반적으로 한 쌍의 괄호 ( )를 사용하여 정의되며 원소들은 쉼표로 구분된다. 예를 들어보자.

```
In [1]: tuple_1 = (1, 2, 3, 2)
        tuple_1
Out[1]: (1, 2, 3, 2)
```

문자열이나 리스트와 마찬가지로 투플에도 인덱스를 사용할 수 있으며, 원소들을 슬라이싱 하는 방법이 있으며, 일부 메서드는 이전에 살펴본 것과 매우 유사하다.

실행 예제

tuple_1의 길이를 구해보자.

```
In [2]: len(tuple_1)
Out[2]: 4
```

실행 예제

tuple_1에 대해 인덱스 1에서 3까지의 원소들을 가져온다.

```
In [3]: tuple_1[1:4]
Out[3]: (2, 3, 2)
```

실행 예제

tuple_1에서 숫자 2의 발생 횟수를 구해보자.

```
In [4]: tuple_1.count(2)
Out[4]: 2
```

리스트와 투플의 차이는 무엇일까? 이들이 서로 비슷하다면 왜 두 개의 시퀀스 데이터 구조가 필요할까? 투플이 만들어진 데는 이유가 있다. 파이썬 문서에는 다음과 같은 내용이 있다[8].

> 투플은 리스트와 비슷하게 보일 수 있지만 종종 다른 상황에서 다른 용도로 사용된다. 투플은 불변성을 가지며 일반적으로 해체(이 절의 뒷부분 참고) 또는 인덱싱(또는 namedtuple의 경우 속성에 의해)을 통해 접근 가능한 원소들의 시퀀스를 포함하며, 이종 원소들이 섞여 나타날 수 있다. 리스트는 **가변성**을 가지며, 대개 동종 원소들을 갖는 경우가 많고 또 반복 구조를 사용하여 리스트 원소들에 접근한다.

불변성(immutable)은 무슨 뜻일까? 투플이 한 번 정의되면 그 안의 원소를 변경할 수 없음을 의미한다. 대조적으로 리스트의 원소는 자유롭게 변경할 수 있다. 예를 들어보자.

```
In [5]: list_1 = [1, 2, 3]
        list_1[2] = 1
        list_1
Out[5]: [1, 2, 1]

In [6]: tuple_1[2] = 1

    ---------------------------------------------------------------
    TypeError            Traceback (most recent call last)
```

8) https://docs.python.org/3/tutorial/datastructures.html#tuples-and-sequences

```
    <ipython-input-6-76fb6b169c14> in <module>()
    ----> 1 tuple_1[2] = 1

TypeError: "tuple" object does not support item assignment
```

이종(heterogeneous)은 무슨 뜻일까? 투플은 일반적으로 이종 원소 시퀀스를 포함하는 반면 리스트는 일반적으로 동종(homogeneous) 시퀀스를 포함한다. 예를 들어, 과일 종류를 포함하는 목록이 있다고 하자. 일반적으로 이름들은 동종이기 때문에 과일의 이름들을 리스트에 저장할 수 있다. 이제 각 종류의 과일 개수를 저장하기 위한 데이터 구조가 필요하다고 하자. 과일 이름과 개수는 이질적이기 때문에 이 경우 대개 투플이 사용된다. 예를 들어 ("apple", 3)은 3개의 사과가 있음을 의미한다.

```
In [7]: # a fruit list
        ["apple", "banana", "orange", "pear"]
Out[7]: ["apple", "banana", "orange", "pear"]

In [8]: # a list of (fruit, number) pairs
        [("apple",3), ("banana",4), ("orange",1), ("pear",4)]
Out[8]: [("apple",3), ("banana",4), ("orange",1), ("pear",4)]
```

투플이나 리스트는 다음 예에서와 같이 해체(unpack)하여 원소들에 접근할 수 있다. 이 경우 등호 왼쪽에 있는 변수의 수는 시퀀스의 원소 수와 같아야 한다.

```
In [9]: a, b, c = list_1
        print(a, b, c)

1 2 1
```

메모 해체의 반대 작업은 다음 예와 같이 포장(pack)이다. 투플을 정의하기 위해 괄호가 필요하지 않다는 것을 알 수 있지만, 괄호를 사용하는 것이 좋은 습관으로 간주된다.

```
In [10]: list_2 = 2, 4, 5
         list_2
Out[10]: (2, 4, 5)
```

2.5 데이터 구조 - 집합

파이썬의 또 다른 데이터 유형은 **집합**이다. 중복 원소가 없고 정렬되지 않은 컬렉션을 저장할 수 있는 유형이다. 또한 합집합, 교집합, 차집합, 대칭 차집합 등과 같은 수학적 연산을 지원한다. 한 쌍의 중괄호 {}를 사용하여 정의되며, 원소들은 쉼표로 구분된다.

```
In [1]: {3, 3, 2, 3, 1, 4, 5, 6, 4, 2}
Out[1]: {1, 2, 3, 4, 5, 6}
```

집합을 사용하면 문자열, 리스트, 투플 등에서 고유한 원소들을 빠르게 결정할 수 있다.

실행 예제

리스트 [1, 2, 2, 3, 2, 1, 2]에서 고유한 원소들을 찾아보자.

```
In [2]: set_1 = set([1, 2, 2, 3, 2, 1, 2])
        set_1
Out[2]: {1, 2, 3}
```

실행 예제

투플 (2, 4, 6, 5, 2)에서 고유한 원소들을 찾아보자.

```
In [3]: set_2 = set((2, 4, 6, 5, 2))
        set_2
Out[3]: {2, 4, 5, 6}
```

실행 예제

문자열 "Banana"에서 고유한 문자들을 찾아보자.

```
In [4]: set("Banana")
Out[4]: {"B", "a", "n"}
```

앞에서 집합이 합집합, 교집합, 차집합, 대칭 차집합 등과 같은 수학적 연산을 지원한다고 언급한 바 있다.

실행 예제

set_1과 set_2의 합집합을 구해보자.

```
In [5]: print(set_1)
```

```
        print(set_2)

{1, 2, 3}
{2, 4, 5, 6}

In [6]: set_1.union(set_2)
Out[6]: {1, 2, 3, 4, 5, 6}
```

실행 예제

set_1과 set_2의 교집합을 구해보자.

```
In [7]: set_1.intersection(set_2)
Out[7]: {2}
```

실행 예제

set_1은 {1, 2, 3, 3, 4, 5}의 부분집합인가?

```
In [8]: set_1.issubset({1, 2, 3, 3, 4, 5})
Out[8]: True
```

2.6 데이터 구조 - 사전

앞의 절들에서 몇 가지 순차적 데이터 유형을 소개한 바 있다. 이제 또 다른 유용한 데이터 유형인 **사전**을 소개한다. 사전은 앞에서 소개한 유형들과는 완전히 다른 데이터 유형이다. 일련의 숫자를 사용하여 원소를 인덱싱하는 리스트나 투플과 달리 사전은 인덱스로 키를 사용한다. 문자열, 숫자, 또는 투플도 키로 사용할 수 있지만 리스트는 키로 사용할 수 없다. 사전은 키-값 쌍으로 구성되며 각 키는 해당 값에 대응된다. 중괄호 {}를 사용하여 정의되지만, 원소들은 쉼표로 구분된 키:값 쌍의 리스트이다(키:값 쌍은 콜론으로 구분되며 키는 콜론 앞에 오고 값은 뒤에 옴).

```
In [1]: dict_1 = {"apple":3, "orange":4, "pear":2}
        dict_1
Out[1]: {"apple": 3, "orange": 4, "pear": 2}
```

사전에서 원소들은 순서 없이 저장되기 때문에 일련의 인덱스 번호를 기반으로 사전에 접근할 수 없다. 사전에 접근하려면 “사전[키]”에서와 같이 원소의 키를 사용해야 한다.

실행 예제

dict_1에서 "apple" 원소의 값을 가져온다.

```
In [2]: dict_1["apple"]
Out[2]: 3
```

keys 메서드를 사용하여 사전의 모든 키를 가져오거나 values 메서드를 사용하여 모든 값을 가져올 수 있다.

실행 예제

dict_1에서 모든 키와 값을 가져온다.

```
In [3]: dict_1.keys()
Out[3]: dict_keys(["apple", "orange", "pear"])

In [4]: dict_1.values()
Out[4]: dict_values([3, 4, 2])
```

len 함수를 사용하여 사전의 크기를 구할 수 있다.

```
In [5]: len(dict_1)
Out[5]: 3
```

빈 사전을 정의한 다음 나중에 원소들을 채울 수 있다. 또는 (키, 값) 쌍들로 이루어진 투플 리스트를 사전으로 바꿀 수 있다.

실행 예제

school_dict라는 빈 사전을 정의하고 "UC Berkeley":"USA" 쌍을 추가해보자.

```
In [6]: school_dict = {}
        school_dict["UC Berkeley"] = "USA"
        school_dict
Out[6]: {"UC Berkeley": "USA"}
```

실행 예제

또 다른 원소 "Oxford":"UK"를 school_dict에 추가해보자.

```
In [7]: school_dict["Oxford"] = "UK"
        school_dict
Out[7]: {"UC Berkeley": "USA", "Oxford": "UK"}
```

실행 예제

투플 리스트 `[("UC Berkeley", "USA"), ("Oxford", "UK")]`을 사전으로 바꾸어보자.

```
In [8]: dict([("UC Berkeley", "USA"), ("Oxford", "UK")])
Out[8]: {"UC Berkeley": "USA", "Oxford": "UK"}
```

in 연산자를 사용하여 원소가 사전에 속하는지 확인할 수 있다.

실행 예제

"UC Berkeley"가 school_dict에 있는지 확인해보자.

```
In [9]: "UC Berkeley" in school_dict
Out[9]: True
```

실행 예제

"Harvard"가 school_dict에 없음을 확인해보자.

```
In [10]: "Harvard" not in school_dict
Out[10]: True
```

list 함수를 사용하여 사전을 키 리스트로 바꿀 수 있다. 예를 들어보자.

```
In [11]: list(school_dict)
Out[11]: ["UC Berkeley", "Oxford"]
```

2.7 NumPy 배열 개요

이 책의 후반부에서는 파이썬을 사용한 수치해석을 다루며, 이때 배열/행렬 구조를 많이 사용하게 될 것이다. 이러한 내용을 준비할 수 있도록 파이썬에서 배열을 처리하는 가장 일반적인 방법인 NumPy 모듈을 사용하는 방법을 소개한다. NumPy는 아마도 파이썬에서 가장 기본적인 수치 계산 모듈일 것이다.

NumPy는 파이썬과 (빠른 계산을 위해) C 언어를 사용하여 구현되어 있다. NumPy 웹사이트[9]에 나열되어 있는 몇 가지 중요한 기능은 다음과 같다.

9) http://www.numpy.org

- 강력한 N차원 배열 객체
- 고급 (브로드캐스팅) 함수 라이브러리
- C/C++나 Fortran 코드를 이용할 수 있는 통합 도구
- 선형대수학, 푸리에 변환, 난수 등에 대한 지원

여기에서는 데이터 구조와 관련된 NumPy 배열 부분만 소개한다. 이후의 장들에서 NumPy의 다른 측면을 차차 다루게 될 것이다.

NumPy 모듈을 사용하려면 먼저 import 절차가 필요하며, 많이 사용되는 방법은 np를 단축 이름으로 사용하는 것이다.

```
In [1]: import numpy as np
```

주의

물론 단축 이름으로 다른 이름을 사용할 수도 있지만, 파이썬 커뮤니티 전체에서 "np"는 관례로 간주되고 있으므로 이를 사용하는 것이 좋다.

파이썬에서 배열을 정의할 때, np.array 함수로 리스트를 배열로 변환하는 방법을 사용할 수 있다.

실행 예제

다음 배열들을 만들어보자.

$$x = (1\,4\,3)$$

$$y = \begin{pmatrix} 1\,4\,3 \\ 9\,2\,7 \end{pmatrix}$$

```
In [2]: x = np.array([1, 4, 3])
        x
Out[2]: array([1, 4, 3])
In [3]: y = np.array([[1, 4, 3], [9, 2, 7]])
        y
Out[3]: array([[1, 4, 3],
               [9, 2, 7]])
```

메모 2차원 배열은 중첩 리스트를 사용하여 나타낼 수 있으며 안쪽 리스트는 각 행을 나타낸다.

종종 배열의 크기나 길이를 알아내야 할 경우가 있다. 배열 y에 대해 shape 속성을 적용하면 2×3 배열임을 알려주는데, 첫 번째 요소는 배열이 나타내는 행렬의 행의 개수이며, 두 번째 요소는 열의 개수이다. shape 속성의 출력은 튜플이다. size 속성은 배열의 총 원소 개수이다.

실행 예제

배열 y의 행의 개수, 열의 개수, 총 크기 등을 구해보자.

```
In [4]: y.shape
Out[4]: (2, 3)

In [5]: y.size
Out[5]: 6
```

메모 y.shape()가 아니라 y.shape로 표현한다는 점에 유의하기 바란다. 이는 shape가 이 배열 객체의 메서드가 아니라 속성이기 때문이다. 이후 장들에서 객체지향 프로그래밍에 대해 더 자세히 소개할 것이다. 지금은 객체에서 메서드를 호출할 때 괄호를 사용해야 하지만 속성에는 사용하지 않는다는 점을 기억하기 바란다.

특정 구조나 패턴을 갖는 배열을 생성하는 경우가 종종 있다. 예를 들어, 배열 z = [1 2 3 ... 2000]을 생성하고자 할 경우 원소 모두를 나열하는 것은 매우 성가신 일이다. 순서가 있고 균일한 간격의 배열을 생성할 때 NumPy의 arange 함수가 유용하다.

실행 예제

1부터 2000까지 1씩 증가하는 배열 z를 생성해보자.

```
In [6]: z = np.arange(1, 2000, 1)
        z
Out[6]: array([   1,    2,    3, ..., 1997, 1998, 1999])
```

np.arange를 사용하여 z를 쉽게 생성할 수 있다. 처음 두 숫자는 시퀀스의 시작과 끝이고 마지막 숫자는 증분이다. 1의 증분을 갖는 것이 매우 일반적이기 때문에 증분이 지정되지 않으면 파이썬은 기본 값 1을 사용한다. 따라서 np.arange(1, 2000)은 np.arange(1, 2000, 1)과 같은 결과를 갖는다. 음수 증분이나 정수가 아닌 증분도 사용할 수 있다. 증분이 마지막 값을 “지나칠” 경우, 끝 값 바로 앞의 값까지만 포함하게 된다. 예를 들어, x = np.arange(1,8,2)는 [1, 3, 5, 7]이 된다.

실행 예제

배열 [0.5, 1, 1.5, 2, 2.5]를 생성해보자.

```
In [7]: np.arange(0.5, 3, 0.5)
Out[7]: array([0.5, 1. , 1.5, 2. , 2.5])
```

때로 배열의 시작 값과 마지막 값을 보장하면서도 균일한 간격의 원소들을 갖는 배열이 필요한 경우가 있다. 예를 들어, 1에서 시작하고 8에서 끝나며 정확히 10개의 원소가 있는 배열을 원할 수 있다. 이 경우 `np.linspace` 함수를 사용한다. `linspace` 함수는 쉼표로 구분된 세 개의 입력 값을 취한다. 따라서 `A = linspace(a,b,n)`은 a에서 시작하여 b에서 끝나는 n개의 동일한 간격의 원소를 갖는 배열을 생성한다.

실행 예제

`linspace`를 사용하여 3에서 시작하고 9에서 끝나며 10개의 원소를 포함하는 배열을 생성해보자.

```
In [8]: np.linspace(3, 9, 10)
Out[8]: array([3., 3.66666667, 4.33333333, 5., 5.66666667,
        6.33333333, 7., 7.66666667, 8.33333333, 9.])
```

1차원 NumPy 배열에 접근하는 것은 리스트 또는 투플의 경우와 유사하며, 원소 위치를 나타내는 인덱스를 사용한다. 예를 들어보자.

```
In [9]: # x의 두 번째 원소
        x[1]
Out[9]: 4

In [10]: # x의 두 번째 이후의 모든 원소
         x[1:]
Out[10]: array([4, 3])

In [11]: # x의 마지막 원소
         x[-1]
Out[11]: 3
```

2차원 배열의 경우 행과 열이 있기 때문에 약간 다르다. 2차원 배열 M의 원소에 접근하려면 `M[r, c]`를 사용해야 한다. 여기에서 행 r과 열 c는 쉼표로 구분된다. 이것을 "배열 인덱싱"이라고 한다. r과 c는 하나의 숫자일 수도 있고 리스트 등이 될 수도 있다. 행 인덱스 또는 열 인덱스만 생각하면 1차원 배열과 비슷하다. $y = \begin{pmatrix} 1 & 4 & 3 \\ 9 & 2 & 7 \end{pmatrix}$를 예로 들어보자.

실행 예제

배열 y의 첫 번째 행과 두 번째 열에 있는 원소를 가져온다.

```
In [12]: y[0, 1]
Out[12]: 4
```

실행 예제

배열 y의 첫 번째 행을 구해보자.

```
In [13]: y[0,:]
Out[13]: array([1, 4, 3])
```

실행 예제

배열 y의 마지막 열을 구해보자.

```
In [14]: y[:, -1]
Out[14]: array([3, 7])
```

실행 예제

배열 y의 첫 번째와 세 번째 열을 구해보자.

```
In [15]: y[:, [0, 2]]
Out[15]: array([[1, 3],
               [9, 7]])
```

np.zeros, np.ones, np.empty는 특정 형태의 배열을 생성하는 유용한 함수들이다. 아래의 예를 살펴보자.

실행 예제

모든 원소가 0인 3×5 배열을 생성해보자.

```
In [16]: np.zeros((3, 5))
Out[16]: array([[0., 0., 0., 0., 0.],
               [0., 0., 0., 0., 0.],
               [0., 0., 0., 0., 0.]])
```

실행 예제

모든 원소가 1인 5×3 배열을 생성해보자.

```
In [17]: np.ones((5, 3))
Out[17]: array([[1., 1., 1.],
               [1., 1., 1.],
               [1., 1., 1.],
               [1., 1., 1.],
               [1., 1., 1.]])
```

메모 배열의 모양은 첫 번째 항목이 행 개수이고 두 번째 항목이 열 개수인 투플로 정의된다. 1차원 배열만 필요한 경우 `np.ones(5)`에서와 같이 입력에 하나의 숫자만 사용한다.

실행 예제

3개의 원소를 갖는 1차원의 빈 배열을 생성해보자.

```
In [18]: np.empty(3)
Out[18]: array([-3.10503618e+231, -3.10503618e+231,
               -3.10503618e+231])
```

메모 빈 배열은 실제로 비어 있는 대신 임의의 매우 작은 숫자들로 채워진다.

배열 인덱싱과 지정 연산자를 사용하여 배열 값을 재지정할 수 있다. 등호 왼쪽에 배열 인덱싱을 사용하여 여러 원소에 단일 숫자를 재지정할 수 있다. 등호 양쪽의 원소의 수가 동일한 경우 배열의 여러 원소를 한 번에 재지정할 수도 있다. 배열 인덱싱을 사용하여 배열을 생성할 수도 있다.

실행 예제

`a = [1, 2, 3, 4, 5, 6]`을 생성한다. a의 네 번째 원소를 7로 재지정한다. 첫 번째, 두 번째, 세 번째 원소를 1로 재지정한다. 두 번째, 세 번째, 네 번째 원소를 9, 8, 7로 재지정한다.

```
In [19]: a = np.arange(1, 7)
         a
Out[19]: array([1, 2, 3, 4, 5, 6])

In [20]: a[3] = 7
         a
Out[20]: array([1, 2, 3, 7, 5, 6])

In [21]: a[:3] = 1
```

```
         a
Out[21]: array([1, 1, 1, 7, 5, 6])

In [22]: a[1:4] = [9, 8, 7]
         a
Out[22]: array([1, 9, 8, 7, 5, 6])
```

실행 예제

2×2 크기를 갖고 원소들이 모두 0인 배열 b를 생성한 다음, 배열 인덱싱을 사용하여 $b = \begin{pmatrix} 1 & 2 \\ 3 & 4 \end{pmatrix}$로 설정해보자.

```
In [23]: b = np.zeros((2, 2))

         b[0,0] = 1
         b[0,1] = 2
         b[1,0] = 3
         b[1,1] = 4
         b
Out[23]: array([[1., 2.],
                [3., 4.]])
```

배열에는 기본적인 산술 연산이 정의되어 있다. 그러나 스칼라(단일 숫자)와 배열 사이의 연산도 있고, 두 배열 사이의 연산도 있다. 먼저 스칼라와 배열 사이의 연산부터 살펴보자. 설명을 위해 c를 스칼라라고 하고 b를 행렬이라고 하자. 그런 다음 b + c, b - c, b * c, b / c는 각각 b의 모든 원소에 c를 더하고, b의 모든 원소에서 c를 빼고, b의 모든 원소에 c를 곱하고, b의 모든 원소를 c로 나눈다.

실행 예제

$b = \begin{pmatrix} 1 & 2 \\ 3 & 4 \end{pmatrix}$라고 하자. b에 2를 더해본다. b에서 2를 빼본다. b에 2를 곱해본다. b를 2로 나누어본다. b의 모든 원소를 제곱해본다. c를 스칼라라 하자. 스칼라 덧셈과 곱셈의 가환성, 즉 b + c = c + b와 cb = bc을 각자 확인해보시오.

```
In [24]: b + 2
Out[24]: array([[3., 4.],
                [5., 6.]])

In [25]: b - 2
Out[25]: array([[-1., 0.],
```

```
                 [ 1., 2.]])

In [26]: 2 * b
Out[26]: array([[2., 4.],
                [6., 8.]])

In [27]: b / 2
Out[27]: array([[0.5, 1. ],
                [1.5, 2. ]])

In [28]: b**2
Out[28]: array([[ 1., 4.],
                [ 9., 16.]])
```

두 행렬 간의 연산을 설명하는 것은 더 복잡하다. b와 d를 같은 크기의 두 행렬이라고 하자. b-d는 b의 각 원소에서 d의 해당 원소를 뺀다. 마찬가지로 b + d는 d의 각 원소를 b의 해당 원소에 더한다.

실행 예제

$b=\begin{pmatrix}1&2\\3&4\end{pmatrix}$와 $d=\begin{pmatrix}3&4\\5&6\end{pmatrix}$을 생성한 다음 b+d와 b-d를 계산해보자.

```
In [29]: b = np.array([[1, 2], [3, 4]])
         d = np.array([[3, 4], [5, 6]])

In [30]: b + d
Out[30]: array([[ 4, 6],
                [ 8, 10]])

In [31]: b - d
Out[31]: array([[-2, -2],
                [-2, -2]])
```

행렬에는 두 가지 종류의 곱셈(및 나눗셈)이 있다. 원소별 행렬 곱셈과 표준 행렬 곱셈이 있다. 이 절에서는 원소별 행렬 곱셈과 나눗셈에 대해서만 설명한다. 표준 행렬 곱셈은 선형대수를 다루는 후반부에서 설명한다. 파이썬에서는 원소별 곱셈에 * 기호를 사용한다. 크기가 같은 행렬 b와 d의 경우 b * d는 b의 각 원소를 d의 해당 원소와 곱한다. /와 **에 대해서도 마찬가지이다.

실행 예제

b * d, b / d, b**d 등을 계산해보자.

```
In [32]: b * d
Out[32]: array([[ 3, 8],
                [15, 24]])

In [33]: b /d
Out[33]: array([[0.33333333, 0.5 ],
                [0.6 , 0.66666667]])

In [34]: b**d
Out[34]: array([[ 1, 16],
                [ 243, 4096]])
```

배열 b의 전치가 배열 d일 때 b[i,j] = d[j,i]이다. 즉, 전치는 b의 행과 열을 전환한다. 배열 속성 T를 사용하여 파이썬에서 배열의 전치를 구할 수 있다.

실행 예제

배열 b의 전치를 계산해보자.

```
In [35]: b.T
Out[35]: array([[1, 3],
                [2, 4]])
```

NumPy에는 배열을 입력 인수로 사용할 수 있는 sin, cos 등과 같은 여러 수리 함수가 있다. 출력은 입력 배열의 모든 원소에 대해 함수를 적용하여 계산된 결과이다. 배열을 입력으로 받아 함수를 수행하는 함수를 **벡터화**(vectorized) 함수라고 한다.

실행 예제

x = [1, 4, 9, 16]에 대해 np.sqrt를 계산해보자.

```
In [36]: x =[1, 4, 9, 16]
         np.sqrt(x)
Out[36]: array([1., 2., 3., 4.])
```

논리 연산은 스칼라와 배열 사이, 그리고 크기가 같은 두 배열 사이에서만 정의된다. 스칼라와 배열 사이의 논리 연산은 스칼라와 배열의 각 원소 사이에서 수행된다. 두 배열 사이에서 논리 연산은 원소별로 수행된다.

실행 예제

배열 `x = [1, 2, 4, 5, 9, 3]`의 어떤 원소가 3보다 큰지 확인해보자. 또 x의 어떤 원소가 `y = [0, 2, 3, 1, 2, 3]`의 해당 원소보다 큰지 확인해보자.

```
In [37]: x = np.array([1, 2, 4, 5, 9, 3])
         y = np.array([0, 2, 3, 1, 2, 3])

In [38]: x > 3
Out[38]: array([False, False, True, True, True, False])

In [39]: x > y
Out[39]: array([ True, False, True, True, True, False])
```

파이썬은 주어진 논리식을 만족하는지 여부에 따라 배열 원소를 인덱싱할 수 있다.

실행 예제

x를 앞의 예와 동일한 배열이라고 가정하자. 3보다 큰 x의 모든 원소를 포함하는 배열 변수 y를 생성해보자. 그리고 3보다 큰 값을 갖는 x의 원소들에 값 0을 지정해보자.

```
In [40]: y = x[x > 3]
         y
Out[40]: array([4, 5, 9])

In [41]: x[x > 3] = 0
         x
Out[41]: array([1, 2, 0, 0, 0, 3])
```

2.8 요약, 그리고 문제

2.8.1 요약

1. 정보와 데이터의 저장, 검색, 조작 등은 모든 과학 및 공학 분야에서 중요하다.
2. 변수 지정은 데이터 값 처리에 있어 중요한 도구이다.
3. 파이썬에서 정보를 저장하기 위한 다양한 데이터 유형이 있다. 단일 값을 위한 데이터 유형으로 정수, 실수, 부울 등이 있으며, 다중 값을 갖는 데이터의 경우 문자열, 리스트, 투플, 집합, 사전 등이 있다.
4. NumPy 배열은 과학 컴퓨팅에서 많이 사용되는 강력한 데이터 구조이다.

2.8.2 문제

1. 변수 x에 값 2를 지정하고 변수 y에 값 3을 지정하시오. 변수 x를 제거하시오.
2. 다음 오류를 생성하는 코드를 작성하시오.

```
NameError: name "x" is not defined
```

3. `x = 10, y = 3`이라고 하자. 다음 각 지정을 수행하는 코드를 작성하시오.

```
u = x + y
v = xy
w = x/y
z = sin(x)
r = 8sin(x)
s = 5sin(xy)
p = x**y
```

4. 문제 3을 마친 후 주피터 노트북에 있는 모든 변수를 표시하시오.
5. 문자열 "123"을 변수 `S`에 지정하시오. 문자열을 float 유형으로 변환하고 그 출력을 변수 `N`에 지정하시오. `type` 함수를 사용하여 `S`가 문자열이고 `N`이 float임을 확인하시오.
6. "HELLO" 문자열을 변수 `s1`에 지정하고 문자열 "hello"를 변수 `s2`에 지정하시오. `==` 연산자를 사용하여 이들이 동일하지 않음을 보이시오. `==` 연산자를 사용하여 `s1`에 `lower` 메서드를 적용하면 `s1`과 `s2`가 동일함을 보이시오. `==` 연산자를 사용하여 `s2`에 `upper` 메서드를 적용하면 `s1`과 `s2`가 동일함을 보이시오.
7. `print` 함수를 사용하여 다음 문자열을 인쇄하시오.
   - The world "Engineering" has 11 letters.
   - The word "Book" has 4 letters.
8. "Python is great!" 안에 "Python"이 들어있는지 확인하시오.
9. "Python is great!"에서 마지막 단어 "great"을 가져오시오.
10. 변수 `list_a`에 리스트 `[1, 8, 9, 15]`를 지정한 다음 `insert` 메서드를 사용하여 인덱스 1 위치에 2를 삽입하시오. `append` 메서드를 사용하여 `list_a`에 4를 추가하시오.
11. 문제 10의 `list_a`를 오름차순으로 정렬하시오.
12. "Python is great!"를 리스트로 변환하시오.
13. "One", 1 등을 원소로 갖는 투플을 생성하여 `tuple_a`에 지정하시오.

14. 문제 13의 `tuple_a`에서 두 번째 원소를 가져오시오.
15. (2, 3, 2, 3, 1, 2, 5)에서 고유한 원소들을 가져오시오.
16. (2, 3, 2)를 `set_a`에 지정하고 (1, 2, 3)을 `set_b`에 지정하시오. 다음을 각각 구하시오.
    - `set_a`와 `set_b`의 합집합
    - `set_a`와 `set_b`의 교집합
    - `difference` 메서드를 사용하여 `set_a`와 `set_b`의 차집합
17. 키 "A", "B", "C"에 대응되는 값이 각각 "a", "b", "c"임을 나타내는 사전을 생성하시오. 사전에 있는 모든 키를 인쇄하시오.
18. 키 "B"가 문제 17에 정의된 사전에 있는지 확인하시오.
19. 배열 `x = [1, 4, 3, 2, 9, 4]`, `y = [2, 3, 4, 1, 2, 3]`을 생성하시오. 문제 3의 지정을 계산하시오.
20. `NumPy`의 `linspace` 함수를 사용하여 −10에서 10 사이의 균일한 간격으로 크기가 100인 배열을 생성하시오.
21. `array_a`를 배열 `[-1, 0, 1, 2, 0, 3]`이라고 하자. 0보다 큰 `array_a`의 모든 원소로 구성된 배열을 반환하는 명령을 작성하시오.

    Hint 배열의 인덱스로 논리식을 사용하시오.
22. 배열 $y = \begin{pmatrix} 3\,5\,3 \\ 2\,2\,5 \\ 3\,8\,9 \end{pmatrix}$을 생성하고 전치를 구하시오.
23. 2×4 크기를 갖고 모든 원소가 0인 배열을 생성하시오.
24. 위 배열의 두 번째 열을 1들로 변경하시오.
25. 주피터 노트북의 모든 변수를 제거하는 매직 명령을 작성하시오.

CHAPTER

함수 3

CONTENTS

3.1 함수의 기초

프로그래밍에서 함수는 특정 작업을 수행하는 일련의 명령이다. 함수는 호출하면 실행될 수 있는 코드 블록이다. 함수는 (함수를 호출하는 개체인) 사용자가 제공하는 **입력 인수**들을 가질 수 있다. 함수는 또한 **출력 인수**를 가질 수도 있는데, 이들은 작업을 완료한 함수의 결과이다. 예를 들어, 함수 `math.sin`에는 하나의 입력 인수(라디안 단위 각도)와 하나의 출력 인수(입력 각도에 대해 계산된 sin 함수에 대한 근삿값)이 있다. 이 근삿값을 계산하기 위한 일련의 명령이 여기에서 소개되는 **함수의 본체**를 구성한다.

3.1.1 파이썬의 내장 함수

`type`, `len` 등의 여러 파이썬 내장 함수를 이미 소개한 바 있다. 또한 `math.sin`, `np.array` 등의 다양한 패키지에서 제공되는 여러 함수들에 대해서도 살펴보았다. 이러한 함수들을 호출하고 사용하는 방법을 기억하기 바란다.

실행 예제

type 함수를 사용하여 len이 내장 함수임을 확인해보자.

```
In [1]: type(len)
Out[1]: builtin_function_or_method
```

실행 예제

type 함수를 사용하여 np.linspace가 함수임을 확인해보자. 그리고 물음표를 사용하여 함수 사용법을 알아보자.

```
In [2]: import numpy as np
        type(np.linspace)
Out[2]: function

In [3]: np.linspace?
```

3.1.2 함수 정의

사용자가 필요한 함수를 정의할 수도 있다. 함수를 정의하는 여러 가지 방법이 있는데, 가장 일반적인 방법은 아래와 같이 키워드 def를 사용하는 것이다.

```
def 함수_이름(매개변수_1, 매개변수_2, ...):
    """
    함수에 대한 설명 문자열
    """
    # 명령문들에 대한 설명
    함수 명령문

    return 출력 매개변수들 (선택사항임)
```

파이썬 함수의 정의에는 다음 두 가지 구성요소가 필요하다.

1. **함수 헤더**. 키워드 def로 시작하고 함수 이름, 입력 매개변수를 둘러싸는 한 쌍의 괄호 등이 이어지며 콜론(:)으로 끝난다.
2. **함수 본체**. 들여쓰기(대개 4개의 공백 사용) 블록인 함수 본체는 다음 세 부분으로 구성된다.
   - 함수에 대한 설명 문자열: 이 설명 문자열은 help() 함수 또는 물음표로 받아올

수 있다. 삼중 작은따옴표 또는 삼중 큰따옴표로 설명 문자열을 넣을 위치를 표시한다. 따옴표 안에 한 줄 또는 여러 줄로 어떤 내용이든 기술할 수 있다.

- **함수 명령문**: 함수를 호출할 때 실행되는 명령문들이다. #이 나타나면 그 행 끝까지 주석으로 취급되며, 이는 실행되는 명령문이 아님을 의미한다.
- return 문: 함수가 호출된 후 반환될 출력 인수를 포함할 수 있다. 나중에 자세히 살펴보겠지만 어떤 데이터 유형이라도 반환될 수 있으며, 심지어 함수를 반환할 수도 있다.

메모 입력 매개변수 대 인수. 매개변수는 함수가 호출될 때 값을 받는 변수이며, 함수 헤더에서 정의된다. 인수는 함수를 호출할 때 함수에 전달되는 값이다. 예를 들어 함수 `hello(name)`을 정의하면 `name`은 입력 매개변수이다. 함수를 호출하고 `'Qingkai'`라는 값을 전달하면 이 값은 입력 인수이다. 매우 미묘한 차이이므로 이 책에서는 매개변수와 인수를 구별하지 않고 서로 바꿔가며 사용할 것이다.

참고 길고 복잡한 코드의 경우, 주석은 코드 작성자나 코드를 읽는 다른 사람들이 명령을 탐색하고 코드의 의도를 이해하기 위한 논리적 "로드맵"을 제공하는 데 도움이 될 수 있다. 자주 주석을 다는 습관을 들이면 코딩 실수를 방지하고, 코드를 작성할 때 코드의 방향성을 이해하고, 실수했을 때 오류를 찾는 데 도움이 된다. 선택 사항이지만 함수 헤더 아래의 설명 문자열에 함수에 대한 설명, 작성자, 생성 날짜 등을 표시하는 것도 관례이다(설명 문자열을 생략할 수 있음). 자신의 코드에 자세한 주석을 다는 것은 좋은 습관이다.

실행 예제

3개의 숫자를 받아와 합을 계산하는 함수 `my_adder`를 정의해보자.

```
In [4]: def my_adder(a, b, c):
            """
            숫자 3개의 합을 계산하는 함수
            입력: 3개의 숫자 a, b, c
            출력: a, b, c의 합
            작성자:
            작성일자:
            """

            # 합 계산
            out = a + b + c

            return out
```

주의

함수를 정의할 때 코드를 들여쓰기 하지 않으면 IndentationError가 발생한다.

```
In [5]: def my_adder(a, b, c):
        """
        숫자 3개의 합을 계산하는 함수
        입력: 3개의 숫자 a, b, c
        출력: a, b, c의 합
        작성자:
        작성일자:
        """

        # 합 계산
        out = a + b + c

        return out

          File "<ipython-input-5-e6a61721f00e>", line 8
            """
            ^
        IndentationError: expected an indented block
```

참고 들여쓰기 단위로 흔히 4개의 공백이 사용된다. 함수나 if 문 등이 중첩될 경우 더 깊은 수준의 들여쓰기가 필요하며, 이에 대해서는 다음 장에서 논의할 것이다. 때때로 코드 블록에 대해 들여쓰기 하거나 들여쓰기를 취소해야 한다. 먼저 코드 블록의 모든 행을 선택한 다음 Tab이나 Shift+Tab을 눌러 들여쓰기 수준을 높이거나 낮추면 된다.

참고 변수나 함수의 이름으로 설명력 있는 이름을 지정하고, 주석을 자주 달고, 장황한 코드를 피하는 등 좋은 코딩 습관을 길러야 한다.

위의 my_adder와 동일한 작업을 수행하지만 좋은 습관을 따르지 않은 다음 함수를 살펴보자. 보다시피 코드의 논리나 작성자의 의도를 이해하는 것이 쉽지 않을 것이다.

예제

my_adder를 혼란스럽게 작성한 사례.

```
In [6]: def abc(a, s2, d):
            z = a + s2
            z = z + d
            x = z
            return x
```

함수 이름도 변수 이름과 유사한 명명 체계를 따라야 한다. 영숫자와 밑줄만 사용할 수 있으며 첫 번째 글자는 영문자여야 한다.

> **참고** 변수 이름이나 함수 이름은 가급적 소문자를 사용하여 만들고, 가독성을 향상시키기 위해 필요한 경우 밑줄로 단어를 구분한다.

> **참고** 함수를 작성하는 동안 자주 저장하는 것이 좋은 프로그래밍 습관이다. 사실, 많은 프로그래머가 타이핑을 멈출 때마다 단축키 `Ctrl+S`(PC) 또는 `cmd+S`(맥)를 사용하여 코드를 저장한다.

실행 예제

`my_adder` 함수를 사용하여 숫자의 합을 계산하고, 결과가 올바른지 확인해보자. `my_adder`에 대해 `help` 함수를 호출해보자.

```
In [7]: d = my_adder(1, 2, 3)
        d
Out[7]: 6

In [8]: d = my_adder(4, 5, 6)
        d
Out[8]: 15

In [9]: help(my_adder)

Help on function my_adder in module __main__:

my_adder(a, b, c)
    숫자 3개의 합을 계산하는 함수
    입력: 3개의 숫자 a, b, c
    출력: a, b, c의 합
    작성자:
    작성일자:
```

세부사항 먼저 지정 연산자는 오른쪽에서 왼쪽으로 동작한다는 것을 기억할 것이다. 이것은 `my_adder(1,2,3)`가 먼저 계산된 다음 d에 지정된다는 것을 의미한다.

1. 파이썬은 `my_adder` 함수를 찾는다.
2. `my_adder`는 첫 번째 입력 인수 값 1을 (입력 매개변수 목록의 첫 번째) 변수 a에 지정한다.

3. my_adder는 두 번째 입력 인수 값 2를 (입력 매개변수 목록의 두 번째) 변수 b에 지정한다.
4. my_adder는 세 번째 입력 인수 값 3을 (입력 매개변수 목록의 세 번째) 변수 c에 지정한다.
5. my_adder는 a, b, c의 합(1 + 2 + 3 = 6)을 계산한다.
6. my_adder는 변수 out에 값 6을 지정한다.
7. my_adder는 출력 변수 out에 포함된 값인 6을 출력한다.
8. my_adder(1,2,3)는 값 6과 동일하며, 이 값은 변수 d에 지정된다.

파이썬에서는 변수에 다양한 데이터 유형의 값을 자유롭게 지정할 수 있다. 예를 들어 변수 x에 사전을 지정할 수도 있고 부동 소수점 값을 지정할 수도 있다. 대부분의 다른 프로그래밍 언어에서는 이렇게 자유롭지 않다. 이러한 프로그래밍 언어에서는 프로그램을 시작할 때 x가 사전 유형인지 부동 소수점 유형인지 미리 선언해야 하며, 어떤 유형인지 결정한 후에는 변경할 수 없다. 이것은 장점이자 단점이 될 수 있다. 예를 들어, my_adder는 입력 인수가 int 또는 float의 숫자 유형이라고 가정하여 구현되었다. 그러나 사용자가 실수로 목록이나 문자열을 my_adder에 잘못 입력할 수 있다. 숫자가 아닌 유형의 입력 인수를 my_adder에 입력하면, 파이썬은 문제가 발생할 때까지는 일단 함수를 실행한다.

실행 예제

my_adder에 대한 입력 인수 중 하나로 문자열 "1"을 사용해보자. 또 리스트를 my_adder에 대한 입력 인수 중 하나로 사용해보자.

```
In [10]: d = my_adder("1", 2, 3)

        ---------------------------------------------------
        TypeError        Traceback (most recent call last)
        <ipython-input-10-245d0f4254a9> in <module>
        ----> 1 d = my_adder("1", 2, 3)

        <ipython-input-4-72d064c3ba7a> in my_adder(a, b, c)
              9
             10 # this is the summation
        ---> 11 out = a + b + c
             12
             13 return out

         TypeError: must be str, not int
```

```
In [11]: d = my_adder(1, 2, [2, 3])

        --------------------------------------------------
        TypeError        Traceback (most recent call last)

        <ipython-input-11-04f0428ffc51> in <module>
        ----> 1 d = my_adder(1, 2, [2, 3])

        <ipython-input-4-72d064c3ba7a> in my_adder(a, b, c)
              9
              10 # this is the summation
         ---> 11 out = a + b + c
              12
              13 return out

        TypeError: unsupported operand type(s) for +: "int" and "list"
```

참고 파이썬이 제공하는 오류 메시지를 읽어보기 바란다. 오류 메시지는 대개 문제가 어디에 있는지 정확히 알려준다. 이 경우 오류 메시지는 "`---> 11 out = a + b + c`"로 표시되는데, 이는 `my_adder` 11번째 줄에 오류가 있음을 의미한다. 오류가 발생한 이유는 TypeError인데, "`unsupported operand type(s) for +: "int" and "list"`"는 `int` 값과 `list` 값을 더할 수 없다는 뜻이며 이로 인해 오류가 발생한 것이다.

이 시점에서 사용자가 함수에 어떤 입력 인수를 지정하는지, 또 해당 입력 인수가 의도한 바와 일치하는지 여부를 제어할 수 없다. 따라서 일단은 함수가 올바르게 사용될 것이라고 가정하고 함수를 작성한다. 코드를 자세히 설명하는 주석을 제공하여 자신이나 다른 사용자가 함수를 올바르게 사용하도록 도울 수 있다.

함수 호출을 다른 함수에 대한 입력으로 지정하여 함수를 구성할 수 있다. 연산 순위에 따라 파이썬은 가장 안쪽에 있는 함수 호출을 먼저 실행한다. 함수에 대한 입력으로 수식을 지정할 수도 있다. 이 경우 파이썬은 함수 호출보다 수식을 먼저 실행한다.

실행 예제

`my_adder` 함수를 사용하여 sin(π), cos(π), tan(π)의 합을 계산해보자. 또 `my_adder`에 대한 입력으로 수식을 사용해보고, `my_adder` 함수가 연산을 올바르게 수행하는지 확인해보자.

```
In [12]: d = my_adder(np.sin(np.pi), np.cos(np.pi), np.tan(np.pi))
         d
Out[12]: -1.0
```

```
In [13]: d = my_adder(5 + 2, 3 * 4, 12 / 6)
         d
Out[13]: 21.0

In [14]: d =(5 + 2) + 3 * 4 + 12 / 6
         d
Out[14]: 21.0
```

파이썬 함수는 여러 개의 출력 매개변수를 가질 수 있다. 여러 개의 출력 매개변수가 있는 함수의 결과를 저장할 때 여러 변수를 사용하여 함수의 출력을 해체할 수 있으며, 이 변수들은 쉼표로 구분해야 한다. 이러한 함수는 기본적으로 투플을 통해 여러 개의 결과 매개변수를 반환하므로 반환된 투플을 해체하여 결과 값들을 이용할 수 있다. (여러 개의 출력 매개변수가 있는) 다음 예를 참고하기 바란다.

예제

a=2, b=3에 대해 아래의 함수 my_trig_sum을 실행해보자. 첫 번째 출력 매개변수를 변수 c에 지정하고, 두 번째 출력 매개변수를 변수 d에 지정하고, 세 번째 매개변수를 변수 e에 지정한다.

```
In [15]: def my_trig_sum(a, b):
             """
             여러 개의 값을 반환하는 함수
             작성자
             작성일자
             """
             out1 = np.sin(a) + np.cos(b)
             out2 = np.sin(b) + np.cos(a)
             return out1, out2, [out1, out2]

In [16]: c, d, e = my_trig_sum(2, 3)
         print(f"c ={c},d={d},e={e}")

c =-0.0806950697747637, d=-0.2750268284872752,
e=[-0.0806950697747637, -0.2750268284872752]
```

결과를 하나의 변수에 지정하면 모든 출력 매개변수를 포함하는 투플을 얻게 된다.

실행 예제

a=2, b=3에 대해 함수 my_trig_sum을 실행하고, 출력이 투플임을 확인해보자.

```
In [17]: c = my_trig_sum(2, 3)
         print(f"c={c}, and the returned type is {type(c)}")
```

```
c=(-0.0806950697747637, -0.2750268284872752,
[-0.0806950697747637, -0.2750268284872752]),
and the returned type is <class "tuple">
```

입력 인수도 반환 값도 없는 함수를 정의할 수 있다. 예를 들어 보자.

예제

입력도 출력도 없는 함수

```
In [18]: def print_hello():
             print("Hello")

In [19]: print_hello()

Hello
```

메모 입력 인수가 없더라도 함수를 호출할 때 괄호를 포함해야 한다.

인수 입력의 경우 기본 값을 포함할 수 있다. 다음 예를 참고하시오.

예제

입력 인수를 사용하여 다음 함수를 실행하고, 또 입력 인수 없이 다음 함수를 실행해보자.

```
In [20]: def print_greeting(day = "Monday", name = "Qingkai"):
             print(f"Greetings, {name}, today is {day}")

In [21]: print_greeting()

Greetings, Qingkai, today is Monday

In [22]: print_greeting(name = "Timmy", day = "Friday")

Greetings, Timmy, today is Friday

In [23]: print_greeting(name = "Alex")

Greetings, Alex, today is Monday
```

함수를 정의할 때 매개변수에 값을 지정하면, 이 값이 해당 매개변수의 기본 값이 됨을 알 수 있다. 사용자가 이 인수에 대한 입력을 제공하지 않으면 함수를 호출하는 동안 이 기본 값이 사용된다. 인수의 이름을 제공하는 경우 함수를 호출할 때 인수의 순서는 중요하지 않다.

3.2 지역 변수와 전역 변수

2장에서는 노트북에 연계된 메모리 블록의 개념을 소개한 바 있는데, 해당 노트북에서 생성된 변수는 여기에 저장된다. 함수에는 해당 함수 내부에서 생성된 변수용으로 예약된 자체 메모리 블록도 있다. 이 메모리 블록은 전체 노트북 메모리 블록과 공유되지 않는다. 따라서 함수 외부에서 같은 이름의 변수에 대한 지정 변경 없이 함수 안에서 동일한 이름의 변수를 지정할 수 있다. 함수에 연계된 메모리 블록은 함수가 호출될 때마다 새로 생성된다.

실행 예제

다음 코드의 실행이 완료된 후 out의 값은 무엇일까? my_adder 내부에서 지정된 out의 값인 6과는 다른 값이라는 점에 유의하기 바란다.

```
In [1]: def my_adder(a, b, c):
            out = a + b + c
            print(f"The value out within the function is {out}")
            return out

        out = 1
        d = my_adder(1, 2, 3)
        print(f"The value out outside the function is {out}")

The value out within the function is 6
The value out outside the function is 1
```

my_adder 안의 out 변수는 **지역 변수**이다. 즉, my_adder 함수 안에서만 정의되기 때문에 함수 외부의 변수에는 영향을 줄 수 없다. 노트북 상의 함수 외부에서 수행한 작업은 이름이 같더라도 my_adder 안의 out 변수에 영향을 줄 수 없다. 위의 예제에는 노트북 셀에서 정의된 out 변수가 있다. 그 다음 행에서 my_adder가 호출되면 파이썬은 해당 함수의 변수들을 위한 새로운 메모리 블록을 생성한다. 함수 내부에서 생성된 변수 중 하나는 또 다른 out이다. 노트북 셀에서 정의된 out 변수와 my_adder 안의 out 변수는 서로 다른 메모리 블록에 위치하기 때문에 my_adder 내부에서 out에 지정할 경우 함수 외부의 out에 지정된 값은 변경되지 않는다.

단일 메모리 블록을 사용하는 대신 함수마다 별도의 메모리 블록을 두는 이유는 무엇일까? 파이썬에서 메모리 블록들을 분리하는 것이 불필요해 보일 수도 있지만, 많은 함수들로 구성된 대규모 프로젝트에서는 메모리 블록들을 분리하는 것이 매우 효율적이다.

한 프로그래머가 한 함수의 코딩을 담당하고 다른 프로그래머가 다른 함수의 코딩을 담당하는 경우, 별도의 메모리 블록을 사용하면 각 프로그래머가 독립적으로 작업할 수 있고 다른 프로그래머의 코드 때문에 자신의 코드에 오류가 생성되지 않는다는 확신을 가질 수 있다. 별도의 메모리 블록을 사용함으로써 외부의 영향으로부터 함수를 보호할 수 있다. 함수 메모리 블록 외부에 있는 것들 중에서 함수 내부에서 일어나는 일에 영향을 줄 수 있는 유일한 것은 입력 인수이고, 함수가 종료될 때 함수의 메모리 블록에서 외부 세계로 나갈 수 있는 유일한 것은 출력 인수이다.

아래의 예제들은 지역 변수의 개념에 대한 이해를 돕기 위한 연습용으로 설계되었다. 변수들은 의도적으로 다소 혼란스럽게 구성되었지만, 이들에 대한 동작을 정확히 파악할 수 있다면 함수 내부에서 정의되는 지역 변수의 개념을 마스터하게 될 것이다. 파이썬이 수행하는 작업이 정확히 무엇인지 또 어떤 순서로 수행하는지에 집중하기 바란다.

예제

다음 함수를 생각해보자.

```
In [2]: def my_test(a, b):
            x = a + b
            y = x * b
            z = a + b

            m = 2

            print(f"Within function: x={x}, y={y}, z={z}")
            return x, y
```

실행 예제

다음 코드를 실행한 후 a, b, x, y, z의 값은 무엇일까?

```
In [3]: a = 2
        b = 3
        z = 1
        y, x = my_test(b, a)
        print(f"Outside function: x={x}, y={y}, z={z}")

Within function: x=5, y=10, z=5
Outside function: x=10, y=5, z=1
```

실행 예제

다음 코드를 실행한 후 a, b, x, y, z의 값은 무엇일까?

```
In [4]: x = 5
        y = 3
        b, a = my_test(x, y)
        print(f"Outside function: x={x},y={y},z={z}")

Within function: x=8, y=24, z=8
Outside function: x=5, y=3, z=1
```

실행 예제

함수 외부에서 m을 인쇄하면 어떤 값이 인쇄될까?

```
In [5]: m

        -------------------------------------------------------
        NameError        Traceback (most recent call last)

        <ipython-input-5-9a40b379906c> in <module>
    ----> 1 m

        NameError: name "m" is not defined
```

m은 함수 내부에서 정의되기 때문에 함수 외부에서 그 값은 정의되지 않는다. 함수 외부에서 정의된 변수를 함수 내부에서 변경하려고 시도하면 동일한 오류 메시지가 발생한다.

예제

함수 내부에서 n의 값을 사용하고 변경해보자.

```
In [6]: n = 42

        def func():
            print(f"Within function: n is {n}")
            n = 3
            print(f"Within function: change n to {n}")

        func()
        print(f"Outside function: Value of n is {n}")

        -------------------------------------------------------------
```

```
UnboundLocalError          Traceback (most recent call last)

<ipython-input-6-85f3215553ae> in <module>
      6     print(f"Within function: change n to {n}")
      7
----> 8 func()
      9 print(f"Outside function: Value of n is {n}")

<ipython-input-6-85f3215553ae> in func()
      2
      3 def func():
----> 4     print(f"Within function: n is {n}")
      5     n = 3
      6     print(f"Within function: change n to {n}")

UnboundLocalError: local variable "n" referenced before
                   assignment
```

해결책은 키워드 global을 사용하여 이 변수가 **전역 변수**이며 함수 외부와 내부에서 모두 사용될 수 있음을 파이썬에게 알리는 것이다.

예제

n을 전역 변수로 정의한 다음 함수 내부에서 값 n의 값을 사용하고 변경해보자.

```
In [7]: n = 42

        def func():
            global n
            print(f"Within function: n is {n}")
            n = 3
            print(f"Within function: change n to {n}")

        func()
        print(f"Outside function: Value of n is {n}")

Within function: n is 42
Within function: change n to 3
Outside function: Value of n is 3
```

3.3 중첩 함수

일단 새로운 함수를 만들고 저장하면, 다른 파이썬 내장 함수처럼 동작한다. 노트북의 어디에서나 함수를 호출할 수 있으며 다른 함수 안에서도 해당 함수를 호출할 수 있다. **중첩 함수**는 (**부모 함수**로 불리는) 다른 함수 내에 정의된 함수이다. 이 경우 부모 함수만 중첩 함수를 호출할 수 있다. 중첩 함수는 부모 함수와 별도의 메모리 블록을 갖는다는 점을 기억하기 바란다.

실행 예제

다음 함수와 중첩 함수를 생각해보자.

```
In [1]: import numpy as np

        def my_dist_xyz(x, y, z):
            """
            x, y, z는 투플 형식의 2차원 좌표들이다.
            출력: d - 리스트
              d[0]은 x와 y 사이의 거리
              d[1]은 x와 z 사이의 거리
              d[2]은 y와 z 사이의 거리
            """

            def my_dist(x, y):
                """
                my_dist_xyz의 중첩 함수
                출력은 거리 계산 공식으로 계산된 x와 y 사이의 거리
                """
                out = np.sqrt((x[0]-y[0])**2+(x[1]-y[1])**2)
                return out

            d0 = my_dist(x, y)
            d1 = my_dist(x, z)
            d2 = my_dist(y, z)

            return [d0, d1, d2]
```

변수 x와 y는 my_dist_xyz와 my_dist 모두에 나타난다. 이것이 허용되는 것은 중첩된 함수가 부모 함수와 별도의 메모리 블록을 갖기 때문이다. 중첩 함수는 어떤 작업을 부모 함수 내에서 여러 번 수행해야 하지만 함수 외부에서는 수행할 필요가 없을 경우에 유용하다. 이러한 방식으로 중첩 함수는 부모 함수 안에 숨어 있으면서 부모 함수의 작업

수행을 돕는다.

실행 예제

x = (0, 0), y = (0, 1), z = (1, 1)에 대해 함수 my_dist_xyz를 호출해보자. 그런 다음 중첩 함수 my_dist를 호출해보자.

```
In [2]: d = my_dist_xyz((0, 0), (0, 1), (1, 1))
        print(d)
        d = my_dist((0, 0), (0, 1))

[1.0, 1.4142135623730951, 1.0]

        ---------------------------------------------------
        NameError        Traceback (most recent call last)

        <ipython-input-2-1bec838581d7> in <module>
          1 d = my_dist_xyz((0, 0), (0, 1), (1, 1))
          2 print(d)
    ----> 3 d = my_dist((0, 0), (0, 1))

        NameError: name "my_dist" is not defined
```

다음 예제에서는 중첩 함수를 사용하지 않고 코드를 반복하고 있다. 함수가 얼마나 더 번잡해 보이는지 그리고 무슨 일이 일어나고 있는지 이해하는 것이 얼마나 더 어려운지에 주목하기 바란다. 이 버전에서는 거리 공식을 잘못 입력할 수 있는 기회가 세 번 있기 때문에 실수할 가능성도 높아진다. 벡터 연산을 사용하면 이 함수를 더 간결하게 작성할 수 있지만, 이것은 독자들을 위한 연습문제로 남긴다.

```
In [ ]: import numpy as np

        def my_dist_xyz(x, y, z):
            """
            x, y, z는 투플 형식의 2차원 좌표들이다.
            출력: d - 리스트
                d[0]은 x와 y 사이의 거리
                d[1]은 x와 z 사이의 거리
                d[2]은 y와 z 사이의 거리
            """
            d0 = np.sqrt((x[0]-y[0])**2+(x[1]-y[1])**2)
            d1 = np.sqrt((x[0]-z[0])**2+(x[1]-z[1])**2)
```

```
    d2 = np.sqrt((y[0]-z[0])**2+(y[1]-z[1])**2)

    return [d0, d1, d2]
```

3.4 람다 함수

때로는 일반적인 방법으로 함수를 정의하는 것이 최상이 아닌 경우가 있다. 특히 한 줄 정도의 간단한 함수의 경우 파이썬에서는 이름 없이 정의되는 익명 함수를 사용한다. 이러한 유형의 함수는 키워드 lambda를 사용하여 정의되기 때문에 **람다 함수**라고도 한다. 일반적인 람다 함수의 정의 형식은 다음과 같다.

구문

```
lambda 인수: 식
```

람다 함수에서 인수는 여러 개일 수 있지만 식은 하나라야 한다.

실행 예제

입력된 숫자를 제곱하는 람다 함수를 정의하고, 2, 5 등의 입력으로 함수를 호출해보자.

```
In [1]: square = lambda x: x**2

        print(square(2))
        print(square(5))

4
25
```

위의 람다 함수에서 x는 인수이고 x**2는 계산하여 반환하는 식이다. 함수 자체는 이름을 갖지 않으며, 제곱을 계산하는 함수 객체를 반환한다. 이렇게 정의한 후에는 일반 함수처럼 호출할 수 있다. 위의 람다 함수는 다음과 같이 정의된 함수와 동등하다.

```
def square(x):
    return x**2
```

실행 예제

x와 y를 더하는 람다 함수를 정의해보자.

```
In [2]: my_adder = lambda x, y: x + y
        print(my_adder(2, 4))

6
```

람다 함수를 유용하게 사용할 수 있는 경우가 많으며, 다른 장들에서 유용한 예제들을 제시할 것이다. 여기서는 람다 함수가 사용되는 사례 하나를 보여준다.

예제

투플의 두 번째 항목을 기준으로 `[(1, 2), (2, 0), (4, 1)]`을 정렬해보자.

```
In [3]: sorted([(1, 2), (2, 0), (4, 1)], key=lambda x: x[1])
Out[3]: [(2, 0), (4, 1), (1, 2)]
```

무슨 일이 발생한 것일까? `sorted` 함수에는 사용자가 정렬 기준을 정의할 수 있도록 정렬 기준 정의 함수를 받는 `key`라는 매개변수가 있다. 매개변수 `key`에 전달할 함수가 간단할 때 흔히 람다 함수를 사용한다.

3.5 함수에 대한 인수로서의 함수

지금까지 여러 유형의 데이터 구조를 변수에 지정해보았다. 데이터 구조를 변수에 지정할 수 있다는 것은 데이터 구조에 담긴 정보를 함수들에 전달할 수 있으며 또한 함수에서 깔끔하고 질서 있는 방식으로 정보를 반환할 수 있음을 의미한다. 때로는 함수를 다른 함수에 전달하고 변수처럼 취급되도록 하는 것이 유용한 경우들이 있다. 즉, 어떤 함수가 다른 함수의 입력으로 사용될 수도 있다. 바로 앞의 절에서 변수에 함수 객체를 반환하는 람다 함수를 살펴보았다. 이 절에서는 함수 객체를 다른 함수에 대한 입력으로 사용하는 방법에 대한 예들을 더 살펴볼 것이다.

실행 예제

함수 `max`를 변수 `f`에 지정한 다음 `f`의 데이터 유형을 확인해보자.

```
In [1]: f = max
        print(type(f))

<class "builtin_function_or_method">
```

위의 예에서 `f`는 이제 `max` 함수와 동일하다. `x = 1`이 `x`와 `1`을 서로 맞바꿀 수 있음을 의미하는 것과 같이 f와 max 함수도 이제 서로 맞바꿀 수 있다.

실행 예제

f를 사용하여 리스트 [2, 3, 5]의 최댓값을 구해보자. 또 그 결과가 max를 사용한 경우와 동일한지 확인해보자.

```
In [2]: print(f([2, 3, 5]))
        print(max([2, 3, 5]))

5
5
```

실행 예제

함수 객체 f와 실수 x를 입력 인수로 취하는 함수 my_fun_plus_one을 작성한다. my_fun_plus_one은 x에 대해 계산된 f 값에 1을 더한 값을 반환해야 한다. 여러 함수와 x 값에 대해 my_fun_plus_one 함수가 작동하는지 확인해보자.

```
In [3]: import numpy as np

        def my_fun_plus_one(f, x):
            return f(x) + 1

        print(my_fun_plus_one(np.sin, np.pi/2))
        print(my_fun_plus_one(np.cos, np.pi/2))
        print(my_fun_plus_one(np.sqrt, 25))

2.0
1.0
6.0
```

위의 예에서 여러 함수가 my_fun_plus_one 함수에 대한 입력으로 사용된다. 물론 람다 함수를 사용할 수도 있다.

```
In [4]: print(my_fun_plus_one(lambda x: x + 2, 2))

5
```

3.6 요약, 그리고 문제

3.6.1 요약

1. 함수는 특정 작업을 수행하도록 설계된 독립적인 명령 집합이다.
2. 함수는 함수 안의 변수들을 위한 자체 메모리 블록을 갖는다. 함수의 입력 변수를 통해서만 함수의 메모리 블록에 정보를 추가할 수 있으며, 정보는 함수의 출력 변수를 통해서만 함수의 메모리 블록을 나갈 수 있다.
3. 다른 함수 내부에 함수를 정의할 수 있으며, 이를 중첩 함수라고 한다. 이러한 중첩 함수는 부모 함수에서만 호출할 수 있다.
4. 키워드 `lambda`를 사용하여 익명 함수를 정의할 수 있으며, 이를 람다 함수라고 한다.
5. 변수에 함수를 지정할 수 있다.

3.6.2 문제

1. sinh로 표시되는 쌍곡 사인은 $\frac{\exp(x)-\exp(-x)}{2}$와 같이 정의된다. x에 대해 계산되는 쌍곡 사인을 출력으로 하는 함수 `my_sinh(x)`를 작성하시오. x가 부동소수점 실수라고 가정한다.

   테스트 케이스:

```
In: my_sinh(0)
Out: 0

In: my_sinh(1)
Out: 1.1752

In: my_sinh(2)
Out: 3.6269
```

2. 출력 m이 다음 형식의 $n \times n$ 배열인 `my_checker_board(n)` 함수를 작성하시오.

$$m = \begin{matrix} 1 & 0 & 1 & 0 & 1 \\ 0 & 1 & 0 & 1 & 0 \\ 1 & 0 & 1 & 0 & 1 \\ 0 & 1 & 0 & 1 & 0 \\ 1 & 0 & 1 & 0 & 1 \end{matrix}$$

왼쪽 상단 원소는 항상 1이어야 한다. n은 양의 정수라고 가정한다.

테스트 케이스:

```
In: my_checker_board(1)
Out: 1

In: my_checker_board(2)
Out: array([[1, 0],
            [0, 1]])

In: y = my_sinh(3)
Out: array([[1, 0, 1],
            [0, 1, 0],
            [1, 0, 1]])

In: y = my_sinh(5)
Out: array([[1, 0, 1, 0, 1],
            [0, 1, 0, 1, 0],
            [1, 0, 1, 0, 1],
            [0, 1, 0, 1, 0],
            [1, 0, 1, 0, 1]])
```

3. 밑변이 b이고 높이가 h인 삼각형의 면적을 출력으로 갖는 함수 my_triangle(b,h)를 작성하시오. 삼각형의 넓이는 밑변의 1/2에 높이를 곱하여 계산한다. b와 h는 부동 소수점 실수라고 가정한다.

   테스트 케이스:

```
In: my_triangle(1, 1)
Out: 0.5

In: my_triangle(2, 1)
Out: 1

In: my_triangle(12, 5)
Out: 30
```

4. 배열 m을 입력으로 받아 리스트 [m1, m2]를 출력으로 반환하는 함수 my_split_matrix(m)을 작성하시오. 여기서 m1은 m의 왼쪽 절반, m2는 m의 오른쪽 절반이다. 열의 개수가 홀수인 경우 중간 열은 m1로 가야 한다. m에 최소한 두 개의 열이 있다고 가정한다.

테스트 케이스:

```
In: m = np.array([[1, 2, 3], [4, 5, 6], [7, 8, 9]])
In: m1, m2 = my_split_matrix(m)
Out: m1 = array([[1, 2],
                 [4, 5],
                 [7, 8]])
Out: m2 = array([3, 6, 9])

In: m = np.ones((5, 5))
In: m1, m2 = my_split_matrix(m)
Out: m1 = array([[1., 1., 1.],
     [1., 1., 1.],
     [1., 1., 1.],
     [1., 1., 1.],
     [1., 1., 1.]])
Out: m2 = array([[1., 1.],
     [1., 1.],
     [1., 1.],
     [1., 1.],
     [1., 1.]])
```

5. 원통의 반지름과 높이 r과 h를 입력으로 받아 리스트 [s, v]를 출력으로 반환하는 함수 my_cylinder(r,h)를 작성하시오. 여기서 s와 v는 원통의 표면적과 부피이다. 원통의 표면적은 $2\pi r^2 + 2\pi rh$이고 부피는 $\pi r^2 h$이다. r과 h는 부동 소수점 실수라고 가정한다.

테스트 케이스:

```
In: my_cylinder(1,5)
Out: [37.6991, 15.7080]

In: my_cylinder(2,4)
Out: [62.8319, 37.6991]
```

6. 1차원 정수 배열 a를 받아 a 안의 홀수 개수를 출력으로 반환하는 함수 my_n_odds(a)를 작성하시오.

테스트 케이스:

```
In: my_n_odds(np.arange(100))
Out: 50
```

```
In: my_n_odds(np.arange(2, 100, 2))
Out: 0
```

7. 모든 원소의 값이 2인 $m \times n$ 배열을 출력으로 반환하는 함수 my_twos(m,n)를 작성하시오. m과 n은 양의 정수라고 가정한다.

   테스트 케이스:

```
In: my_twos(3, 2)
Out: array([[2, 2],
    [2, 2],
    [2, 2]])

In: my_twos(1, 4)
Out: array([2, 2, 2, 2])
```

8. 입력으로 x와 y를 받고 출력은 x-y인 람다 함수를 작성하시오.
9. 출력이 문자열 s1과 s2의 결합인 함수 add_string(s1, s2)을 작성하시오.

   테스트 케이스:

```
In: s1 = add_string("Programming", "")
In: s2 = add_string("is ", "fun!")
In: add_string(s1, s2)
Out: "Programming is fun!"
```

10. 다음과 같은 오류를 생성하는 코드를 작성하시오.
    - TypeError: fun() missing 1 required positional argument: "a"
    - IndentationError: expected an indented block
11. 입력으로 문자열 name과 정수 age를 받고 출력은 "Hi, my name is XXX and I am YYY years old"인 함수 Greeting(name, age)를 작성하시오. 여기서 XXX와 YYY는 각각 입력으로 주어진 이름과 나이이다.

    테스트 케이스:

```
In: greeting("John", 26)
Out: "Hi, my name is John and I am 26 years old."

In: greeting("Kate", 19)
Out: "Hi, my name is Kate and I am 19 years old."
```

12. r1과 r2를 중심이 같은 원의 반지름들이라고 하고 r2>r1이라고 하자. 반지름이 r1인 원의 외부이면서 반지름이 r2인 원의 내부인 영역의 면적을 출력하는 함수 my_donut_area(r1, r2)를 작성하시오. 함수가 벡터화되었음을 확인하시오. r1과 r2가 같은 크기의 1차원 배열이라고 가정한다.

    테스트 케이스:

    ```
    In: my_donut_area(np.arange(1, 4), np.arange(2, 7, 2))
    Out: array([9.4248, 37.6991, 84.8230])
    ```

13. 1차원 부동 소수점 실수 리스트 또는 배열 A, 부동 소수점 실수 스칼라 a와 tol 등을 입력으로 받고 $|A - a| < \text{tol}$인 원소들의 인덱스 리스트 또는 배열을 출력으로 반환하는 함수 my_within_tolerance(A, a, tol)을 작성하시오.

    테스트 케이스:

    ```
    In: my_within_tolerance([0, 1, 2, 3], 1.5, 0.75)
    Out: [1, 2]

    In: my_within_tolerance(np.arange(0, 1.01, 0.01), 0.5, 0.03)
    Out: [47, 48, 49, 50, 51, 52]
    ```

14. 입력으로 1차원 부동 소수점 실수 배열 A, 부동 소수점 실수 스칼라 top과 bottom 등을 입력으로 받고, bottom < A < top인 A의 원소들은 그대로 두고 A <= bottom인 원소들은 bottom으로 A >= top인 원소들은 top으로 변경하여 얻은 배열을 출력으로 반환하는 함수 bounding_array(A, top, bottom)을 작성하시오.

    테스트 케이스:

    ```
    In: bounding_array(np.arange(-5, 6, 1), 3, -3)
    Out: [-3, -3, -3, -2, -1, 0, 1, 2, 3, 3, 3]
    ```

CHAPTER

분기문

4

CONTENTS

4.1 if-else 문

if-else 문 또는 줄여서 if 문은 분기문이며, 특정 조건이 충족되는 경우에만 코드 블록을 실행하는 코드 구조이다. 여기에 사용되는 조건은 논리식으로 표시된다.

구문 단순 if 문

```
if 논리식:
    코드 블록
```

구문 단순 if-else 문

```
if 논리식:
    코드 블록 1
else:
    코드 블록 2
```

if라는 단어는 키워드이다. 파이썬에서 if 문을 만나면 주어진 논리식이 참인지 판단한다. 참이면 코드 블록이 실행되며, 거짓이면 실행되지 않는다. if 문의 의미는 "논리식이 참이면 코드 블록을 수행하시오."이다. if-else 문의 경우, 논리식이 참이면 코드 블록 1의 코드가 실행되고 그렇지 않으면 코드 블록 2의 코드가 실행된다.

여러 조건을 고려해야 하는 경우 elif 문을 포함할 수 있으며, 기타 모든 경우에 해당하는 조건이 필요하면 else 문을 사용할 수 있다. 다음 예에서는 P, Q, R을 서로 다른 논리식이라고 가정하고 다중 분기를 보여준다.

메모 파이썬에서는 조건문 내의 모든 코드 행에 동일한 수준의 들여쓰기를 요한다.

예제

확장 if-else 문

```
if 논리식 P:
    코드 블록 1
elif 논리식 Q:
    코드 블록 2
elif 논리식 R:
    코드 블록 3
else:
    코드 블록 4
```

위의 코드에서 파이썬은 먼저 P를 확인하여 참이면 코드 블록 1을 실행하고 if 문을 종료한다. 즉, 일단 참인 문장에 도달하면 나머지 문장들을 확인하지 않는다. P가 거짓이면 파이썬은 Q가 참인지 확인한다. Q가 참이면 코드 블록 2를 실행하고 if 문을 종료하며, 거짓이면 R이 참인지 확인한다. P, Q, R이 모두 거짓이면 코드 블록 4가 실행된다. 하나의 if 문에서 elif 문은 몇 번이고 나타날 수 있는데 반해, else 문은 생략되거나 한 번 나타날 수 있다. if나 elif 뒤에 오는 (P, Q, R과 같은) 논리식을 조건이라고 한다.

실행 예제

함수 my_thermo_stat(temp, desired_temp)를 작성해보자. 함수의 반환 값은 temp가 desired_temp - 5보다 작으면 문자열 "Heat", temp가 desired_temp + 5보다 크면 문자열 "AC", 어느 경우에도 해당되지 않으면 문자열 "off"이어야 한다.

```
In [1]: def my_thermo_stat(temp, desired_temp):
            """
            현재 온도와 희망 온도에 기초하여
            온도조절 장치 상태를 변경한다.
            author
            date
            :temp의 타입: 정수
            :desiredTemp의 타입: 정수
            :반환 값 타입: 문자열
            """
            if temp < desired_temp - 5:
                status = "Heat"
```

```
        elif temp > desired_temp + 5:
            status = "AC"
        else:
            status = "off"
        return status

In [2]: status = my_thermo_stat(65,75)
        print(status)

Heat

In [3]: status = my_thermo_stat(75,65)
        print(status)

AC

In [4]: status = my_thermo_stat(65,63)
        print(status)

off
```

예제

다음 스크립트가 실행된 후 y의 값은 무엇일까?

```
In [5]: x = 3
        if x > 1:
            y = 2
        elif x > 2:
            y = 4
        else:
            y = 0
        print(y)

2
```

논리 연산자를 사용하여 더 복잡한 조건을 표현할 수도 있다.

예제

다음 스크립트가 실행된 후 y의 값은 무엇일까?

```
In [6]: x = 3
        if x > 1 and x < 2:
            y = 2
```

```
    elif x > 2 and x < 4:
        y = 4
    else:
        y = 0
    print(y)

4
```

조건 $a < x < b$는 두 개의 조건 $a < x$와 $x < b$로 간주되는데, 파이썬에서는 a < x < b와 같이 입력할 수도 있다. 예를 들어 보자.

```
In [7]: x = 3
        if 1 < x < 2:
            y = 2
        elif 2 < x < 4:
            y = 4
        else:
            y = 0
        print(y)

4
```

어떤 문장이 동일한 유형의 다른 문장에 완전히 포함될 경우 **중첩**되었다고 표현한다. 예를 들어, **중첩 if 문**은 다른 if 문 안에 완전히 포함된 if 문이다.

예제

다음 코드가 실행될 때 어떤 일이 일어날지 생각해보시오. x와 y의 입력 값에 기초하여 가능한 모든 결과를 제시하시오.

```
In [8]: def my_nested_branching(x,y):
            """
            중첩 분기문 예제
            author
            date
            :x의 타입: 정수
            :y의 타입: 정수
            :반환 값 타입: 정수
            """
            if x > 2:
```

```
        if y < 2:
            out = x + y
        else:
            out = x - y
    else:
        if y > 2:
            out = x*y
        else:
            out = 0
    return out
```

메모 파이썬은 if 문에서도 코드 행들에 동일한 수준의 들여쓰기를 요한다. 중첩 if 문은 추가로 4개의 공백으로 들여쓰기 되어야 한다. 들여쓰기가 올바르지 않으면 함수 정의에서와 마찬가지로 IndentationError가 발생한다.

```
In [9]: import numpy as np

In [10]: all([1, 1, 0])
Out[10]: False
```

조건 작성에 도움이 되는 많은 논리 함수들이 있다. 예를 들어, 함수 isinstance를 사용하여 변수가 특정 데이터 유형을 갖는지 물어볼 수 있다. 논리 값 배열의 원소 중 하나라도 참이면 참을 반환하고 그렇지 않으면 거짓을 반환하는 any, 논리 값 배열의 모든 원소가 참인 경우에만 참을 반환하는 all 등과 같이 논리 배열에 대한 정보를 알려주는 함수도 있다.

함수를 용법에 맞게 사용하는지 확인하기 위해 함수의 입력을 검사하도록 함수를 설계할 수도 있다. 예를 들어, 이전 장의 my_adder 함수는 입력으로 숫자들을 기대한다. 사용자가 입력 매개변수 중 하나에 목록이나 문자열을 입력하면 함수에서 오류가 발생하거나 예기치 않은 결과가 발생한다. 이를 방지하기 위해 사용자에게 해당 함수를 용법에 따라 제대로 사용하지 않았음을 알리기 위한 검사를 할 수 있다. 오류를 제어하는 이러한 기술들에 대해서는 10장에서 더 자세히 설명한다. 지금은 함수 실행을 중지하고 적절한 오류 메시지를 출력하기 위해 TypeError 예외를 발생시키는 raise 문을 사용할 수 있다는 점만 알고 있기 바란다.

예제

사용자가 숫자 값을 입력하지 않으면 경고를 표시하도록 my_adder를 수정해보자. 검사가 적절히 작동하는지 보여주기 위해 함수에 숫자가 아닌 입력을 시도해본다. 문장이 너무 길어지면 \ 기호를 사용하여 여러 행에 걸쳐 문장을 작성할 수 있다.

```
In [11]: def my_adder(a, b, c):
             """
             숫자 3개의 합을 계산하는 함수
             author
             date
             """

             # 잘못된 입력 여부에 대한 검사
             if not (isinstance(a, (int, float)) \
                     or isinstance(b, (int, float)) \
                     or isinstance(c, (int, float))):
                 raise TypeError("Inputs must be numbers.")
             # 출력 값 반환
             return a + b + c

In [12]: x = my_adder(1,2,3)
         print(x)

6

In [13]: x = my_adder("1","2","3")
         print(x)

         ---------------------------------------------------------
         TypeError           Traceback (most recent call last)

         <ipython-input-13-c3e353c636b0> in <module>
     ----> 1 x = my_adder("1","2","3")
           2 print(x)

         <ipython-input-11-0f3d29eecee0> in my_adder(a, b, c)
          10             or isinstance(b, (int, float)) \
          11             or isinstance(c, (int, float))):
     ---> 12         raise TypeError("Inputs must be numbers.")
          13     # 출력 값 반환
          14     return a + b + c

         TypeError: Inputs must be numbers.
```

함수에 대한 입력 오류 유형은 다양하며, 함수에서 이 모든 유형을 포착할 것으로 기대하는 것은 비합리적이다. 따라서 달리 명시되지 않는 한 함수가 용법에 맞게 사용된다는 가정 하에 함수를 작성한다.

이제 분기문 예를 몇 개 더 살펴보자.

실행 예제

입력이 홀수이면 "odd"를 반환하고 짝수이면 "even"을 반환하는 함수 is_odd를 작성해보자. 입력은 양의 정수로 가정한다.

```
In [14]: def is_odd(number):
             """
             입력이 홀수이면 "odd"를 반환하고 짝수이면 "even"을 반환하는 함수
             author
             date
             :number의 타입: 정수
             :반환 값 타입: 문자열
             """
             # 나머지 연산을 사용하여 입력이 2로 나누어떨어지는지 검사
             if number % 2 == 0:
                 # 2로 나누어떨어지면, 입력은 홀수가 아님
                 return "even"
             else:
                 return "odd"

In [15]: is_odd(11)
Out[15]: "odd"

In [16]: is_odd(2)
Out[16]: "even"
```

실행 예제

숫자 r과 문자열 calc를 입력 인수로 취하는 my_circ_calc라는 함수를 작성해보자. r은 양수이고 calc는 문자열 "area" 또는 "circumference"라고 가정한다. my_circ_calc 함수는 문자열 calc가 "area"이면 반지름이 r인 원의 면적을 계산하고, calc가 "circumference"이면 반지름이 r인 원의 둘레를 계산한다.

```
In [17]: np.pi
Out[17]: 3.141592653589793

In [18]: def my_circ_calc(r, calc):
             """
```

```
        원에 관련된 계산을 수행한다.
        author
        date
        :r의 타입: 정수 또는 실수
        :calc의 타입: 문자열
        :반환 값 타입: 정수 또는 실수
        """
        if calc == "area":
            return np.pi*r**2
        elif calc == "circumference":
            return 2*np.pi*r

In [19]: my_circ_calc(2.5, "area")
Out[19]: 19.634954084936208

In [20]: my_circ_calc(3, "circumference")
Out[20]: 18.84955592153876
```

메모 위의 함수는 단일 값 입력에 국한되지 않고 NumPy 배열을 입력으로 사용하여 실행할 수도 있다(즉, 동일한 작업이 배열의 각 원소에 적용됨). NumPy 배열을 사용하여 반지름에 [2, 3, 4]를 입력하여 둘레를 계산하는 다음 예를 참고하시오.

```
In [21]: my_circ_calc(np.array([2, 3, 4]), "circumference")
Out[21]: array([12.56637061, 18.84955592, 25.13274123])
```

4.2 3항 연산자

파이썬에는 **조건 연산자**라고도 불리는 **3항 연산자**가 있다. 이 연산자는 조건이 참인 경우 첫 번째 식의 값을 사용하고 그렇지 않으면 두 번째 식의 값을 사용하며, 이를 하나의 행으로 표현한다. 3항 연산자를 표현하는 구문은 다음과 같다.

구문 파이썬의 3항 연산자

참인 경우의 식 if 조건 else 거짓인 경우의 식

예제

3항 연산자

```
In [1]: is_student = True
```

```
        person = "student" if is_student else "not student"
        print(person)

student
```

위의 예제상의 한 줄 코드는 아래 코드의 if-else 문과 동일함을 알 수 있다.

```
In [2]: is_student = True
        if is_student:
            person = "student"
        else:
            person = "not student"
        print(person)

student
```

3항 연산자는 간단한 분기 표현을 제공하며 코드를 간결하게 만들 수 있다. 다음 장에서는 리스트의 조건제시법 표현에서 3항 연산자를 유용하게 사용하는 예를 보일 것이다.

4.3 요약, 그리고 문제

4.3.1 요약

1. 분기(if-else) 문을 사용하면 함수가 조건에 따라 다른 작업을 수행할 수 있다.
2. 3항 연산자는 한 줄 분기문을 표현한다.

4.3.2 문제

1. 함수 my_tip_calc(bill, party)를 작성하시오. 여기서 bill은 총 식사비용이고 party는 식사모임의 인원수이다. 팁은 모임 인원수가 6인 미만의 경우 15%, 8인 미만의 경우 18%, 11인 미만의 경우 20%, 11인 이상인 경우 25%로 계산한다. 몇 가지 테스트 케이스가 아래에 주어져 있다.

```
In [ ]: def my_tip_calc(bill, party):
            # 함수 코드를 여기에 작성하시오

            return tips
```

```
In [ ]: # t = 16.3935
        t = my_tip_calc(109.29,3)
        print(t)

In [ ]: # t = 19.6722
        t = my_tip_calc(109.29,7)
        print(t)

In [ ]: # t = 21.8580
        t = my_tip_calc(109.29,9)
        print(t)

In [ ]: # t = 27.3225
        t = my_tip_calc(109.29,12)
        print(t)
```

2. 함수 my_mult_operation(a,b,operation)를 작성하시오. 입력 인수 operation은 문자열 "plus", "minus", "mult", "div", "pow" 중 하나이며, 함수는 operation 값에 따라 $a+b$, $a-b$, $a*b$, a/b, a^b을 계산한다. 몇 가지 테스트 케이스가 아래에 주어져 있다.

```
In [ ]: def my_mult_operation(a,b,operation):
            # 함수 코드를 여기에 작성하시오

            return out

In [ ]: x = np.array([1,2,3,4])
        y = np.array([2,3,4,5])

In [ ]: # 출력: [3,5,7,9]
        my_mult_operation(x,y,"plus")

In [ ]: # 출력: [-1,-1,-1,-1]
        my_mult_operation(x,y,"minus")

In [ ]: # 출력: [2,6,12,20]
        my_mult_operation(x,y,"mult")

In [ ]: # 출력: [0.5,0.66666667,0.75,0.8]
        my_mult_operation(x,y,"div")

In [ ]: # 출력: [1,8,81,1024]
        my_mult_operation(x,y,"pow")
```

3. (0, 0), (1, 0), (0, 1)에 꼭짓점이 있는 삼각형을 생각해보자. `my_inside_triangle(x,y)`라는 이름의 함수를 작성하시오. 여기서 점 (x, y)가 삼각형 외부에 있으면 출력은 문자열 "outside"가 되고, 점이 정확히 삼각형의 경계에 있으면 "border", 점이 삼각형의 내부에 있는 경우 "inside"이다.

```
In [ ]: def my_inside_triangle(x,y):
            # 함수 코드를 여기에 작성하시오

            return position

In [ ]: # 출력: "border"
        my_inside_triangle(.5,.5)

In [ ]: # 출력: "inside"
        my_inside_triangle(.25,.25)

In [ ]: # 출력: "outside"
        my_inside_triangle(5,5)
```

4. 함수 `my_make_size10(x)`를 작성하시오. 여기서 x는 배열이고, x에 10개 이상의 원소가 있는 경우 출력은 x의 처음 10개의 원소이고, 10개 미만의 원소가 있는 경우 출력은 길이가 10이 되도록 배열 x에 0들을 추가하여 만든 배열이다.

```
In [ ]: def my_make_size10(x):
            # 함수 코드를 여기에 작성하시오

            return size10

In [ ]: # 출력: [1,2,0,0,0,0,0,0,0,0]
        my_make_size10(range(1,2))

In [ ]: # 출력: [1,2,3,4,5,6,7,8,9,10]
        my_make_size10(range(1,15))

In [ ]: # 출력: [3,6,13,4,0,0,0,0,0,0]
        my_make_size10(5,5)
```

5. if 문을 사용하지 않고 (즉, 논리 연산과 배열 연산만을 사용하여) `my_make_size10`을 작성할 수 있겠는가?

6. 문자열 유형의 등급을 계산하여 반환하는 함수 `my_letter_grader(percent)`를 작성하시오. 등급은 `percent`가 97 이상이면 "A+", 93 이상이면 "A", 90 이상

이면 “A-”, 87 이상이면 “B+”, 83 이상이면 “B”, 80 이상이면 “B-”, 77 이상이면 “C+”, 73 이상이면 “C”, 70 이상이면 “C-”, 67 이상이면 “D+”, 63 이상이면 “D”, 백분율이 60 이상이면 “D-”, 60보다 작으면 “F”이다.

```
In [ ]: def my_letter_grader(percent):
            # 함수 코드를 여기에 작성하시오

            return grade
```

```
In [ ]: # 출력: "A+"
        my_letter_grader(97)
```

```
In [ ]: # 출력: "B"
        my_letter_grader(84)
```

7. 대부분의 공학 장치에는 중복성이 내장되어 있다. 즉, 공학 장치에는 목적을 달성하기 위한 설계에 안전장치가 반영되어 있다. 3개의 센서로 온도를 모니터링하는 원자로를 생각해보자. 두 개의 센서 판독 값이 일치하지 않으면 경보가 울려야 한다. 함수 `my_nuke_alarm(s1,s2,s3)`을 작성하시오. 여기서 `s1`, `s2`, `s3`은 각각 센서 1, 센서 2, 센서 3의 온도 판독 값이다. 온도 판독 값 쌍 중에서 어느 하나라도 차이가 10도를 넘으면 문자열 `"alarm!"`을 출력하고, 그렇지 않으면 `"normal"`을 출력한다.

```
In [ ]: def my_nuke_alarm(s1,s2,s3):
            # 함수 코드를 여기에 작성하시오

            return response
```

```
In [ ]: # 출력: "normal"
        my_nuke_alarm(94,96,90)
```

```
In [ ]: # 출력: "alarm!"
        my_nuke_alarm(94,96,80)
```

```
In [ ]: # 출력: "normal"
        my_nuke_alarm(100,96,90)
```

8. $Q(x)$를 스칼라 값 a, b, c에 대한 2차 함수 $Q(x) = ax^2 + bx + c$라고 하자. $Q(r) = 0$을 만족하는 r에 해당하는 2차 방정식의 두 근은 다음과 같은 근의 공식으로 주어진다.

$$r = \frac{-b \pm \sqrt{b^2 - 4ac}}{2a}$$

2차 방정식은 두 개의 실근($b^2 > 4ac$인 경우), 두 개의 허근($b^2 < 4ac$인 경우), 또는 하나의 근 $r = -\dfrac{b}{2a}$를 갖는다.

함수 my_n_roots(a,b,c)를 작성하시오. 여기서 a, b, c는 2차 방정식의 계수이다. 함수는 두 개의 값 n_roots와 r을 반환해야 한다. n_roots는 2개의 실근이 있으면 2, 1개의 근이 있으면 1, 2개의 허근이 있으면 −2이고, r은 근들을 포함하는 배열이다.

```
In [ ]: def my_n_roots(a,b,c):
            # 함수 코드를 여기에 작성하시오

            return n_roots, r
```

```
In [ ]: # 출력: n_roots = 2, r = [3, -3]
        n_rootc, r - my_n_roots(1,0,-9)
        print(n_roots, r)
```

```
In [ ]: # 출력: n_roots = -2,
        # r = [-0.6667 + 1.1055j, -0.6667 -1.1055j]
        my_n_roots(3,4,5)
```

```
In [ ]: # 출력: n_roots = 1, r = [1]
        my_n_roots(2,4,2)
```

9. 함수 my_split_function(f,g,a,b,x)을 작성하시오. 여기서 f와 g는 각각 함수 객체 f(x)와 g(x)를 나타낸다. 출력은 x ≤ a이면 f(x), x ≥ b이면 g(x), 그 외의 경우 0이다. $b > a$라고 가정한다.

```
In [ ]: def my_split_function(f,g,a,b,x):
            if x <= a:
                return f(x)
            elif x >= b:
                return g(x)
            else:
                return 0
```

```
In [ ]: # 출력: 2.713
        my_split_function(np.exp, np.sin, 2, 4, 1)
```

```
In [ ]: # 출력: 0
        my_split_function(np.exp, np.sin, 2, 4, 3)

In [ ]: # 출력: -0.9589
        my_split_function(np.exp, np.sin, 2, 4, 5)
```

CHAPTER

반복

5

CONTENTS

5.1 for 루프

for 루프는 시퀀스 안의 모든 값에 대해 반복되는 명령문 세트이다. for 루프는 주어진 시퀀스에 의해 시작과 끝이 미리 정해지기 때문에 **확정 루프**라고도 한다.

for 루프 블록의 일반적인 구문은 다음과 같다.

구문 for 루프

```
for 루프 변수 in 시퀀스:
    코드 블록
```

for 루프는 먼저 **루프 변수**를 시퀀스의 첫 번째 원소로 지정하고, 코드 블록 전체를 실행한다. 그런 다음 루프 변수를 시퀀스의 다음 원소로 지정하고 코드 블록을 다시 실행한다. 시퀀스에 더 이상 지정할 원소가 없을 때까지 이를 계속한다.

실행 예제

1에서 3까지의 모든 정수의 합을 구해보자.

```
In [1]: n = 0
        for i in range(1, 4):
            n = n + i
```

```
        print(n)

6
```

세부사항

0. 먼저 range(1, 4) 함수는 1에서 시작하여 3에서 끝나는 일련의 숫자를 생성한다. 함수 range에 대한 도움말을 읽고 사용법을 숙지하기 바란다. range(start, stop, step) 형식을 사용하는데, step은 선택사항이며 기본 값은 1이다.
1. 변수 n에 값 0이 지정된다.
2. 변수 i에 값 1이 지정된다.
3. 변수 n에 값 n + i(0+1=1)가 지정된다.
4. 변수 i에 값 2가 지정된다.
5. 변수 n에 값 n + i(1+2=3)가 지정된다.
6. 변수 i에 값 3이 지정된다.
7. 변수 n에 값 n + i(3+3=6)가 지정된다.
8. 리스트에 더 이상 지정할 값이 없으면 for 루프는 n = 6으로 종료된다.

이제 for 루프가 어떻게 동작하는지 이해하기 위해 몇 개의 예를 더 살펴보자. for 루프에서 사용할 수 있는 시퀀스의 다른 예에는 투플, 문자열, 기타 순차적 데이터 유형이 있다.

예제

문자열 "banana" 안의 각 문자를 인쇄해보자.

```
In [2]: for c in "banana":
            print(c)


b
a
n
a
n
a
```

인덱스를 사용하여 각 문자를 가져올 수 있지만 위의 예제만큼 간결하지 않다. 문자열의 길이는 len 함수를 사용하여 받아올 수 있으며, range 함수의 입력으로 하나의 숫자만 지정할 경우 매개변수 stop에 전달되며 start는 기본 값 0을 갖는다.

```
In [3]: s = "banana"
        for i in range(len(s)):
            print(s[i])

b
a
n
a
n
a
```

예제

정수 리스트 a 안의 모든 원소의 합을 구해보자.

```
In [4]: s = 0
        a = [2, 3, 1, 3, 3]
        for i in a:
            s += i # s = s + i과 동일함
        print(s)

12
```

위의 예제와 같은 상황을 처리하기 위한 파이썬 함수 sum이 이미 존재한다. 짝수 인덱스를 갖는 원소들만 합하려면 어떻게 해야 할까? 이러한 제한을 반영하기 위해 위의 for 루프 블록을 어떻게 변경해야 할까?

```
In [5]: s = 0
        for i in range(0, len(a), 2):
            s += a[i]
        print(s)

6
```

메모 리스트 a에 대한 짝수 인덱스들을 얻기 위해 range 함수에서 step에 2를 사용한다. += 연산자는 파이썬에서 자주 사용되는 단축형이다. i += 1은 i = i + 1과 동일하며, -=, *=, /= 등도 유사하게 동작한다.

예제

사전을 정의한 다음 for 루프를 사용하여 사전 안의 모든 키, 값 쌍을 인쇄해보자.

```
In [6]: dict_a = {"One":1, "Two":2, "Three":3}
        for key in dict_a.keys():
            print(key, dict_a[key])

One 1
Two 2
Three 3
```

위의 예제에서는 메서드 keys를 사용하여 모든 키들을 받아온 후에 키를 사용하여 값에 접근하는 방법을 사용하였다. 또 다른 방법은 사전의 키, 값 쌍으로 구성되는 투플의 리스트를 반환하는 items 메서드를 사용하는 것이다. 투플 안의 두 원소, 즉, 키와 값을 두 변수에 동시에 지정할 수 있다("투플 지정"이라고 함). 아래의 코드를 참고하기 바란다.

```
In [7]: for key, value in dict_a.items():
            print(key, value)

One 1
Two 2
Three 3
```

위의 예에서 동시에 두 개의 루프 변수를 지정하고 있다는 점에 유의하기 바란다. 여러 작업을 동시에 처리하는 것이 유용한 다른 경우들도 있다. 예를 들어 길이가 같은 두 개의 리스트가 있고 동시에 두 리스트에 대한 루프를 진행하려는 경우 zip이라는 함수를 사용한다. zip 함수는 두 개의 반복 가능(iterable) 객체 각각에서 받아온 한 쌍의 원소들로 구성되는 투플들로 이루어지는 반복자(iterator) 객체를 반환한다. 여기서 i번째 투플의 원소는 두 반복 가능 객체 각각의 i번째 원소들로 구성된다. 아래 코드를 참고하기 바란다.

```
In [8]: a = ["One", "Two", "Three"]
        b = [1, 2, 3]
        for i, j in zip(a, b):
            print(i, j)
```

```
One 1
Two 2
Three 3
```

예제

함수 have_digits는 입력으로 문자열을 받는다. 출력 변수 out은 문자열에 숫자가 하나라도 포함되어 있으면 1이 되고 그렇지 않으면 0이 된다. 문자열의 isdigit 메서드를 적용하면 문자가 숫자인지 확인할 수 있다.

```
In [9]: def have_digits(s):
            out = 0
            # 문자열에 대한 루프
            for c in s:
                # 문자가 숫자인지 검사
                if c.isdigit():
                    out = 1
                    break
            return out

In [10]: out = have_digits("only4you")
         print(out)

1

In [11]: out = have_digits("only for you")
         print(out)

0
```

have_digits 함수의 첫 번째 단계는 문자열 s에 숫자가 없다는 가정에 해당한다(즉, 출력은 0 또는 False임).

이 예제에는 새로운 키워드 break가 사용되고 있다. break 문이 실행되면 이를 포함하는 가장 안쪽의 for 루프를 즉시 중지한다. 즉, 중첩 for 루프에 포함되어 있으면 가장 안쪽의 for 루프만 중지한다. 위의 예제 코드에서는 문자열에서 숫자 하나를 찾으면 바로 break 명령이 실행된다. break 명령이 없어도 코드는 여전히 제대로 작동하지만 s에 숫자가 있는지 여부만 조사하는 작업이기 때문에 숫자 하나를 찾으면 더 이상 계속 찾을 필요가 없다. break 문은 for 루프에서 실행을 일찍 중지하고 싶은 상황이 발생할 때 사용된다. 반복에 대한 방해 측면에서 break 명령보다 방해 정도가 약한 명령은

continue이다. for 루프의 안에서 continue 명령을 만나면 현재 반복에서 나머지 코드를 건너뛰고 루프 배열의 다음 원소로 진행한다. 숫자들을 차례로 인쇄하는 아래 코드에서는 키워드 continue를 사용하여 2만 건너뛰고 인쇄한다.

```
In [12]: for i in range(5):
             if i == 2:
                 continue
             print(i)

0
1
3
4
```

예제

함수 my_dist_2_points(xy_points, xy)에서 입력 인수 xy_points는 유클리드 공간에서 x-y 좌표로 표시되는 점들의 리스트이고, xy는 한 점의 x-y 좌표로 구성되는 리스트이다. 출력 d는 xy_points에 포함된 점들과 점 xy 사이의 거리들을 포함하는 리스트이다.

```
In [13]: import math
         def my_dist_2_points(xy_points, xy):
             """
             xy_points에 포함된 점들과 점 xy 사이의
             거리들을 포함하는 리스트를 반환한다.

             author
             date
             """
             d = []
             for xy_point in xy_points:
                 dist = math.sqrt((xy_point[0]-xy[0])**2+(xy_point[1]-xy[1])**2)
                 d.append(dist)

             return d

In [14]: xy_points = [[3,2], [2, 3], [2, 2]]
         xy = [1, 2]
         my_dist_2_points(xy_points, xy)
Out[14]: [2.0, 1.4142135623730951, 1.0]
```

if 문과 마찬가지로 for 루프도 중첩될 수 있다.

예제

x를 2차원 배열 [5 6; 7 8]이라고 하자. 중첩 for 루프를 사용하여 x의 모든 원소를 합산해 보자.

```
In [15]: x = np.array([[5, 6], [7, 8]])
         n, m = x.shape
         s = 0
         for i in range(n):
             for j in range(m):
                 s += x[i, j]
         print(s)

26
```

세부사항

1. 누계를 나타내는 s는 0으로 설정된다.
2. 바깥쪽 for 루프는 0으로 설정된 루프 변수 i로 시작한다.
3. 안쪽 for 루프는 0으로 설정된 루프 변수 j로 시작한다.
4. s는 x[i,j] = x[0,0] = 5만큼 증가한다. 따라서 s = 5이다.
5. 안쪽 for 루프에서 j = 1이 된다.
6. s는 x[i,j] = x[0,1] = 6만큼 증가한다. 따라서 s = 11이 된다.
7. 안쪽 for 루프가 종료된다.
8. 바깥쪽 for 루프에서 i = 1이 된다.
9. 안쪽 for 루프는 0으로 설정된 루프 변수 j로 시작한다.
10. s는 x[i,j] = x[1,0] = 7만큼 증가한다. 따라서 s = 18이 된다.
11. 안쪽 for 루프에서 j = 1이 된다.
12. s는 x[i,j] = x[1,1] = 8만큼 증가한다. 따라서 s = 26이 된다.
13. 안쪽 for 루프가 종료된다.
14. 바깥쪽 for 루프는 s = 26으로 종료된다.

주의

for 루프 내부에서 루프 변수를 변경하는 것은 가능하지만, 이는 바람직하지 않다. 코드가 매우 복잡해지고 오류가 발생할 수 있기 때문이다.

5.2 while 루프

while 루프는 주어진 논리식이 참인 동안 반복되는 명령어 세트이다. 다음은 while 루프 블록의 구문이다.

구문 while 루프

```
while 논리식:
    # 논리식이 거짓이 될 때까지 반복될 코드 블록
    코드 블록
```

while 루프 블록에 도달하면 먼저 while 루프의 논리식이 참인지 거짓인지 결정한다. 논리식이 참이면 코드 블록을 실행한 다음 프로그램은 while 루프의 시작 부분에 있는 논리식으로 돌아간다. 거짓이면 while 루프가 종료된다.

실행 예제

결과가 1보다 작아질 때까지 8을 2로 나눌 수 있는 횟수를 구해보자.

```
In [1]: i = 0
        n = 8
        while n >= 1:
            n /= 2
            i += 1
        print(f"n = {n}, i = {i}")

n = 0.5, i = 4
```

세부사항

1. 먼저 (n을 2로 나누는 횟수를 나타내는) 변수 i를 0으로 설정한다.
2. 2로 나누는 현재 값을 나타내는 n은 8로 설정된다.
3. while 루프가 시작된다.
4. 논리식 $n \geq 1$, 즉 8≥1을 평가하며 이는 참이다. 따라서 코드 블록이 실행된다.
5. n은 n/2 = 8/2 = 4로 지정된다.
6. i는 1로 증가한다.
7. 논리식 $n \geq 1$, 즉 4≥1을 평가하며 이는 참이다. 따라서 코드 블록이 실행된다.
8. n은 n/2 = 4/2 = 2로 지정된다.
9. i는 2로 증가한다.
10. 논리식 $n \geq 1$, 즉 2≥1을 평가하며 이는 참이다. 따라서 코드 블록이 실행된다.

11. n은 n/2 = 2/2 = 1로 지정된다.
12. i는 3으로 증가한다.
13. 논리식 $n \geq 1$, 즉 $1 \geq 1$을 평가하며 이는 참이다. 따라서 코드 블록이 실행된다.
14. n은 n/2 = 1/2 = 0.5로 지정된다.
15. i는 4로 증가한다.
16. 논리식 $n \geq 1$, 즉 $0.5 \geq 1$을 평가하며 이는 거짓이다. 따라서 while 루프는 i = 4로 끝난다.

"논리식이 참이고 절대 변하지 않는다면?"이라고 질문할 수 있다. 이는 훌륭한 질문이다. 논리식이 참이고 while 루프 코드에서 식을 변경하지 않는 경우 발생하는 결과는 무한 루프이다. 무한 루프는 컴퓨터 고장이나 메모리 부족 현상 등으로 종료되지 않는다면 영원히 실행을 계속하는 루프이다.

예제

무한 루프를 발생시키는 while 루프를 작성해보자.

```
In [ ]: n = 0
        while n > -1:
            n += 1
```

루프가 몇 번 실행되든 n은 항상 −1보다 크므로 위의 코드는 절대 끝나지 않는다.

커널 인터럽트(그림 5.1에 표시된 툴바 상의 검은색 사각형 버튼 또는 노트북의 드롭다운 메뉴 – 커널 – 인터럽트)를 눌러 무한 while 루프를 수동으로 종료할 수 있다. 또는 파이썬 셸을 사용하는 경우 맥에서는 cmd+C를, PC에서는 Ctrl+C를 누른다.

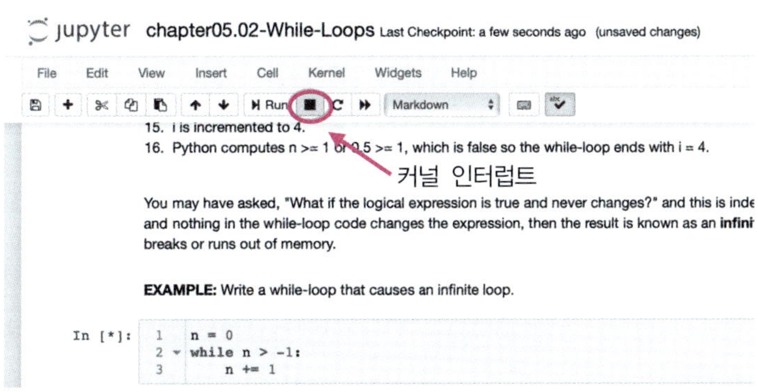

그림 5.1
작은 사각형을 눌러 커널을 중단한다.

위의 코드에서 한 글자만 변경하여 while 루프가 한 번 이상 실행되지만 무한 루프가 발생하지 않도록 만들려면 어떻게 해야 하는가?

무한 루프의 발견이 항상 쉬운 일은 아니다. 아래의 두 가지 코드를 생각해보자. 하나는 무한 루프이고 다른 하나는 무한 루프가 아니다. 어느 것이 무한 루프인지 결정하시오. 복잡한 코드에서는 무한 루프의 감지가 더욱 어려워진다.

예제

어떤 while 루프가 무한 루프인가?

```
In [ ]: # 예제 1
        n = 1
        while n > 0:
            n /= 2

In [ ]: # 예제 2
        n = 2
        while n > 0:
            if n % 2 == 0:
                n += 1
            else:
                n -= 1
```

대답: 첫 번째 예제는 무한 루프가 아니다. 왜냐하면 n은 점차 작아져서 파이썬이 n과 0의 차이를 구분할 수 없게 되기 때문이다. 이에 대해서는 9장에서 더 자세히 논의될 것이다. 두 번째 예제는 n이 2와 3 사이에서 진동하기 때문에 무한 루프가 된다.

이제 for 루프와 while 루프라는 두 종류의 루프를 살펴보았다. 어느 루프를 사용해도 무방한 경우도 있고, 둘 중 하나가 다른 종류보다 더 적합한 작업도 있다. 일반적으로 수행할 반복 횟수가 미리 확정된 경우 for 루프를 사용하며, 수행할 반복 횟수가 미확정인 경우 while 루프를 사용한다.

5.3 조건제시법

파이썬에는 반복을 수행하는 다른 방법이 있다. 리스트, 사전, 집합 등에 대해 **조건제시법**이 사용되는 경우가 많다. 조건제시법을 사용하면 매우 간결한 구문으로 한 유형의 시퀀스에서 다른 유형의 시퀀스를 만들 수 있다. 먼저 리스트에 대한 조건제시법을 살펴보자.

5.3.1 리스트에 대한 조건제시법

구문 리스트에 대한 조건제시법

[출력 입력_시퀀스_조건]

예제

x = range(5)에 대해 경우 x의 각 숫자를 제곱하여 리스트 y에 저장해보자.
리스트에 대한 조건제시법을 사용하지 않은 코드는 다음과 같다.

```
In [1]: x = range(5)
        y = []

        for i in x:
            y.append(i**2)
        print(y)

[0, 1, 4, 9, 16]
```

리스트에 대한 조건제시법을 사용하면 위의 코드 상의 for 루프를 한 줄로 표현할 수 있다.

```
In [2]: y = [i**2 for i in x]
        print(y)

[0, 1, 4, 9, 16]
```

또한 리스트에 대한 조건제시법에 조건을 포함할 수도 있다. 예를 들어 위의 예에서 짝수만 저장하려는 경우 리스트에 대한 조건제시법에 조건을 추가하기만 하면 된다.

```
In [3]: y = [i**2 for i in x if i%2 == 0]
        print(y)

[0, 4, 16]
```

루프에 대한 두 개의 중첩 수준이 있는 경우에도 리스트에 대한 조건제시법을 사용할 수 있다.

```
In [4]: y = []
        for i in range(5):
            for j in range(2):
                y.append(i + j)
        print(y)

[0, 1, 1, 2, 2, 3, 3, 4, 4, 5]

In [5]: y = [i + j for i in range(5) for j in range(2)]
        print(y)

[0, 1, 1, 2, 2, 3, 3, 4, 4, 5]
```

5.3.2 사전에 대한 조건제시법

사전에 대해서도 조건제시법을 사용할 수 있다. 다음 예를 참고하시오.

```
In [6]: x = {"a": 1, "b": 2, "c": 3}
        {key:v**3 for (key, v) in x.items()}
Out[6]: {"a": 1, "b": 8, "c": 27}
```

집합에 대해서도 조건제시법을 사용할 수 있지만 여기에서는 다루지 않을 것이며, 각자 탐색해보기 바란다.

5.4 요약, 그리고 문제

5.4.1 요약

1. 루프는 코드에서 반복 작업을 수행하는 메커니즘을 제공한다.
2. 루프에는 for 루프와 while 루프의 두 가지 종류가 있다.
3. 루프는 문제에 대한 반복적인 해법을 구성하는 데 중요하다.

5.4.2 문제

1. 다음 코드가 실행된 후 y의 값을 구하시오.

```
In [ ]: y = 0
        for i in range(1000):
            for j in range(1000):
                if i == j:
                    y += 1
```

2. 시퀀스 x의 최댓값을 반환하는 함수 my_max(x)를 작성하시오. 파이썬 내장 함수 max를 사용해서는 안 된다.
3. x에서 가장 큰 n개의 원소로 구성되는 리스트를 반환하는 함수 my_n_max(x, n)을 작성하시오. 파이썬의 max 함수를 사용해도 좋다. 또한 x는 중복 항목이 없는 1차원 리스트이고 n은 x의 길이보다 작은 양의 정수라고 가정해도 좋다.

```
In [ ]: x = [7, 9, 10, 5, 8, 3, 4, 6, 2, 1]
        def my_n_max(x, n):
            # 함수 코드를 여기에 작성하시오

            return out

In [ ]: # 출력: [10, 9, 8]
        out = my_n_max(x, 3)
        print(out)
```

4. m을 양의 정수로 구성된 행렬이라고 하자. 배열 q를 반환하는 함수 my_trig_odd_even(m)을 작성하시오. 여기서 m[i, j]가 짝수이면 q[i, j] = sin(m[i, j])이고, m[i, j]가 홀수이면 q[i, j] = cos(m[i, j])이다.
5. P를 $m \times p$ 배열, Q를 $p \times n$ 배열이라고 하자. $M = P \times Q$는 $M[i,j] = \sum_{k=1}^{p} P[i,k] \cdot Q[k,j]$로 정의된다. for 루프를 사용하여 행렬 곱 M = P * Q를 계산하는 함수 my_mat_mult(P, Q)를 작성하시오.

   Hint 3개의 수준을 갖는 중첩 for 루프가 필요할 수 있다. np.dot 함수를 사용해서는 안 된다.

```
In [ ]: import numpy as np

        def my_mat_mult(P, Q):
            # 함수 코드를 여기에 작성하시오

            return M

In [ ]: # 출력:
```

```
        # array([[3., 3., 3.],
        # [3., 3., 3.],
        # [3., 3., 3.]])
        P = np.ones((3, 3))
        my_mat_mult(P, P)

In [ ]: # 출력:
        # array([[30, 30, 30],
        # [70, 70, 70]])
        P = np.array([[1, 2, 3, 4], [5, 6, 7, 8]])
        Q = np.array([[1, 1, 1], [2, 2, 2], [3, 3, 3], [4, 4, 4]])
        my_mat_mult(P, Q)
```

6. 원금 P_0에 대한 복리 이자는 공식 $P_n = (1+i)P_{n-1}$에 따라 누적된다. 여기서 n은 복리 기간(보통 월 또는 년)이고 i는 이율이다. my_saving_plan(P0, i, goal) 함수를 작성하시오. 여기서 출력은 연 복리 i로 P_n이 goal이 되는 데 걸리는 년 수이다.

```
In [ ]: def my_saving_plan(P0, i, goal):
            # 함수 코드를 여기에 작성하시오

            return years

In [ ]: # 출력: 15
        my_saving_plan(1000, 0.05, 2000)

In [ ]: # 출력: 11
        my_saving_plan(1000, 0.07, 2000)

In [ ]: # 출력: 21
        my_saving_plan(500, 0.07, 2000)
```

7. 출력이 M[i]가 1인 인덱스 i의 리스트인 함수 my_find(M)을 작성하시오. M은 1과 0으로만 구성된 리스트라고 가정해도 좋다. 내장 함수 find를 사용해서는 안 된다.

```
In [ ]: # 출력: [0, 2, 3]
        M = [1, 0, 1, 1, 0]
        my_find(M)
```

8. 각 면이 동일한 확률을 갖는 6면체 주사위 2개를 던진다고 가정하고, 함수 my_monopoly_dice()를 작성하시오. 여기서 출력은 두 개의 주사위 값의 합이지만, 다음과 같은 추가 규칙이 있다. 두 개의 주사위 숫자가 같으면 그 합을 계산하고, 새로 주사위를 다시 던져 계산한 합을 앞서의 합에 더한다, 예를 들어, 두 개의 주사위가 3과 4를 표시하면 출력하는 합은 7이 된다. 두 개의 주사위가 1과 1을 표시하면 합 2를 계산한 다음 새로 주사위를 던져 얻은 합에 2를 더한다. 두 개의 주사위 값이 다를 때 던지기를 멈춘다.
9. 1과 자신에 대해서만 나머지 없이 나누어떨어지는 수를 소수라고 한다. 숫자 1은 소수로 분류하지 않는다. n이 소수이면 출력이 1이고 그렇지 않으면 0인 함수 my_is_prime(n)을 작성하시오. n은 양의 정수라고 가정한다.
10. 처음 n개의 소수를 포함하는 리스트를 출력하는 함수 my_n_primes(n)을 작성하시오. n은 양의 정수라고 가정한다.
11. 피보나치 수이면서 동시에 소수인 처음 n개의 숫자 리스트를 출력하는 함수 my_n_fib_primes(n)을 작성하시오. 1은 소수가 아님에 유의하기 바란다. 단, 피보나치 수의 재귀적 구현을 사용해서는 안 된다. 6.1절의 피보나치 수를 계산하는 함수를 사용해도 좋다.

```
In [ ]: def my_n_fib_primes(n):
            # 함수 코드를 여기에 작성하시오

            return fib_primes

In [ ]: # 출력: [3, 5, 13, 89, 233, 1597, 28657, 514229]
        my_n_fib_primes(3)

In [ ]: # 출력: [3, 5, 13]
        my_n_fib_primes(8)
```

12. 배열 Q를 출력하는 함수 my_trig_odd_even(M)을 작성하시오. M[i,j]가 홀수이면 Q[i,j] = sin(π/M[i,j])이고, M[i,j]가 짝수인 경우 Q[i,j] = cos(π/M[i,j])이다. M은 양의 정수로 구성된 2차원 배열이라고 가정한다.

```
In [ ]: def my_trig_odd_even(M):
            # 함수 코드를 여기에 작성하시오

            return Q
```

```
In [ ]: # 출력: [[0.8660, 0.7071], [0.8660, 0.4339]]
        M = [[3, 4], [6, 7]]
        my_trig_odd_even(M)
```

13. C는 0과 1을 포함하는 정사각형 연결성 배열이라고 하자. C[i,j] = 1인 경우 점 i는 점 j에 연결되어 있음을 나타낸다. 여기에서 연결은 단방향이며, C[i,j]가 반드시 C[j,i]와 같지는 않다. 예를 들어, A 지점에서 B 지점으로 가는 일방통행 도로를 생각해보기 바란다. A가 B에 연결되어 있다고 해서 B가 반드시 A에 연결되는 것은 아니다.

함수 my_connectivity_mat_2_dict(C, names)를 작성하시오. 여기서 C는 연결성 배열이고 names는 점의 이름을 나타내는 문자열 리스트이다. 즉, names[i]는 i번째 점의 이름이다.

출력 변수 node는 사전을 나타내는데, 키는 names 안의 문자열(예: names[i])이고 값은 C[i,j] = 1인 인덱스 j들을 포함하는 벡터이다. 즉, 키 names[i]에 대한 값은 점 i에 연결된 점들을 나타내는 리스트이다.

```
In [ ]: def my_connectivity_mat_2_dict(C, names):
            # 함수 코드를 여기에 작성하시오

            return node
```

```
In [ ]: C = [[0, 1, 0, 1], [1, 0, 0, 1], [0, 0, 0, 1], [1, 1, 1, 0]]
        names = ["Los Angeles", "New York", "Miami", "Dallas"]
```

```
In [ ]: # 출력: node["Los Angeles"] = [2, 4]
        # node["New York"] = [1, 4]
        # node["Miami"] = [4]
        # node["Dallas"] = [1, 2, 3]
        node = my_connectivity_mat_2_dict(C, names)
```

14. 리스트에 대한 조건제시법을 사용하여 소문자 단어들로 이루어진 리스트 words 안의 단어들을 대문자 단어들로 바꾸시오.

```
In [ ]: words = ["test", "data", "analyze"]
```

CHAPTER

재귀법 6

CONTENTS

6.1 재귀 함수

재귀 함수는 자신을 호출하는 함수이다. 앞에서 설명한 루프와 비슷하게 동작하지만, 때로 루프보다 재귀법을 사용하는 것이 바람직한 경우도 있다.

모든 재귀 함수에는 기본 케이스와 재귀 단계라는 두 가지 구성요소가 있다. **기본 케이스**는 일반적으로 가장 작은 입력 값에 대한 것으로, 쉽게 구할 수 있는 결과 값이 있는 경우에 해당한다. 이것은 또한 함수가 자신에 대한 호출을 무한히 반복하지 않도록 하는 메커니즘이기도 하다. **재귀 단계**는 재귀적 호출, 즉 함수 자신에 대한 호출을 수행하는 모든 경우의 집합이다.

예를 들어 재귀법을 사용하여 정수의 계승을 정의하고 계산하는 방법을 살펴보자. 정수 n의 계승은 $1 \times 2 \times 3 \times \cdots \times (n-1) \times n$이며, 이에 대한 재귀적 정의는 다음과 같이 작성할 수 있다.

$$f(n) = \begin{cases} 1 & n=1\text{인 경우} \\ n \times f(n-1) & \text{그 외의 경우} \end{cases} \tag{6.1}$$

기본 케이스는 $n=1$의 경우이며, 계산은 $f(1)=1$로 간단하다. 재귀 단계에서 $n-1$의 계승에 대한 재귀적 호출의 결과에 n을 곱한다.

실행 예제

재귀법을 사용하여 계승 함수를 작성해보자. 또 이 함수를 사용하여 3의 계승을 계산해보자.

```
In [1]: def factorial(n):
            """
            양의 정수 n에 대한 계승을 계산하여 반환한다.
            """
            if n == 1: # 기본 케이스
                return 1
            else: # 재귀 단계
                return n * factorial(n - 1) # 재귀적 호출

In [2]: factorial(3)
Out[2]: 6
```

세부사항 먼저 파이썬에서 함수를 실행할 때 해당 함수에서 생성되는 변수들을 위한 작업공간을 생성한다는 점을 상기하기 바란다. 함수가 다른 함수를 호출할 때마다 호출 다음의 문장으로 진행하기 전에 해당 함수가 답을 반환할 때까지 기다린다. 프로그래밍에서 이 작업공간을 스택이라고 한다. 찬장 안의 접시 더미와 유사하게 스택의 원소에 대한 추가나 제거는 스택의 상단에서 이루어지며 "후입선출" 순서를 따른다. 예를 들어, `np.sin(np.tan(x))`에서 sin을 계산하기 전에 먼저 tan이 답을 반환할 때까지 기다려야 한다. 재귀 함수가 자신을 호출하는 경우에도 동일한 규칙이 적용된다.

1. `factorial(3)`이 호출되었으며, `factorial(3)`을 계산하기 위해 새 작업공간이 열린다.
2. 입력 인수 값 3을 1과 비교한다. 이들은 동일하지 않으므로 else 문이 실행된다.
3. `3*factorial(2)`를 계산해야 한다. `factorial(2)`를 계산하기 위해 새 작업공간이 열린다.
4. 입력 인수 값 2를 1과 비교한다. 이들은 동일하지 않으므로 else 문이 실행된다.
5. `2*factorial(1)`을 계산해야 한다. `factorial(1)`을 계산하기 위해 새 작업공간이 열린다.
6. 입력 인수 값 1을 1과 비교한다. 이들은 동일하므로 if 문이 실행된다.
7. 반환 변수에 값 1이 지정된다. `factorial(1)`은 출력 1로 종료된다.
8. `2*factorial(1)`은 2x1 = 2로 정리되며, 출력 값은 2가 된다. 즉, `factorial(2)`는 출력 2로 종료된다.
9. `3*factorial(2)`는 3x2 = 6로 정리되며, 출력 값은 6이 된다. 따라서 `factorial(3)`은 출력 6으로 종료된다.

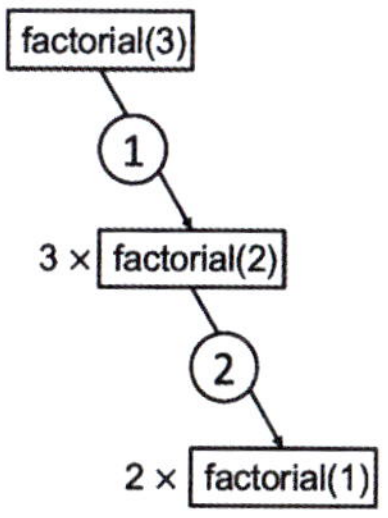

그림 6.1

factorial(3)에 대한 재귀 트리.

재귀적 호출의 순서는 factorial(3)에 대해 그림 6.1에 표시된 것과 같은 재귀 트리로 나타낼 수 있다. 재귀 트리는 함수 호출 사이를 화살표로 연결한 다이어그램이며, 호출 순서를 설명하기 위해 화살표에는 번호가 지정된다.

원래 피보나치 수는 토끼의 이상적인 개체 증가를 모델링하기 위해 개발되었는데, 이후 다른 많은 자연 현상에서도 적용되고 있다. 피보나치 수는 다음 재귀 공식을 사용하여 생성할 수 있다. 재귀 단계에는 두 개의 재귀적 호출이 포함되며 두 가지 기본 케이스를 갖는다.

$$F(n) = \begin{cases} 1 & n = 1\text{인 경우} \\ 1 & n = 2\text{인 경우} \\ F(n-1) + F(n-2) & \text{그 외의 경우} \end{cases} \tag{6.2}$$

실행 예제

n번째 피보나치 수를 계산하는 재귀 함수를 작성해보자. 이 함수를 사용하여 처음 5개의 피보나치 수를 계산해보자. 또 이에 연계된 재귀 트리를 그려보자.

```
In [3]: def fibonacci(n):
            """
            양의 정수 n에 대한 피보나치 수를 계산하여 반환한다.
            """
            if n == 1:    # 첫 번째 기본 케이스
                return 1
            elif n == 2: # 두 번째 기본 케이스
                return 1
            else:         # 재귀 단계
                return fibonacci(n-1) + fibonacci(n-2)

In [4]: print(fibonacci(1))
        print(fibonacci(2))
        print(fibonacci(3))
```

```
        print(fibonacci(4))
        print(fibonacci(5))

1
1
2
3
5
```

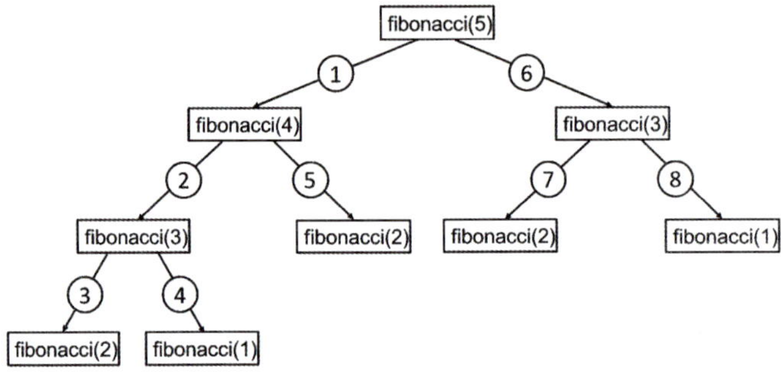

그림 6.2

fibonacci(5)에 대한 재귀 트리.

연습문제로 각 재귀적 호출의 결과를 화면에 표시하도록 위의 함수 fibonacci를 아래와 같이 수정해보자(그림 6.2 참고).

예제

각 재귀적 호출의 결과를 화면에 표시하도록 함수 fibonacci를 수정하여 함수 fib_disp를 작성해보자. fib_disp(5)의 경우 어떤 순서로 화면에 피보나치 숫자가 나타날지 예측해보시오.

```
In [5]: def fib_disp(n):
            """
            양의 정수 n에 대한 피보나치 수를 계산하여 반환한다.
            """
            if n == 1:   # 첫 번째 기본 케이스
                out = 1
                print(out)
                return out
            elif n == 2: # 두 번째 기본 케이스
                out = 1
                print(out)
                return out
```

```
        else:        # 재귀 단계
            out = fib_disp(n-1) + fib_disp(n-2)  # 재귀적 호출
            print(out)
        return out

In [6]: fib_disp(5)

1
1
2
1
3
1
1
2
5
Out[6]: 5
```

위의 예에서 n 값이 크지 않은 경우에도 재귀적 호출의 수가 매우 많아진다. 이해가 되지 않는다면 fibonacci(10)에 대한 재귀 트리를 그려보기 바란다. n=35일 때 fibonacci 함수는 살짝 느낄 수 있을 정도의 계산 시간을 요하지만, n=50 정도일 때 fibonacci 함수는 상당히 긴 계산 시간을 요하게 될 것이다.

```
In [7]: fibonacci(35)
Out[7]: 9227465
```

재귀법 대신 반복을 사용하여 n번째 피보나치 수를 계산하는 방법이 있으며, 이 경우 하나의 작업공간만 사용한다.

예제

반복을 사용한 피보나치 수 계산 코드.

```
In [8]: import numpy as np
        def iter_fib(n):
            fib = np.ones(n)
            for i in range(2, n):
                fib[i] = fib[i - 1] + fib[i - 2]
            return fib
```

실행 예제

iter_fib와 fibonacci를 사용하여 25번째 피보나치 수를 계산해보자. 또 매직 명령 %timeit을 사용하여 각 경우의 실행 시간을 측정해보자. 실행 시간의 큰 차이에 유의하기 바란다.

```
In [9]: %timeit iter_fib(25)
        7.22 µs ± 171 ns per loop (mean ± std. dev. of 7 runs, 100000 loops each)
        [루프 당 7.22 µs ± 171 ns (7번 실행의 평균 ± 표준 편차, 각각 100000번의 루프 사용)]

In [10]: %timeit fibonacci(25)
        16.7 ms ± 910 µs per loop (mean ± std. dev. of 7 runs, 100 loops each)
        [루프 당 16.7 ms ± 910 µs (7번 실행의 평균 ± 표준 편차, 각각 100번의 루프 사용)]
```

위의 예제에서 반복 버전이 재귀 버전보다 훨씬 빠르게 실행되는 것을 볼 수 있다. 일반적으로 반복 함수는 동일한 작업을 수행하는 재귀 함수보다 빠르다. 그렇다면 재귀 함수를 사용하는 이유는 무엇일까? 해법들에 따라서는 자연적으로 재귀적인 구조를 갖는 경우가 있다. 이러한 경우 루프를 사용하여 작성하기가 대단히 어려울 수 있다. 재귀 함수의 진가가 발휘되는 것은 대개 반복 함수보다 훨씬 더 간결하게 작성할 수 있는 경우이지만, 간결성을 얻는 대신 실행 시간은 길어진다.

입력 인수와 실행 시간 간의 관계에 대해서는 복잡도를 다루는 장에서 자세히 설명할 것이다.

참고 가능하다면 반복 버전으로 함수를 작성하기 바라며, 이 경우 훨씬 더 빠르게 실행될 것이다.

메모 위와 같이 재귀적 호출을 사용할 때 기본 케이스에 도달할 수 있는지 확인해야 한다. 기본 케이스에 도달하지 못하면 무한 재귀에 들어간다. 재귀 함수에서 입력 값이 너무 크거나 다른 이유로 기본 케이스에 도달할 수 없는 경우 "최대 재귀 깊이 초과 오류(RecursionError: maximum recursion depth exceeded)"가 발생한다. 다음 예제를 시도하여 RecursionError의 발생을 관찰하시오.

```
In []: factorial(5000)
```

파이썬에서 sys 모듈을 사용하여 제한을 더 높게 설정함으로써 재귀 제한을 상향 조정할 수 있다. 아래의 코드에서는 오류 메시지가 발생하지 않는다.

```
In [ ]: import sys
        sys.setrecursionlimit(10**5)
        factorial(5000)
```

6.2 분할 정복법

분할 정복법은 어려운 문제를 해결하는 데 유용한 전략 중 하나이다. 분할 정복법을 사용할 경우, 동일한 형태의 여러 쉬운 문제에 대한 해답을 결합하는 방식으로 어려운 문제를 해결한다. 이런 식으로 어려운 문제는 해결하기 쉽도록 분할된다. 이 절에서는 분할 정복법의 두 가지 고전적인 예인 하노이 탑 문제와 퀵 정렬 알고리즘을 살펴본다.

6.2.1 하노이 탑

하노이 탑 문제는 세 개의 수직 막대, 그리고 크기가 다른 N개의 원반으로 구성된다. 원반 중앙에는 막대에 끼울 수 있도록 구멍이 있다. 원반의 원래 구성은 탑 중 하나에 크기를 기준으로 내림차순으로 쌓여 있는 것이다(즉, 가장 큰 원반이 맨 아래에 위치함). 이 문제의 목표는 다음 세 가지 규칙을 준수하면서 모든 원반을 다른 막대로 이동하는 것이다.

1. 한 번에 하나의 원반만 이동할 수 있다.
2. 원반 스택의 맨 위에 있는 원반만 이동할 수 있다.
3. 원반을 그보다 더 작은 원반 위에 올려놓을 수 없다.

그림 6.3은 3개의 원반으로 하노이 탑 문제를 해결하는 단계를 보여준다.

인도의 승려들이 수도원에서 64개의 원반으로 이루어진 하노이 탑을 옮기는 작업을 하고 있다는 전설이 있다. 그들이 작업을 마치면 세상의 종말이 온다고 한다. 다행스럽게도 필요한 이동 횟수는 $2^{64}-1$이므로 밀리 초 당 하나의 원반을 이동할 수 있다고 해도 완료하는 데 5억 8,400만 년 이상이 걸린다.

하노이 탑 문제의 핵심은 그것을 하위 문제라고 불리는 더 작고 관리하기 쉬운 문제로

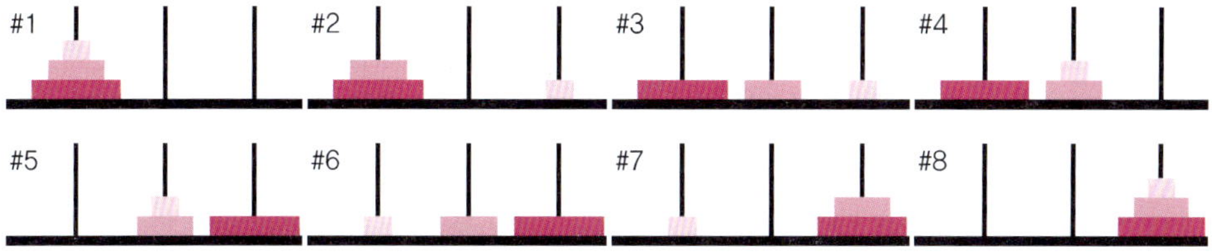

그림 6.3

하노이 탑 예시: 현재 스택의 맨 위에 있는 원반만 이동하고 큰 원반 위에 작은 원반을 배치하며 한 번에 하나씩 이동하는 방식으로 3개의 원반을 7단계 만에 기둥 1에서 기둥 3으로 이동한다.

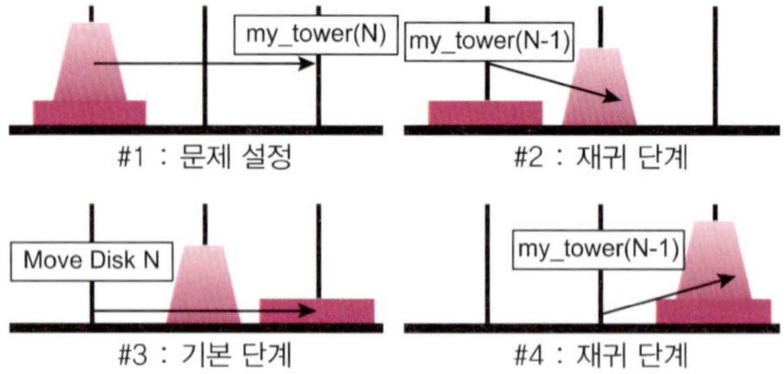

그림 6.4

하노이 탑 문제에 대한 재귀적 해법의 한 단계 진행에 대한 분석.

분할하는 것이다. 이 문제의 경우 하나의 원반을 옮기는 것은 쉬우나(3가지 규칙만 있음) 탑을 옮기는 것은 어렵고 해법이 간단하지 않다는 것을 쉽게 알 수 있다. 그래서 크기 N의 스택을 이동하는 작업을 크기 $N-1$의 스택을 이동하는 여러 하위 문제로 분할할 것이다.

크기 N의 원반 스택을 탑 1에서 탑 3으로 이동하는 작업을 my_tower(N)이라고 하자. my_tower를 어떻게 작성해야 할지 바로 생각하기 어려울 수 있다. 하위 문제 측면에서 이 문제를 생각해보면, 상단의 $N-1$개 원반을 중간 탑으로 이동한 다음 하단의 마지막 원반을 오른쪽 탑으로 이동하고, 그 다음에 중간 탑의 $N-1$개 원반을 오른쪽 탑으로 이동해야 한다는 것을 알 수 있다. my_tower는 원반 N을 이동하라는 명령을 화면에 표시하는 일과 더 작은 탑 이동을 처리하기 위한 my_tower(N-1)에 대한 재귀적 호출들을 수행하면 된다. my_tower(N-1)에 대한 호출은 my_tower(N-2)에 대한 재귀적 호출들을 수행하게 되는 식이다. 그림 6.4는 세 개의 단계로 분할한 모습을 보여준다.

아래에 표시된 코드는 하노이 탑 문제에 대한 재귀적 해법을 구현한 것으로 그 간결함과 단순함에 주목하기 바란다. 이 코드는 제시된 해법의 재귀적 특성을 정확히 반영한다. 먼저 크기가 $N-1$인 스택을 원래 from_tower에서 alt_tower로 이동한다. 이것은 어려운 작업이므로 재귀적 호출을 이용하며 재귀적 호출은 또 다른 재귀적 호출로 이어지겠지만 결국에는 원하는 대로 스택을 이동하게 될 것이다. 그런 다음 맨 아래 원반을 최종 목적지인 to_tower로 이동한다. 마지막으로 또 다른 재귀적 호출을 수행하여 크기 $N-1$의 스택을 to_tower가 나타내는 탑으로 이동한다.

실행 예제

my_towers 함수를 사용하여 N = 3에 대한 하노이 탑 문제를 해결해보자. 검사를 통해 답이 올바른지 확인하시오.

```
In [1]: def my_towers(N, from_tower, to_tower, alt_tower):
            """
            크기 N의 탑을 "from_tower"에서 "to_tower" 쪽으로
            이동하기 위해 필요한 동작을 화면에 표시하시오.
            "from_tower", "to_tower", "alt_tower" 등은
            1, 2, 3 중의 하나이며 이들은 탑 1, 2, 3 등을 나타낸다.
            """

            if N != 0:
                # 크기 N-1의 스택을 from_tower에서 alt_tower로
                # 이동하는 재귀적 호출
                my_towers(N-1, from_tower, alt_tower, to_tower)

                # from_tower에서 to_tower로 맨 아래 원반을
                # 이동하는 동작을 화면에 표시한다.
                print("Move disk %d from tower %d to tower %d."\
                                 %(N, from_tower, to_tower))

                # 크기 N-1의 스택을 alt_tower에서 to_tower로
                # 이동하는 재귀적 호출
                my_towers(N-1, alt_tower, to_tower, from_tower)

In [2]: my_towers(3, 1, 3, 2)

Move disk 1 from tower 1 to tower 3.
Move disk 2 from tower 1 to tower 2.
Move disk 1 from tower 3 to tower 2.
Move disk 3 from tower 1 to tower 3.
Move disk 1 from tower 2 to tower 1.
Move disk 2 from tower 2 to tower 3.
Move disk 1 from tower 1 to tower 3.
```

분할 정복법을 사용하여 약간 더 작은 하노이 탑 문제에 대해 재귀적 호출을 수행하고 이 재귀적 호출 안에서는 다시 더 작은 하노이 탑 문제에 대해 재귀적 호출을 수행하는 방식으로 하노이 탑 문제를 해결하였다. 작은 문제들을 위한 해답들을 모으면 전체 문제에 대한 해답을 형성한다. 한 번의 함수 호출에서 수행되는 실제 작업은 많지 않으며, 단지 두 번의 재귀적 호출과 하나의 원반 이동이다. 다시 말해서, 한 번의 함수 호출은 아주 작은 작업(원반 이동)을 수행한 다음 나머지 작업을 다른 호출들에 떠넘긴다. 남에게 작업을 떠넘기는 이러한 기술(?)은 엔지니어 생활에서도 매우 유용할 수 있다.

6.2.2 퀵 정렬

숫자들의 리스트 A는 원소들이 오름차순 또는 내림차순으로 배열되어 있으면 정렬되었다고 한다. 리스트를 정렬하는 방법에는 여러 가지가 있지만, 분할 정복 방식을 사용하는 **퀵 정렬**은 단일 프로세서를 사용하는 알고리즘으로서는 매우 빠른 편이다(다중 프로세서를 사용하는 정렬 알고리즘 중에는 더 빠른 알고리즘도 있음).

퀵 정렬 알고리즘은 리스트를 정렬하는 것은 어렵지만 비교는 상대적으로 쉽다는 관찰에서 출발한다. 따라서 리스트를 정렬하는 대신 어떤 **기준 원소**와 비교하여 리스트를 분할한다. 퀵 정렬에 대한 각 재귀적 호출에서 입력 리스트는 기준보다 작은 원소, 기준과 같은 원소, 기준보다 큰 원소의 세 부분으로 나뉜다. 그런 다음 두 개의 하위 문제, 즉 기준보다 작은 원소 리스트와 기준보다 큰 원소 리스트를 입력으로 퀵 정렬에 대한 재귀적 호출이 이루어진다. 결국 하위 문제들은 충분히 작아질 것이며(즉, 길이가 1 또는 0인 리스트가 되어), 정렬이 무의미한 상태에 도달할 것이다.

다음과 같은 퀵 정렬의 재귀적 구현을 생각해보자.

```
In [3]: def my_quicksort(lst):
            if len(lst) <= 1:
                # 길이 1인 리스트는 이미 정렬된 것으로 간주된다.
                sorted_list = lst

            else:
                # 리스트의 첫 번째 원소를 기준으로 선택한다.
                pivot = lst[0]

                # 기준보다 큰 원소 리스트, 기준보다 작은 원소 리스트,
                # 기준과 동일한 원소 리스트 등을 초기화한다.
                bigger = []
                smaller = []
                same = []

                # 원소들을 적절한 리스트에 배정한다.
                for item in lst:
                    if item > pivot:
                        bigger.append(item)
                    elif item < pivot:
                        smaller.append(item)
```

```
                else:
                    same.append(item)

            sorted_list = my_quicksort(smaller) + same +
                          my_quicksort(bigger)

        return sorted_list

In [4]: my_quicksort([2, 1, 3, 5, 6, 3, 8, 10])
Out[4]: [1, 2, 3, 3, 5, 6, 8, 10]
```

하노이 탑 문제에서 했던 것처럼 (어려운) 정렬 문제를 다수의 (쉬운) 비교 문제들로 분할하였다.

6.3 요약, 그리고 문제

6.3.1 요약

1. 재귀 함수는 자신을 호출하는 함수이다.
2. 재귀 함수는 반복 구조를 갖는 문제보다 계층 구조를 갖는 문제에서 유용하다.
3. 분할 정복법은 어려운 문제를 해결하는 데 사용할 수 있는 강력한 문제 해결 전략의 하나이다.

6.3.2 문제

1. 함수 my_sum(lst)을 작성하시오. 여기서 lst는 리스트이고 출력은 lst 안의 모든 원소의 합이다. 재귀 함수를 사용해도 좋고 반복 함수를 사용해도 좋지만, 내장 함수 sum을 사용해서는 안 된다.

```
In [ ]: def my_sum(lst):
            # 함수 코드를 여기에 작성하시오

            return out

In [ ]: # 출력: 6
        my_sum([1, 2, 3])
```

```
In [ ]: # 출력: 5050
        my_sum(range(1,101))
```

2. 체비쇼프 다항식은 제1종과 제2종의 두 가지 종류가 있다. 제1종 체비쇼프 다항식 $T_n(x)$와 제2종 체비쇼프 다항식 $U_n(x)$는 다음과 같은 재귀적 관계로 정의된다.

$$T_n(x) = \begin{cases} 1 & n=0\text{인 경우} \\ x & n=1\text{인 경우} \\ 2x\,T_{n-1}(x) - T_{n-2}(x) & \text{그 외의 경우} \end{cases} \tag{6.3}$$

$$U_n(x) = \begin{cases} 1 & n=0\text{인 경우} \\ 2x & n=1\text{인 경우} \\ 2x\,U_{n-1}(x) - U_{n-2}(x) & \text{그 외의 경우} \end{cases} \tag{6.4}$$

함수 my_chebyshev_poly1(n,x)를 작성하시오. 여기서 x는 숫자 리스트이며, 출력 y는 n번째 제1종 체비쇼프 다항식을 x의 원소들에 대해 계산한 결과 값들로 구성되는 리스트이다.

```
In [ ]: def my_chebyshev_poly1(n,x):
            # 함수 코드를 여기에 작성하시오

            return y

In [ ]: x = [1, 2, 3, 4, 5]

In [ ]: # 출력: [1, 1, 1, 1, 1]
        my_chebyshev_poly1(0,x)

In [ ]: # 출력: [1, 2, 3, 4, 5]
        my_chebyshev_poly1(1,x)

In [ ]: # 출력: [1, 26, 99, 244, 485]
        my_chebyshev_poly1(3,x)
```

3. 애커만 함수 A는 다음과 같이 재귀적 관계로 정의되는 함수이다.

$$A(m,n) = \begin{cases} n+1 & m=0\text{인 경우} \\ A(m-1,1) & m>0\text{이고 } n=1\text{인 경우} \\ A(m-1, A(m,n-1)) & m>0\text{이고 } n>0\text{인 경우} \end{cases} \tag{6.5}$$

m과 n에 대한 애커만 함수 값을 출력하는 함수 my_ackermann(m,n)을 작성하시오.

my_ackermann(4,4)만 해도 너무 큰 값이어서 다 적을 수가 없을 정도이다. 애커만 함수는 실용적인 용도가 많지 않지만, 역 애커만 함수는 로봇 동작 계획에서 몇 가지 쓰임새가 있다.

```
In [ ]: def my_ackermann(m,n):
            # 함수 코드를 여기에 작성하시오

            return out

In [ ]: # 출력: 3
        my_ackermann(1,1)

In [ ]: # 출력: 4
        my_ackermann(1,2)

In [ ]: # 출력: 9
        my_ackermann(2,3)

In [ ]: # 출력: 61
        my_ackermann(3,3)

In [ ]: # 출력: 125
        my_ackermann(3,4)
```

4. 함수 $C(n,k)$는 반복 없이 n개의 객체에서 k개를 선택하는 방법의 수를 계산하며, 통계 응용 프로그램들에서 많이 사용된다. 예를 들어, 10가지 맛의 아이스크림이 있다면 3가지 맛의 아이스크림 조합은 몇 개일까? 이 문제를 해결하려면 $C(10,3)$, 즉 10가지 아이스크림 맛에서 3가지 아이스크림 맛을 선택하는 방법의 수를 계산해야 한다. 함수 $C(n,k)$는 흔히 "n choose k"로 읽는다. n과 k는 정수이다.

$n=k$이면 분명히 $C(n,k)=1$이다. 왜냐하면 n개의 객체에서 n개의 객체를 선택하는 방법은 한 가지밖에 없기 때문이다.

$k=1$이면 $C(n,k)=n$이다. 왜냐하면 n개의 객체에서 한 개의 객체를 선택하는 방법은 n개의 객체 각각을 선택하는 것이기 때문이다. 그 외의 모든 경우에는 다음과 같다.

$$C(n,k)=C(n-1,k)+C(n-1,k-1)$$

그 이유를 설명할 수 있겠는가?

반복 없이 n개의 객체에서 k개를 선택하는 방법의 수를 계산하는 함수 my_

n_choose_k(n,k)를 작성하시오.

```
In [ ]: def my_n_choose_k(n,k):
            # 함수 코드를 여기에 작성하시오

            return out

In [ ]: # 출력: 10
        my_n_choose_k(10,1)

In [ ]: # 출력: 1
        my_n_choose_k(10,10)

In [ ]: # 출력: 120
        my_n_choose_k(10,3)
```

5. 현금으로 상품을 구매한 경우 판매자는 초과 지불된 금액을 반환해야 하며, 이를 "거스름돈"이라고 한다. 적절하게 거스름돈을 주기 위해 필요한 지폐와 동전의 개수를 재귀적 관계를 사용하여 정의할 수 있다. 지불한 금액이 가격보다 100달러 이상이면 한 장의 100달러 지폐 반환을 결정한 다음, 지불한 금액에서 100달러를 뺀 값을 입력으로 하는 거스름돈 함수에 대한 재귀적 호출을 사용한다. 지불한 금액이 가격보다 50달러 이상이면 한 장의 50날러 지폐 반환을 결정한 다음, 지불한 금액에서 50달러를 뺀 값을 입력으로 하는 거스름돈 함수에 대한 재귀적 호출을 사용한다. 미국의 각 화폐 단위에 대해 유사한 조항을 서술할 수 있다. 미국의 화폐 단위는 달러로 100, 50, 20, 10, 5, 1, 0.25, 0.10, 0.05, 0.01 등이다. 이 문제에서는 많이 유통되지 않는 2달러 지폐는 무시한다. 상품 가격을 나타내는 cost와 지불 금액을 나타내는 paid는 모두 스칼라이며 paid≥cost라고 가정한다. 출력 변수인 change는 테스트 케이스에 표시된 대로 리스트이다.

재귀법을 사용하여 거스름돈에 포함될 지폐와 동전 리스트를 출력하는 함수 my_change(cost, paid)를 작성하시오. 기본 케이스에 주의하기 바란다.

```
In [ ]: def my_change(cost, paid):
            # 함수 코드를 여기에 작성하시오

            return change

In [ ]:  # 출력: [50.0, 20.0, 1.0, 1.0, 0.25, 0.10, 0.05, 0.01, 0.01, 0.01]
         my_change(27.57, 100)
```

6. 황금비율 ϕ는 n이 무한대로 갈 때 $\dfrac{F(n+1)}{F(n)}$의 극한값이며, 여기에서 $F(n)$은 n번째 피보나치 수이다. ϕ의 정확한 값은 $\dfrac{1+\sqrt{5}}{2}$이며, 이는 대략 1.62이다. $G(n)=F(n+1)/F(n)$는 황금비율의 n번째 근삿값라고 불리며, $G(1)=1$이다.

ϕ는 또한 아래와 같은 연분수의 극한이기도 하다.

$$\phi = 1+\cfrac{1}{1+\cfrac{1}{1+\cfrac{1}{1+\ddots}}}$$

위의 재귀적 연분수 관계에 따른 황금비율의 n번째 근삿값을 출력하는 재귀 함수 my_golden_ratio(n)을 작성하시오. 황금비율에 대한 $G(n)=F(n+1)/F(n)$가 아닌 연분수 근사식을 사용해야 한다. 단, 이 경우에도 $G(1)=1$이다.

연구에 따르면 황금비율에 가까운 종횡비(즉, 길이를 너비로 나눈 결과)를 갖는 직사각형은 그렇지 않은 직사각형보다 눈을 더 즐겁게 한다고 알려져 있다. 와이드 스크린 TV와 영화 화면의 화면 비율은 얼마인지 조사해보시오.

```
In [ ]: def my_golden_ratio(n):
            # 함수 코드를 여기에 작성하시오

            return out

In [ ]: # 출력: 1.618181818181818
        my_golden_ratio(10)

In [ ]: import numpy as np
        (1 + np.sqrt(5))/2
```

7. 두 정수 a와 b의 최대공약수는 두 정수를 나머지 없이 나누는 가장 큰 정수이다. gcd(a,b)는 최대공약수를 계산하는 함수라고 하자. gcd 함수는 재귀적으로 작성할 수 있다. b가 0이면 a가 최대공약수이다. 그렇지 않으면 gcd(a,b) = gcd(b,a%b)이다. 여기서 a%b는 a를 b로 나눈 나머지이다.

a와 b의 최대공약수를 계산하는 재귀 함수 my_gcd(a,b)를 작성하시오. a와 b는 정수라고 가정한다.

```
In [ ]: def my_gcd(a, b):
            # 함수 코드를 여기에 작성하시오
```

```
        return gcd

In [ ]: # 출력: 2
        my_gcd(10, 4)

In [ ]: # 출력: 11
        my_gcd(33, 121)

In [ ]: # 출력: 1
        my_gcd(18, 1)
```

8. 파스칼의 삼각형은 각 행이 $(x+y)^{p-1}$의 이항 전개 계수와 동일한 숫자 배열이다. 여기서 p는 1 이상의 정수이다. 예를 들어 $(x+y)^2 = 1x^2 + 2xy + 1y^2$로부터 구성된 파스칼 삼각형의 세 번째 행은 1 2 1이다. R_m이 파스칼 삼각형의 m번째 행을 나타내고 $R_m(n)$이 m번째 행의 n번째 원소라고 하자. 정의에 따르면, R_m에는 m개의 원소가 있고 $R_m(1) = R_m(m) = 1$이다. 나머지 원소들은 재귀적 관계 $R_m(i) = R_{m-1}(i\text{-}1) + R_{m-1}(i)$ $(i = 2, \ldots, m-1)$를 사용하여 계산된다. 그림 6.5에서 파스칼 삼각형의 처음 몇 행을 보여주고 있다.

$$
\begin{array}{c}
1 \\
1 \quad 1 \\
1 \quad 2 \quad 1 \\
1 \quad 3 \quad 3 \quad 1 \\
1 \quad 4 \quad 6 \quad 4 \quad 1 \\
1 \quad 5 \quad 10 \quad 10 \quad 5 \quad 1
\end{array}
$$

그림 6.5
파스칼의 삼각형.

함수 my_pascal_row(m)을 작성하시오. 여기서 출력 변수 row는 파스칼 삼각형의 m번째 행을 나타내는 리스트이다. m은 양의 정수라고 가정한다.

```
In [ ]: def my_pascal_row(m):
            # 함수 코드를 여기에 작성하시오

            return row

In [ ]: # 출력: [1]
        my_pascal_row(1)

In [ ]: # 출력: [1, 1]
```

```
         my_pascal_row(2)

In [ ]: # 출력: [1, 2, 1]
         my_pascal_row(3)

In [ ]: # 출력: [1, 3, 3, 1]
         my_pascal_row(4)

In [ ]: # 출력: [1, 4, 6, 4, 1]
         my_pascal_row(5)
```

9. 다음 형태의 $n \times n$ 행렬을 생각해보자.

$$A = \begin{bmatrix} 1\,1\,1\,1\,1 \\ 1\,0\,0\,0\,0 \\ 1\,0\,1\,1\,0 \\ 1\,0\,0\,1\,0 \\ 1\,1\,1\,1\,0 \end{bmatrix}$$

여기에서 1인 항들은 시계 방향의 나선을 형성한다. 위에 주어진 형태의 $n \times n$ 행렬을 생성하는 함수 my_spiral_ones(n)을 작성하시오. 재귀 단계가 올바른 순서인지에 주의하기 바란다. 즉, 나선이 오른쪽, 아래쪽, 왼쪽, 위쪽, 다시 오른쪽 등의 순서로 진행하는지 확인한다.

```
In [ ]: def my_spiral_ones(n):
             # 함수 코드를 여기에 작성하시오

             return A

In [ ]: # 출력: 1
         my_spiral_ones(1)

In [ ]: # 출력:
         # array([[1, 1],
         #         [0, 1]])
         my_spiral_ones(2)

In [ ]: # 출력:
         #array([[0, 1, 1],
         #        [0, 0, 1],
         #        [1, 1, 1]])
         my_spiral_ones(3)
```

```
In [ ]: # 출력:
        #array([[1, 0, 0, 0],
        #       [1, 0, 1, 1],
        #       [1, 0, 0, 1],
        #       [1, 1, 1, 1]])
        my_spiral_ones(4)

In [ ]: # 출력:
        #array([[1, 1, 1, 1, 1],
        #       [1, 0, 0, 0, 0],
        #       [1, 0, 1, 1, 0],
        #       [1, 0, 0, 1, 0],
        #       [1, 1, 1, 1, 0]])
        my_spiral_ones(5)
```

10. 재귀법을 사용하지 않고 my_spiral_ones를 다시 작성하시오.
11. my_towers(4)에 대한 재귀 트리를 그리시오.
12. 재귀법을 사용하지 않고 이 장의 하노이 탑 함수를 다시 작성하시오.
13. my_quicksort([5, 4, 6, 2, 9, 1, 7, 3])에 대한 재귀 트리를 그리시오.
14. 재귀법을 사용하지 않고 이 장의 퀵 정렬 함수를 다시 작싱하시오.

CHAPTER

7 객체지향 프로그래밍

CONTENTS

7.1 객체지향 프로그래밍 개요

지금까지 작성한 모든 코드는 **절차지향 프로그래밍**(POP; procedure-oriented programming) 범주에 속한다. 이 범주의 코드는 컴퓨터에 수행할 작업을 지시하는 일련의 명령으로 구성되며, 이러한 명령들은 함수 구조들로 조직화된다. 프로그램에는 변수, 데이터 구조, 루틴 등이 나타난다. 파이썬은 다중 패러다임 프로그래밍 언어이다. 즉, 다양한 프로그래밍 접근 방식을 지원한다. 파이썬 프로그래밍의 한 가지 방식은 **객체지향 프로그래밍**(OOP; object-oriented programming)을 사용하는 것이다. 초기 학습은 어렵지만, 매우 강력한 방식이며 숙련에 시간을 투자할 가치가 있다. 파이썬 프로그래밍에 반드시 OOP를 사용해야 하는 것은 아니다. POP 방식만으로도 여전히 매우 강력한 프로그램을 작성할 수 있다. 일반적으로는 POP는 단순하고 작은 프로그램에 적합하고 OOP는 큰 프로그램에 더 적합하다고 할 수 있다. 이제 객체지향 프로그래밍에 대해 자세히 살펴보자.

객체지향 프로그래밍은 프로그램 작성을 객체 단위로 분할하는데, **객체**는 데이터(속성이라고 함)와 **동작/함수**(**메서드**라고 함)를 결합하는 역할을 한다. 이를 위해 OOP에는 **클래스**와 **객체**라는 두 가지 주요 구성요소가 포함된다.

클래스는 데이터와 함수의 논리적 결합을 정의하기 위한 청사진이라고 할 수 있으며, 현실 세계의 개체를 모델링하는 데이터 구조를 생성하는 방법을 제공한다. 예를 들어, 이름, 나이 등의 데이터와 사람들의 이름과 나이를 인쇄하는 함수를 포함하는 `People` 클래스를 생성할 수 있다. 클래스가 청사진이라면 객체는 클래스의 인스턴스에 해당하며 실제 값을 갖는다. 예를 들어 35세의 "Iron man"이라는 사람은 객체일 것이며, `People` 클래스의 한 인스턴스에 해당한다. 달리 말하면 클래스는 필요한 정보를 정의하는 템플릿과 같고 객체는 템플릿을 채우는 하나의 특정 복사본이다. 또한 동일한 클래스의 인스턴스인 객체들은 서로 **독립적**이다. 예를 들어 33세의 "Batman"과 같은 또 다른 사람이 있는 경우 `People` 클래스의 인스턴스로 표현할 수 있지만, "Iron man" 인스턴스와는 독립적인 인스턴스이다.

위의 예를 파이썬으로 구현한 아래 코드를 읽어보자. 구문을 이해하지 못하더라도 걱정할 필요는 없으며, 다음 절에서 더 자세히 설명할 것이다.

```
In [1]: class People():
            def __init__(self, name, age):
                self.name = name
                self.age = age

            def greet(self):
                print("Greetings, " + self.name)

In [2]: person1 = People(name = "Iron Man", age = 35)
        person1.greet()
        print(person1.name)
        print(person1.age)

Greetings, Iron Man
Iron Man
35

In [3]: person2 = People(name = "Batman", age = 33)
        person2.greet()
        print(person2.name)
```

```
        print(person2.age)

Greetings, Batman
Batman
33
```

위의 코드 예제에서는 먼저 name과 age라는 데이터와 greet라는 메서드를 갖는 People이라는 클래스를 정의한다. 그런 다음 특정 이름과 나이를 갖는 person1이라는 객체를 People 클래스의 인스턴스로 생성한다. 이 예제를 통해 클래스는 전체 구조를 정의하는 반면 객체는 클래스의 개별 인스턴스임이 분명해졌을 것이다.

OOP 사용의 몇 가지 이점은 다음과 같다. 프로그램에 대한 명확한 모듈식 구조를 제공함으로써 코드 재사용성을 향상시킨다. 복잡한 문제를 단순화시켜 해결하는 방법을 제공한다. 현실 세계 시나리오를 모델링하기 위한 추상적 데이터 유형을 정의하는 데 도움이 된다. 구현 세부사항은 숨겨주고 인터페이스를 명확하게 정의할 수 있게 해준다. 데이터와 작업을 결합한다.

대규모 프로젝트에서 OOP를 사용하면 다른 이점도 있다. 자세한 내용을 알아보려면 온라인에서 검색해볼 것을 권장한다. 복잡한 대규모 프로젝트에 참여할 때까지 OOP의 장점을 완전히 이해하는 것은 어려울 수 있다. 앞으로 이 책에서 OOP에 대해 계속해서 학습할 것이며 그 유용성은 점차 분명해질 것이다.

7.2 클래스와 객체

이전 절에서는 OOP의 두 가지 주요 구성요소, 즉 데이터와 함수의 논리적 결합을 정의하는 데 사용되는 청사진인 클래스와 클래스의 인스턴스로 실제 값을 갖는 객체를 소개하였다. 이 절에서는 클래스와 객체에 대해 더 자세히 알아보겠다.

7.2.1 클래스

사용자가 원하는 구조를 정의하기 위해 사용되는 클래스는 함수와 유사하게 class 문으로 시작하는 코드 블록으로 정의된다. 클래스 정의 형식은 다음과 같다.

```
class 클래스_이름(상위클래스):
    def __init__(self, 인수 목록):
```

```
        # 객체 속성의 정의 및 설정

    def 기타_메서드(self, 인수 목록):
        # 메서드 본체
```

클래스의 정의는 함수와 매우 유사하다. 클래스 이름은 단어 첫 글자에 대문자를 사용하는 것이 일반적 관행이다. 새 클래스를 만들 때 이미 정의된 다른 클래스에서 속성과 메서드를 상속하기 위해 **상위클래스**가 사용된다. **상속**에 대해서는 다음 절에서 더 자세히 다루겠다. __init__는 파이썬 클래스의 특수 메서드 중 하나이며, 클래스의 인스턴스(객체)가 생성되는 순간 바로 실행되는데, 객체를 사용하기 전에 속성들에 초깃값을 지정한다. init의 앞뒤에 두 개의 밑줄을 사용하고 있는데, 이것은 용도가 미리 정해져 있는 특수 메서드임을 나타낸다. __init__ 메서드에서는 객체를 생성할 때 속성 값을 초기화한다. 기타_메서드 함수는 이전에 살펴본 함수들과 마찬가지로 인스턴스 안의 속성들에 적용될 인스턴스 메서드를 정의하는 데 사용된다. 클래스 안의 인스턴스 메서드 정의에는 항상 첫 번째 매개변수로 self가 포함되는데, 이 매개변수는 객체 자체를 나타낸다. 인스턴스 메서드에서는 self 매개변수를 사용하여 동일한 객체의 속성이나 다른 메서드에 자유롭게 접근할 수 있다. 아래 예를 살펴보자.

예제

sid(학생 ID), name, gender 등의 속성을 갖는 Student라는 클래스를 정의하고, 그 안에 __init__ 메서드와 학생 이름을 출력하는 say_name 메서드를 정의해보자. "learning"이라는 값을 갖는 type 속성을 제외하고는 모든 속성 값이 __init__ 메서드에 전달된다.

```
In [1]: class Student():

            def __init__(self, sid, name, gender):
                self.sid = sid
                self.name = name
                self.gender = gender
                self.type = "learning"

            def say_name(self):
                print("My name is " + self.name)
```

위의 예제에서 이 간단한 클래스가 필요한 부분은 모두 포함하고 있음을 알 수 있다. __init__ 메서드는 객체를 생성할 때 속성들을 초기화한다. 속성 type은 "learning"

으로 값이 고정되는 반면 sid, name, gender 등에는 초깃값을 전달해야 한다. 인스턴스 안의 속성들은 클래스에 정의된 다른 메서드들에서도 "self.속성_이름" 형식으로 사용할 수 있다. 예를 들어 say_name 메서드에서 self.name으로 name 속성을 사용할 수 있다. 클래스에 정의된 메서드는 클래스에 정의된 다른 메서드들에서 "self.메서드" 형식으로 사용할 수 있다. 다음 예를 보자.

실행 예제

학생 이름뿐만 아니라 학생 ID도 출력하는 메서드 report를 추가해보자. 이 메서드에는 보고서에 포함될 내용으로 0에서 100 사이의 숫자를 전달하는 또 다른 매개변수인 score가 포함된다.

```
In [2]: class Student():

            def __init__(self, sid, name, gender):
                self.sid = sid
                self.name = name
                self.gender = gender
                self.type = "learning"

            def say_name(self):
                print("My name is " + self.name)

            def report(self, score):
                self.say_name()
                print("My id is: " + self.sid)
                print("My score is: " + str(score))
```

7.2.2 객체

앞에서 언급했듯이 객체는 정의된 클래스의 인스턴스이며 실제 값을 갖는다. 해당 클래스에 연계된 서로 다른 값을 갖는 여러 개의 인스턴스를 생성할 수 있으며, 이러한 인스턴스들은 서로 독립적이다. 또한 생성된 객체에 대해 인스턴스 메서드를 호출할 경우 해당 객체가 자동으로 self 매개변수에 전달될 것이며, 괄호 안에 별도의 인수로 self 매개변수를 위한 값을 표시할 필요가 없다. 다음 예를 참고하기 바란다.

예제

두 개의 객체 ("001", "Susan", "F")와 ("002", "Mike", "M")를 생성하고, 이들에 대해 메서드 say_name을 호출해보자.

```
In [3]: student1 = Student("001", "Susan", "F")
        student2 = Student("002", "Mike", "M")

        student1.say_name()
        student2.say_name()
        print(student1.type)
        print(student1.gender)

My name is Susan
My name is Mike
learning
F
```

위의 코드에서 서로 다른 값을 갖는 두 개의 객체, student1과 student2를 생성하였다. 각 객체는 Student 클래스의 인스턴스이며 서로 다른 속성 집합을 갖는다. 정의된 속성과 메서드를 보려면 student1.+TAB을 입력하면 된다. 특정 속성에 접근하려면 student1.type과 같이 "객체.속성" 형식을 사용한다. 반면에 메서드를 호출하려면 함수를 호출하는 것이기 때문에 student1.say_name()에서와 같이 괄호가 필요하다.

실행 예제

student1과 student2에 대한 메서드 report를 호출하되, 점수로는 각각 95점과 90점을 사용한다.

```
In [4]: student1.report(95)
        student2.report(90)

My name is Susan
My id is: 001
My score is: 95
My name is Mike
My id is: 002
My score is: 90
```

위의 코드에서 호출된 report 메서드에서는 객체에 연계된 데이터를 인쇄하고 있는데, 여기에 전달된 점수 값은 report 메서드에서만 사용할 수 있음에 유의하기 바란다. 또한 report 메서드 안에서 사용되는 self.say_name()이라는 메서드 호출이 작동하는 것은 report 메서드 정의에 self라는 매개변수가 포함되어 있기 때문이다.

7.2.3 클래스 속성 대 인스턴스 속성

위에서 제시한 속성들은 인스턴스 속성이라고 하며, 이는 해당 속성이 특정 인스턴스에 속한다는 의미이다. 이러한 속성을 사용할 때 클래스 내에서 "self.속성" 형식을 사용해야 한다. 해당 클래스로부터 생성되는 모든 인스턴스들 사이에서 공유되는 클래스 속성이라고 하는 다른 종류의 속성이 있다. 클래스 속성을 정의하고 사용하는 방법의 예를 살펴보자.

예제

Student 클래스를 수정하여 생성된 인스턴스 수를 나타내는 클래스 속성 n을 추가해보자. 또 이 숫자를 인쇄하는 num_instances 메서드를 추가해보자.

```
In [5]: class Student():

            n = 0

            def __init__(self, sid, name, gender):
                self.sid = sid
                self.name = name
                self.gender = gender
                self.type = "learning"
                Student.n += 1

            def say_name(self):
                print("My name is " + self.name)

            def report(self, score):
                self.say_name()
                print("My id is: " + self.sid)
                print("My score is: " + str(score))

            def num_instances(self):
                print(f"We have {Student.n}-instance in total")
```

클래스 속성을 정의할 때는 다른 모든 메서드 외부에서 정의해야 하며 self를 사용하지 않는다. 클래스 속성을 사용하기 위해서는 Student.n에서와 같이 "클래스_이름.속성" 형식을 사용한다. 이러한 속성은 이 클래스에서 생성된 모든 인스턴스 사이에서 공유된다. 클래스 속성을 사용하는 예로 다음 코드를 보자.

```
In [6]: student1 = Student("001", "Susan", "F")
        student1.num_instances()
        student2 = Student("002", "Mike", "M")
        student1.num_instances()
        student2.num_instances()

We have 1-instance in total
We have 2-instance in total
We have 2-instance in total
```

생성된 두 개의 객체에서 인스턴스 속성 sid, name, gender 등의 값은 특정 객체에만 속한다. 예를 들어, student1.name은 "Susan"이고 student2.name은 "Mike"이다. 그러나 student2 객체를 생성한 후 클래스 속성 "{Student.n}-instance"를 인쇄할 때 student1 안의 n도 이미 변경되어 있다. 이는 클래스 속성 n은 생성된 모든 객체에서 공유되기 때문이다.

이제 클래스와 인스턴스의 차이를 이해했을 것이며 파이썬에서 기초 수준의 OOP를 사용할 준비가 된 셈이다. OOP를 최대한 활용하기 위해서는 다음 절에서 설명하는 상속, 캡슐화, 다형성 등의 개념을 이해할 필요가 있다.

7.3 상속, 캡슐화, 다형성

데이터와 메서드를 결합함으로써 클래스와 객체 함수를 사용하는 OOP의 모델링 능력을 앞에서 살펴본 바 있다. 이에 더하여 (1) OOP 코드에 향상된 모듈화, 용이한 재사용성, 클래스 간의 관계 구축 등을 지원하는 **상속**(inheritance); (2) 다른 객체들로부터 클래스의 일부 비공개 세부사항을 숨겨주는 **캡슐화**(encapsulation); (3) 동일 명칭의 작업을 객체에 맞추어 다르게 작동시킬 수 있게 해주는 **다형성**(polymorphism) 등의 세 가지 중요한 개념이 있다. 이러한 개념들에 대해 간략히 살펴본다.

7.3.1 상속

상속을 통해 다른 클래스의 모든 메서드와 속성을 상속받는 클래스를 정의할 수 있다. 상속을 받아 새로 정의되는 클래스를 **자식 클래스** 또는 하위 클래스라고 하고 피상속 클래스를 **부모 클래스** 또는 **상위 클래스**라고 한다. 클래스 구조의 형식을 다시 참고하면 기본적인 상속을 위한 구조가 "class 클래스_이름(상위클래스)"임을 알 수 있다. 이는 새 클래스가 상위 클래스의 모든 속성과 메서드에 접근할 수 있음을 의미한다. 상속은 자식 클래스와 부모 클래스 간의 관계를 구축한다. 일반적으로 상위 클래스는 일반적 유형에 해당하고 하위 클래스는 세부 유형에 해당한다. 아래의 예를 살펴보자.

실행 예제

객체 생성 시 전달되는 속성 name, location, record_date 등을 사용하는 클래스 Sensor를 정의하고 속성 data는 정보를 저장하는 빈 사전으로 정의한다. 타임스탬프와 데이터 배열을 받아오는 입력 매개변수 t와 data를 사용하는 메서드 add_data를 추가해보자. 이 메서드에서는 "time"과 "data"를 키로 사용하여 입력 매개변수 t와 data 값을 data 속성에 지정한다. 또한 모든 정보를 삭제하기 위한 clear_data 메서드를 작성해보자. (이 예제에서 변수 data가 두 가지 다른 의미로 사용되고 있음에 유의하기 바란다.)

```
In [1]: class Sensor():
            def __init__(self, name, location, record_date):
                self.name = name
                self.location = location
                self.record_date = record_date
                self.data = {}

            def add_data(self, t, data):
                self.data["time"] = t
                self.data["data"] = data
                print(f"We have {len(data)} points saved")

            def clear_data(self):
                self.data = {}
                print("Data cleared!")
```

이제 센서 정보를 저장하기 위한 클래스가 정의되었으며, 정보를 저장하기 위한 센서 객체를 생성할 수 있다.

예제

센서 객체를 생성해보자.

```
In [2]: import numpy as np
        sensor1 = Sensor("sensor1", "Berkeley", "2019-01-01")
        data = np.random.randint(-10, 10, 10)
        sensor1.add_data(np.arange(10), data)
        sensor1.data
```

```
We have 10 points saved

Out[2]: {"time": array([0, 1, 2, 3, 4, 5, 6, 7, 8, 9]),
         "data": array([ 3, 2, 5, -1, 2, -2, 6, -1, 5, 4])}
```

7.3.1.1 상속과 새로운 메서드 추가

가속도계라는 다른 유형의 센서가 있다고 가정해보자. Sensor 클래스와 동일한 속성과 메서드를 공유하지만 원래 클래스에서 추가하거나 수정해야 하는 다른 속성이나 메서드를 가질 수 있다. 이 경우 새로운 클래스를 처음부터 새로 만들 수도 있겠지만, 상속을 사용하면 더 쉽게 만들 수 있다. 새로운 클래스는 Sensor 클래스의 모든 속성과 메서드를 상속받게 될 것이며, 여기에 속성이나 메서드의 추가가 필요할 것인지 생각할 수 있다. 먼저 새로운 클래스 Accelerometer를 만들고 그것이 어떤 종류의 센서인지 보고하는 새로운 메서드 show_type을 추가해보자.

```
In [3]: class Accelerometer(Sensor):

            def show_type(self):
                print("I am an accelerometer!")

        acc = Accelerometer("acc1", "Oakland", "2019-02-01")
        acc.show_type()
        data = np.random.randint(-10, 10, 10)
        acc.add_data(np.arange(10), data)
        acc.data

I am an accelerometer!
We have 10 points saved

Out[3]: {"time": array([0, 1, 2, 3, 4, 5, 6, 7, 8, 9]),
         "data": array([ -1, 4, 7, -10, -2, -6, 2, -8, 9, 3])}
```

Accelerometer 클래스를 만드는 것은 매우 간단하다. 상위 클래스인 Sensor를 상속하여 상위 클래스의 모든 속성과 메서드를 포함한다. 그런 다음 Sensor 클래스에 없는 새로운 메서드 show_type을 추가함으로써 자식 클래스인 Accelerometer 클래스를 성공적으로 확장할 수 있다. 이것이 바로 상속의 힘인데, Sensor 클래스의 대부분을 새 클래스에서 재사용하면서 필요에 따라 기능을 확장하면 된다. 기본적으로 상속은 현실 세계 개체의 모델링을 위한 논리적 관계를 설정한다. 상위 클래스인 Sensor 클래스는 모든 특성을 하위 클래스 Accelerometer에 전달한다.

7.3.1.2 상속과 메서드 재정의

부모 클래스에서 상속받을 때 부모 클래스에서 제공하는 메서드의 구현을 변경할 수 있다. 이를 메서드 재정의라고 하며 아래의 예에서 보여주고 있다.

예제

Accelerometer 클래스에서 상속받았지만 센서 이름도 출력할 수 있도록 show_type 메서드를 재정의하는 UCBAcc(UC 버클리에서 만든 특정 유형의 가속도계를 나타냄) 클래스를 정의해 보자.

```
In [4]: class UCBAcc(Accelerometer):

            def show_type(self):
                print(f"I am {self.name}, created at Berkeley!")

        acc2 = UCBAcc("UCBAcc", "Berkeley", "2019-03-01")
        acc2.show_type()

I am UCBAcc, created at Berkeley!
```

새로운 UCBAcc 클래스가 실제로 show_type 메서드를 새로운 기능을 갖도록 재정의한다는 것을 알 수 있다. 이 예제에서 새로운 클래스는 부모 클래스에서 기능을 상속할 뿐만 아니라 일부 메서드를 수정/개선하고 있다.

7.3.1.3 상속과 super()를 사용한 속성 설정

Sensor 클래스를 상속받지만 새로운 속성 brand를 추가한 NewSensor 클래스를 정의해보자. 부모 클래스의 __init__ 메서드는 아래와 같이 재정의할 수 있다.

```
In [5]: class NewSensor(Sensor):
            def __init__(self,name,location,record_date,brand):
                self.name = name
                self.location = location
                self.record_date = record_date
```

```
        self.brand = brand
        self.data = {}

new_sensor = NewSensor("OK", "SF", "2019-03-01", "XYZ")
new_sensor.brand

Out[5]: "XYZ"
```

동일한 결과를 얻을 수 있는 더 좋은 방법이 있는데, 바로 아래 코드에서와 같이 super 메서드를 사용함으로써 자식 클래스 안에서 부모 클래스 인스턴스를 참조할 수 있다.

예제

상속에서 super 메서드를 사용하여 속성들을 설정해보자.

```
In [6]: class NewSensor(Sensor):
            def __init__(self,name,location,record_date,brand):
                super().__init__(name, location, record_date)
                self.brand = brand

        new_sensor = NewSensor("OK", "SF", "2019-03-01", "XYZ")
        new_sensor.brand

Out[6]: "XYZ"
```

이제 super 메서드를 사용함으로써 상위 클래스 속성들에 대한 설정을 반복하는 것을 피할 수 있음을 살펴보았다. 이러한 방식은 코드의 유지보수에도 도움이 된다. 자식 클래스가 부모 클래스의 __init__을 묵시적으로 호출하지는 않기 때문에 위에서 표시한 것처럼 super().__init__을 사용해야 한다.

7.3.2 캡슐화

캡슐화는 OOP의 기본 개념 중 하나이며, 클래스의 메서드와 속성에 대한 접근을 제한하자는 개념이다. 캡슐화는 복잡한 세부사항을 사용자에게 숨기고 실수로 데이터가 수정되는 것을 방지한다. 파이썬에서는 아래 예제와 같이 비공개 메서드 이름이나 속성 이름에 밑줄문자("_" 또는 "__")를 접두사로 사용하여 캡슐화를 표현한다.

예제

```
In [7]: class Sensor():
            def __init__(self, name, location):
                self.name = name
                self._location = location
                self.__version = "1.0"

            # getter 함수 (속성 값을 받아오는 함수)
            def get_version(self):
                print(f"The sensor version is {self.__version}")

            # setter 함수 (속성 값을 설정하는 함수)
            def set_version(self, version):
                self.__version = version


In [8]: sensor1 = Sensor("Acc", "Berkeley")
        print(sensor1.name)
        print(sensor1._location)
        print(sensor1.__version)

Acc
Berkeley

        ---------------------------------------------------------
        AttributeError        Traceback (most recent call last)

        <ipython-input-8-ca9b481690ba> in <module>
          2 print(sensor1.name)
          3 print(sensor1._location)
    ----> 4 print(sensor1.__version)

        AttributeError: 'Sensor' object has no attribute '__version'
```

위의 예는 캡슐화가 어떻게 작동하는지 보여준다. 단일 밑줄문자를 사용하여 직접 접근해서는 안 되는 비공개 변수를 정의하였지만, 이것은 관행일 뿐이며 실제로 접근을 막지는 못한다. __version 속성에서와 같이 이중 밑줄문자를 사용하면 직접 접근이나 수정을 차단하고 있음을 알 수 있다. 이중 밑줄문자 속성에 접근하려면 속성 값을 받아오거나 설정을 위한 getter/setter 함수를 사용하여 클래스 내부에서 접근해야 한다. 다음 예에서 getter/setter 함수의 사용을 보여주고 있다.

```
In [9]: sensor1.get_version()

The sensor version is 1.0


In [10]: sensor1.set_version("2.0")
         sensor1.get_version()

The sensor version is 2.0
```

단일 및 이중 밑줄문자는 비공개 메서드에도 적용되는데, 비공개 속성의 경우와 유사하기 때문에 별도로 논의하지는 않는다.

7.3.3 다형성

다형성은 다양한 형태를 의미하며, OOP의 또 다른 기본 개념이다. 다형성을 사용하면 서로 다른 데이터 유형이나 클래스가 공통의 단일 인터페이스를 사용할 수 있다. 예를 들어, 여러 클래스 사이에서 또는 부모/자식 클래스에서 동일한 이름의 메서드를 서로 다르게 정의할 수 있다. 이와 같은 예를 앞에서 UCBAcc 클래스에서 show_type 메서드를 재정의할 때 이미 살펴본 바 있다. 부모 클래스 Accelerometer와 자식 클래스 UCBAcc 모두 show_type이라는 메서드를 가지고 있지만 다르게 구현되어 있다. 하나의 이름을 갖고 있지만 다양한 상황에 맞추어 다르게 작동하는 이러한 다형성 기능은 코드의 복잡성을 크게 줄여준다. 여기에서 다형성에 대한 논의를 더 이상 깊이 있게 다루지는 않을 것이며, 관심 있는 독자들은 추가적인 정보를 온라인에서 찾아보기 바란다.

7.4 요약, 그리고 문제

7.4.1 요약

1. OOP와 POP는 다르다. OOP는 많은 이점이 있으며 대규모 프로젝트에서 사용하기에 더 적합하다.
2. 클래스는 데이터와 메서드를 결합할 수 있는 구조의 청사진이고, 객체는 클래스의 인스턴스이다.
3. "상속" 개념은 OOP의 핵심이다. 이를 통해 상위 클래스의 속성이나 메서드를 참

조할 수 있다.

4. "캡슐화" 개념을 사용하면 클래스의 일부 비공개 세부사항을 다른 객체로부터 숨길 수 있다.
5. "다형성" 개념을 통해 공통 작업을 데이터 유형에 맞추어 다르게 동작시킬 수 있다.

7.4.2 문제

1. 클래스와 객체의 차이를 설명하시오.
2. 메서드의 첫 번째 인수로 "self"를 사용하는 이유를 설명하시오.
3. 생성자란 무엇이며, 어떤 역할을 하는가?
4. 클래스 속성과 인스턴스 속성의 차이를 설명하시오.
5. 다음은 좌표 x, y를 받는 Point 클래스의 정의이다. 점의 위치를 그래프 상에 표시하는 메서드 plot_point를 추가하시오.

```
import matplotlib.pyplot as plt

class Point():
    def __init__(self, x, y):
        self.x = x
        self.y = y
```

6. 문제 5의 클래스를 사용하고 또 다른 점의 좌표 x, y를 받아 두 점 사이의 거리를 계산하여 반환하는 compute_dist 메서드를 추가하시오.
7. 상속을 설명하시오.
8. 상위 클래스에서 상속받고 새로운 메서드를 추가하는 방법을 설명하시오.
9. 상위 클래스로부터 상속받은 메서드를 재정의하는 방법을 설명하시오.
10. super 메서드는 무엇이며, 왜 필요한지 설명하시오.
11. 어떤 현실 세계 객체들을 모델링하는 클래스를 정의하고, 또 이 클래스에서 상속받는 새로운 클래스를 정의해보시오. 아래 예를 참고하되 이와는 다른 예를 사용하며, 지금까지 배운 개념을 최대한 많이 반영해보시오.

```
In [1]: class Car():
            def __init__(self, brand, color):
                self.brand = brand
                self.color = color
```

```
    def start_my_car(self):
        print("I am ready to drive!")

class Truck(Car):
    def __init__(self, brand, color, size):
        super().__init__(brand, color)
        self.size = size

    def start_my_car(self, key):
        if key == "truck_key":
            print("I am ready to drive!")
        else:
            print("Key is not right")

    def stop_my_car(self, brake):
        if brake:
            print("The engine is stopped!")
        else:
            print("I am still running!")

truck1 = Truck("Toyota", "Silver", "Large")
truck1.start_my_car("truck_key")
truck1.stop_my_car(brake = False)
```

CHAPTER

복잡도

8

CONTENTS

8.1 복잡도와 Big-O 표기법

함수의 **복잡도**는 입력의 크기와 함수를 완료할 때까지 실행하는 어려움 사이의 관계이다. 입력의 크기는 대개 n으로 표시되며, 배열의 길이와 같이 실제 데이터의 크기와 연계된다. 문제의 난이도는 여러 가지 방법으로 측정할 수 있다. 문제의 난이도를 설명하는 적절한 방법 중 하나는 덧셈, 뺄셈, 곱셈, 나눗셈, 지정, 함수 호출과 같은 **기본 연산**에 기초하는 것이다. 각각의 기본 연산마다 소요되는 시간은 다르지만, 하나의 함수를 완료하기까지 필요한 기본 연산 횟수는 실행 시간과 충분한 관련성을 가지고 있어 유용할 뿐만 아니라 계산하기도 훨씬 쉽다.

실행 예제

다음 함수를 마칠 때까지 필요한 기본 연산 횟수를 n에 관한 식으로 표현해보자.

```
In [1]: def f(n):
            out = 0
            for i in range(n):
                for j in range(n):
                    out += i*j

            return out
```

연산 횟수를 계산해보자.

n^2번의 덧셈, 0번의 빼셈, n^2번의 곱셈, 0번의 나눗셈, $2n^2+n+1$번의 지정, 0번의 함수 호출 등을 합하면 연산 횟수는 총 $4n^2+n+1$이다.

지정 횟수는 $2n^2+n+1$이다. 왜냐하면 행 `out += i*j`는 n^2번 실행, `i`에 대한 지정은 n번, `j`에 대한 지정은 n^2번, 행 `out = 0`은 1번 실행되기 때문이다. 따라서 함수 `f`의 복잡도는 $4n^2+n+1$이라고 설명할 수 있다.

복잡도에 대한 표기법으로 **Big-O 표기법**이 많이 사용된다. Big-O 표기법은 매우 큰 입력 크기에 대해 입력 크기와 기본 연산 횟수의 증가 관계를 표현한다. 하드웨어는 컴퓨터마다 다를 수 있으며, 하드웨어를 평가하지 않고 실행 시간을 정확하게 계산할 수 없고 이렇게 구한 시간도 특정 컴퓨터에만 유효하다. 연산 횟수에 기초한 분석은 하드웨어에 독립적이며, 기본 연산 횟수는 입력 크기의 증가에 직접적으로 반응하여 증가한다. n이 커지면 가장 높은 차수의 항이 지배하게 된다. 따라서 Big-O 표기법에서는 가장 높은 차수의 항만 표시한다. 또한 계수는 증가 속도의 특성화에 필요하지 않으므로 계수도 삭제된다. 위의 예에서 함수를 완료하기 위한 기본 연산 횟수가 $4n^2+n+1$임을 계산하였다. Big-O 표기법에서 함수는 $O(n^2)$이라고 한다. c가 n에 대해 상수일 경우 복잡도가 $O(n^c)$인 알고리즘은 **다항식 시간** 알고리즘이라고 한다.

실행 예제

반복 피보나치 함수의 복잡도를 구하여 Big-O 표기법으로 표현해보자.

```
In [2]: def my_fib_iter(n):
            out = [1, 1]
            for i in range(2, n):
                out.append(out[i - 1] + out[i - 2])
            return out
```

n이 증가함에 따라 더 많은 시간이 걸리는 코드 부분은 for 루프 코드뿐이므로 for 루프와 그 안의 코드 블록에 주의를 집중하면 된다. for 루프 내의 코드는 n에 따라 증가하지 않는다(즉, 상수임). 따라서 for 루프 코드의 기본 연산 횟수는 Cn이다. 여기서 C는 for 루프 내부에서 발생하는 기본 연산 횟수를 나타내는 상수이며 이러한 C개의 연산은 n번 실행된다. 따라서 `my_fib_iter`는 $O(n)$의 복잡도를 갖는다.

함수의 정확한 복잡도를 계산하는 것이 어려운 경우도 있다. 이러한 경우 복잡도의 상한선 또는 근사치를 구하는 것으로 충분할 수 있다.

실행 예제

피보나치의 재귀적 구현의 복잡도에 대한 상한선을 지정해보자. 여기서 구한 상한선이 실제 상한선에 대한 좋은 근사치인지 생각해보자. 또 재귀적 피보나치 함수가 다항식 시간 함수가 될 수 있는지 생각해보자.

```
In [3]: def my_fib_rec(n):
            if n < 2:
                out = 1
            else:
                out = my_fib_rec(n-1) + my_fib_rec(n-2)
            return out
```

n이 큰 값일 경우 함수 호출은 두 번의 다른 함수 호출과 한 번의 덧셈과 한 번의 지정을 수행한다고 말할 수 있다. 함수 호출 안의 덧셈과 지정은 n에 따라 증가하지 않으므로 Big-O 표기법에서 무시할 수 있다. 그러나 함수 호출의 횟수는 대략 2^n 정도로 증가하므로 $O(2^n)$이 my_fib_rec의 복잡도에 대한 상한선이 될 수 있다.

$O(2^n)$이 피보나치 함수의 복잡도에 대한 좋은 근사치인지 여부에 대해서는 논쟁이 있을 수 있다.

재귀적 호출의 수가 n과 함께 기하급수적으로 증가하기 때문에 재귀 피보나치 함수가 다항식 시간 함수일 수는 없다. 즉, 어떠한 c에 대해서도 my_fib_rec의 완료에 필요한 기본 연산 횟수가 $O(n^c)$을 초과하게 되는 n이 존재한다. 어떤 상수 c에 대해 $O(c^n)$인 함수는 **지수 시간**을 갖는다고 한다.

실행 예제

다음 함수의 복잡도를 구하여 Big-O 표기법으로 표현해보자.

```
In [4]: def my_divide_by_two(n):
            out = 0
            while n > 1:
                n /= 2
                out += 1
            return out
```

이 경우에도 n의 값이 증가할수록 while 루프의 실행 시간이 증가할 것이며, 따라서 큰 n 값의 경우에 집중하면 된다. while 루프 내에는 2번의 지정, 한 번의 나눗셈, 한 번의 덧셈 등이 있으며 이들은 모두 n에 대해 일정한 시간이다. 따라서 복잡도는 while 루프가 실행되는 횟수에만 의존한다.

while 루프는 n이 1보다 작아질 때까지 수행되며 각 반복에서 n을 절반으로 줄인다. 따라서 반복 횟수 I는 방정식 $\frac{n}{2^I} = 1$의 해이며, 약간의 작업으로 $I = \log n$을 도출할 수 있다. 이에 따라 my_divide_by_two의 복잡도는 $O(\log n)$이 된다. 로그 법칙에 따라 모든 로그는 기저가 무엇이든 서로의 스칼라 배수이기 때문에 로그의 기저가 무엇인지는 중요하지 않다. 복잡도가 $O(\log n)$인 모든 함수를 **로그 시간** 함수라고 한다.

8.2 복잡도의 중요성

그렇다면 복잡도가 왜 중요한가? 복잡도가 다르면 작업의 완료에 필요한 시간도 다르기 때문이다. 그림 8.1은 복잡도 $\log(n)$, n, n^2 등의 경우에 대해 입력 크기에 따라 실행 시간이 어떻게 변하는지 보여주는 간단한 스케치이다.

다른 예를 살펴보자. ($O(2^n)$과 같은) 지수 시간 알고리즘이 있고 R만큼의 계산 자원을 사용하여 이 알고리즘으로 해결할 수 있는 가장 큰 문제의 크기를 N이라고 가정한다. R은 함수가 완료될 때까지 기꺼이 기다릴 시간 또는 R은 기다림에 질리기 전에 컴퓨터가 실행하는 것을 지켜보는 기본 연산 횟수일 수 있다. 동일한 알고리즘을 사용하여 두 배 빠른 새 컴퓨터에서 얼마나 큰 문제를 해결할 수 있을까?

기존 컴퓨터에서 $R = 2^N$이라면 새 컴퓨터에서 계산 자원은 $2R$이 된다. 따라서 $2R = 2^{N'}$인 N'을 찾으면 된다. 약간의 치환으로 $2 \times 2^N = 2^{N'} \rightarrow 2^{N+1} = 2^{N'} \rightarrow N' = N+1$에 도달할 수 있다. 따라서 지수 시간 알고리즘의 경우 계산 자원을 두 배로 늘리면 이전 컴퓨터에서보다 고작 한 단위 더 큰 문제를 해결할 수 있을 뿐이다. 이것은 아주 작은 차이에 불과하며, N이 커짐에 따라 상대적 개선 비율은 0에 접근한다.

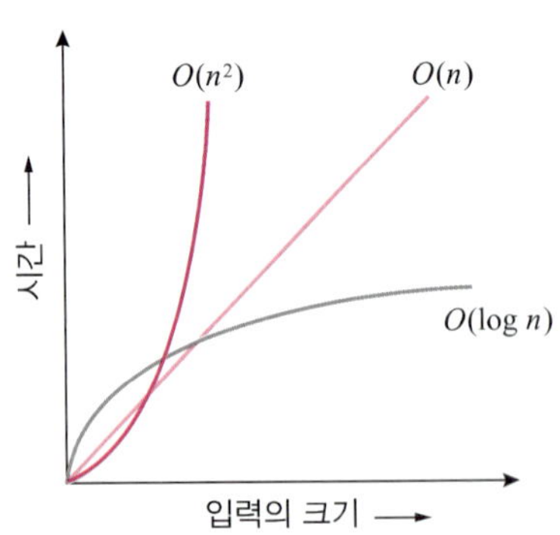

그림 8.1

복잡도 $\log(n)$, n, n^2 등의 경우에 대한 실행 시간 그래프.

다항식 시간 알고리즘을 사용하면 상황은 훨씬 나아진다. 이번에는 $R = N^c$라고 가정해보자. 여기서 c는 1보다 큰 상수이다. 그러면 $2R = N'^c$가 된다. 이전과 유사한 치환을 사용하여 $N' = 2^{1/c}N$을 얻을 수 있다. 따라서 차수 c의 다항식 시간 알고리즘을 사용하면 이전 컴퓨터에서보다 $\sqrt[c]{2}$ 배 더 큰 문제를 해결할 수 있다. c가 큰 값이 아닐 경우(예: 5 이하), 이는 지수 알고리즘의 경우에 비해 훨씬 큰 차이를 보여준다.

마지막으로 로그 시간 알고리즘을 살펴보자. $R = \log N$이라고 하자. 그러면 $2R = \log N'$로부터 $N' = N^2$을 얻을 수 있다. 따라서 두 배의 자원으로 해결할 수 있는 문제의 크기는 그 제곱으로 증가한다.

이 이야기의 교훈은 지수 시간 알고리즘의 경우 자원을 늘리더라도 해결할 수 있는 문제 크기는 별로 늘어나지 않는다는 것이다. 즉, 입력의 크기가 증가함에 따라 함수 실행 시간은 훨씬 더 빨리 증가한다. 마지막 예에서 `my_fib_rec(100)`은 계산을 완료하기 위해 2^{100}번의 기본 연산을 수행한다. 컴퓨터가 초 당 100조 개의 기본 연산을 수행할 수 있다면(지구상에서 가장 빠른 컴퓨터보다 훨씬 빠름) 완료하는 데 약 4억 년이 걸린다. 그러나 `my_fib_iter(100)`을 사용하면 동일한 작업을 완료하는 데 1나노초도 걸리지 않는다.

피보나치 수를 계산하기 위한 지수 시간 (재귀) 알고리즘도 있고 다항식 시간 (반복) 알고리즘도 있다. 선택할 수 있다면 분명히 다항식 시간 알고리즘을 선택할 것이다. 그러나 아무도 다항식 시간 알고리즘을 발견하지 못한 부류의 문제들이 존재한다. 즉, 이러한 부류의 문제들에 대해서는 지수 시간 알고리즘만 발견되어 있으며, 이들을 NP-완전(NP-complete) 문제라고 한다. NP-완전 문제들에 대한 다항식 시간 알고리즘이 존재하는지 여부에 대해서는 아직도 연구가 진행 중에 있다. NP-완전 문제로는 순회 판매원(Traveling Salesman), 집합 커버(Set Cover), 집합 포장(Set Packing) 등을 포함하는 많은 문제들이 있다. 예로 든 NP-완전 문제들은 이론적 문제이지만 이러한 문제들에 대한 해법은 물류나 경영과학에서 수많은 응용 분야를 가지고 있다. 실제로 웹 응용 프로그램이나 온라인 뱅킹 프로그램에서 보안을 지원하는 일부 암호화 알고리즘은 암호 해독 문제의 NP-완전성에 의존한다. NP-완전 문제와 복잡도 이론에 대한 추가 논의는 이 책의 범위를 벗어나지만 이러한 문제들은 많은 공학 응용에서 대단히 흥미롭고 중요하다.

8.3 프로파일러

8.3.1 매직 명령 사용하기

프로그램의 Big-O 복잡도에 영향을 미치지는 못하지만 많은 프로그래머는 코드를 두 배 빠르게 실행하기 위해서 혹은 이보다 더 작은 개선을 위해서도 많은 시간을 들인다.

주피터 노트북에서 코드의 실행 시간을 확인하는 여러 가지 방법이 있으며, 다음은 이를 위해 사용되는 매직 명령이다.

- `%time`: 단일 문장의 실행 시간을 알려준다.
- `%timeit`: 단일 문장의 반복 실행 시간을 알려준다.
- `%%time`: 셀에 있는 모든 코드의 실행 시간을 알려준다.
- `%%timeit`: 셀의 반복 실행 시간을 알려준다.

`%%` 매직 명령은 셀의 코드 전체에 대한 실행 시간을 측정하는 반면 `%` 매직 명령은 단일 문장에 대해서만 작동한다.

```
In [1]: %time sum(range(200))

        CPU times: user: 6 µs, sys: 1 µs, total: 7 µs, wall time: 9.06 µs
            [wall time: 실제로 경과한 시간]

Out[1]: 19900

In [2]: %timeit sum(range(200))

        1.24 µs ± 70.6 ns per loop (mean ± std. dev. of 7 runs, 1000000 loops each)

In [3]: %%time
        s = 0
        for i in range(200):
            s += i

        CPU times: user 15 µs, sys: 0 ns, total: 15 µs, wall time: 17.9 µs

In [4]: %%timeit
        s = 0
        for i in range(200):
```

```
        s += i

    7.06 µs ± 414 ns per loop (mean ± std. dev. of 7 runs, 100000 loops each)
```

주의

때로는 timeit를 사용하는 것이 적절하지 않을 수 있는데, 코드에 대해 너무 많은 반복 실행으로 작업 완료에 지나치게 긴 시간이 걸릴 수 있기 때문이다.

8.3.2 파이썬 프로파일러 사용

또한 파이썬 **프로파일러**를 사용하여 코드의 실행 시간을 측정할 수 있다. 주피터 노트북에서 다음 매직 명령을 사용할 수 있다.

- %prun: 파이썬 코드 프로파일러를 통해 단일 명령문을 실행한다.
- %%prun: 파이썬 코드 프로파일러를 통해 셀을 실행한다.

다음 예에서는 난수를 계속해서 합산한다.

```
In [6]: import numpy as np
In [7]: def slow_sum(n, m):
            for i in range(n):
                # 크기 m의 난수 배열을 생성한다.
                a = np.random.rand(m)
                s = 0

                # 루프를 통해 배열 원소를 하나씩 s에 더한다.
                for j in range(m):
                    s += a[j]

In [8]: %prun slow_sum(1000, 10000)
```

파이썬 프로파일러의 결과를 그림 8.2의 표에서 보여주고 있으며, 이 표의 열들의 내용은 다음과 같다.

- ncalls는 호출 횟수이다.

```
         1004 function calls in 1.413 seconds

   Ordered by: internal time

   ncalls  tottime  percall  cumtime  percall filename:lineno(function)
        1    1.320    1.320    1.413    1.413 <ipython-input-20-cc5de53096ac>:1(slow_sum)
     1000    0.093    0.000    0.093    0.000 {method 'rand' of 'mtrand.RandomState' objects}
        1    0.000    0.000    1.413    1.413 {built-in method builtins.exec}
        1    0.000    0.000    1.413    1.413 <string>:1(<module>)
        1    0.000    0.000    0.000    0.000 {method 'disable' of '_lsprof.Profiler' objects}
```

그림 8.2

prun의 프로파일링 결과.

- tottime은 주어진 함수를 수행하는 데 소요된 총 시간이다(하위 함수 호출에 소요된 시간 제외).
- percall은 tottime을 ncalls로 나눈 값이다.
- cumtime은 이 함수와 모든 하위 함수에서 (호출에서 종료까지) 소요된 총 시간이다. 이 수치는 재귀 함수의 경우에도 정확하다.
- percall은 cumtime을 ncalls로 나눈 값이다.

8.3.3 라인 프로파일러 사용

코드 스크립트의 어떤 행에서 오랜 시간이 걸리는지 확인함으로써 해당 행을 더 효율적인 코드로 재작성하는 노력을 집중할 수 있다. 이것은 행 별로 코드를 프로파일링하는 line_profiler를 사용하여 수행할 수 있다. 이 함수는 파이썬에서 기본적으로 제공되지는 않으며, 별도의 설치 절차를 거쳐야 아래의 매직 명령을 사용할 수 있다.

- %lprun: 단일 문장에 대해 행 별 프로파일링을 실행한다.

```
In [9]: # 아래 명령은 한 번만 실행하면 된다.
        !conda install line_profiler
```

```
이 패키지를 설치한 후 line_profiler 확장을 로드한다.

In [10]: %load_ext line_profiler

line_profiler를 사용하여 코드를 프로파일링하는 방법은 다음과 같다.

In [11]: %lprun -f slow_sum slow_sum(1000, 10000)
```

위의 명령을 실행하면 그림 8.3과 같이 행 단위의 프로파일링이 수행된다.

결과에는 함수의 각 행의 실행 시간에 대한 요약 정보가 포함된다. 이 예의 경우 10번 행과 11번 행이 전체 실행 시간의 대부분을 차지한다.

일반적으로 코드의 실행에 생각보다 오랜 시간이 걸릴 경우 대부분의 시간을 차지하는 **병목**이 존재할 가능성이 높다. 즉, 프로그램 상의 다른 행보다 훨씬 긴 실행 시간을 차지하는 행이 존재할 수 있다. 더 쉽게 개선할 수 있는 다른 부분이 있더라도 프로그램의 병목 현상을 해결하는 것이 일반적으로 성능 향상에 더 큰 도움이 된다.

> **참고** 코드에 대한 성능 향상 작업은 병목 지점을 찾은 다음 그곳에서 시작하는 것이 좋다.

```
Timer unit: 1e-06 s

Total time: 6.1411 s
File: <ipython-input-20-cc5de53096ac>
Function: slow_sum at line 1

Line #      Hits         Time  Per Hit   % Time  Line Contents
==============================================================
     1                                           def slow_sum(n, m):
     2
     3      1001        301.0      0.3      0.0      for i in range(n):
     4                                                   # we create a size m array of random numbers
     5      1000      87876.0     87.9      1.4          a = np.random.rand(m)
     6
     7      1000        439.0      0.4      0.0          s = 0
     8                                                   # in this loop we iterate through the array
     9                                                   # and add elements to the sum one by one
    10  10001000    2463579.0      0.2     40.1          for j in range(m):
    11  10000000    3588901.0      0.4     58.4              s += a[j]
```

그림 8.3

line_profiler의 행 별 프로파일링 결과.

8.4 요약, 그리고 문제

8.4.1 요약

1. 알고리즘의 복잡도는 입력 문제의 크기와 알고리즘의 완료까지에 걸리는 시간 사이의 관계이다.
2. Big-O 표기법은 컴퓨터나 운영체제에 독립적인 방식으로 알고리즘 복잡도를 분류하는 표준적인 방법이다.
3. 로그 복잡도 알고리즘은 다항식 복잡도 알고리즘보다 빠르게 수행되며, 다항식 복잡도 알고리즘은 지수 복잡도 알고리즘보다 빠르게 수행된다.

4. 파이썬 프로파일러는 성능을 향상시킬 수 있도록 코드가 느리게 실행되는 위치를 확인하는 데 유용한 도구이다.

8.4.2 문제

1. 다음 작업의 크기를 정의해보시오.
   - 직소 퍼즐 풀기
   - 유인물을 학급에 전달하기
   - 교실까지 걸어가기
   - 사전에서 단어 찾기
2. 위의 문제에서 정의한 작업 크기에 대해 작업의 복잡도를 구하여 Big-O 표기법으로 표현하시오.
3. n개의 단어가 있는 정렬된 리스트에서 단어를 찾기 위한 로그 시간 알고리즘은 다음과 같다. 리스트의 시작 부분에서 시작하는 대신 중앙으로 이동한다. 이 위치의 단어가 찾고 있는 단어라면, 작업은 끝난 것이다. 이 위치의 단어가 찾고 있는 단어보다 뒤에 오는 경우 첫 번째 단어와 현재 위치 사이의 중간 위치로 이동하고, 찾고 있는 단어보다 앞에 있는 경우 현재 단어와 맨 끝 단어 사이의 중간 위치로 이동한다. 단어를 찾을 때까지 이러한 과정을 계속 반복한다. 이러한 알고리즘을 이진 검색이라고 한다. 각 반복에서 검색 구간이 절반으로 줄어들기 때문에 단어를 찾는 데 최대 $\log_2(n)$번의 반복이 필요하다. 따라서 실행 시간은 리스트 길이의 로그로 주어진다.

   O(1), 즉 상수 시간 만에 단어를 찾는 방법이 있다. 즉, 리스트가 아무리 길어도 동일한 시간이 걸린다! 이러한 방법을 생각해보시오.

   Hint 해시 함수를 조사해본다.
4. 다음 재귀적 관계를 계산하는 알고리즘의 복잡도를 구하시오. (a) 재귀적 구현과 (b) 반복을 이용한 구현에 대해, 해당 알고리즘을 로그 시간, 다항식 시간, 또는 n에 대한 지수 시간 등으로 분류하시오.

   Tribonacci, $T(n)$:

   $$T(n) = T(n-1) + T(n-2) + T(n-3)$$
   $$T(1) = T(2) = T(3) = 1.$$

   Timmynacci, $t(n)$:

   $$t(n) = t(n/2) + t(n/4)$$

$$t(n) = 1 \qquad n < 1\text{인 경우}$$

5. 6장에서 설명한 하노이 탑 문제의 Big-O 복잡도를 구하시오. 그 복잡도는 상한선인가, 아니면 정확한 복잡도인가?
6. 퀵 정렬 알고리즘의 Big-O 복잡도를 구하시오.
7. `line_profiler`에서 피보나치 수를 찾는 아래의 두 가지 반복적인 구현을 실행하고 매직 명령을 사용하여 반복 실행 시간을 구하시오. 첫 번째 구현은 모든 피보나치 수를 저장하기 위한 충분한 크기의 배열을 미리 할당한다. 두 번째 구현은 for 루프의 각 반복에서 리스트 크기를 점차 늘려나간다.

```
In [ ]: import numpy as np

        def my_fib_iter1(n):
            out = np.zeros(n)
            out[:2] = 1
            for i in range(2, n):
                out[i] - out[i-1] + out[i-2]
            return out

        def my_fib_iter2(n):
            out = [1, 1]
            for i in range(2, n):
                out.append(out[i-1] + out[i-2])
            return np.array(out)
```

CHAPTER 9

숫자의 표현

CONTENTS

9.1 N진법과 이진법

십진법은 초등학교에서 배운 숫자를 나타내는 방법이다. 십진법에서 숫자는 0에서 9까지의 숫자들로 표시되며, 여기서 각 자리 숫자는 10의 어떤 멱승에 대한 계수를 나타낸다.

예제

147.3을 십진법 전개식으로 표현해보자.

$$147.3 = 1 \cdot 10^2 + 4 \cdot 10^1 + 7 \cdot 10^0 + 3 \cdot 10^{-1}$$

십진법에서 각 숫자는 10의 멱승에 연계되며 0에서 9까지 10개의 숫자를 사용한다. 3진법에서는 숫자 0, 1, 2를 사용한다. 예를 들면 121(3진법) $= 1 \cdot 3^2 + 2 \cdot 3^1 + 1 \cdot 3^0 = 9 + 6 + 1 = 16$(십진법)이다.

이 장에서는 숫자의 표현에서 문맥상 명확하지 않을 경우 숫자 뒤 괄호 안에 진법을 표시한다(예: 11(십진법)은 십진법 숫자 11을 의미함).

컴퓨터에서 숫자들은 종종 **이진수**로 표시된다. 이진수에서 사용 가능한 숫자는 0과 1뿐이며 각 자리 숫자는 2의 멱승에 대한 계수이다. 이진수의 각 자리 숫자는 **비트**라고도 한다. 이진수도 숫자이며 더하고 곱하는 과정은 초등학교에서 배운 것과 원리상 같다.

실행 예제

십진수 11을 이진수로 변환해보자.

$$11(\text{십진법}) = 8+2+1 = 1 \cdot 2^3 + 0 \cdot \cdot 2^2 + 1 \cdot 2^1 + 1 \cdot 2^0 = 1011(\text{이진법})$$

실행 예제

십진수 37과 17을 이진수로 변환해보자. 결과로 얻은 두 개의 이진수에 대해 덧셈과 곱셈을 수행하고, 결과가 정확한지 십진수로 확인해보자.

이진수로 변환:

$37(\text{십진법}) = 32+4+1 = 1 \cdot 2^5 + 0 \cdot 2^4 + 0 \cdot 2^3 + 1 \cdot 2^2 + 0 \cdot 2^1 + 1 \cdot 2^0 = 100101$ (이진법),

$17(\text{십진법}) = 16+1 = 1 \cdot 2^4 + 0 \cdot 2^3 + 0 \cdot 2^2 + 0 \cdot 2^1 + 1 \cdot 2^0 = 10001(\text{이진법})$.

덧셈과 곱셈의 결과를 십진수로 얻기:

$37 + 17 = 54$,

$37 \times 17 = 629$.

이진법으로 덧셈을 수행한다(그림 9.1 참고).
이진법으로 곱셈을 수행한다(그림 9.2 참고).

```
       1
  100101
 + 10001
 -------
       0
      1
  100101
 + 10001
 -------
      10
     1
  100101
 + 10001
 -------
     110
    1
  100101
 + 10001
 -------
    0110
   1
  100101
 + 10001
 -------
   10110
  1
  100101
 + 10001
 -------
  110110 = 32 + 16 + 4 + 2 + 0 = 54 (십진법)
```

그림 9.1
이진 덧셈.

```
    100101
   x 10001
----------

    100101
   x 10001
----------
    100101

    100101
   x 10001
----------
    100101
         0
        00
       000
+1001010000
----------
1001110101 = 512 + 64 + 32 + 16 + 4 + 1 = 629 (십진법)
```

그림 9.2

이진 곱셈.

숫자 0과 1에 대한 산술 연산은 컴퓨터에서 빠르게 계산할 수 있는 AND, OR, NOT 등을 사용하여 표현할 수 있기 때문에 이진수는 컴퓨터에서 유용하다.

임의로 큰 숫자들을 추상화할 수 있는 인간과 달리 컴퓨터는 한 번에 저장할 수 있는 비트 수가 고정되어 있다. 예를 들어, 32비트 컴퓨터는 32자리 이진수를 표현하고 처리할 수 있다. 32비트 전체를 양의 정수를 나타내는 데 사용할 경우 컴퓨터가 나타낼 수 있는 숫자는 2^{32}=4,294,967,296까지이다. 이것은 큰 숫자가 아니며 기초적인 계산 이상을 수행하기에는 충분하지 않다. 또 모든 비트가 정수 표현용으로 사용되고 있어 0.5+1.25와 같은 계산에 사용할 수 없다.

9.2 부동 소수점 실수

일반적으로 컴퓨터마다 비트 수는 고정되어 있다. 이진법 정수 표현을 사용할 경우 공학 계산을 수행하는 데 숫자의 범위나 정밀도가 충분하지 않다. 동일한 비트 수로 필요한 범위의 값을 얻기 위해 **부동 소수점 실수**(floating point number 또는 줄여서 **float**)를 사용한다. 부동 소수점 실수는 각 비트를 2의 멱승 계수로 사용하는 대신 비트들을 세 부분으로 나누는데, 바로 **부호 지시자** s(양수인지 음수인지 표시함), 2의 멱승에 해당하는 **지수** e, 소수점 아래 자릿수들을 나타내는 **가수** f 등의 부분이다. 대부분의 플랫폼에서 파이썬 `float`는 총 64비트 크기를 갖는 **IEEE754** 규약에 따른 2배 정밀도 숫자에 해당하며, 부호 지시자에 1비트, 지수에 11비트, 가수에 52비트가 할당된다. 지수에 할당된 11비트로 표현할 수 있는 값은 모두 2048개이다. 매우 정밀한 숫자를 필요로 하기 때문에 0에 가까운 숫자들을 표현할 수 있도록 지수 값 중 일부를 음의 지수 표현에 사용한다.

이를 위해 지수에서 1023을 빼서 정규화한다(지수에서 빼는 1023과 같은 값을 **편향**(bias)이라고 함). 가수는 1과 2 사이의 숫자이다. 이진법에서 정규화된 가수는 항상 1.… 형식으로 표현되는데 이것은 선행 항이 항상 1이 된다는 것을 의미하며, 따라서 이를 저장하는 것은 비트 낭비이다. 공간을 절약하기 위해 선행 1은 삭제된다. 파이썬에서는 아래와 같이 `sys` 패키지를 사용하여 `float`에 관한 정보를 얻을 수 있다.

```
In [1]: import sys
        sys.float_info

Out[1]: sys.float_info(max=1.7976931348623157e+308, max_exp=1024,
         max_10_exp=308, min=2.2250738585072014e-308,
         min_exp=-1021, min_10_exp=-307, dig=15,
         mant_dig=53, epsilon=2.220446049250313e-16,
         radix=2, rounds=1)
```

이제 64비트 부동 소수점 실수는 $n=(-1)^s 2^{e-1023}(1+f)$로 나타낼 수 있다.

실행 예제

1 10000000010 1000000000000000000000000000000000000000000000000000 (IEEE754)가 나타내는 숫자를 십진법으로 표현해보자.

십진법 지수는 $1\cdot 2^{10}+1\cdot 2^{1}-1023=3$이다.

가수는 $1\cdot \frac{1}{2^1}+0\cdot \frac{1}{2^2}+\cdots=0.5$이다.

따라서 $n=(-1)^1\cdot 2^3\cdot (1+0.5)=-12.0$(십진법)이다. 자세한 내용에 대해서는 그림 9.3을 참고하기 바란다.

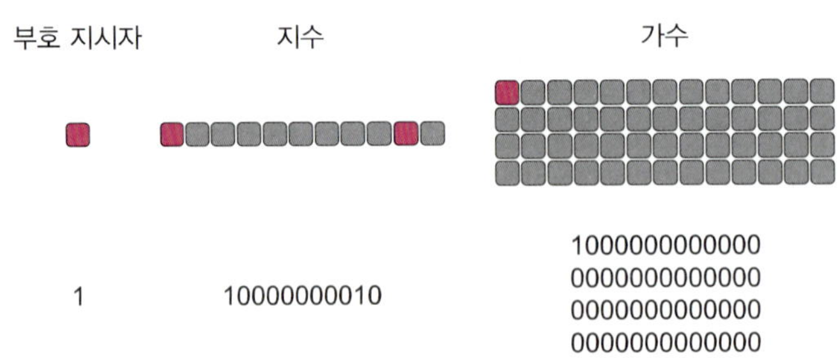

그림 9.3

64비트 컴퓨터에서 표현되는 −12.0. 각 사각형은 한 개의 비트에 해당하며 핑크색 사각형은 1, 회색 사각형은 0을 나타낸다.

실행 예제

15.0(십진법)의 IEEE754에 따른 표현을 구해보자. 15.0보다 작은 가장 큰 수를 구해보자. 또 15.0보다 큰 가장 작은 수를 구해보자.

숫자가 양수이므로 $s=0$이다. 15.0보다 작은 2의 가장 큰 멱승은 8이므로 지수는 3이 되며, 따라서 e는 다음과 같이 구할 수 있다.

$$3+1023=1026(\text{십진법})=10000000010(\text{이진법}).$$

가수 f는 다음과 같이 구한다.

$$15/8-1=0.875(\text{십진법})=1\cdot\frac{1}{2^1}+1\cdot\frac{1}{2^2}+1\cdot\frac{1}{2^3}$$
$$=1110000000000000000000000000000000000000000000000000(\text{이진법}).$$

위의 결과들을 결합하면 다음 변환이 생성된다.

15.0(십진법)
= 0 10000000010 1110000000000000000000000000000000000000000000000000
(IEEE754)

15.0 다음으로 작은 수는

0 10000000010 1101111111111111111111111111111111111111111111111111
=14.9999999999999982236431605997

15.0 다음으로 큰 숫자는

0 10000000010 1110000000000000000000000000000000000000000000000001
= 15.0000000000000017763568394003

따라서 IEEE754 숫자
0 10000000010 1110000000000000000000000000000000000000000000000000은 숫자 15.0을 나타낼 뿐만 아니라 그에 이웃한 두 숫자와의 중간 사이의 모든 실수도 나타낸다. 따라서 이 구간 내에 결과를 갖는 모든 계산은 15.0으로 지정된다.

한 숫자에서 다음 숫자까지의 거리를 **간격**이라고 한다. 가수에 2^{e-1023}을 곱하기 때문에 표현된 숫자가 커질수록 간격도 커진다. 주어진 숫자에서의 간격은 `NumPy`의 함수 `spacing`을 사용하여 구할 수 있다.

실행 예제

`spacing` 함수를 사용하여 1e9에서의 간격을 알아보자. 1e9에서 간격의 절반보다 작은 숫자를 1e9에 더했을 때 동일한 숫자가 생성되는지 확인해보자.

```
In [2]: import numpy as np
```

```
In [3]: np.spacing(1e9)
Out[3]: 1.1920928955078125e-07

In [4]: 1e9 == (1e9 + np.spacing(1e9)/3)
Out[4]: True
```

부동 소수점 실수 값에서 특별한 경우는 $e=0$(즉, $e=00000000000$(이진법))일 때와 $e=2047$(즉, $e=11111111111$(이진법))일 때이다. e가 0일 때 가수의 선행 숫자로 1 대신 0을 취한다. 결과는 $n=(-1)^s 2^{-1022}(0+f)$로 계산되는 **비정규 숫자**이다(지수가 -1023이 아니라 -1022임). e가 2047이고 f가 0이 아닌 경우 결과는 "Not a Number"이며, 이는 숫자가 정의되지 않았음을 의미한다. $e=2047$, $f=0$, $s=0$이면 양의 무한대를 나타낸다. $e=2047$, $f=0$, $s=1$이면 음의 무한대를 나타낸다.

실행 예제

64비트로 정의할 수 있는 가장 큰 숫자
0 11111111110 1111111111111111111111111111111111111111111111111111
(IEEE754), 64비트로 정의할 수 있는 가장 작은 숫자
0 00000000001 0000000000000000000000000000000000000000000000000000(IEEE754)
를 십진법으로 표현해보자. 앞에서 언급한 규칙에 따라 지수는 각각 $e=2046$, $e=1$이다. `sys.float_info.max`와 `sys.float_info.min`을 사용하여 이러한 계산이 파이썬의 숫자 표현과 일치하는지 확인해보자.

```
In [5]: l = (2**(2046-1023))*((1 + sum(0.5**np.arange(1, 53))))
        l
Out[5]: 1.7976931348623157e+308

In [6]: sys.float_info.max
Out[6]: 1.7976931348623157e+308

In [7]: s = (2**(1-1023))*(1+0)
        s
Out[7]: 2.2250738585072014e-308

In [8]: sys.float_info.min
Out[8]: 2.2250738585072014e-308
```

표현할 수 있는 가장 큰 부동 소수점 실수보다 큰 숫자는 **오버플로**를 발생시킨다. 이 경우 파이썬은 결과에 inf를 지정한다. 가장 작은 비정규 숫자보다 작은 숫자는 **언더플로**를 발생시킨다. 이 경우 파이썬은 결과에 0을 지정한다.

실행 예제

가장 큰 64비트 부동 소수점 실수에 2를 더한 결과는 원래의 숫자와 동일함을 확인해보자. 파이썬 `float`는 `sys.float_info.max`에 2를 더한 결과 값을 저장할 만큼 정밀도가 충분하지 않기 때문에 이 연산은 0을 더하는 것과 같다. 또한 가장 큰 64비트 부동 소수점 실수를 자신에 더하면 오버플로가 발생하고 이 경우 파이썬은 결과에 `inf`를 지정한다는 것을 확인해보자.

```
In [9]: sys.float_info.max + 2 == sys.float_info.max
Out[9]: True

In [10]: sys.float_info.max + sys.float_info.max
Out[10]: inf
```

실행 예제

64비트 숫자에서 가장 작은 비정규 숫자에서

$$s = 0,\ e = 00000000000$$

그리고

$$f = 0000000000000000000000000000000000000000000000000001$$

이다.

비정규 숫자에 대한 특수 규칙을 사용하면 이 숫자는 $(-1)^0 2^{1-1023} 2^{-52} = 2^{-1074}$가 된다. 2^{-1075}는 언더플로를 발생시키며 그 결과는 0과 구분할 수 없음을 확인해보자. 또 2^{-1074}는 그렇지 않음을 확인해보자.

```
In [11]: 2**(-1075)
Out[11]: 0.0

In [12]: 2**(-1075) == 0
Out[12]: True

In [13]: 2**(-1074)
Out[13]: 5e-324
```

이진법과 비교할 때 IEEE754를 사용하여 얻는 것은 무엇일까? 64비트 이진법에서는 2^{64}개의 숫자를 얻을 수 있다. 이진법이나 IEEE754에서 비트 수 변경은 없기 때문에 IEEE754도 2^{64}개의 숫자를 제공해야 한다. 이진법에서 숫자 사이의 간격은 일정하다. 결과적으로 범위(즉, 표현할 수 있는 최소 및 최대 숫자 사이의 큰 거리)와 정밀도(즉, 인접 숫자 사이의 작은 간격)를 모두 가질 수는 없다. 이러한 매개변수를 제어하는 것은 숫자에서 소수점을 어디에 두느냐에 따라 달라진다. IEEE754는 작은 숫자에서는 매우 높은 정밀도를 사용하고 큰 숫자에서는 매우 낮은 정밀도를 사용하여 이러한 한계를 극복한다.

큰 숫자에서의 간격은 숫자 자체의 크기에 비해서는 작기 때문에 일반적으로 이렇게 유연한 정밀도 운용이 허용된다. 따라서 간격이 수백만에 이르더라도 고려 대상인 숫자가 1조보다 크다면 정상적인 계산에서 문제가 되지 않는다.

이 절에서는 부동 소수점 실수의 표현을 소개하였다. 부동 소수점 실수의 표현은 데이비드 패터슨과 존 헤네시 공저의『Computer Organization and Design(컴퓨터 구조 및 설계)』등과 같은 책에 자세히 설명되어 있다.

9.3 반올림 오차

이전 절에서 부동 소수점 실수를 컴퓨터에서 이진법 분수로 표현하는 방법에 대해 설명하였다. 이러한 표현 방법에서는 부동 소수점 실수를 완전한 정밀도로 저장할 수 없다는 부작용이 있다. 대신 숫자는 유한 개수의 바이트로 근사된다. 계산에 사용된 숫자의 근삿값과 정확한(참) 값 사이의 차이를 **반올림 오차**라고 하며, 수치 계산에서 흔히 발견되는 일반적인 오차 중 하나이다. 다른 하나는 18장에서 소개할 **절삭 오차**이다. 절삭 오차는 무한 합을 절삭하고 유한 합으로 근사할 때 발생하는 오차이다.

9.3.1 표현 오차

반올림 오차의 가장 일반적인 형태는 부동 소수점 실수에서의 표현 오차이다. 간단한 예로 π의 표현을 들 수 있다. π가 무한한 자릿수를 갖는 무한소수임은 모두 알지만, 대개 유한한 자릿수만 사용한다. 예를 들어, 3.14159265만 사용하는 경우 이 근삿값과 실제 무한소수 사이에 오차가 발생한다. 다른 예를 들면 1/3의 실제 값은 0.333333333...인데, 이 경우에 아무리 많은 자릿수를 사용하더라도 반올림 오차가 발생한다.

숫자를 여러 번 반올림하면 오차가 누적된다. 예를 들어 4.845를 소수점 이하 두 자리로 반올림하면 4.85이다. 그런 다음 소수점 이하 한 자리로 다시 반올림하면 4.9이고 총 오차는 0.55가 된다. 그러나 한 번에 소수점 이하 한 자리로 반올림하면 4.8이고 오차는 0.045이다.

9.3.2 부동 소수점 연산에 의한 반올림 오차

위의 예에서 4.845와 4.8 사이의 차이는 0.055여야 한다. 그러나 파이썬에서 4.9−4.845를 계산해보면 0.055와 같지 않음을 확인할 수 있다.

```
In [1]: 4.9 - 4.845 == 0.055
Out[1]: False
```

어떻게 된 것일까? 파이썬에서 4.9–4.845를 계산해보면 실제로 0.055000000000000604를 얻게 된다. 이는 부동 소수점 실수가 근삿값이므로 정확한 숫자로 표현될 수 없으며, 계산에 사용하면 약간의 오차가 발생하기 때문이다.

```
In [2]: 4.9 - 4.845
Out[2]: 0.055000000000000604

In [3]: 4.8 - 4.845
Out[3]: -0.04499999999999993
```

또 다른 예는 0.1+0.2+0.3이 0.6과 같지 않음을 보여준다. 이 오차의 원인도 위의 경우와 동일하다.

```
In [4]: 0.1 + 0.2 + 0.3 == 0.6
Out[4]: False
```

숫자를 의도된 정확한 값에 더 가깝게 만들 수는 없지만 round 함수를 사용하면 부정확한 값을 갖는 결과들을 서로 비교할 수 있도록 반올림해준다.

```
In [5]: round(0.1 + 0.2 + 0.3, 5) == round(0.6, 5)
Out[5]: True
```

9.3.3 반올림 오차의 누적

부정확한 표현으로 인해 반올림 오차가 있는 초기 입력에 대해 일련의 계산을 수행할 때 오차가 확대되거나 누적될 수 있다. 예를 들어, 숫자 1에 1/3을 더한 다음 다시 빼면 1이 되어야 한다. 그러나 1/3을 더하는 연산과 1/3을 빼는 연산을 동일한 횟수만큼 여러 번 반복한 결과가 여전히 1이 될까? 답은 "아니오"이며, 아래 예에서는 이러한 연산들을 반복할수록 오차가 누적됨을 확인할 수 있다.

```
In [6]: # 한 번만 수행
        1 + 1/3 - 1/3
Out[6]: 1.0

In [7]: def add_and_subtract(iterations):
            result = 1
            for i in range(iterations):
                result += 1/3
            for i in range(iterations):
                result -= 1/3
            return result

In [8]: # 100번 수행
        add_and_subtract(100)
Out[8]: 1.0000000000000002

In [9]: # 1000번 수행
        add_and_subtract(1000)
Out[9]: 1.0000000000000064

In [10]: # 10000번 수행
         add_and_subtract(10000)
Out[10]: 1.0000000000001166
```

9.4 요약, 그리고 문제

9.4.1 요약

1. 숫자는 여러 가지 다른 방식으로 표현될 수 있으며, 각 표현 방식에는 장단점이 있다.
2. 컴퓨터는 유한한 개수의 자릿수(즉, 비트)를 사용하여 숫자를 표현한다.
3. 이진법과 IEEE754는 컴퓨터에서 사용되는 숫자의 유한 표현이다.
4. 반올림 오차는 수치 계산에서 발생하는 중요한 오차이다.

9.4.2 문제

1. 함수 my_bin_2_dec(b)를 작성하시오. 여기서 b는 1과 0으로 구성된 리스트이다. b의 마지막 원소는 2^0의 계수를 나타내고, b의 마지막에서 두 번째 원소는 2^1의 계수를 나타내고, ...와 같이 진행하는 식이다. 출력 변수 d는 b의 십진수 표현이어야 한다. 테스트 케이스는 아래에 제공된다.

```
In [ ]: def my_bin_2_dec(b):
            # 함수 코드를 여기에 작성하시오

            return d

In [ ]: # 출력: 7
        my_bin_2_dec([1, 1, 1])

In [ ]: # 출력: 85
        my_bin_2_dec([1, 0, 1, 0, 1, 0, 1])

In [ ]: # 출력: 33554431
        my_bin_2_dec([1]*25)
```

2. 함수 my_dec_2_bin(d)를 작성하시오. 여기서 d는 십진수로 표현된 양의 정수이고 출력 b는 d의 이진 표현에 해당하는 1과 0의 리스트이어야 한다. 십진 입력값이 0이 아닌 한 출력의 선행 항은 1이어야 한다. 테스트 케이스는 아래에 나와 있다.

```
In [ ]: def my_dec_2_bin(d):
            # 함수 코드를 여기에 작성하시오

            return b

In [ ]: # 출력: [0]
        my_dec_2_bin(0)

In [ ]: # 출력: [1, 0, 1, 1, 1]
        my_dec_2_bin(23)

In [ ]: # 출력: [1, 0, 0, 0, 0, 0, 1, 1, 0, 0, 0, 1]
        my_dec_2_bin(2097)
```

3. 문제 1과 2에서 작성한 두 함수를 사용하여 d = my_bin_2_dec(my_dec_2_bin(12654))를 계산하시오. 같은 숫자가 나오는가?

4. 함수 my_bin_adder(b1,b2)를 작성하시오. 여기서 b1, b2, 출력 변수 b는 문제 1에서와 같이 표현된 이진수이다. 출력 변수는 b = b1 + b2로 계산되어야 한다. 이 함수를 작성하기 위해 문제 1과 2의 함수를 사용해서는 안 된다(즉, b1과 b2를 십진수로 변환하여 더한 다음 결과를 다시 이진수로 변환해서는 안 되며, 이진수 상태에서 더해야 한다). 이 함수는 b1, b2에 임의의 길이(즉, 매우 긴 이진수)의 입력 인수를 취할 수 있어야 하며, 또 b1, b2의 길이가 반드시 같을 필요는 없다.

```
In [ ]: def my_bin_adder(b1, b2):
            # 함수 코드를 여기에 작성하시오

            return b
```

```
In [ ]: # 출력: [1, 0, 0, 0, 0, 0]
        my_bin_adder([1, 1, 1, 1, 1], [1])
```

```
In [ ]: # 출력: [1, 1, 1, 0, 0, 1, 1]
        my_bin_adder([1, 1, 1, 1, 1], [1, 0, 1, 0, 1, 0, 0])
```

```
In [ ]: # 출력: [1, 0, 1, 1]
        my_bin_adder([1, 1, 0], [1, 0, 1])
```

5. 지수에 비해 가수에 더 많은 비트를 할당하는 효과를 설명하고, 또 그 반대의 경우도 설명하시오. 부호에 더 많은 비트를 할당하면 어떤 효과가 있을까?

6. my_ieee_2_dec(ieee) 함수를 작성하시오. 여기서 ieee는 64비트 IEEE754 숫자를 나타내는 1과 0의 64글자를 포함하는 문자열이다. 출력은 ieee가 나타내는 것과 동일한 십진수 표현인 d여야 한다. 입력 변수 ieee는 항상 64비트 부동 소수점 실수를 정의하는 1과 0으로 구성된 64개 원소 문자열이다.

```
In [ ]: def my_ieee_2_dec(ieee):
            # 함수 코드를 여기에 작성하시오

            return d
```

```
In [ ]: # 출력: -48
        ieee ="1100000001001000000000000000000000000000000000000000000000000000"
        my_ieee_2_dec(ieee)
```

```
In [ ]: # 출력: 3.3999999999999999111821580299
        ieee ="0100000000001011001100110011001100110011001100110011001100110011"
        my_ieee_2_dec(ieee)
```

7. 함수 my_dec_2_ieee(d)를 작성하시오. 여기서 d는 십진수이고 출력 변수 ieee는 64개의 1과 0으로 구성된 문자열로 d에 가장 가까운 64비트 IEEE754 표현을 나타낸다. d가 64비트 IEEE754 표현에서 오버플로를 발생시키지 않는다고 가정한다.

```
In [ ]: def my_dec_2_ieee(d):
            # 함수 코드를 여기에 작성하시오

            return ieee
```

```
In [ ]: # 출력:"0100000000101110010111101010001110011100001100011010010001101000"
        d = 1.518484199625
        my_dec_2_ieee(d)
```

```
In [ ]: # 출력:"1100000001110011010100100100010010010001001010011000100010010000"
        d = -309.141740
        my_dec_2_ieee(d)
```

```
In [ ]: # 출력:"1100000011011000101010010000000000000000000000000000000000000000"
        d = -25252
        my_dec_2_ieee(d)
```

8. 6비트를 사용하는 숫자 표현 ieee_baby를 다음과 같이 정의한다. 첫 번째 비트는 부호 비트, 2-3번 비트는 지수 비트, 4-5-6번 비트는 가수에 할당된다. 지수 정규화를 위한 편향은 1이다.

   ieee_baby가 표현할 수 있는 모든 십진수를 나열하시오. ieee_baby에서 가장 큰 간격과 가장 작은 간격은 얼마일까?

9. np.spacing 함수를 사용하여 간격이 1이 되는 가장 작은 수를 구하시오.
10. 이진수와 십진수를 사용할 때의 장점과 단점을 나열하시오.
11. 1진법으로 숫자 13(십진법)을 표현하시오. 1진법 덧셈과 뺄셈을 수행하는 방법을 설명하시오.
12. 이진법을 사용한다면 손가락으로 얼마까지 셀 수 있을까?
13. b를 n자리의 이진수라고 하자. 산술연산을 사용하지 않고 b를 2로 곱하거나 나누는 방법을 제시하시오.

    Hint 십진수를 10으로 곱하거나 나누는 방법을 생각해보시오.

CHAPTER 10

오류, 좋은 프로그래밍 습관, 그리고 디버깅

CONTENTS

10.1 오류 유형

그동안에도 오류에 대해 언급해왔지만 이 절에서 좀 더 자세히 살펴보기로 하자. 프로그래머가 신경 써야 하는 세 가지 기본 오류 유형이 있는데, 바로 구문(syntax) 오류, 실행 시간(runtime) 오류, 논리(logical) 오류 등이다. **구문**은 언어를 통제하는 규칙의 모음이다. 구술/문자 언어에서 화자/작성자에 따라 이러한 규칙을 변형하거나 어길 수도 있다. 그러나 프로그래밍 언어에서는 규칙이 엄격하게 적용된다. 프로그래머가 잘못된 구문을 사용하여 명령어를 작성하면 **구문 오류**가 발생한다. 파이썬은 구문에 어긋난 표현을 이해하지 못한다. 예를 들어, `1 = x`는 숫자를 변수로 지정할 수 없기 때문에 파이썬에서 유효하지 않다. 프로그래머가 구문 상 잘못된 문장을 실행하려고 하면 파이썬은 프로그래머에게 오류 메시지를 반환하고 오류가 발생한 위치를 알려준다. 구문 오류 발생의 근본 원인이 되는 행은 파이썬 구문 분석기가 구문 오류를 감지하여 지적한 행에서 멀리 떨어져 있을 수 있다.

예제

구문 오류의 예.

```
In [1]: 1 = x

      File "<ipython-input-1-7a7b257d8e3d>", line 1
    1 = x
       ^

  SyntaxError: can't assign to literal

In [2]: (1)

      File "<ipython-input-2-800df0a5e99c>", line 1
      (1)
       ^

  SyntaxError: invalid syntax

In [3]: if True
            print("Here")

      File "<ipython-input-3-025e9fce1ee3>", line 1
    if True
          ^

      SyntaxError: invalid syntax
```

오류 메시지의 마지막 행은 무슨 일이 일어났는지 보여주며(예: `SyntaxError` 발생), 그 앞의 행들은 오류가 발생한 코드 상의 위치를 나타낸다. 대개의 경우 구문 오류는 쉽게 감지, 발견, 수정된다.

코드의 모든 구문이 정확하더라도 코드를 실행하는 동안 여전히 오류가 발생할 수 있다. 실행 중에 발생하는 오류를 **예외**(exception) 또는 **실행시간 오류**라고 한다. 예외는 구문 오류에 비해 찾기가 더 어렵고 프로그램이 실행될 때만 감지할 수 있다. 예외는 반드시 프로그램의 종료를 수반하는 치명적 오류는 아니며, 파이썬에서 예외를 어떻게 처리하는지에 대해서는 나중에 설명할 것이다. 예외를 처리해주지 않으면 파이썬이 프로그램을 종료시킨다. 이제 몇 가지 예를 살펴보자.

```
In [4]: 1/0

        ------------------------------------------------------------
        ZeroDivisionError Traceback (most recent call last)
        <ipython-input-4-9e1622b385b6> in <module>
```

```
    ----> 1 1/0
        ZeroDivisionError: division by zero

In [5]: x = [2]
        x + 2

        ---------------------------------------------------------
         TypeError Traceback (most recent call last)
         <ipython-input-5-29a14b9fefb9> in <module>
           1 x = [2]
    ----> 2 x + 2

         TypeError: can only concatenate list (not "int") to list

In [6]: print(a)

        ---------------------------------------------------------
        NameError          Traceback (most recent call last)
        <ipython-input-6-bca0e2660b9f> in <module>
    ----> 1 print(a)

        NameError: name "a" is not defined
```

위의 예에서 볼 수 있듯이 ZeroDivisionError, TypeError, NameError 등과 같은 다양한 내장 예외가 있다. 파이썬 문서[10]에서 내장 예외의 전체 리스트를 찾을 수 있다. 또한 사용자가 필요에 따라 예외 유형을 정의할 수도 있지만 여기서는 다루지 않는다. 사용자 정의 예외를 정의하는 방법에 관심이 있다면 파이썬 학습서[11]를 참고하기 바란다.

예외가 발생하면 파이썬이 실행을 중지하고 문제가 발생한 위치를 알려 주기 때문에 대부분의 예외는 찾기 쉽다. 숙련된 프로그래머는 함수 작성을 마친 후 대개 함수를 여러 번 실행하여 함수에서 오류가 발생하는지 확인하고 고친다. 예외가 발생하지 않는다고 해서 함수가 올바르게 작동하는 것은 아니다.

가장 찾기 어려운 오류 중 하나는 **논리 오류**이다. 논리 오류는 실행시간 오류를 발생시키지 않는다. 논리 오류가 있을 때 프로그램은 원활하게 실행되는 것 같지만 결과로 얻는 출력이 기대한 결과와 다르다는 점에서 오류이다. 계승 함수가 잘못 구현된 아래의 예를 생각해보자.

---

10) https://docs.python.org/3/library/exceptions.html#bltin-exceptions
11) https://docs.python.org/3/tutorial/errors.html#user-defined-exceptions

```
In [7]: def my_bad_factorial(n):
            out = 0
            for i in range(1, n+1):
                out = out*i
            return out

In [8]: my_bad_factorial(4)
Out[8]: 0
```

이 함수는 어떤 유효한 입력에 대해서도 실행시간 오류를 발생시키지 않는다. 그러나 my_bad_factorial의 결과는 항상 0이 되는데, 이는 출력 매개변수 out이 1이 아닌 0으로 잘못 초기화되기 때문이다. 따라서 out = 0 행은 논리 오류이며, 이는 실행시간 오류를 발생시키지는 않지만 잘못된 계산으로 이어진다.

논리 오류는 잘 발생하지 않거나 적어도 다른 종류의 오류만큼 찾기 쉬울 것 같지만, 길고 복잡한 프로그램의 경우 논리 오류가 발생하기는 매우 쉽고 찾기는 매우 어렵다. 논리 오류가 발생하면 문제를 찾을 때까지 코드의 각 행을 세심하게 점검해야 한다. 이때 파이썬이 각 명령에 어떻게 응답하는지 정확히 아는 것이 중요하며 어떤 가정도 하지 말아야 한다. 파이썬 디버거를 사용할 수도 있으며, 이에 대해서는 이 장의 뒷부분에서 설명할 것이다.

10.2 오류의 방지

오류를 방지하거나 오류가 발생했을 때 찾는 데 도움이 되는 여러 기법이 있다. 프로그래밍에서 흔히 발생하는 실수 유형에 익숙해지는 것은 "과정을 통해 배우는" 프로세스이기 때문에 여기에 실수 유형들을 모두 나열할 수는 없다. 하지만 좋은 습관의 형성에 도움이 될 수 있도록 아래의 절들에서 몇 가지를 소개한다.

10.2.1 프로그램을 계획하라

보고서를 작성할 때 구조와 방향을 미리 정하는 것이 중요하다. 구조를 보다 명확하게 만들기 위해 보고서 작성은 대개 보고서에서 다루고자 하는 주요 요점을 포함하는 개요로 시작한다. 컴퓨터는 사용자가 작성한 내용을 해석하지 않기 때문에 프로그램 작성의 경우 구조와 방향을 미리 정하는 것이 훨씬 더 중요하다. 복잡한 프로그램을 작성할 때 프로그램이 수행하기를 원하는 모든 작업과 이들의 수행 순서를 설명하는 프로그램 개요부터 시작해야 한다.

많은 초보 프로그래머는 과제를 끝내는 데만 열중하여 주어진 문제를 해결하는 데 필요한 작업들을 적절하게 계획하지 않고 서둘러 코드 작성 단계로 진행한다. 계획이 부실하면 그만큼 부실하고 오류로 가득 찬 코드가 만들어진다. 수행하려는 일의 계획에 들인 시간은 그 이상으로 보상하게 마련이다. 사전 계획을 하면 아무 생각 없이 프로그램을 작성하는 것보다 훨씬 빨리 프로그램을 완성할 수 있다.

그렇다면 프로그램에 대한 계획에는 어떤 일들이 포함되어 있을까? 3장에서 함수는 특정 작업을 수행하도록 설계된 일련의 명령으로 정의된다는 점을 설명한 바 있다. **모듈**은 특정 작업을 수행하는 함수 또는 함수 그룹이다. 특히 계속해서 반복적으로 수행해야 하는 작업의 경우 모듈 단위로 프로그램을 설계하는 것이 중요하다. 각 모듈은 작고 잘 정의된 작업을 수행해야 하며 모듈 밖의 다른 함수들에 관한 정보의 필요성은 최소화되어야 한다.

현명한 경험 법칙에 따르면, 계획은 위에서 아래로 진행하고 프로그램 작성은 아래에서 위로 진행하는 것이다. 즉, 전체 프로그램이 수행해야 하는 작업을 결정하고, 주요 작업들을 완료하는 데 필요한 코드를 생각해본 다음, 주요 작업들을 다시 세분화한다. 오류 없이 작성할 수 있다고 확신할 만큼 충분히 작은 모듈에 도달할 때까지 작업을 세분화하기를 반복한다.

10.2.2 모든 코드를 자주 테스트하라

모듈로 코딩할 때 답을 알고 있는 테스트 케이스를 사용하여 각 모듈을 테스트한다. 함수가 제대로 작동하는지 확신할 수 있도록 충분한 케이스를 사용해야 한다(경계 케이스 포함). 예를 들어, 숫자가 소수인지 여부를 알려주는 함수를 작성하는 경우 테스트 케이스에 0(경계 케이스), 1(경계 케이스), 2(명확한 예), 4(명확한 아니오), 97(복잡한 예) 등의 입력을 포함할 수 있다. 모든 테스트 케이스에서 오류 없이 진행되면 현재 모듈이 올바르게 작동한다는 확신을 갖고 다른 모듈로 이동할 수 있다. **이는 후속 모듈들이 현재 작업 중인 모듈에 의존하거나 호출하는 경우 특히 중요하다.** 테스트해보지도 않고 잘못된 코드를 정확하다고 가정하면 이후 모듈에서 오류 메시지가 나타나기 시작할 때 오류가 작업 중인 모듈에 있는지 이전 모듈에 있는지 알 수 없게 된다. 이러한 방식으로 코드를 작성한다면 오류를 찾는 어려움이 기하급수적으로 증가한다.

단일 모듈이나 함수 안에서도 자주 테스트해야 한다. 여러 단계가 있는 특정 모듈에서 작업할 때 중간 테스트를 수행하여 해당 지점까지 올바른지 확인하는 것이 좋다. 그런 다음 오류가 발생하면 마지막으로 테스트한 이후에 작성된 코드 부분에 오류가 있을 것이다. 코딩을 서두르는 경향은 숙련된 프로그래머도 범하는 실수이다. 테스트 없이 수십 페이지에 이르는 코드를 작성한 경우 나중에 어딘가에서 작은 오류를 찾으려고 수많은 시간을 보내게 될 것이다.

10.2.3 코드를 깨끗하게 유지하라

훌륭한 장인이 작업장을 깔끔하게 정리하는 것처럼 코드를 가급적 깨끗하게 유지해야 한다. 코드를 깨끗하게 유지하기 위한 여러 가지 전략이 있다. 첫째, 가급적 최소한의 명령을 사용하여 코드를 작성한다. 예를 들어 보자.

```
y = x**2 + 2*x + 1
```

는 아래의 코드보다 낫다.

```
y=x**2
y=y+2*x
y-y+1
```

결과는 같지만, 코드 작성을 위해 한 글자라도 더 입력하게 되면 실수할 가능성도 함께 증가한다. 따라서 작성하는 코드의 양을 줄이면 오류가 발생할 위험이 줄어든다. 또한 완성된 식을 작성하면 작성자 본인이나 다른 사람이 코드에서 수행하는 일을 이해하는 데 도움이 된다. 위의 예에서 첫 번째 경우에는 x에 관한 2차 식을 계산하는 것이 분명하지만 두 번째 경우에는 명확하지 않다. 값 대신 변수를 사용하여 코드를 "깨끗하게" 유지할 수도 있다.

예제

10개의 난수를 더하는 부실한 구현.

```
In [1]: import numpy as np

        s = 0
        a = np.random.rand(10)
        for i in range(10):
            s = s + a[i]
```

예제

10개의 난수를 더하는 개선된 구현.

```
In [2]: n = 10
        s = 0
        a = np.random.rand(n)
        for i in range(n):
            s = s + a[i]
```

두 번째 구현이 더 나은 이유는 두 가지이다. 첫째, n이 더하고자 하는 난수의 개수를 나타내고 n이 코드상의 적절한 위치에 나타난다(즉, 난수 배열을 생성할 때와 for 루프에서 배열을 인덱싱할 때). 두 번째로, 더하고자 하는 난수의 개수를 변경하고 싶을 때 시작 부분의 한 곳에서만 변경하면 된다. 이렇게 하면 코드를 작성하는 동안이나 n 값을 변경할 때 실수할 가능성이 줄어든다.

다시 말하지만, 이것은 짧은 코드에서는 중요하지 않지만 코드가 복잡해지고 값을 여러 번 재사용해야 하는 경우에는 매우 중요해진다.

예제

10개의 난수를 더하는 더욱 개선된 구현.

```
In [3]: s = sum(np.random.rand(10))
```

파이썬에 익숙해지면 동일한 작업을 수행하기 위해 사용하는 행의 수를 줄이고 싶을 것이다. 자주 사용되는 함수와 그 용법을 잘 익혀두면 보다 간결하고 효율적인 코드를 작성할 수 있다.

변수에 짧고 설명력 있는 이름을 지정하는 것도 코드를 깨끗하게 유지하는 데 도움이 된다. 예를 들어, 위의 예제에서 사용된 n은 이러한 간단한 작업에 충분한 변수이다. 숫자의 저장에 쓸 변수의 이름으로 x를 사용하는 것도 좋은 이름이 될 수도 있다. 그러나 NumberOfRandomNumbersToBeAdded는 설명력은 있지만 너무 길어 좋지 않은 변수 이름이다.

마지막으로, 자주 주석을 다는 것도 코드를 깨끗하게 유지하는 데 도움이 된다. 주석을 아예 달지 않는 것은 확실히 나쁜 습관이지만, 주석을 너무 많이 다는 것도 똑같이 나쁜 습관이 될 수 있다. 적절한 주석의 양에 대해서는 프로그래머마다 의견이 다를 수 있으며, 적절한 주석 수준을 결정하는 것은 각자의 몫이다.

10.3 try/except

특정 유형의 오류나 예외를 정상적으로 처리할 수 있는 프로그램을 작성하는 것이 중요한 경우가 종종 있다. 더 구체적으로 말하자면, 오류나 예외가 프로그램을 종료시키는 치명적 오류가 되지 않도록 처리할 수 있어야 한다. try-except 문은 오류가 발생할 경우 프로그램에서 대안 동작을 수행할 수 있도록 하는 코드 블록이다.

구문 try-except 문

```
try:
    코드 블록 1
except 예외_이름:
    코드 블록 2
```

파이썬은 먼저 try 문의 코드 블록 1을 실행하려고 시도한다. 예외가 발생하지 않으면 except 문을 건너뛰고 try 문의 실행이 종료된다. 예외가 발생하면 코드 블록 1 안의 나머지 문장을 건너뛴다. 그런 다음 예외 유형이 키워드 except 뒤에 오는 예외_이름과 일치하는 경우 except 문의 코드 블록 2가 실행된다. 이 블록에 프로그램을 중지시키는 문장이 없다면 try-except 코드 블록 외부의 나머지 코드의 실행으로 진행할 것이다. 코드 블록 1에서 발생한 예외가 코드_이름과 일치하지 않으면 발생한 예외는 현재의 try-except 코드 블록을 내포하는 외부 try 문으로 전달된다(그와 같은 외부 try 문이 있을 경우). 발생한 예외에 대한 예외 처리기가 없으면 오류 메시지를 내면서 실행이 중지된다.

예제

예외를 포착하여 처리한다.

```
In [1]: x = "6"
        try:
            if x > 3:
                print("X is larger than 3")
        except TypeError:
            print("Oops! x is not a valid number. Try again...")

Oops! x is not a valid number. Try again...
```

예제

except 절에서 포착하지 않는 유형의 예외가 발생할 경우 오류 메시지가 나타나며 실행이 중지된다.

```
In [2]: x = "6"
        try:
            if x > 3:
                print("X is larger than 3")
        except ValueError:
            print("Oops! x is not a valid number. Try again...")

        ---------------------------------------------------------
        TypeError           Traceback (most recent call last)
        <ipython-input-2-899d928e7a1f> in <module>
          1 x = "6"
          2 try:
    ----> 3     if x > 3:
          4         print("X is larger than 3")
          5 except ValueError:

        TypeError: ">" not supported between instances of "str"
               and "int"
```

여러 유형의 예외를 처리하기 위해 하나의 try 문에 둘 이상의 except 문을 둘 수 있다. 또는 모든 예외를 처리하도록 except 절에서 예외_이름을 생략할 수 있다.

```
In [3]: x = "s"
        try:
            if x > 3:
                print(x)
        except:
            print(f"Something is wrong with x = {x}")

Something is wrong with x = s
```

예제

여러 유형의 예외에 대한 처리.

```
In [4]: def test_exceptions(x):
```

```
        try:
            x = int(x)
            if x > 3:
                print(x)
        except TypeError:
            print("x was not a valid number. Try again...")
        except ValueError:
            print("Cannot convert x to int. Try again...")
        except:
            print("Unexpected error")

In [5]: x = [1, 2]
        test_exceptions(x)

x was not a valid number. Try again...

In [6]: x = "s"
        test_exceptions(x)

Cannot convert x to int. Try again...
```

파이썬의 또 다른 유용한 기능은 raise를 사용하여 특정 상황에서 예외를 인위적으로 발생시킬 수 있다는 것이다. 예를 들어 x가 5 이하라야 하는 경우 다음 코드를 사용하여 x가 5보다 크면 예외를 발생시킬 수 있다. 프로그램은 예외를 표시하고 실행을 중지한다.

```
In [7]: x = 10
        if x > 5:
            raise(Exception("x should be <= 5"))

        ---------------------------------------------------------------
        Exception                 Traceback (most recent call last)
        <ipython-input-7-99b32b52c4f8> in <module>
           2
           3 if x > 5:
      ----> 4 raise(Exception("x should be <= 5"))

        Exception: x should be <= 5
```

주의

좋은 프로그래밍 습관 대신에 try-except 문을 사용해서는 안 된다. 예를 들어, 코드를 조잡하게 만든 다음 함수가 제대로 작동하는지 확인하기 위해 생각할 수 있는 모든 조치를 취할 때까지 프로그램을 try-except 문으로 묶는 것은 바람직하지 않다.

10.4 데이터 유형 검사

파이썬은 강력하고 동적으로 데이터 유형이 정해지는 프로그래밍 언어이다. 이것은 임의의 변수가 임의의 시점에 임의의 유형을 갖는 데이터를 취할 수 있음을 의미한다. 그러나 변수에 데이터가 지정되면 데이터 유형만을 변경할 수는 없다. 예를 들어 파이썬은 동적으로 데이터 유형이 정해지는 언어이기 때문에 x = 1 다음에 x = "3"이라고 쓸 수 있다. 그러나 이어서 x + 5는 실행할 수는 없는데 파이썬은 엄격한 데이터 유형 언어이기 때문이다. 즉, x에 지정된 문자열 "3"은 실행 중에 정수로 변환할 수 없다. 정적으로 데이터 유형이 정해지는 프로그래밍 언어에서는 변수를 사용하기 전에 변수의 데이터 유형을 선언해야 하며 함수 범위 내에서 변수의 데이터 유형을 변경할 수 없다.

파이썬의 경우 함수를 호출하면서 적절한 데이터 유형의 인수를 입력하도록 강제할 방법은 없다. 예를 들어, 3장의 my_adder 함수는 세 개의 숫자를 더하도록 설계되었다. 그러나 사용자는 문자열, 리스트, 사전, 함수 어느 것이라도 인수로 입력할 수 있으며, 이는 각기 다른 수준의 문제를 일으킬 것이다. 진행을 계속하기 전에 함수에서 입력 변수의 데이터 유형을 검사하고 raise 명령을 사용하여 오류 메시지를 발생시킬 수 있다.

실행 예제

입력 변수가 부동 소수점 실수인지 확인하도록 my_adder를 수정해보자. 입력 변수 중 하나라도 부동 소수점 실수가 아닐 경우 함수는 raise 명령을 사용하여 사용자에게 적절한 오류 메시지를 반환해야 한다. 이 함수에 잘못된 입력 인수들을 시도하여 검사가 제대로 이루어지는지 확인해보자.

```
In [1]: def my_adder(a, b, c):
            # 데이터 유형 검사
            if isinstance(a, float) and isinstance(b, float) and
                    isinstance(c, float):
                pass
            else:
                raise(TypeError("Inputs must be floats"))
```

```
        out = a + b + c
        return out

In [2]: my_adder(1.0, 2.0, 3.0)
Out[2]: 6.0

In [3]: my_adder(1.0, 2.0, "3.0")

    --------------------------------------------------
    TypeError        Traceback (most recent call last)
    <ipython-input-3-14e4b71b8c1d> in <module>
----> 1 my_adder(1.0, 2.0, "3.0")

    <ipython-input-1-c2a54d39e3d9> in my_adder(a, b, c)
----> 6         raise(TypeError("Inputs must be floats"))
      7
      8     out = a + b + c
      9     return out

    TypeError: Input arguments must be floats

In [4]: my_adder(1, 2, 3)

    --------------------------------------------------
    Exception Traceback          (most recent call last)
    <ipython-input-4-fc54adcab3d7> in <module>
----> 1 my_adder(1, 2, 3)

    <ipython-input-1-c2a54d39e3d9> in my_adder(a, b, c)
      4         pass
      5     else:
----> 6         raise(TypeError("Inputs must be floats"))
      7
      8     out = a + b + c

    TypeError: Inputs must be floats
```

1, 2, 3은 부동 소수점 실수가 아니라 정수이므로 오류 메시지가 발생했으며, 어떤 숫자라도 합을 계산할 수 있도록 함수를 변경해야 한다.

```
In [5]: def my_adder(a, b, c):
        # 데이터 유형 검사
        if isinstance(a, (float, int, complex)) and
```

```
                        isinstance(b, (float, int, complex)) and
                        isinstance(c, (float, int, complex)):
                    pass
                else:
                    raise(TypeError("Inputs must be numbers"))
                out = a + b + c
                return out

In [6]: my_adder(1, 2, 3)
Out[6]: 6

In [7]: my_adder(1.0, 2, 3)
Out[7]: 6.0

In [8]: my_adder(1j, 2+2j, 3+2j)
Out[8]: (5+5j)
```

10.5 디버깅

디버깅은 코드에서 버그, 즉 오류를 체계적으로 제거하는 작업이다. 파이썬에서는 디버깅에 도움이 되는 기능들을 제공한다. 파이썬의 표준 디버깅 도구는 대화식 디버깅을 위한 pdb(Python DeBugger)이다. pdb를 사용함으로써 발견하기 어려운 오류 발생의 원인을 찾을 수 있도록 코드를 한 줄씩 실행하며 관찰할 수 있다. pdb의 IPython 버전은 ipdb(IPython DeBugger)이다. 여기에서는 pdb에 대해 자세히 다루지 않을 것이며, 자세한 내용에 관심이 있다면 관련 문서[12]를 확인하기 바란다. 이 절에서는 주피터 노트북의 기본 디버깅 절차를 소개한다. 문제를 발생시키는 코드를 찾기 위해 두 가지 유용한 매직 명령 %debug와 %pdb를 사용하는 방법을 살펴보자.

코드를 디버깅하는 방식에는 두 가지가 있는데, (1) 예외가 발생할 때 디버거를 활성화하는 방식과 (2) 코드를 실행하기 전에 디버거를 활성화하는 방식 등이다.

12) https://docs.python.org/3/library/pdb.html

10.5.1 예외가 발생한 후 디버거 활성화

코드 실행 중에 예외가 발생하여 실행이 중지되면, 이때 %debug를 호출할 수 있다. 예를 들어 아래와 같이 입력 숫자를 제곱한 값에 입력 숫자를 더하는 함수가 있다고 하자.

```
In [1]: def square_number(x):
            sq = x**2
            sq += x
            return sq

In [2]: square_number("10")

        ---------------------------------------------------------
        TypeError           Traceback (most recent call last)
        <ipython-input-2-e0b77a2957d5> in <module>
    ----> 1 square_number("10")

        <ipython-input-1-3fc6a3900214> in square_number(x)
          1 def square_number(x):
          2
    ----> 3     sq = x**2
          4     sq += x
          5

        TypeError: unsupported operand type(s) for ** or pow():
                   "str" and "int"
```

위와 같은 예외가 발생했을 때 대화형 디버거를 여는 매직 명령 %debug를 사용하여 디버거를 활성화할 수 있다. 이제 디버거에 명령을 입력하여 유용한 정보를 얻을 수 있다.

```
In [3]: %debug
> <ipython-input-1-3fc6a3900214>(3)square_number()
      1 def square_number(x):
      2
----> 3     sq = x**2
      4     sq += x
```

```
    5

ipdb> h

Documented commands (type help <topic>):
========================================
EOF    cl         disable  interact  next    psource rv       unt
a      clear      display  j         p       q       s        until
alias  commands   down     jump      pdef    quit    source   up
args   condition  enable   l         pdoc    r       step     w
b      cont       exit     list      pfile   restart tbreak   whatis
break  continue   h        ll        pinfo   return  u        where
bt     d          help     longlist  pinfo2  retval  unalias
c      debug      ignore   n         pp      run     undisplay

Miscellaneous help topics:
==========================
exec  pdb

ipdb> p x
'10'
ipdb> type(x)
<class 'str'>
ipdb> p locals()
{'x': '10'}
ipdb> q
```

ipdb를 활성화한 후 디버깅 명령을 입력하여 코드에 관한 정보를 얻을 수 있다. 위의 예에서 입력된 명령은 다음과 같다.

- h: 디버깅 명령 목록을 가져온다.
- p x: x의 값을 인쇄한다.
- type(x): x의 유형을 가져온다.
- p locals(): 모든 지역 변수를 인쇄한다.

pdb에서 자주 사용되는 명령은 다음과 같다.

- n(ext): 다음 행에 도달할 때까지 실행을 계속함

- c(ontinue): 다음 중단점까지 실행을 계속함
- p(rint): 변수를 인쇄함
- l(ist): 현재 위치를 알려줌
- Enter↵: 이전 명령을 반복함
- s(tep): 서브루틴 안으로 진입함
- r(eturn): 서브루틴으로부터 복귀함
- h(elp): 도움말 보기
- q(uit): 디버거 종료

10.5.2 코드를 실행하기 전에 디버거 활성화

코드를 실행하기 전에 디버거를 켰다가 코드 실행이 끝나면 디버거를 끌 수도 있다.

```
In [4]: %pdb on
Automatic pdb calling has been turned ON

In [5]: square_number("10")

        ---------------------------------------------------------------
        TypeError                 Traceback (most recent call last)
        <ipython-input-5-e0b77a2957d5> in <module>
    ----> 1 square_number("10")

        <ipython-input-1-3fc6a3900214> in square_number(x)
          1 def square_number(x):
          2
    ----> 3     sq = x**2
          4     sq += x
          5

        TypeError: unsupported operand type(s) for ** or pow():
                   "str" and "int"
> <ipython-input-1-3fc6a3900214>(3)square_number()
      1 def square_number(x):
      2
```

```
----> 3     sq = x**2
      4     sq += x
      5

ipdb> p x
"10"
ipdb> c

In [6]: # let's turn off the debugger
        %pdb off

Automatic pdb calling has been turned OFF
```

10.5.3 중단점 추가

코드에 중단점을 삽입하는 것이 유용한 경우가 종종 있다. 중단점은 함수를 실행해나가다가 그 위치에서 중지하도록 지정된 코드상의 행을 말한다.

```
In [7]: import pdb

In [8]: def square_number(x):
            sq = x**2

            # 이 지점에 중단점을 추가한다.
            pdb.set_trace()

            sq += x
            return sq

In [9]: square_number(3)
> <ipython-input-8-e48ec2675aea>(8)square_number()
-> sq += x
(Pdb) l
  3         sq = x**2
  4
  5         # we add a breakpoint here
  6         pdb.set_trace()
```

```
  7
  8 ->        sq += x
  9
 10           return sq
[EOF]
(Pdb) p x
3
(Pdb) p sq
9
(Pdb) c

Out[9]: 12
```

pdb.set_trace()를 추가하면 프로그램은 이 행에서 중지하고 pdb 디버거를 활성화한다. 이제 이 행 이전에 지정된 모든 변수 값을 확인한 다음 c 명령을 사용하여 실행을 계속할 수 있다.

파이썬의 디버거를 활용하면 코드에서 오류를 찾아 고치는 데 큰 도움이 될 수 있다. 크고 복잡한 프로그램에는 디버거를 활용할 것을 권장한다.

10.6 요약, 그리고 문제

10.6.1 요약

1. 코딩 시 오류는 불가피하다. 오류는 무언가가 의도한 대로 작동하지 않는다는 것을 알려주기 때문에 중요하다.
2. 오류에는 구문 오류, 예외, 논리 오류 등의 세 가지 유형이 있다.
3. 좋은 코딩 습관으로 코드 상의 오류 수를 줄일 수 있다.
4. try-except 문은 코드를 중지하지 않고 예외를 처리하는 데 사용된다.
5. 디버거는 오류를 찾는 데 도움이 되는 파이썬 도구이다.

10.6.2 문제

없음, 이 장에서 배운 내용을 잘 활용하기 바란다.

CHAPTER

11 파일 입출력

CONTENTS

11.1 TXT 파일

지금까지는 데이터를 화면에 표시하기 위해 `print` 함수를 사용하였다. 그러나 데이터를 디스크에 저장하거나 다른 프로그램이나 동료와 공유하는 방법에는 여러 가지가 있다. 예를 들어 이 노트북에 있는 문자열을 다른 노트북에서 사용하려는 경우 가장 쉬운 방법은 그 문자열을 먼저 **텍스트 파일**에 저장한 다음 다른 노트북에서 여는 것이다. 확장자가 .txt인 경우가 많은 텍스트 파일은 순수한 일련의 문자 코드로 정의되는 일반 텍스트만 포함하는 파일이다.

텍스트 파일을 이용할 때 파일 객체를 반환하는 open 함수를 사용하는데, 보통 두 개의 인수를 취한다.

```
f = open(filename, mode)
```

여기서 f는 반환된 파일 객체에 지정된다. filename은 열고자 하는 파일의 위치를 컴퓨터에 알려주는 문자열이며, mode는 파일이 사용되는 방식을 설명하는 몇 개의 문자를 포함하는 또 다른 문자열이다. 자주 사용되는 모드는 다음과 같다.

- "r": 읽기(read) 위한 용도로 파일을 여는 기본 모드이다.
- "w": 쓰기(write) 위한 용도로 파일을 여는 기본 모드이다. 항상 새 파일을 만든다.
- "a": 파일 끝에 데이터를 추가할 수 있도록 추가(append) 모드에서 파일을 연다. 파일이 존재하지 않으면 새 파일을 만든다.
- "b": 이진(binary) 모드에서 파일을 연다.
- "r+": 읽고 쓰기 위해 파일을 연다(새로 만들지는 않음).
- "w+": 읽고 쓰기 위해 파일을 열거나 만드는데, 파일이 이미 존재할 경우 원래의 내용은 버린다.
- "a+": 읽고 쓰기 위해 파일을 열거나 만들고 파일 끝에 데이터를 추가한다.

11.1.1 파일에 쓰기

실행 예제

test.txt라는 텍스트 파일을 만들고 그 안에 몇 줄을 쓰는 코드를 작성해보자.

```
In [1]: f = open("test.txt", "w")
        for i in range(5):
            f.write(f"This is line {i}\n")
        f.close()
```

위의 코드에서 먼저 파일 이름이 test.txt인 파일 객체 f를 연다. 모드에는 "w"를 사용하는데 이는 파일에 쓰고 싶다는 의미이다. 다섯 줄(문자열 끝에 행 변경 문자 \n 참고)을 쓴 다음 파일 객체를 닫는다. 파일의 내용은 그림 11.1과 같다.

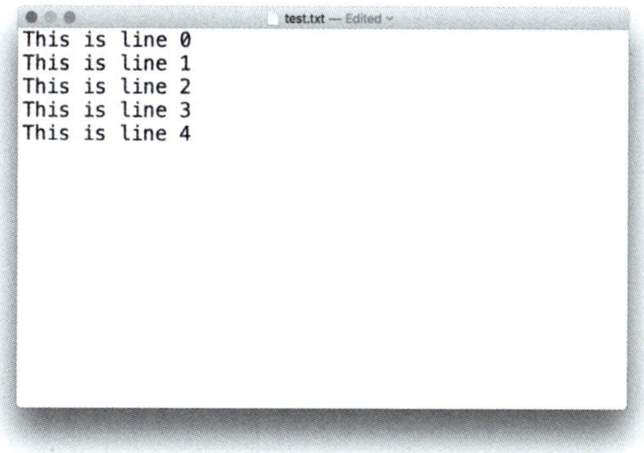

그림 11.1

텍스트 파일에 쓴 내용.

> **메모** 파일에 대한 쓰기가 끝나면 `f.close()`를 사용하여 파일을 닫아주어야 한다. 직접 닫지 않으면 파이썬이 언젠가 닫아주겠지만 그 시점이 언제인지에 관한 규칙은 다소 복잡하다. 때때로 파일에 쓸 때 파일을 닫을 때까지 데이터가 실제로 디스크에 기록되지 않을 수 있으며, 파일을 오래 열어 둘수록 데이터를 잃을 가능성도 커진다.

11.1.2 파일에 추가하기

다음으로 test.txt 파일에 문자열을 추가해보자. 파일에 쓰는 방법과 매우 유사하지만 모드를 "a"로 변경한다는 차이점이 있다. 그림 11.2의 결과를 참고하기 바란다.

```
In [2]: f = open("test.txt", "a")
        f.write(f"This is another line\n")
        f.close()
```

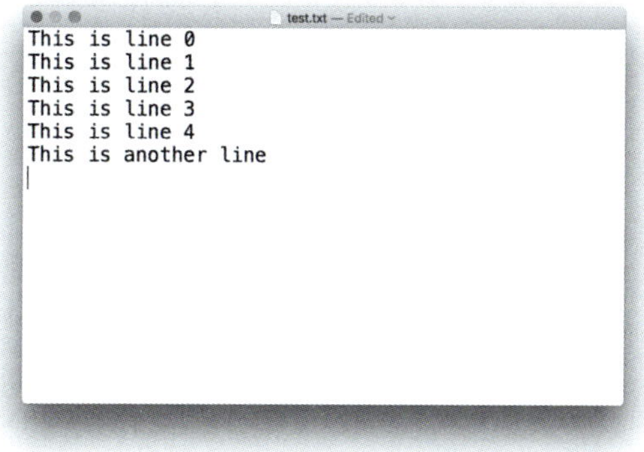

그림 11.2

기존 파일 끝에 한 줄을 추가한다.

11.1.3 파일 읽기

디스크에서 파일을 읽고 전체 내용을 하나의 변수에 저장할 수 있다. 위에서 만든 test.txt 파일을 읽고 파일의 전체 내용을 하나의 변수에 저장해보자.

```
In [3]: f = open("./test.txt", "r")
        content = f.read()
        f.close()
        print(content)

This is line 0
This is line 1
This is line 2
This is line 3
This is line 4
This is another line
```

이런 방식으로 파일의 모든 행을 한 개의 문자열로 변수에 저장할 수 있으며, 아래와 같이 문자열임을 확인할 수 있다.

```
In [4]: type(content)
Out[4]: str
```

파일의 내용을 한 줄씩 읽고 리스트로 저장할 수도 있는데, 이때 f.readlines()를 사용하면 된다.

```
In [5]: f = open("./test.txt", "r")
        contents = f.readlines()
        f.close()
        print(contents)

["This is line 0\n","This is line 1\n","This is line 2\n",
"This is line 3\n","This is line 4\n","This is another line\n"]

In [6]: type(contents)
Out[6]: list
```

11.1.4 숫자와 배열의 처리

나중에 수치해석을 수행할 텐데, 이때 숫자나 배열을 다루게 된다. 앞에서 소개한 방법들을 사용하여 숫자나 배열을 파일에 저장하고 메모리로 다시 읽을 수 있지만, 다소 어색한 방법이라고 할 수 있다. 대신 배열을 직접 저장하거나 읽기 위해 NumPy 패키지를 사용하는 경우가 많으며, 아래에 예를 보인다.

실행 예제

배열 [[1.20, 2.20, 3.00], [4.14, 5.65, 6.42]]를 my_arr.txt라는 파일에 저장한다. 이 파일을 다시 읽어 my_arr이라는 변수에 저장한다.

```
In [7]: import numpy as np

In [8]: arr = np.array([[1.20, 2.20, 3.00], [4.14, 5.65, 6.42]])
        arr
Out[8]: array([[1.2 , 2.2 , 3. ],
               [4.14, 5.65, 6.42]])

In [9]: np.savetxt("my_arr.txt", arr, fmt="%.2f",
                   header = "Col1 Col2 Col3")
```

위의 예는 np.savetxt를 사용하여 2차원 배열을 텍스트 파일로 저장하는 방법을 보여준다. 첫 번째 인수는 파일 이름이고, 두 번째 인수는 저장하려는 객체이며, 세 번째 인수는 출력 형식을 정의하는 것이다("%.2f"를 사용하여 소수점 이하 두 자리 숫자로 출력하는 것을 나타냄). 네 번째 인수는 파일에 쓰려는 헤더이다. 그림 11.3의 결과를 참고하기 바란다.

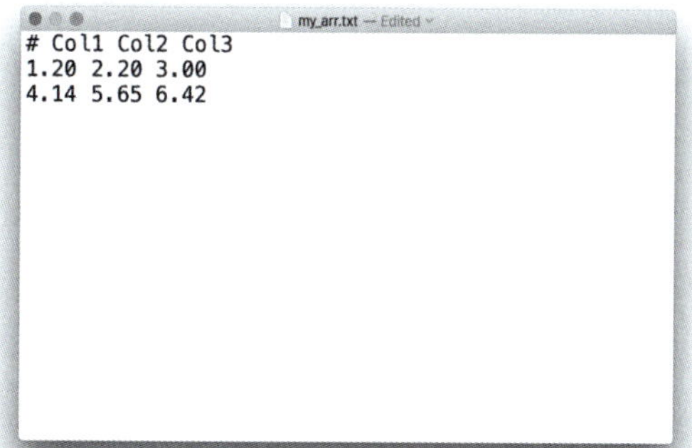

그림 11.3
파일에 NumPy 배열을 저장한다.

```
In [10]: my_arr = np.loadtxt("my_arr.txt")
         my_arr
Out[10]: array([[1.2 , 2.2 , 3. ],
                [4.14, 5.65, 6.42]])
```

파일을 배열로 직접 읽는 것은 np.loadtxt 함수를 사용하여 간단히 표현할 수 있으며, 이 함수는 파일 시작 부분의 헤더를 건너뛴다. 파일을 읽는 방법을 제어할 수 있는 여러 인수들이 있으며, 이후의 절들에서 그 일부를 다루게 될 것이다. 그러나 이 주제에 대해 자세히 설명하지는 않을 것이며, 도움이 필요할 경우 설명서를 읽거나 물음표를 사용하기 바란다.

11.2 CSV 파일

과학 데이터는 쉼표로 값을 구분하는 텍스트 파일인 CSV(comma-separated values) 파일 형식으로 저장하는 경우가 종종 있다. **CSV 파일**은 (숫자나 텍스트를 포함하는) 큰 데이터 테이블을 일반 텍스트로 저장할 수 있는 매우 유용한 형식이다. 데이터의 각 행은 하나의 데이터 레코드에 해당하며, 각 레코드는 쉼표로 구분된 하나 이상의 필드로 구성된다. 행과 열을 시각화하기 위해 마이크로소프트 엑셀을 사용하여 열 수도 있다.

파이썬에는 CSV 파일을 읽고 쓰기 위한 자체의 CSV 모듈이 있는데, 이에 대해서는 더 이상 논의하지 않을 것이다. 이 모듈에 대한 자세한 내용은 관련 문서[13]에서 확인할 수 있다. 대신 NumPy 패키지를 사용하여 CSV 파일을 처리하는데, 이는 CSV 파일을 NumPy 배열로 직접 읽는 것이 편리하기 때문이다.

11.2.1 CSV 파일 쓰기와 열기

다음은 100개의 행과 5개의 열을 갖는 데이터를 생성하는 간단한 예이다.

```
In [1]: import numpy as np

In [2]: data = np.random.random((100,5))

In [3]: np.savetxt("test.csv", data, fmt = "%.2f",
            delimiter=",", header = "c1, c2, c3, c4, c5")
```

13) https://docs.python.org/3/library/csv.html

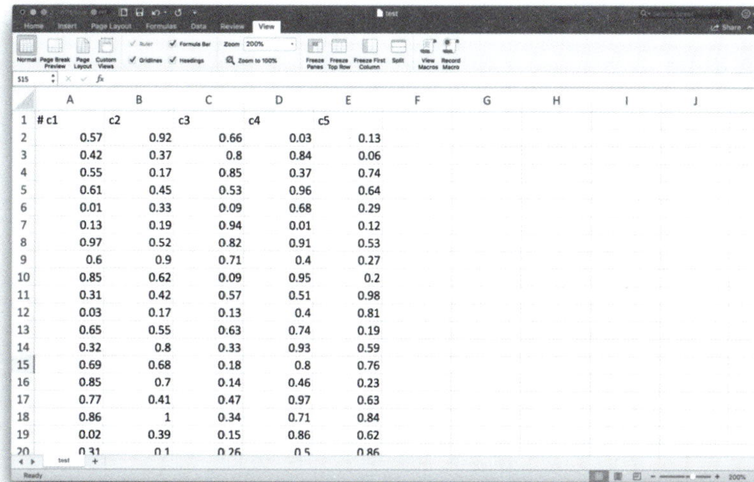

그림 11.4
마이크로소프트 엑셀을 사용하여 CSV 파일을 연다.

먼저 np.random 함수를 사용하여 100개의 행과 5개의 열을 갖는 난수 데이터를 생성하여 변수 data에 지정한다. 그런 다음 변수 data의 내용을 CSV 파일에 저장하기 위해 함수 np.savetxt를 사용한다. 처음 세 개의 인수는 이전 절에서 사용한 것과 동일하지만, 구분기호로 쉼표를 사용한다는 것을 표시하기 위한 delimiter=","가 추가되어 있다. 이는 쉼표를 사용하여 데이터를 구분한다는 것을 나타낸다.

이제 마이크로소프트 엑셀을 사용하여 CSV 파일을 열 수 있다(그림 11.4 참고). 텍스트 편집기를 사용하여 CSV 파일을 열 수도 있으며, 이 경우 값들이 쉼표로 구분되어 있음을 확인할 수 있다(그림 11.5).

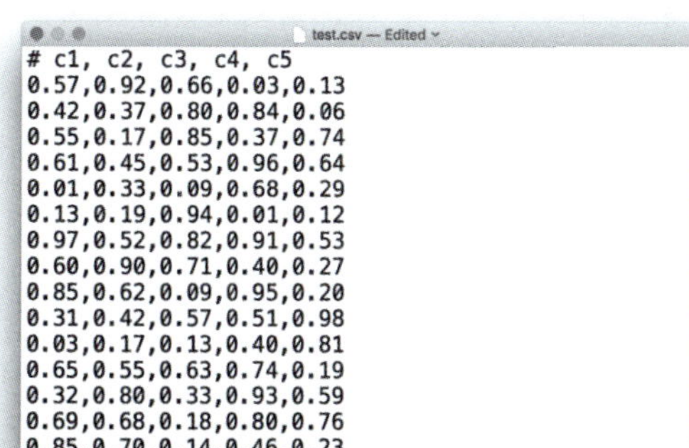

그림 11.5
텍스트 편집기를 사용하여 CSV 파일을 연다.

11.2.2 CSV 파일 읽기

이전과 마찬가지로 np.loadtxt 함수를 사용하여 CSV 파일에서 읽을 수 있다. 방금 디스크에 저장한 CSV 파일을 변수 my_csv에 읽어 들이되, 처음 5개 행을 출력한다. 이때 다시 delimiter=","를 사용한다.

```
In [4]: my_csv = np.loadtxt("./test.csv", delimiter=",")
        my_csv[:5, :]
Out[4]: array([[0.84, 0.99, 0.56, 0.24, 0.71],
               [0.33, 0.8 , 0.32, 0.28, 0.83],
               [0.89, 0.19, 0.25, 0.63, 0.84],
               [0.08, 0.49, 0.76, 0.34, 0.69],
               [0.66, 0.65, 0.73, 0.48, 0.12]])
```

11.2.3 NumPy 외의 방법

NumPy는 CSV 파일을 처리할 때 매우 편리하지만 CSV 파일을 처리할 수 있는 다른 패키지도 많이 있다. Pandas 패키지도 널리 사용되며, 그 안의 Dataframe은 테이블 형식의 데이터를 쉽게 처리할 수 있다. CSV 파일을 처리하는 다양한 방법에 대해서는 스스로 탐색해볼 것을 권장한다.

11.3 pickle 파일

이 절에서는 데이터를 디스크에 저장하는 또 다른 방법인 pickle을 소개한다. 데이터를 텍스트 파일이나 CSV 파일로 저장하는 방법을 살펴보았지만, 경우에 따라서는 사전, 투플, 리스트 또는 기타 데이터 유형을 디스크에 저장하여 나중에 사용하거나 동료에게 보내고 싶을 것이다. 이때 pickle을 사용하면 간편한데, 파일에 저장하고 나중에 다시 읽어올 수 있도록 객체를 직렬화할 수 있다.

pickle은 파이썬 객체 구조를 직렬화하는 데 사용할 수 있다. 직렬화란 메모리에 있는 객체를 디스크에 이진 파일로 저장할 수 있는 바이트 스트림으로 변환하는 프로세스를 말한다. 파이썬 프로그램에 다시 읽어올 때 이진 파일은 다시 파이썬 객체로 역직렬화될 수 있다.

11.3.1 pickle 파일에 쓰기

실행 예제

사전을 만들어 디스크의 pickle 파일에 저장해보자. pickle을 사용하려면 먼저 모듈에 대한 import가 필요하다.

```
In [1]: import pickle

In [2]: dict_a = {"A":0, "B":1, "C":2}
        pickle.dump(dict_a, open("test.pkl", "wb"))
```

객체를 직렬화하기 위해 pickle을 사용할 때 두 개의 인수를 취하는 `pickle.dump` 함수를 사용한다. 첫 번째 인수는 직렬화하려는 객체이고 두 번째 인수는 `open` 함수에 의해 반환된 파일 객체이다. `open` 함수의 모드는 이진 파일에 쓰고 있음을 나타내는 `"wb"`이다.

11.3.2 pickle 파일 읽기

다음으로 `pickle.load` 함수를 사용하여 디스크에 방금 저장한 pickle 파일을 다시 읽어온다.

```
In [3]: my_dict = pickle.load(open("./test.pkl", "rb"))
        my_dict
Out[3]: {"A": 0, "B": 1, "C": 2}
```

pickle 파일을 읽어오는 과정은 저장 과정과 매우 유사하지만, `open` 함수의 모드는 이진 파일을 읽고 있음을 나타내는 `"rb"`이다. 이 함수는 이진 파일을 원래 객체로 역직렬화한다. 이 예제의 경우에는 사전이다. 변환을 위한 추가 코드 없이도 파이썬 데이터 구조를 저장하고 읽어오는 것이 매우 쉬우며, 이러한 점 때문에 pickle 형식이 많이 사용된다.

11.3.3 파이썬 2에서 pickle 파일 읽기

때로는 파이썬 3 대신 파이썬 2를 사용하여 생성한 pickle 파일을 동료가 보내올 수도 있다. 이 경우 파이썬 2를 사용하여 피클을 해체하거나, 파이썬 3을 사용하되 `pickle.load` 함수에서 인수 `encoding="latin1"`을 사용하면 된다.

```
infile = open(filename,"rb")
new_dict = pickle.load(infile, encoding="latin1")
```

주의

pickle 파일의 한 가지 단점은 범용 파일 형식이 아니므로 다른 프로그래밍 언어에서 사용하기 어렵다는 것이다. TXT 파일이나 CSV 파일은 파이썬을 사용하지 않는 다른 동료와 쉽게 공유할 수 있으며 R, Matlab®, Java 등을 사용하여 열 수도 있다. 그러나 pickle 파일은 파이썬 용으로 특별히 설계되었으며, 다른 프로그래밍 언어에서 데이터를 이용하는 것은 그 설계에서 고려되지 않았다.

11.4 JSON 파일

JSON(JavaScript Object Notation)은 또 다른 형식의 파일이며, 확장자는 ".json"이다. 파이썬 종속적인 pickle과 달리 JSON은 언어 독립적인 데이터 형식이라는 장점이 있으며, 일반적으로 pickle에 비해 디스크 공간을 적게 차지하며 파일 조작에 시간도 적게 걸린다. JSON과 pickle을 비교한 장단점에 대한 자세한 내용은 온라인에서 검색하기 바란다. 이 절에서는 파이썬에서 JSON 파일을 처리하는 방법을 간략하게 살펴본다.

11.4.1 JSON 형식

JSON의 텍스트는 { } 안의 키-값 쌍에 값을 포함하는 따옴표 붙은 문자열을 사용하여 표현된다. 구조는 파이썬에서 사용하는 사전과 거의 동일하다. 예를 들어 보자.

```
{
  "school": "UC Berkeley",
  "address": {
    "city": "Berkeley",
    "state": "California",
    "postal": "94720"
  },
  "list":[
      "student 1",
      "student 2",
```

```
        "student 3"
        ]
}
```

11.4.2 JSON 파일에 쓰기

파이썬에서 JSON 파일을 처리하는 가장 쉬운 방법은 json 라이브러리를 사용하는 것이다. 이 외에도 simplejson, jyson 등과 같은 다른 라이브러리가 여러 개 있다. 이 절에서는 JSON 파일을 작성하고 읽어올 수 있도록 파이썬에서 기본적으로 지원하는 json 라이브러리를 사용한다.

실행 예제

사전을 만들고 디스크의 JSON 파일에 저장해보자. 먼저 json 모듈을 import 한다.

```
In [1]: import json

In [2]: school = {
  "school": "UC Berkeley",
  "address": {
  "city": "Berkeley",
  "state": "California",
  "postal": "94720"
  },

  "list":[
     "student 1",
     "student 2",
     "student 3"
     ],

  "array":[1, 2, 3]
}
json.dump(school, open("school.json", "w"))
```

JSON을 사용하여 객체를 직렬화하기 위해 두 개의 인수를 취하는 json.dump 함수를 사용한다. 첫 번째 인수는 직렬화되는 객체이고 두 번째 인수는 open 함수에서 반환된 파일 객체이다. open 함수의 모드는 "쓰기" 파일임을 나타내는 "w"이다.

11.4.3 JSON 파일 읽기

이제 json.load 함수를 사용하여 방금 디스크에 저장한 JSON 파일을 읽어온다.

```
In [3]: my_school = json.load(open("./school.json", "r"))
        my_school
```

json을 사용하는 방법은 이전 절에서 pickle을 사용하는 방법과 유사하다는 것을 알 수 있다. JSON은 문자열과 숫자는 물론 중첩 리스트, 투플, 기타 객체 등을 지원한다. 이러한 다양한 옵션에 대해서는 스스로 탐색해보기 바란다.

11.5 HDF5 파일

과학 계산에서는 종종 빠른 접근을 통해 대량의 데이터를 저장해야 하는 경우가 있다. 앞서 소개한 파일 형식들은 이러한 상황에 적합하지 않다. 대용량 데이터를 저장해야 할 경우 파일 크기에 제한이 없는 강력한 이진 데이터 형식을 사용하는 HDF5(Hierarchical Data Format)가 해답이다. HDF5에서는 질의 속도를 높이고 저장 공간을 효율적으로 사용하기 위해 병렬 I/O(입력/출력)를 제공하고 내부적으로 여러 가지 최적화를 수행한다.

HDF5 파일은 데이터 세트와 그룹이라는 두 가지 유형의 객체를 저장한다. 데이터 세트는 NumPy 배열과 같은 배열 형식의 데이터이며, 그룹은 데이터 세트나 다른 그룹을 포함하는 폴더 형식의 컨테이너이다. 데이터 세트나 그룹에는 속성이라는 요소가 있는데, 이는 어떤 특성을 기술하기 위해 사용된다. HDF5에서 계층적(hierarchical)이라는 표현을 사용하는 것은 폴더(그룹), 하위 폴더(하위 그룹) 등의 폴더 형식 구조로 데이터를 파일 시스템처럼 저장할 수 있다는 사실을 나타낸다. 그룹은 키와 값을 갖는 사전처럼 동작한다. 키는 그룹의 이름이고 값은 하위 그룹 또는 데이터 세트이다.

파이썬에서 HDF5 I/O를 지원하기 위해 사용되는 패키지가 있다. 가장 많이 사용되는 패키지는 PyTables[14]와 h5py[15]인데, 여기에서는 h5py만 소개한다. conda를 사용하여 h5py를 설치할 수 있다(1장 참고).

h5py를 설치한 후에는 h5py 문서 중 간이 안내서[16]를 읽어보기 바란다. 참고로 아래

---

14) https://www.pytables.org
15) https://www.h5py.org
16) http://docs.h5py.org/en/latest/quick.html

에 HDF5 파일을 만들고 읽는 방법을 보여주는 예를 하나 보인다. 먼저 NumPy와 h5py를 import 한다.

```
In [1]: import numpy as np
        import h5py
```

예제

캘리포니아 샌프란시스코 베이 지역에 가속도와 GPS 위치를 모니터링하는 장비를 배치했다고 가정한다. 버클리와 오클랜드에 두 개의 가속도계를 배치하고 샌프란시스코에 한 개의 GPS 스테이션을 배치하였다. 버클리의 가속도계는 0.04초마다, 오클랜드의 센서는 0.01초마다 데이터를 샘플링하여 서로 다른 샘플링 속도로 데이터를 기록한다. 샌프란시스코의 GPS 스테이션은 60초마다 위치를 샘플링한다. 두 가지 유형의 데이터를 HDF5에 저장하는데, 이때 데이터가 기록된 위치, 기록 시작 시간, 스테이션 이름, 샘플링 간격 등을 나타내는 속성들도 포함된다.

```
In [2]: # 기록을 위한 난수 데이터를 생성한다.
        acc_1 = np.random.random(1000)
        station_number_1 = "1"
        # 유닉스 타임스탬프
        start_time_1 = 1542000276
        # 기록 시간 간격
        dt_1 = 0.04
        location_1 = "Berkeley"

        acc_2 = np.random.random(500)
        station_number_2 = "2"
        start_time_2 = 1542000576
        dt_2 = 0.01
        location_2 = "Oakland"

In [3]: hf = h5py.File("station.hdf5", "w")

In [4]: hf["/acc/1/data"] = acc_1
        hf["/acc/1/data"].attrs["dt"] = dt_1
        hf["/acc/1/data"].attrs["start_time"] = start_time_1
        hf["/acc/1/data"].attrs["location"] = location_1
        hf["/acc/2/data"] = acc_2
        hf["/acc/2/data"].attrs["dt"] = dt_2
        hf["/acc/2/data"].attrs["start_time"] = start_time_2
        hf["/acc/2/data"].attrs["location"] = location_2
        hf["/gps/1/data"] = np.random.random(100)
```

```
        hf["/gps/1/data"].attrs["dt"] = 60
        hf["/gps/1/data"].attrs["start_time"] = 1542000000
        hf["/gps/1/data"].attrs["location"] = "San Francisco"

In [5]: hf.close()
```

위의 코드는 HDF5의 핵심 개념인 그룹, 데이터 세트, 속성 등을 보여준다. 먼저, 쓰기를 위한 HDF5 객체 station.hdf5를 생성한다. 그런 다음 데이터를 두 개의 최상위 그룹인 acc와 gps에 저장한다. 이 두 개의 최상위 그룹 각각에는 스테이션 이름을 표시하기 위해 레이블이 1 또는 2로 지정되는 하위 그룹이 있다. 각 스테이션에는 수집된 배열 데이터를 저장하는 데 사용되는 다음 레벨의 하위 그룹, 즉 data가 포함된다. 다음으로 그룹이나 데이터 세트에 속성을 추가한다. 이 경우 여기에 저장된 데이터 세트의 속성으로 dt, start_time, location 등을 추가한다. /acc/1/data에 데이터 세트 acc_1이 저장되는데, 이는 폴더 구조와 매우 유사함을 알 수 있다. 마지막으로 파일 객체를 닫는다.

HDF5에 데이터를 저장하는 것은 쉽다. 간이 안내서[17]에 표시된 대로 create_dataset 함수와 create_group 함수를 사용할 수도 있다.

11.5.1 HDF5 파일 읽기

이제 이 데이터를 이용하려는 동료에게 station.hdf5를 전송한다고 가정한다. 아래에 동료가 사용할 명령들을 보여주고 있다.

```
In [6]: hf_in = h5py.File("station.hdf5", "r")

In [7]: list(hf_in.keys())
Out[7]: ["acc", "gps"]

In [8]: acc = hf_in["acc"]

In [9]: list(acc.keys())
Out[9]: ["1", "2"]

In [10]: data_1 = hf_in["acc/1/data"]
```

17) http://docs.h5py.org/en/latest/quick.html

```
In [11]: data_1.value[:10]
Out[11]: array([0.41820889, 0.89832446, 0.40229251, 0.41287538,
                0.16173359, 0.75855904, 0.89288185, 0.82944522,
                0.84228139, 0.50365515])
In [12]: list(data_1.attrs)
Out[12]: ["dt", "start_time", "location"]

In [13]: data_1.attrs["dt"]
Out[13]: 0.04

In [14]: data_1.attrs["location"]
Out[14]: "Berkeley"
```

h5py를 사용하여 HDF5 파일을 읽는 것도 어렵지 않다. HDF5에서 `hf_in`으로 읽어 들인 후 `keys` 함수를 사용하여 HDF5에 어떤 하위 그룹이 있는지 확인할 수 있다. 그런 다음 `hf_in["acc"]`와 같이 하위 그룹에 포함된 내용을 보거나 `hf_in["acc/1/data"]`에서와 같이 데이터 세트 경로를 직접 지정하여 배열 데이터를 얻을 수도 있다. 데이터에 연계된 속성은 사전으로도 접근할 수 있음을 기억하기 바란다.

11.6 요약, 그리고 문제

11.6.1 요약

1. 데이터는 나중에 파이썬 세션에서 사용하거나 다른 프로그램에서 읽을 수 있도록 디스크에 저장해야 할 경우가 많다.
2. 다른 프로그램에서 생성된 데이터를 파이썬에서 읽는 경우가 있다.
3. 파이썬에는 TXT, CSV, pickle, JSON, HDF5 등과 같은 여러 표준 형식으로 데이터를 읽고 쓰기 위한 함수들이 있다.

11.6.2 문제

1. 리스트를 만들고 리스트의 각 항목이 한 줄을 차지하도록 텍스트 파일에 저장해보시오.
2. 문제 1과 동일한 리스트를 CSV 파일에 저장하시오.

3. 2차원 `NumPy` 배열을 만든 다음 CSV 파일에 저장하고 다시 2차원 배열로 읽어오시오.
4. 문제 3의 배열을 pickle 파일에 저장하고 다시 2차원 배열로 읽어오시오.
5. 사전을 생성하고 JSON 파일에 저장하시오.
6. 1차원 `NumPy` 배열을 만들고 `"data"`라는 키로 JSON 파일에 저장하시오. 그런 다음 다시 읽어오시오.

CHAPTER

시각화와 플로팅 12

CONTENTS

12.1 2D 플로팅

파이썬에서 matplotlib는 데이터의 플로팅, 즉 그래프 표현에 가장 중요한 패키지이다. 어떤 일을 할 수 있는지 감을 잡기 위해 matplotlib 갤러리[18]를 둘러보기 바란다. 이때 첫 번째로 할 일은 matplotlib 패키지를 import 하는 것이다. 주피터 노트북에서는 노트북 내에서 직접 그림을 표시할 수 있으며 매직 명령 %matplotlib notebook을 사용하여 패닝, 줌인, 줌아웃 등등의 대화식 작업도 수행할 수 있다. 아래에 몇 가지 예를 보인다.

```
In [1]: import numpy as np
        import matplotlib.pyplot as plt
        %matplotlib notebook
```

기본 플로팅 함수는 plot(x,y)이다. plot 함수는 두 개의 리스트/배열 x, y를 받아와 x, y 사이의 관계를 시각적으로 표시한다.

18) https://matplotlib.org/gallery/index.html#gallery

실행 예제

리스트 `x = [0, 1, 2, 3]`, `y = [0, 1, 4, 9]`가 주어질 때 `plot` 함수를 사용하여 x, y에 대한 그래프를 생성해보자.

```
In [2]: x = [0, 1, 2, 3]
        y = [0, 1, 4, 9]
        plt.plot(x, y)
        plt.show()
```

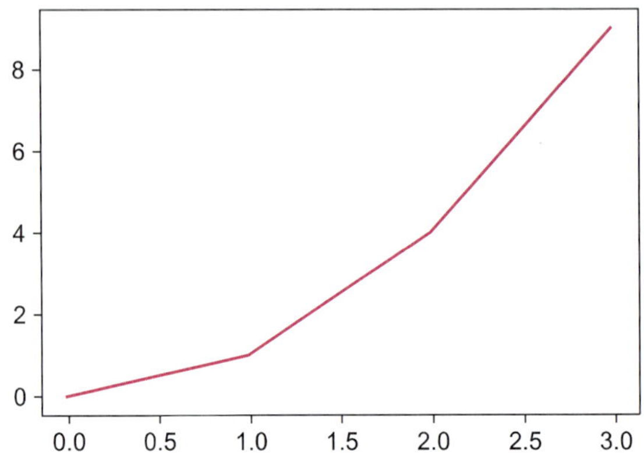

그림 12.1

x, y 사이의 관계를 나타내는 그래프.

별다른 옵션을 지정하지 않으면 그림 12.1에서와 같이 `plot` 함수는 각 점을 선으로 연결한다. 함수를 매끄럽게 만들기 위해 미세한 간격의 점들을 사용할 수 있다. `plt.plot` 함수는 그래프를 그리는 주요 작업을 수행하며 `plt.show()`는 파이썬에 그래프 그리기가 완료되었음을 알리고 그림을 표시할 것을 요청한다. 그림 아래에 있는 버튼들을 사용하여 선의 이동, 줌인/줌아웃, 그림의 저장 등을 수행할 수 있다. 그림 12.2의 그래프를 그리기 전에 그림의 오른쪽 상단에 있는 상호 작용 중지 버튼을 눌러 대화형 그리기 기능을 꺼야 한다. 그렇지 않으면 다음 그림이 같은 프레임에 겹쳐 나타난다. 매직 명령 `%matplotlib inline`을 사용하여 대화형 기능을 끌 수도 있다.

실행 예제

$-5 \le x \le 5$에 대해 함수 $f(x) = x^2$의 그래프를 그려보자.

```
In [3]: %matplotlib inline

In [4]: x = np.linspace(-5,5, 100)
        plt.plot(x, x**2)
        plt.show()
```

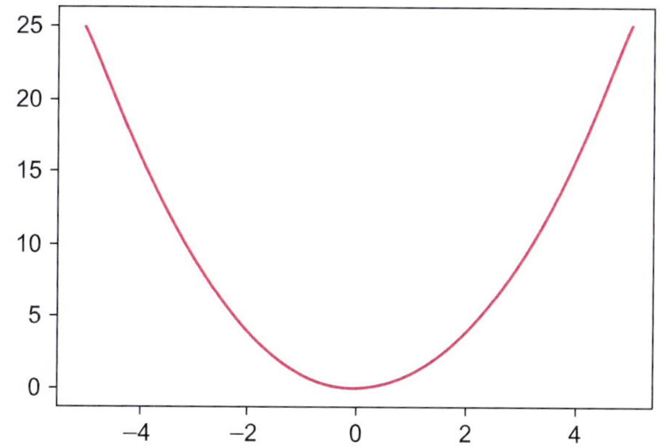

그림 12.2

$-5 \leq x \leq 5$에 대한 함수 $f(x)=x^2$의 그래프.

마커나 선의 모양이나 색상을 변경하려면 그래프 표현에 사용할 색상이나 선 스타일 등을 지정하는 문자열인 세 번째 입력 인수를 `plot`에 추가한다. 예를 들어, `plot(x,y,"ro")`는 연결선 없이 빨간색(`"r"`)의 원(`"o"`)을 사용하여 x, y가 나타내는 점들을 그린다. 가능한 옵션들은 아래 표에 나와 있다(그림 12.3 참고).

기호	설명	기호	설명
b	파란색(blue)	T	T자 기호
g	녹색(green)	s	정사각형(square)
r	빨간색(red)	d	다이아몬드(diamond)
c	청록색(cyan)	v	삼각형(아래쪽 방향)
m	진홍색(magenta)	^	삼각형(위쪽 방향)
y	노란색(yellow)	<	삼각형(왼쪽 방향)
k	검정색(black)	>	삼각형(오른쪽 방향)
w	흰색(white)	p	오각형(pentagram)
.	점	h	육각형(hexagram)
o	원	-	실선
x	x-표시	:	점선
+	플러스 기호	-.	쇄선
*	별표	-	파선

실행 예제

녹색 파선을 사용하여 $-5 \leq x \leq 5$에 대해 함수 $f(x)=x^2$의 그래프를 그려보자.

```
In [5]: x = np.linspace(-5,5, 100)
```

```
plt.plot(x, x**2, "g-")
plt.show()
```

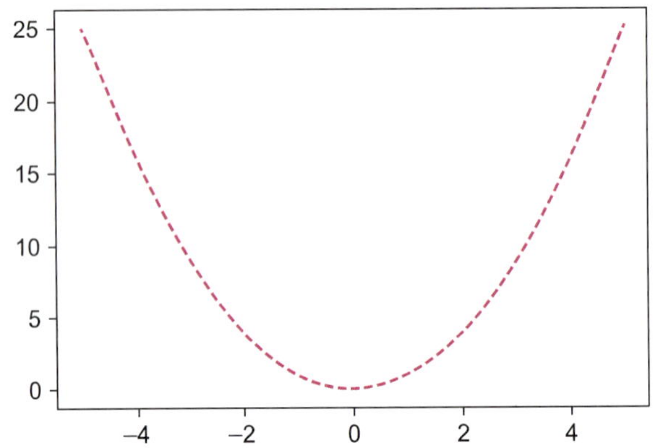

그림 12.3

파선을 사용하여 그린 $-5 \le x \le 5$에 대한 함수 $f(x) = x^2$의 그래프.

하나의 그림에서 `plt.show()` 명령 앞에 여러 개의 데이터 세트를 추가하고 그래프로 표현할 수 있다(그림 12.4 참고).

실행 예제

$-5 \le x \le 5$에 대해 함수 $f(x) = x^2$와 $g(x) = x^3$의 그래프를 그려보자. 각 함수에 대해 다른 색상과 마커를 사용한다.

```
In [6]: x = np.linspace(-5,5,20)
        plt.plot(x, x**2, "ko")
        plt.plot(x, x**3, "r*")
        plt.show()
```

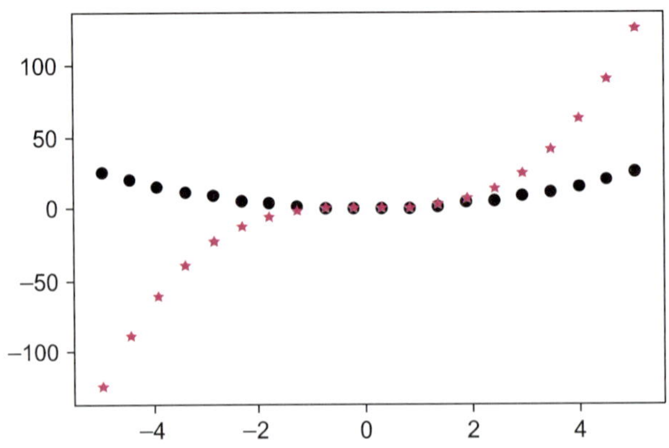

그림 12.4

서로 다른 색상과 마커를 사용한 그래프 표현.

그래프의 내용을 쉽게 알아볼 수 있도록 제목과 축 레이블을 표시하는 것이 공학/과학 분야에서 관례이며, 그래프 크기를 변경할 수도 있다. 그래프에 제목을 표시하려면 title 함수를 사용하는데, 이 함수는 입력으로 받은 문자열을 그래프의 제목으로 사용한다. 축 레이블의 이름을 지정하기 위해서는 xlabel 함수와 ylabel 함수를 사용한다. 그래프 크기 변경에는 plt.figure 함수가 사용되는데, 이 함수를 호출하면 그래프 프레임에 해당되는 Figure 객체가 생성되고 크기가 설정된다. plt.figure 함수를 호출할 때마다 새로운 Figure 객체가 만들어지며 그 위에 그래프 그리기 동작이 수행된다.

실행 예제

이전의 그래프에 제목과 축 레이블을 추가해보자. 그래프 프레임의 폭이 10인치, 높이가 6인치가 되도록 설정한다.

```
In [7]: plt.figure(figsize = (10,6))
        x = np.linspace(-5,5,20)
        plt.plot(x, x**2, "ko")
        plt.plot(x, x**3, "r*")
        plt.title(f"Plot of Various Polynomials from {x[0]} to
                  {x[-1]}")
        plt.xlabel("X axis", fontsize = 18)
        plt.ylabel("Y axis", fontsize = 18)
        plt.show()
```

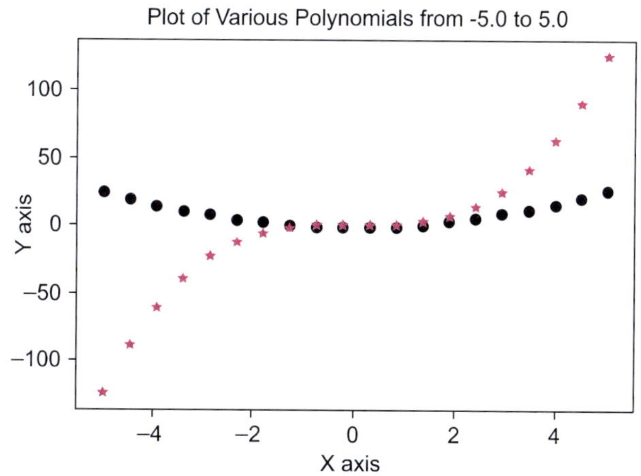

그림 12.5

그래프에 제목과 축 레이블을 표시한다.

그림 12.5에서 볼 수 있듯이 plt.xlabel 함수에서 fontsize 인수를 지정하여 x축 레이블 글꼴 크기를 변경하는 것처럼 그래프의 여러 속성을 변경할 수 있다. 그래프 스타일 설정을 위해 몇 가지 사전 정의된 스타일이 있는데, 아래 코드에서 스타일 목록을 받아와 인쇄해보이고 있다.

```
In [8]: print(plt.style.available)

["seaborn-dark", "seaborn-darkgrid", "seaborn-ticks",
"fivethirtyeight", "seaborn-whitegrid", "classic",
"_classic_test", "fast", "seaborn-talk",
"seaborn-dark-palette", "seaborn-bright",
"seaborn-pastel", "grayscale", "seaborn-notebook",
"ggplot", "seaborn-colorblind", "seaborn-muted",
"seaborn', "Solarize_Light2", "seaborn-paper",
"bmh", "tableau-colorblind10", "seaborn-white",
"dark_background", "seaborn-poster", "seaborn-deep"]
```

아래 코드에서는 사전 정의된 스타일 중 하나인 "seaborn-poster"로 변경하기 위해 plt.style.use 함수를 사용하는데, 이 경우 글자나 마커 등 모든 것이 더 커진다(그림 12.6 참고).

```
In [9]: plt.style.use("seaborn-poster")

In [10]: plt.figure(figsize = (10,6))
         x = np.linspace(-5,5,20)
         plt.plot(x, x**2, "ko")
         plt.plot(x, x**3, "r*")
         plt.title(f"Plot of Various Polynomials from {x[0]} to
                   {x[-1]}")
         plt.xlabel("X axis")
         plt.ylabel("Y axis")
         plt.show()
```

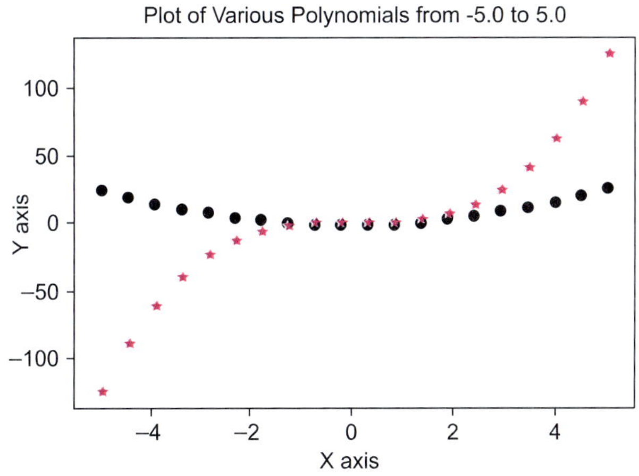

그림 12.6
seaborn-poster 스타일을 사용한 결과.

plot 함수에 label 인수를 추가하고 또 legend 함수를 사용함으로써 그래프에 대한 범례를 생성할 수 있다. legend 함수는 범례를 넣을 위치를 나타내기 위해 loc 인수를 사용한다. loc 인수를 0에서 10까지 변경하면서 어떤 일이 발생하는지 확인해보기 바란다(그림 12.7 참고).

```
In [11]: plt.figure(figsize = (10,6))

         x = np.linspace(-5,5,20)
         plt.plot(x, x**2, "ko", label = "quadratic")
         plt.plot(x, x**3, "r*", label = "cubic")
         plt.title(f"Plot of Various Polynomials from {x[0]} to
                  {x[-1]}")
         plt.xlabel("X axis")
         plt.ylabel("Y axis")
         plt.legend(loc = 2)
         plt.show()
```

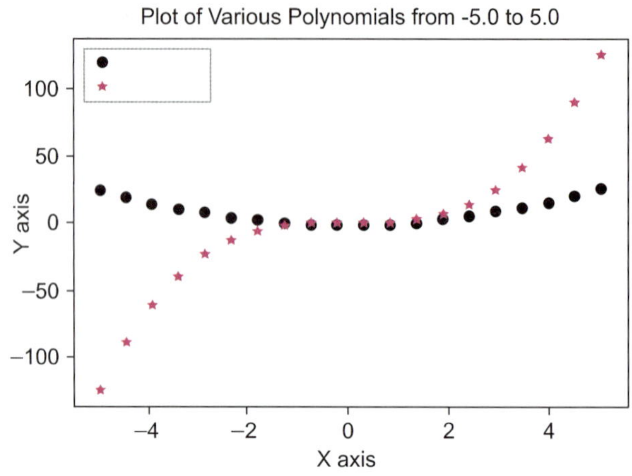

그림 12.7

그래프에서 범례를 사용한 결과.

마지막으로 xlim 함수나 ylim 함수를 사용하여 각 축의 한계를 설정함으로써 그래프 모양을 조정할 수 있다. grid 함수를 사용하면 그림 12.8에서처럼 격자를 표시하는 선이 나타난다.

실행 예제

x축의 한계는 −6에서 6, y축의 한계는 −10에서 10까지가 되도록 그래프의 한계를 설정한다. 또 격자 표시를 켠다.

```
In [12]: plt.figure(figsize = (10,6))

         x = np.linspace(-5,5,100)
         plt.plot(x, x**2, "ko", label = "quadratic")
         plt.plot(x, x**3, "r*", label = "cubic")
         plt.title(f"Plot of Various Polynomials from {x[0]} to
                   {x[-1]}")
         plt.xlabel("X axis")
         plt.ylabel("Y axis")
         plt.legend(loc = 2)
         plt.xlim(-6.6)
         plt.ylim(-10,10)
         plt.grid()
         plt.show()
```

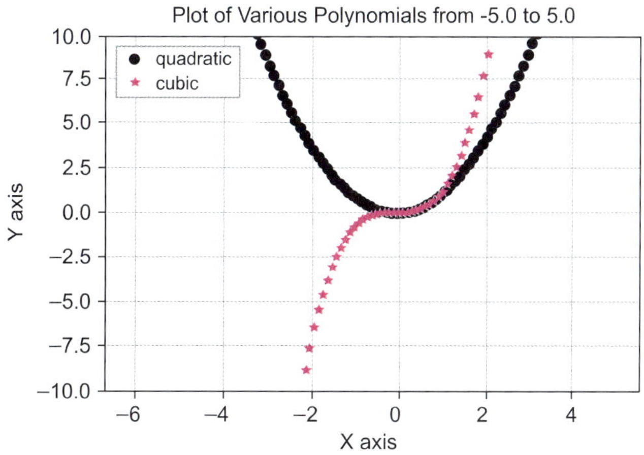

그림 12.8

그래프의 한계를 변경하고 격자 표시를 켠다.

subplot 함수를 사용하여 하나의 그림 상에 여러 개의 그래프를 그릴 수 있다. subplot 함수는 3개의 입력 인수를 갖는데, 이들은 그래프 행의 개수, 그래프 열의 개수, 그래프 그리기 함수들에 대한 모든 호출이 반영되는 그래프 번호 등이다. 그림 안의 다른 그래프로 이동하기 위해서는 다시 subplot 함수를 호출하면서 3번째 인수로 원하는 그래프 번호를 지정하면 된다.

x, y로 주어지는 데이터를 그래프로 표현하는 함수로는 plot 외에도 scatter, bar, loglog, semilogx, semilogy 등 여러 개의 함수가 있다. 함수 scatter는 빨간색 원을 기본으로 선택한다는 점을 제외하고는 plot과 같다(즉, plot(x,y,"ro")는 scatter(x,y)와 동일함). bar 함수는 중심 위치는 x이고 높이는 y인 막대들로 이루어진 막대그래프를 그린다. loglog 함수는 x축과 y축 모두에 로그 스케일을 적용한다. semilogx 함수는 x축에는 로그 스케일, y축에는 선형 스케일을 적용한다. semilogy 함수는 x축에는 선형 스케일, y축에는 로그 스케일을 적용한다. 그림 12.9를 참고하기 바란다.

실행 예제

리스트 x = np.arange(11)에 대해 리스트 y = x**2로 주어진다. x, y로 주어지는 데이터를 그래프로 표현하는 함수로 plot, scatter, bar, loglog, semilogx, semilogy 등을 사용하여 2×3 테이블 형태로 배열되는 그래프들을 그려보자. 또 각 그래프의 제목과 레이블을 적절하게 지정한다. 격자 표시를 하되, 범례는 표시하지 않는다.

```
In [13]: x = np.arange(11)
         y = x**2
```

```
plt.figure(figsize = (14, 8))
plt.subplot(2, 3, 1)
plt.plot(x,y)
plt.title("Plot")
plt.xlabel("X")
plt.ylabel("Y")
plt.grid()

plt.subplot(2, 3, 2)
plt.scatter(x,y)
plt.title("Scatter")
plt.xlabel("X")
plt.ylabel("Y")
plt.grid()

plt.subplot(2, 3, 3)
plt.bar(x,y)
plt.title("Bar")
plt.xlabel("X")
plt.ylabel("Y")
plt.grid()

plt.subplot(2, 3, 4)
plt.loglog(x,y)
plt.title("Loglog")
plt.xlabel("X")
plt.ylabel("Y")
plt.grid(which="both")

plt.subplot(2, 3, 5)
plt.semilogx(x,y)
plt.title("Semilogx")
plt.xlabel("X")
plt.ylabel("Y")
plt.grid(which="both")

plt.subplot(2, 3, 6)
plt.semilogy(x,y)
plt.title("Semilogy")
plt.xlabel("X")
plt.ylabel("Y")
plt.grid()
```

```
        plt.tight_layout()
        plt.show()
```

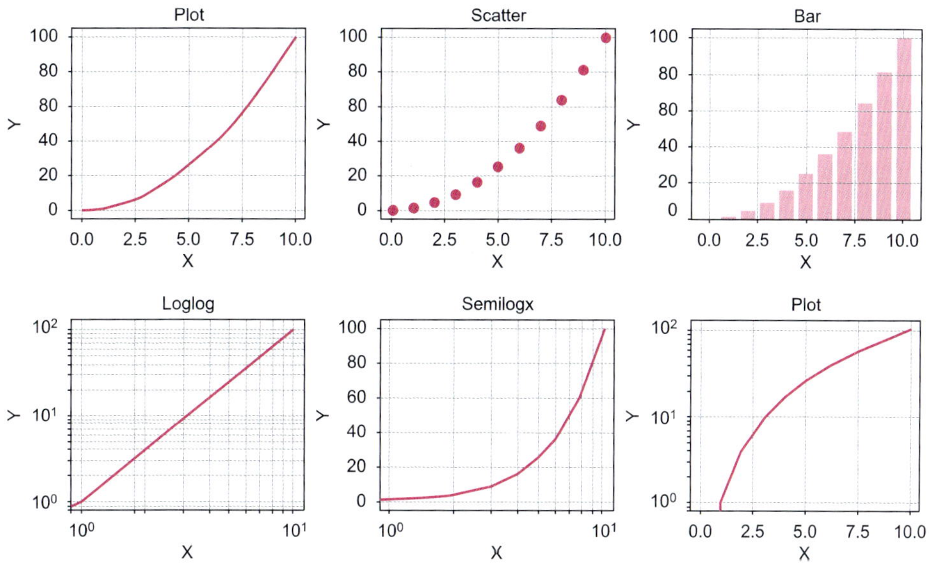

그림 12.9

여러 가지 유형의 그래프.

그래프 그리기가 다 끝났을 때 plt.tight_layout을 호출하는데, 이 함수는 그래프들이 서로 겹치지 않도록 해준다. 위의 코드에서 이 함수 호출을 삭제한 상태로 다시 실행하여 이 함수의 효과를 확인해보기 바란다.

plt.savefig 함수를 사용하여 그래프를 pdf, jpeg, png 등의 형식으로 저장할 수도 있다(그림 12.10 참고).

```
In [14]: plt.figure(figsize = (8,6))
         plt.plot(x,y)
         plt.xlabel("X")
         plt.ylabel("Y")
         plt.savefig("image.pdf")
```

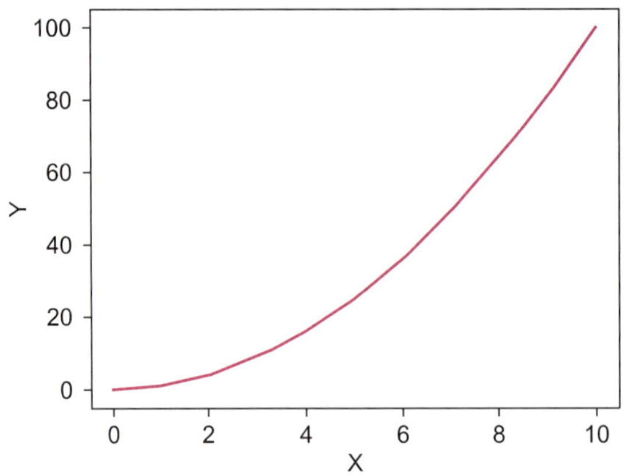

그림 12.10
그래프를 파일에 저장한다.

2D 효과를 주면서 데이터를 그래프로 표현하는 함수들이 있다. errorbar 함수는 x, y로 주어지는 데이터를 표시하지만 각 원소에 대한 오차 막대를 사용한다. polar 함수는 x, y 대신 극좌표를 나타내는 θ, r로 주어지는 데이터를 사용한다. stem 함수는 x 위치에 높이 y의 콩나물 모양을 그린다. hist 함수는 데이터 세트의 히스토그램을 만든다. boxplot 함수는 데이터 세트에 대한 통계적 요약을 제공한다. pie 함수는 파이 차트를 생성한다. 이러한 함수들의 사용법에 대해서는 각자 탐색해보고, 또 matplotlib 갤러리[19]에서 예제들을 살펴보기 바란다.

12.2 3D 플로팅

3차원(3D) 그래프를 그리려면 먼저 matplotlib에 간단한 3D 그래프 기능을 추가하는 mplot3d 툴킷을 import 한다.

```
In [1]: import numpy as np
        from mpl_toolkits import mplot3d
        import matplotlib.pyplot as plt
        plt.style.use("seaborn-poster")
```

19) https://matplotlib.org/gallery/index.html#gallery

mplot3d 툴킷을 import 한 다음에는 3D 좌표축들을 생성하고 데이터를 추가할 수 있다. 먼저 3D 좌표축을 생성한다(그림 12.11 참고).

```
In [2]: fig = plt.figure(figsize = (10,10))
        ax = plt.axes(projection="3d")
        plt.show()
```

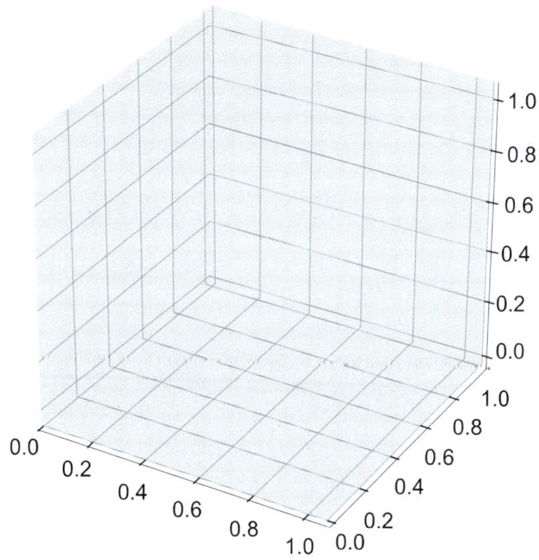

그림 12.11

3D 좌표축.

ax = plt.axes(projection="3d")는 3D 좌표축 객체를 생성한다. 데이터를 추가하려면 plot3D 함수를 사용한다. 제목을 변경할 수도 있고 그래프의 x, y, z 축을 위한 레이블도 설정할 수 있다.

실행 예제

0에서 10π 사이의 벡터이며 간격으로 $\pi/50$을 갖는 t, $x = \sin(t)$, $y = \cos(t)$로 주어지는 데이터 세트가 주어져 있다. plot3D를 사용하여 (x, y, t) 데이터 세트에 대한 3D 그래프를 생성해보자. 격자 표시를 켜고 축 레이블과 제목을 추가한다. 그래프를 이동하고 회전할 수 있도록 %matplotlib notebook을 사용하여 대화형 그리기 기능을 활성화한다.

```
In [3]: %matplotlib notebook
```

```
In [4]: fig = plt.figure(figsize = (8,8))
        ax = plt.axes(projection="3d")
```

```
ax.grid()
t = np.arange(0, 10*np.pi, np.pi/50)
x = np.sin(t)
y = np.cos(t)
ax.plot3D(x, y, t)
ax.set_title("3D Parametric Plot")

# 좌표축 레이블을 설정한다.
ax.set_xlabel("x", labelpad=20)
ax.set_ylabel("y", labelpad=20)
ax.set_zlabel("t", labelpad=20)
plt.show()
```

그래프에 대한 3D 효과를 관찰할 수 있도록 위의 그림을 회전해보기 바란다. 또한 labelpad=20을 각 좌표축 레이블 설정에 추가하여 레이블이 눈금 숫자와 겹치지 않도록 한다.

또한 scatter 함수를 사용하여 3D 산점도를 그릴 수도 있다(그림 12.12 참고).

실행 예제

x, y, z에 대해 무작위로 생성된 50개의 데이터 포인트로 3D 산점도를 생성해보자. 포인트 색상은 빨간색으로 설정하고 포인트의 크기는 50으로 설정한다.

```
In [5]: # 대화형 그리기 기능을 끈다.
        %matplotlib inline

In [6]: x = np.random.random(50)
        y = np.random.random(50)
        z = np.random.random(50)

        fig = plt.figure(figsize = (10,10))
        ax = plt.axes(projection="3d")
        ax.grid()

        ax.scatter(x, y, z, c = "r", s = 50)
        ax.set_title("3D Scatter Plot")

        # 좌표축 레이블을 설정한다.
        ax.set_xlabel("x", labelpad=20)
        ax.set_ylabel("y", labelpad=20)
        ax.set_zlabel("z", labelpad=20)

        plt.show()
```

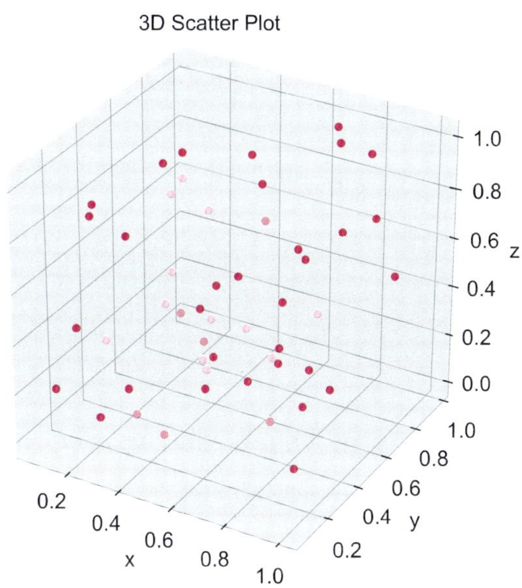

그림 12.12

3D 산점도.

3차원 그래프를 그릴 때 선 그래프보다 표면 그래프를 사용하는 것이 바람직한 경우가 있다. 3D 표면 그래프에서 어떤 관계 $f(x, y)$에 대한 그래프를 만든다고 하자. 표면 그래프를 그리기 위해서는 모든 x, y 값의 조합에 해당하는 (x, y) 쌍들이 필요한데, 벡터를 사용하여 이를 얻는 것은 간단하지 않다. 즉, 표면 그래프를 그리기 위해서는 메시(mesh)라는 데이터 구조를 먼저 생성해야 한다. x, y 값들을 나타내는 리스트/배열 x와 y가 주어지면 메시는 x와 y의 원소들에 대해 가능한 모든 조합의 리스트이다. 파이썬에서 메시는 `X[i,j]`와 `Y[i,j]`가 가능한 (x, y) 쌍을 정의하는 두 개의 배열 `X`와 `Y`로 주어질 수 있다. 그런 다음 `Z[i,j]=f(X[i,j],Y[i,j])`가 되도록 세 번째 배열 `Z`를 생성할 수 있다. 메시를 생성하기 위해 파이썬의 `np.meshgrid` 함수를 사용할 수 있다. `meshgrid` 함수는 독립적인 데이터 세트를 나타내는 리스트 x와 y를 입력으로 받는다. 출력 변수 `X`와 `Y`는 앞에서 기술한 바와 같다.

실행 예제

`meshgrid` 함수를 사용하여 `x = [1, 2, 3, 4]`와 `y = [3, 4, 5]`에 대한 메시를 만들어보자.

```
In [7]: x = [1, 2, 3, 4]
        y = [3, 4, 5]

        X, Y = np.meshgrid(x, y)
```

```
        print(X)

[[1 2 3 4]
 [1 2 3 4]
 [1 2 3 4]]

In [8]: print(Y)

[[3 3 3 3]
 [4 4 4 4]
 [5 5 5 5]]
```

또한 파이썬에서 3D 표면 그래프를 그릴 수 있다. 3D 표면 그래프를 그리는 함수는 plot_surface(X,Y,Z)이다. 여기서 X와 Y는 meshgrid의 출력 배열이고 Z는 Z=f(X,Y), 즉 Z[i,j]=f(X[i,j],Y[i,j])로 계산된다(그림 12.13 참고).

실행 예제

plot_surface 함수를 사용하여 $-5 \le x \le 5$, $-5 \le y \le 5$에 대한 관계 $f(x, y) = \sin(x) \cdot \cos(y)$의 표면 그래프를 생성해보자. 매끄러운 그래프가 되도록 x와 y에서 충분히 작은 간격을 사용한다.

```
In [9]: fig = plt.figure(figsize = (12,10))
        ax = plt.axes(projection="3d")

        x = np.arange(-5, 5.1, 0.2)
        y = np.arange(-5, 5.1, 0.2)

        X, Y = np.meshgrid(x, y)
        Z = np.sin(X)*np.cos(Y)

        surf = ax.plot_surface(X, Y, Z, cmap = plt.cm.cividis)

        # 좌표축 레이블을 설정한다.
        ax.set_xlabel("x", labelpad=20)
        ax.set_ylabel("y", labelpad=20)
        ax.set_zlabel("z", labelpad=20)

        fig.colorbar(surf, shrink=0.5, aspect=8)

        plt.show()
```

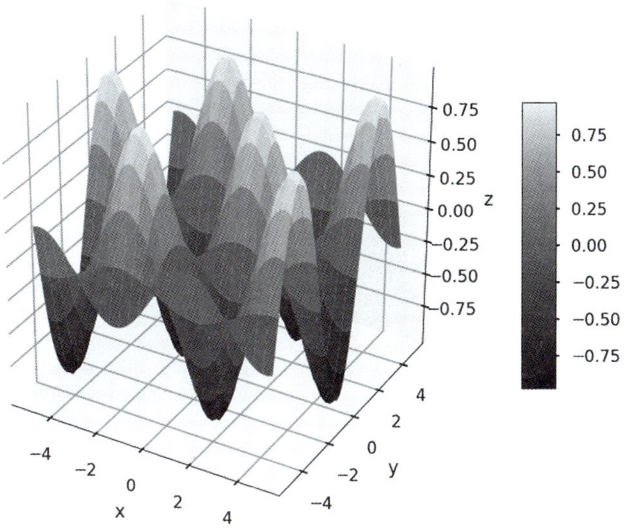

그림 12.13

3D 표면 그래프.

위의 표면 그래프에서는 고도에 따라 색상이 달라진다. 높은 곳은 노란색, 낮은 곳은 파란색이다. 이는 표면 그래프에서 색상 구성표(colormap) `plt.cm.cividis`를 사용했기 때문이다. 표면 그래프에 다른 색상 구성표를 사용할 수 있지만, 이에 대해서는 각자 연습해보기 바란다. 또한 값에 따른 색상을 표시하기 위해 `colorbar` 함수를 사용하였다.

그래프 프레임을 분할하여 여러 개의 3D 그래프를 표시할 수도 있다(그림 12.14 참고). 그렇게 하려면 3D 하위 그래프를 생성하기 위해 생성된 `Figure` 객체에 대해 `add_subplot` 함수를 사용한다.

실행 예제

1×2 하위 그래프 배치를 사용하여 위의 X, Y, Z 데이터를 나타내는 와이어프레임 그래프와 표면 그래프를 그려보자.

```
In [10]: fig = plt.figure(figsize=(12,6))

         ax = fig.add_subplot(1, 2, 1, projection="3d")
         ax.plot_wireframe(X,Y,Z)
         ax.set_title("Wireframe plot")

         ax = fig.add_subplot(1, 2, 2, projection="3d")
         ax.plot_surface(X,Y,Z)
```

```
ax.set_title("Surface plot")

plt.tight_layout()

plt.show()
```

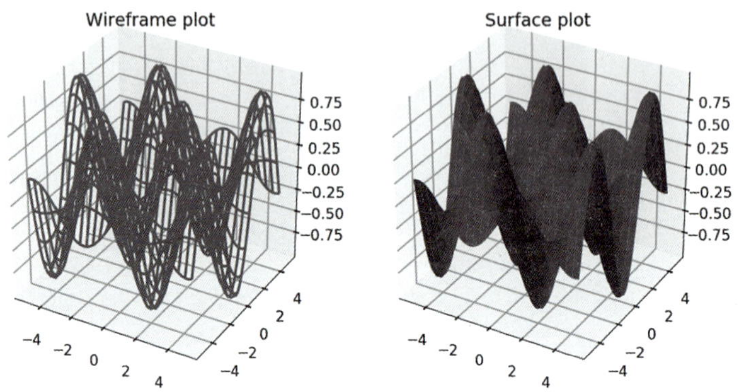

그림 12.14

3D 와이어프레임 그래프와 표면 그래프.

파이썬에서 그래프 표현과 관련된 기능은 대단히 많으며, 지금까지 살펴본 것은 그 일부에 지나지 않는다. 그러나 주어진 상황에서 파이썬의 어떤 그래프 함수가 가장 적합한지 찾고 이를 적절하게 사용하는 방법을 찾아볼 수 있는 정도의 배경 지식을 갖추기에는 충분하였을 것이다. mplot3d 튜토리얼 웹사이트[20]에서 다양한 유형의 3D 그래프 표현에 관한 더 많은 예를 찾을 수 있을 것이다.

12.3 지도 작업

공학 및 과학 분야에서 지도와 상호 작용하거나 데이터에 관한 지리적 표현을 사용해야 하는 경우가 종종 있다. basemap[21], cartopy[22], folium[23] 등과 같이 지도를 그릴 수 있는 다양한 파이썬 패키지가 있다. folium 패키지를 사용하면 웹 페이지에서 대화형 지도를 그릴 수 있다. 그러나 대부분의 경우 공간적 배치를 보여주기 위한 정적 지도로도 충분하며, 이 경우 basemap이나 cartopy를 사용하면 된다. 이 절에서는 cartopy를 사용하여 데이터를 지도에 표시하는 방법을 간략히 소개한다. 먼저 conda install

20) https://matplotlib.org/mpl_toolkits/mplot3d/tutorial.html
21) https://matplotlib.org/basemap/
22) https://scitools.org.uk/cartopy/docs/latest/
23) https://github.com/python-visualization/folium

cartopy로 cartopy를 설치한다.

지도의 기본은 간단한데, 특정 투영법[24]에 따른 2D 도면이다. x축은 −180에서 180 사이의 경도로 지구 표면의 한 지점의 동서 방향 위치를 지정한다. y축은 −90에서 90 사이의 위도이며 점의 남북 방향 위치를 나타낸다. 위도와 경도 쌍을 지정하면 지구상의 지점 위치를 고유하게 결정할 수 있다.

패키지 cartopy에는 지도를 표시하기 위해 matplotlib와 상호 작용하는 훌륭한 API가 있다. matplotlib에 특정 지도 투영법을 사용하도록 지시하기만 하면 그래프에 여러 가지 지도 기능을 추가할 수 있다(그림 12.15 참고).

실행 예제

플라테 카레 투영법을 사용하여 cartopy로 세계 지도를 생성하고 지도에 해안선을 그려보자.

```
In [1]: import cartopy.crs as ccrs
        import matplotlib.pyplot as plt
        %matplotlib inline

In [2]: plt.figure(figsize = (12, 8))
        ax = plt.axes(projection=ccrs.PlateCarree())
        ax.coastlines()
        ax.gridlines(draw_labels=True)
        plt.show()
```

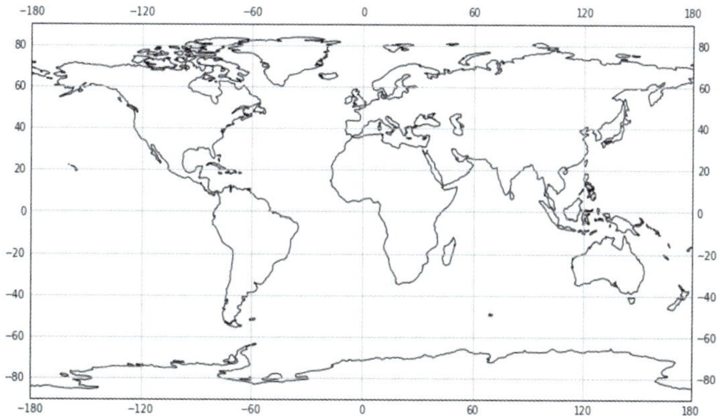

그림 12.15

단순한 세계지도.

위의 예에서는 플라테 카레(Plate Carree) 투영법으로 지도를 생성하였다. 또한 격자

24) https://en.wikipedia.org/wiki/Map_projection

표시선을 켜고 지도에 레이블을 표시하였다. cartopy에서 지원되는 다른 투영법[25]에 대해서도 찾아보기 바란다.

위에서 그린 지도의 배경은 비어 있다. 그러나 cartopy에서 stock_img 함수를 사용하여 멋진 지도 배경을 쉽게 추가할 수 있다(그림 12.16 참고).

```
In [3]: plt.figure(figsize = (12, 8))
        ax = plt.axes(projection=ccrs.PlateCarree())
        ax.coastlines()
        ax.stock_img()
        ax.gridlines(draw_labels=True)
        plt.show()
```

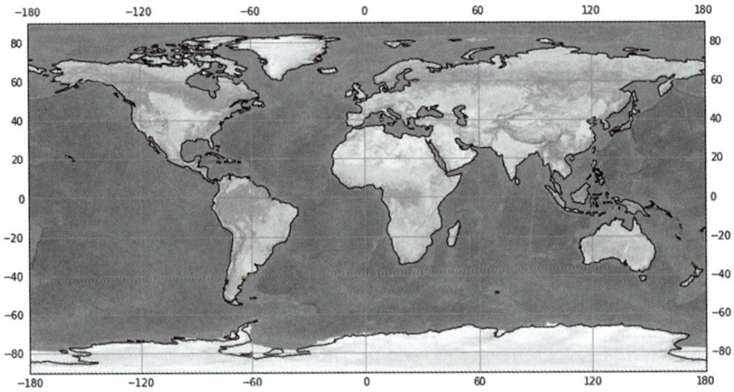

그림 12.16
배경이 있는 세계 지도.

ax.set_extent 함수를 사용하여 지구상의 임의의 장소를 중심으로 지도를 확대할 수 있다. 이 함수는 앞쪽에 x축 한계를 나타내는 두 숫자, 뒤쪽에 y축 한계를 나타내는 두 숫자로 구성되는 리스트를 입력 인수로 취한다(그림 12.17 참고).

실행 예제

미국을 중심으로 지도를 확대한다.

```
In [4]: plt.figure(figsize = (10, 5))
        ax = plt.axes(projection=ccrs.PlateCarree())
        ax.coastlines()
        ax.set_extent([-125, -75, 25, 50])
```

25) https://scitools.org.uk/cartopy/docs/v0.16/crs/projections.html#cartopy-projections

```
ax.gridlines(draw_labels=True)
plt.show()
```

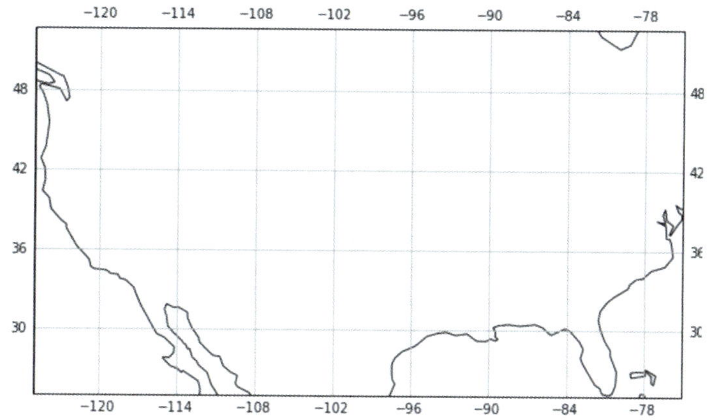

그림 12.17
단순한 미국 지도.

위의 지도에는 국가 경계, 주 경계, 호수/강 등이 표시되어 있지 않다. cartopy에서 이러한 요소들을 지도에 표시하려면 해당 요소를 사용하도록 지정해야 한다(그림 12.18 참고).

실행 예제

위에서 만든 미국 지도에 육지, 바다, 주 경계와 국가 경계, 호수, 강 등을 표시해보자.

```
In [5]: import cartopy.feature as cfeature

In [6]: plt.figure(figsize = (10, 5))
        ax = plt.axes(projection=ccrs.PlateCarree())
        ax.coastlines()
        ax.set_extent([-125, -75, 25, 50])

        ax.add_feature(cfeature.LAND)
        ax.add_feature(cfeature.OCEAN)
        ax.add_feature(cfeature.STATES, linestyle=":")
        ax.add_feature(cfeature.BORDERS)
        ax.add_feature(cfeature.LAKES, alpha=0.5)
        ax.add_feature(cfeature.RIVERS)

        plt.show()
```

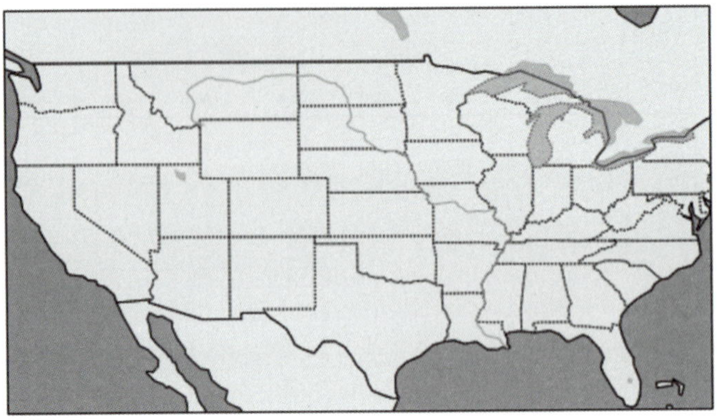

그림 12.18
다양한 요소들이 표시된 미국 지도.

더 작은 영역으로 확대하는 것이 가능하지만 보기 좋은 지도를 얻으려면 해안선과 육지에 관한 고해상도 데이터를 다운로드하여 사용해야 한다(그림 12.19 참고).

실행 예제

10 m 해상도의 해안선과 육지로 샌프란시스코 베이 지역에 대한 지도를 그려보자. 해상도 중 하나를 50 m로 변경하고 무슨 일이 일어나는지 관찰하시오.

```
In [7]: plt.figure(figsize = (10, 8))
        ax = plt.axes(projection=ccrs.PlateCarree())
        ax.coastlines(resolution="10m")
        ax.set_extent([-122.8, -122, 37.3, 38.3])

        # 고해상도 육지와 해안선을 사용할 수 있다.
        LAND =
          cfeature.NaturalEarthFeature("physical", "land", "10m",
                      edgecolor="face",
                      facecolor=cfeature.COLORS["land"],
                      linewidth=.1)

        OCEAN =
          cfeature.NaturalEarthFeature("physical","ocean","10m",
                      edgecolor="face",
                      facecolor=cfeature.COLORS["water"],
                      linewidth=.1)

        ax.add_feature(LAND, zorder=0)
        ax.add_feature(OCEAN, zorder=0)
```

```
        plt.show()
```

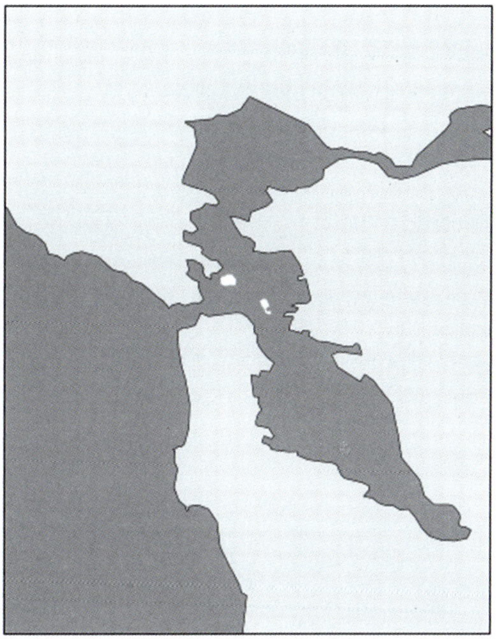

그림 12.19

더 높은 해상도의 베이 지역 지도.

많은 경우에 데이터를 지도상에 표시하여 서로 다른 개체의 공간적 위치를 표시한다. 일반 matplotlib 좌표축을 사용할 때와 동일한 방식으로 데이터를 추가할 수 있다. 기본적으로 추가 데이터의 좌표계는 그래프 작성 시작 부분에서 정의한 축들이 나타내는 좌표계와 동일하다. 먼저 위의 지도에 데이터를 추가해보자(그림 12.20 참고).

실행 예제

위의 베이 지역 지도에 UC 버클리와 스탠포드 대학의 위치를 추가해보자.

```
In [8]: plt.figure(figsize = (10, 8))

        # 지도 관련 사항
        ax = plt.axes(projection=ccrs.PlateCarree())
        ax.coastlines(resolution="10m")
        ax.set_extent([-122.8, -122, 37.3, 38.3])

        ax.add_feature(LAND, zorder=0)
        ax.add_feature(OCEAN, zorder=0)

        # 데이터 관련 사항
```

```
berkeley_lon, berkeley_lat = -122.2585, 37.8719
stanford_lon, stanford_lat = -122.1661, 37.4241

# 두 대학을 파란색 점으로 표시한다.
ax.plot([berkeley_lon, stanford_lon],
        [berkeley_lat, stanford_lat],
        color="blue", linewidth=2, marker="o")

# 두 대학에 레이블을 추가한다.
ax.text(berkeley_lon + 0.16, berkeley_lat - 0.02,
        "UC Berkeley", horizontalalignment="right")

ax.text(stanford_lon + 0.02, stanford_lat - 0.02,
        "Stanford", horizontalalignment="left")

plt.show()
```

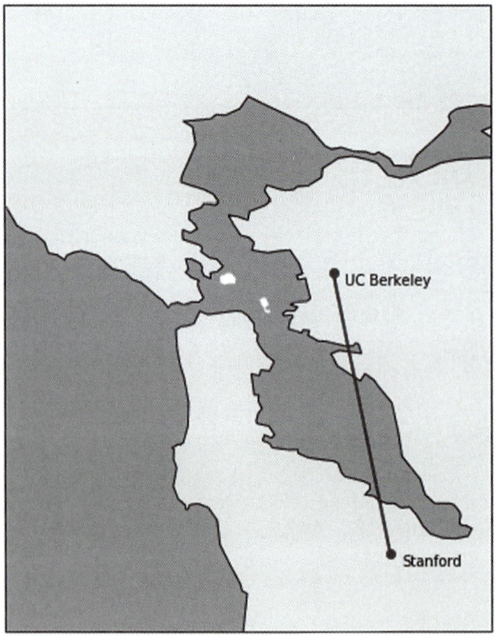

그림 12.20

지도에 개체를 추가한다.

cartopy 패키지는 매우 다양한 기능을 제공하며, 온라인 갤러리[26]에서 예제들을 제공한다. 지도 작성 능력을 향상시키기 위해 스스로 탐색해보기를 권장한다.

26) https://scitools.org.uk/cartopy/docs/latest/gallery/index.html

12.4 애니메이션과 동영상

애니메이션은 연속 동작처럼 보이도록 일련의 정지 프레임 또는 장면을 충분히 빠르게 연속적으로 표시하여 만들어진다. 애니메이션이나 동영상이 개별 장면보다 정보를 더 잘 전달하는 경우가 종종 있다. 파이썬에서 루프(대개 for 루프) 안에서 `plot` 함수를 호출함으로써 애니메이션을 만들 수 있다. 파이썬에서 애니메이션을 만들기 위한 주요 도구는 애니메이션 기능 구축을 위한 프레임워크를 제공하는 `matplotlib.animation.Animation` 클래스이다. 아래의 예를 살펴보자.

실행 예제

파란색 사인 곡선을 따라 이동하는 빨간색 원에 관한 애니메이션을 만들어보자.

```
In [1]: import numpy as np
        import matplotlib.pyplot as plt
        import matplotlib.animation as manimation

In [2]: n = 1000
        x = np.linspace(0, 6*np.pi, n)
        y = np.sin(x)

        # 동영상에 관한 메타데이터를 정의한다.
        FFMpegWriter = manimation.writers["ffmpeg"]
        metadata = dict(title="Movie Test", artist="Matplotlib",
                comment="a red circle following a blue sine wave")
        writer = FFMpegWriter(fps=15, metadata=metadata)

        # 동영상을 초기화한다.
        fig = plt.figure()

        # 사인 곡선을 그린다.
        sine_line, = plt.plot(x, y, "b")
        red_circle, = plt.plot([], [], "ro", markersize = 10)
        plt.xlabel("x")
        plt.ylabel("sin(x)")

        # 동영상을 위한 프레임들을 갱신한다.
        with writer.saving(fig, "writer_test.mp4", 100):
            for i in range(n):
                x0 = x[i]
                y0 = y[i]
                red_circle.set_data(x0, y0)
```

```
            writer.grab_frame()
```

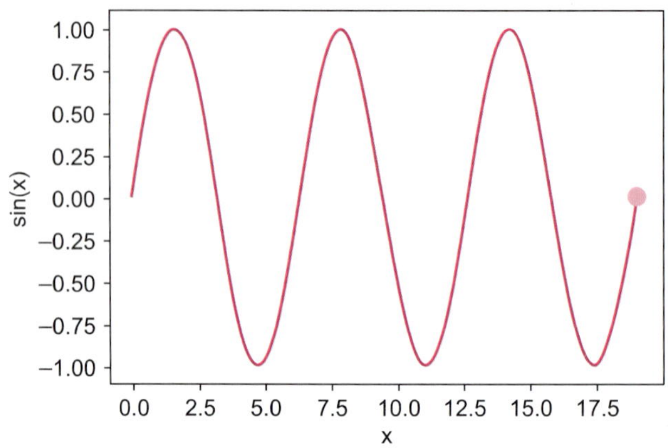

동영상을 만들기 위해서는 다음의 세 단계를 따른다.

- 동영상에 대한 메타 데이터를 정의한다.
- 배경에서 변경할 필요가 없는 요소들을 결정한다.
- 각 동영상 프레임에서 변경해야 하는 개체를 결정한다.

이러한 매개변수들이 결정되면 다음 세 단계에 따라 파이썬으로 동영상을 만드는 것은 비교적 쉽다.

- 동영상에 관한 메타 데이터를 정의한다.
- 동영상 배경 그림을 초기화한다.
- 동영상의 프레임들을 갱신한다.

위의 예제상의 코드에서 이러한 세 단계가 명확하게 표현되어 있음을 확인할 수 있다.

1. 동영상에 관한 메타 데이터 정의

```
FFMpegWriter = manimation.writers["ffmpeg"]
metadata = dict(title="Movie Test", artist="Matplotlib",
        comment="a red circle following a blue sine wave")
writer = FFMpegWriter(fps=15, metadata=metadata)
```

이 코드 블록은 동영상 출력기를 사용하여 동영상을 만들 것임을 파이썬에 알려준다.

이때 제목, 아티스트, 추가적인 설명 등을 제공해야 하며, 또한 파이썬에 영화의 프레임 속도(즉, fps=15)를 알려주는데, 이는 1초 당 15개의 연속 프레임을 표시한다는 것을 의미한다(fps: frames per second).

2. 동영상 배경 그림 초기화

```
fig = plt.figure()

# 사인 곡선을 그린다.
sine_line, = plt.plot(x, y, "b")
red_circle, = plt.plot([], [], "ro", markersize = 10)
plt.xlabel("x")
plt.ylabel("sin(x)")
```

먼저 동영상의 배경 그림을 초기화해야 한다. 배경 그림이라고 부르는 이유는 여기에 그리는 그림이 동영상 중간에 변경되지 않기 때문이다. 이 예에서 사인 곡선은 변경되지 않는다. 동시에 0개의 빨간 점을 그린다. 실제로 그림에는 표시되지 않으며, 나중에 동영상에서 변경될 요소를 위한 자리 표시의 역할만 한다. 이것은 "빨간 점이 생겨날 텐데, 점의 위치는 나중에 정할 것"이라고 파이썬에 말하는 것과 같다. 이 동영상에서 x축 레이블과 y축 레이블은 변경되지 않으므로 배경 그림과 함께 표시한다.

3. 동영상 프레임 갱신

```
with writer.saving(fig, "writer_test.mp4", 100):
    for i in range(n):
        x0 = x[i]
        y0 = y[i]
        red_circle.set_data(x0, y0)
        writer.grab_frame()
```

이 코드 블록은 출력 동영상 파일의 이름, 형식, 그림 해상도(dpi: dots per inch) 등을 지정한다. 여기에서는 출력 파일의 형식은 "mp4", 이름은 "writer_test"로 정하고 그림 해상도는 100dpi로 정한다. 그 다음에 동영상의 핵심 부분인 프레임의 반복적인 갱신, 즉 "움직임"을 생성하는 코드를 제시한다. for 루프를 사용하여 프레임을 갱신하고 각 반복에서 빨간색 원의 위치(x, y 값)를 변경한다. writer.grab_frame 함수는 각 프레임에서 이러한 변경사항을 포착하고 설정된 프레임 속도에 맞추어 표시한다.

이것이 간단한 동영상을 만드는 방법이다.

동영상을 만드는 방법에 대한 수많은 예제가 matplotlib 영화 학습서[27]에 제공되어 있다. 이들 중 몇 개를 실행해보면 파이썬에서 어떻게 동영상을 만들 수 있는지 보다 잘 이해하게 될 것이다.

12.5 요약, 그리고 문제

12.5.1 요약

1. 데이터 시각화는 공학 및 과학 응용에서 필수적인 도구이다.
2. 파이썬에는 데이터 시각화에 사용할 수 있는 다양한 그래프 작성 도구 패키지가 있다.
3. 2차원 및 3차원 그래프나 지도는 공학 및 과학 분야에서 연구 결과를 제시하는 용도로 많이 사용된다.
4. 비디오는 특정 속도로 표시되는 일련의 정적 이미지이다.

12.5.2 문제

1. 사이클로이드란 평평한 표면을 따라 구르는 바퀴의 가장자리에 위치한 점에 의해 추적되는 곡선이다. 반지름이 r인 바퀴에서 생성된 사이클로이드의 (x, y) 좌표는 아래의 매개변수 방정식으로 표현할 수 있다.

$$x = r(\phi - \sin\phi)$$
$$y = r(1 - \cos\phi)$$

   여기서 ϕ는 바퀴가 굴러간 회전각(라디안 단위)이다.

   $r = 3$이고 회전각 구간 $0 \le \phi \le 2\pi$을 1000개의 구간으로 나누어 사이클로이드 그래프를 생성하시오. 그래프에 제목과 레이블을 달고, 격자 표시를 켜고, 깔끔하고 보기 좋은 그래프가 되도록 좌표축 한계를 적절히 수정하시오.

2. 다음 함수를 생각해보자.

$$y(x) = \sqrt{\frac{100(1 - 0.01x^2)^2 + 0.02x^2}{(1 - x^2)^2 + 0.1x^2}}$$

   plot, semilogx, semilogy, loglog 등을 사용하여 $0 \le x \le 100$에 대한

27) https://matplotlib.org/api/animation_api.html

$y(x)$의 2×2 그래프들을 생성하시오. 그래프가 매끄럽게 보이도록 x 간격을 충분히 작게 정하시오. 각 그래프 축에 레이블과 제목을 달고, 격자 표시를 켜시오. 어떤 그래프가 가장 많은 정보를 전달하는 것으로 보이는가?

3. 단일 좌표축 상에 $0 \leq x \leq 5$에 대해 함수 $y_1(x) = 3 + \exp(-x)\sin(6x)$와 $y_2(x) = 4 + \exp(-x)\cos(6x)$의 그래프를 그리시오. 그래프 축 레이블, 제목, 범례 등을 표시하시오.

4. np.random.randn 함수를 사용하여 1000개의 정규 분포 난수를 생성하시오. plt.hist 함수에 대한 도움말을 찾아보시오. plt.hist 함수를 사용하여 생성된 난수에 대한 히스토그램을 그리시오. plt.hist 함수를 사용하여 생성된 난수를 10개의 구간에 분배한다. plt.bar 함수를 사용하여 plt.hist 함수의 출력에 대한 막대그래프를 생성하시오. 이 막대그래프는 plt.hist가 생성한 히스토그램과 비슷한 모습이어야 한다. np.random.randn 함수가 정규 분포 난수 생성을 위한 좋은 근사 함수인가?

5. 성적이 각기 A, B, C, D, F인 학생의 수가 grade_dist = [42, 85, 67, 20, 5] 리스트에 들어 있다. plt.pie 함수를 사용하여 grade_dist에 대한 파이 차트를 생성하시오. 파이 차트에 제목과 범례를 넣으시오.

6. $-4 \leq x \leq 4$, $-3 \leq y \leq 3$, 그리고 $z(x,y) = \dfrac{xy(x^2 - y^2)}{x^2 + y^2}$라고 하자. 주어진 구간에 걸쳐 100개의 균일한 간격의 점을 포함하는 배열 x와 y를 생성한다. meshgrid 함수를 사용하여 x와 y에 대한 메시 X와 Y를 생성한다. X와 Y에서 행렬 Z를 계산한다. 첫 번째 그림이 plt.plot_surface를 사용하여 그린 X, Y, Z 데이터를 나타내는 3D 표면 그래프이고 두 번째 그림이 plt.plot_wireframe을 사용하여 그린 3D 와이어프레임 그래프인 1×2 서브플롯을 생성한다. 각 그래프에 제목을 지정하고 좌표축들에 레이블을 지정한다.

7. 변이 n개이고 반지름이 1인 정다각형을 그리는 함수 my_polygon(n)을 작성하시오. 정다각형의 반지름은 중심에서 꼭짓점까지의 거리를 말한다. 다각형이 정다각형의 모습을 갖도록 하려면 plt.axis("equal")를 사용한다. 좌표축 레이블과 제목을 표시한다. 변의 수를 반영하는 제목의 지정에는 plt.title을 사용한다.

   Hint 이 문제는 극좌표로 생각하면 훨씬 쉽다. 원을 따라 한 바퀴 회전하면 2π 라디안에 해당한다. 다각형의 첫 번째 점과 마지막 점은 각각 극좌표 각도 0과 2π에 연계된 점이어야 한다.

테스트 케이스:

```
my_polygon(5)
```

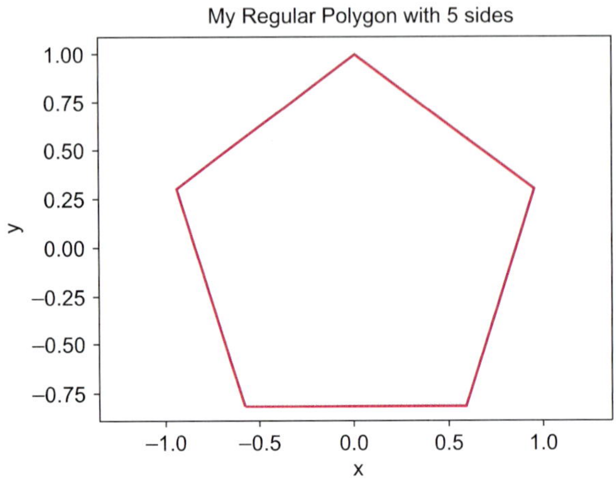

8. 람다 함수 f와 배열 x를 입력받는 함수 my_fun_plotter(f, x)를 작성하시오. 이 함수는 x에서 계산된 f에 대한 그래프를 그려야 한다. x축과 y축에 레이블을 표시하시오.

테스트 케이스:

```
my_fun_plotter(lambda x: np.sqrt(x) + np.exp(np.sin(x)),
               np.linspace(0, 2*np.pi, 100))
```

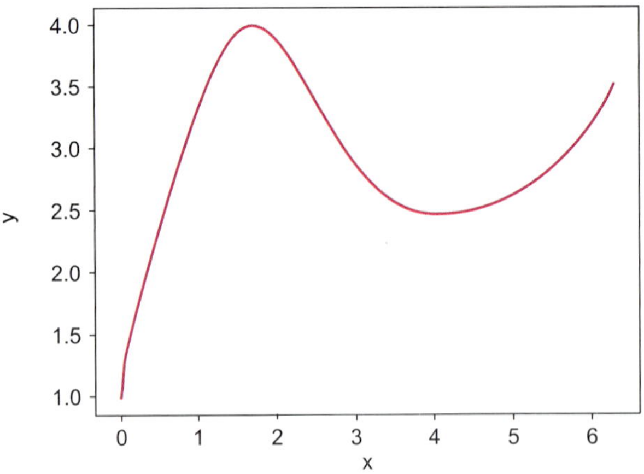

9. x에서 계산된 $p_n(x) = x^n$에 대한 그래프를 그리는 함수 my_poly_plotter(n,x)를 작성하시오. x축과 y축에 레이블을 표시하고 그래프에 제목을 붙이시오.

테스트 케이스:

```
my_poly_plotter(5, np.linspace(-1, 1, 200))
```

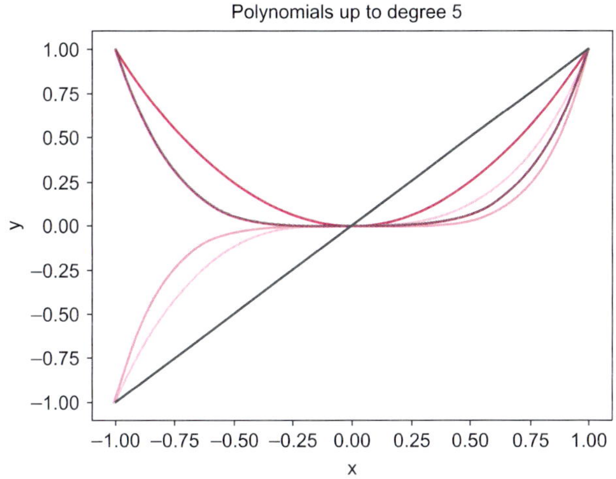

10. 세 개의 점 $P_1 = (0,0)$, $P_2 = (0.5, \sqrt{2}/2)$, $P_3 = (1,0)$에 꼭짓점을 갖는 정삼각형이 있다고 하자. $p_1 = (0,0)$이고 p_{i+1}은 33% 확률로 p_i와 P_1 사이의 중점, 33% 확률로 p_i와 P_2 사이의 중점, 33% 확률로 p_i와 P_3 사이의 중점이 되도록 결정하는 방식으로 점들의 집합 $p_i = (x_i, y_i)$을 생성한다. $i = 1, \ldots, n$에 대해 점 p_i를 생성하여 파란색 점으로 그래프 상에 표시하는 함수 `my_sierpinski(n)`을 작성하시오(즉, `plt.plot` 함수에 대한 세 번째 인수는 "b").

테스트 케이스:

```
my_sierpinski(100)
```

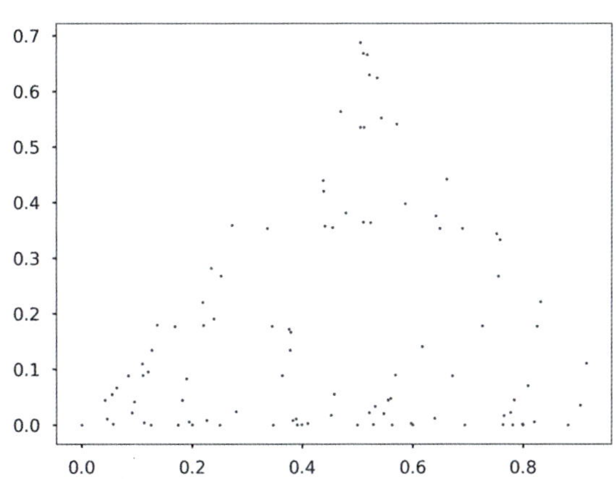

```
my_sierpinski(10000)
```

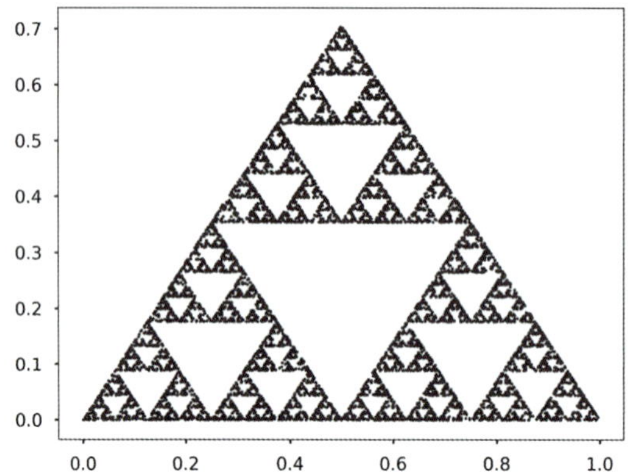

11. $(x_1, y_1) = (0, 0)$이고, $i = 2, \ldots, n$에 대해 점 (x_i, y_i)은 다음 확률 관계에 따라 생성된다고 하자.

    1% 확률로: $x_i = 0$, $y_i = 0.16y_{i-1}$;

    7% 확률로: $x_i = 0.2x_{i-1} - 0.26y_{i-1}$, $y_i = 0.23x_{i-1} + 0.22y_{i-1} + 1.6$;

    7% 확률로: $x_i = -0.15x_{i-1} + 0.28y_{i-1}$, $y_i = 0.26x_{i-1} + 0.24y_{i-1} + 0.44$;

    85% 확률로: $x_i = 0.85x_{i-1} + 0.04y_{i-1}$, $y_i = -0.04x_{i-1} + 0.85y_{i-1} + 1.6$.

    $i = 1, \ldots, n$에 대해 점 (x_i, y_i)을 생성하여 파란색 점으로 그래프 상에 표시하는 함수 my_fern(n)을 작성하시오. 또한 그래프를 보기 좋게 만들기 위해 plt.axis("equal")과 plt.axis("off")를 사용하시오.

    테스트 케이스:

```
my_fern(100)
```

n = 10000에 대해서도 함수를 호출하시오. 이렇게 생성된 이미지를 확률적 프랙탈이라고 한다. 이미지를 저장하는 것보다 프랙탈 생성 코드를 저장하는 것이 훨씬 적은 공간을 차지하며, 이러한 이유로 확률적 프랙탈이 이미지 압축에 도움이 된다.

```
my_fern(10000)
```

12. 함수 my_parametric_plotter(x,y,t)를 작성하시오. 여기서 x와 y는 각각 함수 객체 x(t)와 y(t)이고 t는 1차원 배열이다. my_parametric_plotter 함수는 곡선 $(x(t), y(t), t)$에 대한 3D 그래프를 생성해야 한다. 그래프에 제목을 지정하고 좌표축들에 레이블을 표시하시오.

테스트 케이스:

```
from mpl_toolkits import mplot3d
f = lambda t: np.sin(t)
g = lambda t: t**2
my_parametric_plotter(f, g, np.linspace(0, 6*np.pi, 100))
```

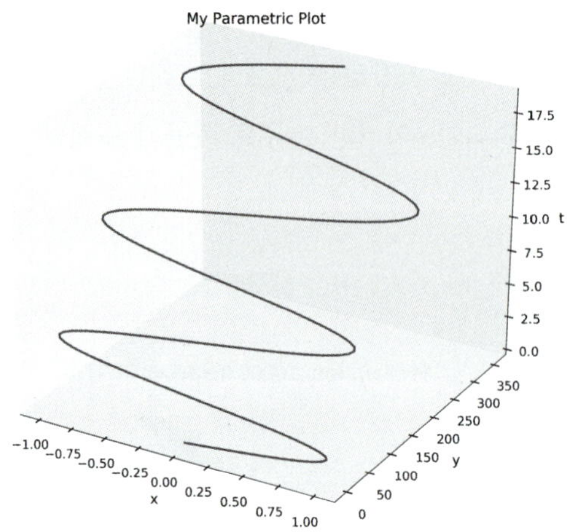

13. 함수 my_surface_plotter(f, x, y, option)을 작성하시오. 여기서 f는 함수 객체 f(x,y)이다. my_surface_plotter 함수는 사용된 옵션이 문자열 "surface"인 경우 plot_surface를 사용하여 f(x,y)의 3D 표면 그래프를 생성해야 한다. 사용된 옵션이 문자열 "contour"이면 f(x,y)의 등고선 그래프를 생성해야 한다. x와 y는 1차원 배열 또는 리스트라고 가정한다. 그래프에 제목을 지정하고 좌표축들에 레이블을 표시하시오.

테스트 케이스:

```
from mpl_toolkits import mplot3d
f = lambda x, y: np.cos(y)*np.sin(np.exp(x))
my_surface_plotter(f, np.linspace(-1, 1, 20),
                   np.linspace(-2, 2, 40), "surface")
my_surface_plotter(f, np.linspace(-1, 1, 20),
                   np.linspace(-2, 2, 40), "contour")
```

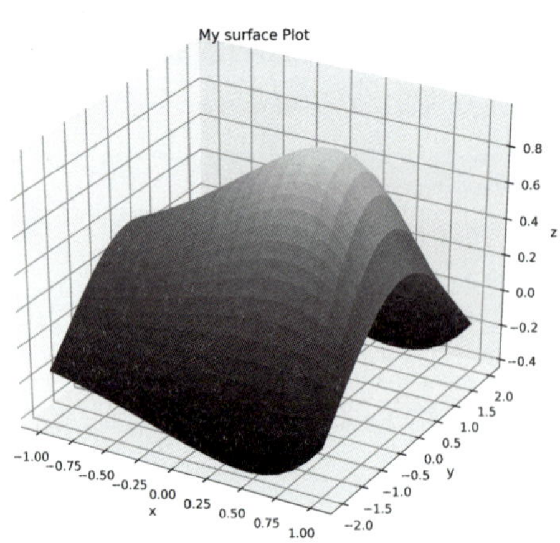

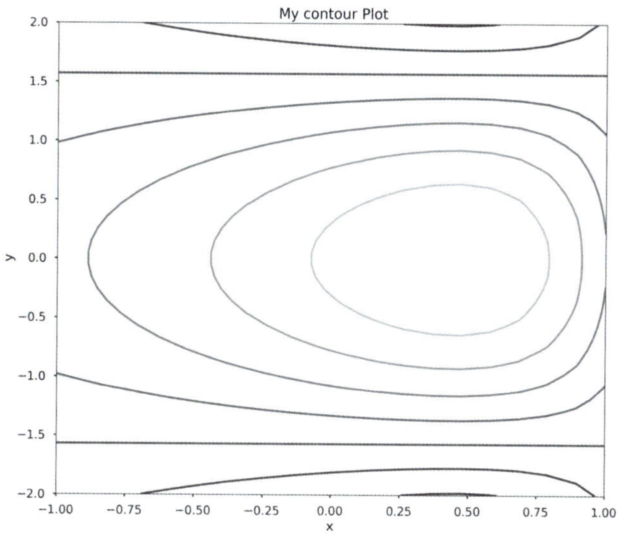

14. 다음 오류를 생성하는 한 줄 코드를 작성하시오.

```
ValueError: x and y must have the same first dimension, ...
```

15. 온라인 프로그램 WMTS(Web Map Tile Service)를 사용하여 온라인상에서 cartopy로 지도를 만들 수 있다. 위도 범위는 19.50139에서 64.85694까지, 경도 범위는 −128.75583에서 −68.01197까지의 북아메리카 주요 지역에 대해 아래 표시된 야간 지도를 그리시오.

Hint cartopy 웹사이트에서 갤러리를 참고하시오.

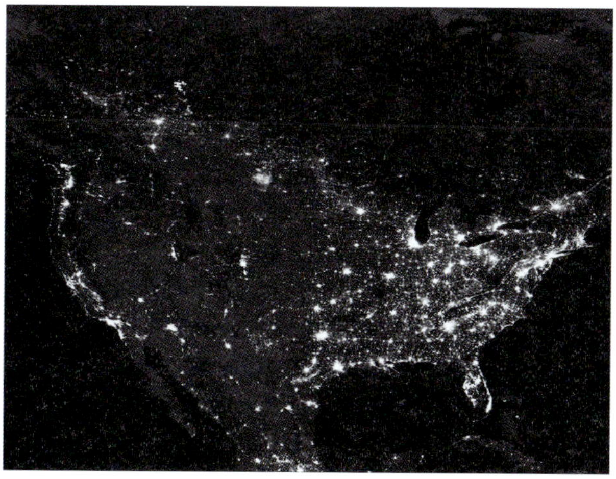

CHAPTER

파이썬 코드의 병렬화

13

CONTENTS

13.1 병렬 컴퓨팅의 기초

이제 파이썬을 응용할 수 있는 수준의 지식을 얻었고 곧 파이썬을 사용하여 데이터 분석이나 수치해석을 수행하게 될 것이다. 더 깊이 들어가기 전에 파이썬으로 **병렬 컴퓨팅**을 수행하는 방법을 알아보자. 즉, CPU 프로세서 상의 다중 코어에서 (또는 다중 CPU 프로세서에서) 동시에 코드를 실행하거나 프로그램이 (파일 다운로드, API 호출 등과 같은) 외부 자원을 기다리는 동안 낭비될 수 있는 CPU 사이클을 활용함으로써 계산 속도를 향상시킬 수 있다. 병렬 컴퓨팅의 기본 아이디어는 동시에 여러 작업을 수행함으로써 프로그램 실행 시간을 줄여보자는 것이다. 그림 13.1은 방금 설명한 병렬 컴퓨팅과 직렬 컴퓨팅을 단순화시켜 비교해보이고 있다. 예를 들어, 100만 개의 데이터 파일이 있고 각각에 동일한 작업을 적용해야 하는 경우, 한 번에 파일 한 개 씩 처리하거나 동시에 여러 파일을 처리할 수 있다. 또는 100만 개의 웹사이트를 다운로드하는 경우 한 번에 10개 씩 동시 다운로드함으로써 총 다운로드 시간을 줄일 수 있다. 따라서 병렬 컴퓨팅을 적용하면 보다 효율적인 코드를 설계하는 데 도움이 된다.

대부분의 최신 컴퓨터는 다중 코어 설계를 사용한다. 이는 하나의 CPU에 여러 개의 독립적인 처리 장치(즉, 코어)가 있으며, 각기 다른 작업을 수행할 수 있음을 의미한다.

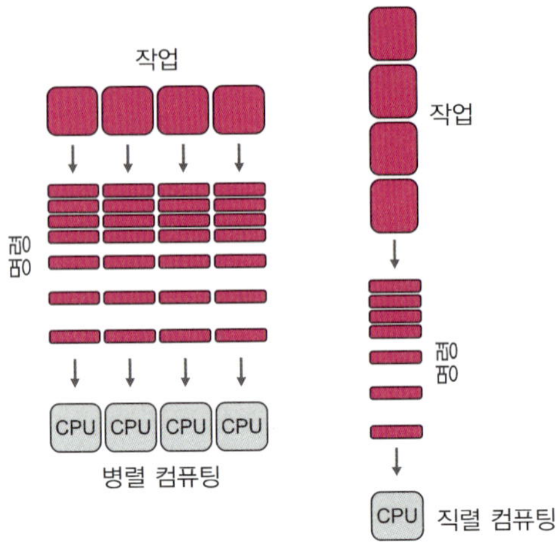

그림 13.1
병렬 컴퓨팅 대 직렬 컴퓨팅.

예를 들어 저자의 노트북컴퓨터에는 6개의 물리적 코어가 있는 하나의 CPU 프로세서가 있다(그림 13.2 참고). 각각의 물리적 코어에는 2개의 논리적 코어가 있어 총 코어 수는 12개가 된다(컴퓨터의 총 CPU 수를 인쇄하는 다음 절의 예제 참고).

파이썬에서 병렬 컴퓨팅을 수행할 때 두 가지 기본 접근 방식이 있는데, multipro-

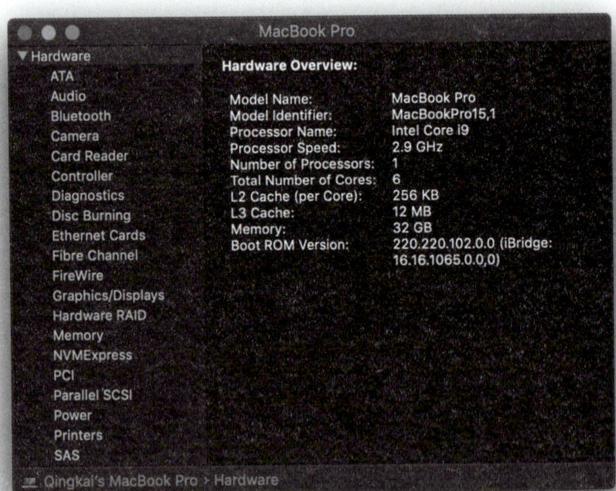

그림 13.2
다중 코어 프로세서가 탑재된 저자 노트북컴퓨터의 하드웨어.

cessing 모듈을 사용할 수도 있고 threading 모듈을 사용할 수도 있다. 먼저 프로세스와 쓰레드의 차이점을 살펴보자.

13.1.1 프로세스와 쓰레드

프로세스는 프로그램(예: 파이썬 인터프리터, 주피터 노트북 등)의 인스턴스이다. 프로세스는 프로그램을 실행하기 위해 운영체제에 의해 생성되며 각 프로세스는 자체의 메모리 블록을 갖는다. 쓰레드는 프로세스 내에 존재하는 하위 프로세스이다. 하나의 프로세스에는 여러 쓰레드가 있을 수 있으며, 이러한 쓰레드들은 프로세스 내에서 동일한 메모리 블록을 공유한다. 따라서 동일 프로세스의 여러 쓰레드는 공유 메모리를 통해 변수나 객체를 공유한다. 한 쓰레드에서 어떤 변수를 변경하면 동일 프로세스 내의 다른 모든 쓰레드에서도 해당 변수가 변경된다. 이는 프로세스들 사이에는 적용되지 않는다. 한 프로세스에서 어떤 변수를 변경할 때 다른 프로세스에서는 해당 변수가 변경되지 않는다. 프로세스와 쓰레드는 각기 장단점이 있으며, 서로 다른 작업에 사용하여 각각의 이점을 극대화할 수 있다.

13.1.2 파이썬의 GIL 문제

파이썬이 설계된 것은 개인용 컴퓨터에 다중 코어 프로세서가 도입되기 전이다. 파이썬에는 GIL(Global Interpreter Lock)이라는 고유한 제한이 포함되어 있어 한 번에 하나의 네이티브 쓰레드만 실행할 수 있으며, 이로 인해 여러 쓰레드가 동시 실행되지 못한다. 파이썬에서 다중 쓰레드를 사용하는 해결 방법이 있지만 여기에서는 다중 처리 라이브러리만 다룬다.

13.1.3 병렬 컴퓨팅 사용의 단점

병렬 컴퓨팅을 사용할 때 단점이 있다. 새 프로세스를 시작하고 유지 관리하는 데 필요한 오버헤드 때문에 코드가 더 복잡해진다. 따라서 크지 않은 작업의 경우 시스템에서 새 프로세스를 초기화하고 유지 관리하는 데 시간이 걸리므로 병렬 컴퓨팅을 사용하면 실제로 더 오래 걸릴 수 있다.

13.2 multiprocessing 모듈

프로세스를 사용하여 병렬 컴퓨팅을 지원하는 파이썬의 표준 라이브러리인 multiprocessing 라이브러리에는 여기에서 논의하기에는 너무 많은 기능이 포함되어 있다. 공식 문서[28]를 찾아보기 바란다. 여기에서는 병렬 컴퓨팅을 시작하는 데 필요한 기본 사항만 소개한다. 먼저 multiprocessing 모듈을 import 하여 병렬 컴퓨팅에 사용할 수 있는 컴퓨터의 총 CPU 수를 인쇄해보자.

```
In [1]: import multiprocessing as mp

In [2]: print(f"Number of cpu: {mp.cpu_count()}")

Number of cpu: 12
```

아래 예는 다중 코어를 사용하여 실행 시간을 줄이는 방법을 보여준다.

예제

0에서 10 사이의 난수 10,000,000개를 생성하고 제곱해보자. 결과를 리스트에 저장한다.

직렬 버전

```
In [3]: import numpy as np
        import time

        def random_square(seed):
            np.random.seed(seed)
            random_num = np.random.randint(0, 10)
            return random_num**2

In [4]: t0 = time.time()
        results = []
        for i in range(10000000):
            results.append(random_square(i))
        t1 = time.time()
        print(f"Execution time {t1 - t0} s")

Execution time 38.20956087112427 s
```

병렬 버전

multiprocessing 모듈을 사용하여 병렬 컴퓨팅을 수행하는 가장 간단한 방법은 Pool 클래스를

28) https://docs.python.org/3/library/multiprocessing.html

사용하는 것이다. 이 클래스에는 자주 사용되는 4개의 메서드 apply, map, apply_async, map_async 등이 있다. 이들의 차이에 대해서는 관련 설명서를 참고하기 바란다. 위의 예에 대해서는 map 함수만 사용해보일 것이다. map(func, iterable) 함수는 두 개의 인수를 받는다. 함수 func를 iterable의 각 원소에 적용한 다음 결과를 모아서 리스트로 반환한다.

```
In [5]: t0 = time.time()
        n_cpu = mp.cpu_count()

        pool = mp.Pool(processes=n_cpu)
        results = pool.map(random_square, range(10000000))
        t1 = time.time()
        print(f"Execution time {t1 - t0} s")

Execution time 7.130078077316284 s
```

위의 병렬 버전 코드를 사용하면 실행 시간이 38초 정도에서 7초 정도로 단축된다. 특히 많은 계산을 요구하는 코드를 실행하는 경우 병렬 컴퓨팅을 통해 속도가 크게 향상될 수 있다.

pool.apply 함수는 더 많은 입력 인수를 받아들일 수 있다는 점을 제외하고는 pool.map 함수와 비슷하다. pool.map과 pool.apply는 모든 프로세스가 완료될 때까지 주 프로그램을 잠그는데, 응용 프로그램에 따라서는 특정 순서에 따른 결과가 필요하며 잠금 기능은 이러한 경우에 매우 유용하다. 대조적으로, 특정 순서의 결과가 필요하지 않은 경우 pool.apply_async 또는 pool.map_async를 사용할 수도 있다. 이는 모든 프로세스를 한 번에 작동시키고 완료되는 프로세스가 있으면 바로 결과를 받아온다. 자세한 내용은 온라인 자료들을 통해 확인하기 바란다.

13.2.1 실행 시간의 시각화

직렬 버전과 병렬 버전에 대해 데이터 포인트 수에 따른 실행 시간 변화를 시각화해보자. 특정 규모에 도달할 때까지는 직렬 버전이 유리하다는 것을 관찰할 수 있다.

```
In [6]: import matplotlib.pyplot as plt
        plt.style.use("seaborn-poster")
        %matplotlib inline

        def serial(n):
            t0 = time.time()
            results = []
```

```
        for i in range(n):
            results.append(random_square(i))
        t1 = time.time()
        exec_time = t1 - t0
        return exec_time

    def parallel(n):
        t0 = time.time()
        n_cpu = mp.cpu_count()

        pool = mp.Pool(processes=n_cpu)
        results = pool.map(random_square, range(n))
        t1 = time.time()
        exec_time = t1 - t0
        return exec_time

In [7]: n_run = np.logspace(1, 7, num = 7)
        t_serial = [serial(int(n)) for n in n_run]
        t_parallel = [parallel(int(n)) for n in n_run]

In [8]: plt.figure(figsize = (10, 6))
        plt.plot(n_run, t_serial, "-o", label = "serial")
        plt.plot(n_run, t_parallel, "-o", label = "parallel")
        plt.loglog()
        plt.legend()
        plt.ylabel("Execution time (s)")
        plt.xlabel("Number of random points")
        plt.show()
```

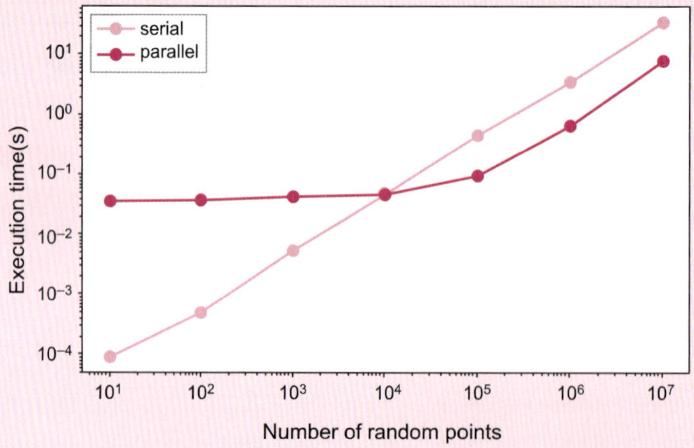

위의 그래프를 통해 알 수 있듯이 데이터 포인트 수가 적은 경우(10000 미만의 경우) 새로운 프로세스를 시작하고 유지 관리하는 데 필요한 병렬 버전의 오버헤드로 인해 직렬 버전에서 실행 시간이 더 적게 걸린다. 그 이후에는 병렬 버전을 선택하는 것이 나을 것이다. 예를 들어, 10^7개의 데이터 포인트가 있는 경우 병렬 버전은 작업을 완료하는 데 10초 미만을 사용하는 반면 직렬 버전은 대략 50초가 걸린다.

13.3 joblib의 사용

파이썬에는 일상적인 작업 등에 대해 병렬 컴퓨팅 코드를 더 쉽게 작성할 수 있는 제3자 패키지들이 있다. 예를 들어 joblib[29] 패키지는 다른 용도도 많지만 특히 병렬 컴퓨팅을 수행하는 간단한 방법을 제공한다.

먼저 pip install joblib를 실행하여 이 패키지를 설치한 다음 이 새 패키지를 사용하여 앞의 예제를 다시 실행해보자.

```
In [1]: from joblib import Parallel, delayed
        import numpy as np

        def random_square(seed):
            np.random.seed(seed)
            random_num = np.random.randint(0, 10)
            return random_num**2

In [2]: results = Parallel(n_jobs=8)\
          (delayed(random_square)(i) for i in range(1000000))
```

코드의 병렬 부분은 joblib 패키지를 사용하여 단지 한 줄로 표현되어 있다. Parallel은 기본적으로 앞에서 살펴본 multiprocessing 모듈에 대한 편리한 인터페이스를 제공하는 도우미 클래스이다. delayed 함수는 병렬화 대상 함수(이 경우 random_square)를 인수로 받는다. 여기에서는 8개의 CPU로 위의 코드를 실행하고 있는데, 컴퓨터의 모든 연산 능력을 사용하려면 n_jobs=-1로 설정함으로써 컴퓨터상의 모든 CPU를 사용할 수 있다. -2로 설정하면 하나를 제외한 나머지 CPU가 모두 사용된다. 또한 상태 메시지를 출력하려면 verbose 인수를 켠다(verbose=1).

29) https://joblib.readthedocs.io/en/latest/index.html

```
In [3]: results = Parallel(n_jobs=-1, verbose=1)\
            (delayed(random_square)(i) for i in range(1000000))
[Parallel(n_jobs=-1)]: Using backend LokyBackend with 12
                       concurrent workers.
[Parallel(n_jobs=-1)]: Done 60 tasks | elapsed: 0.1s
[Parallel(n_jobs=-1)]: Done 176056 tasks | elapsed: 3.0s
[Parallel(n_jobs=-1)]: Done 787056 tasks | elapsed: 12.4s
[Parallel(n_jobs=-1)]: Done 1000000 out of 1000000 |
                       elapsed: 15.5s finished
```

joblib에는 여러 백 엔드가 있다. 즉, 병렬 컴퓨팅의 수행에 다양한 방법을 사용한다. 백 엔드를 다중 처리로 설정하면(backend="multiprocessing"), CPU마다 별개의 파이썬 작업자 프로세스를 사용하여 동시에 작업을 실행하는 다중 처리 풀이 생성된다.

```
In [4]: results = \
    Parallel(n_jobs=-1, backend="multiprocessing", verbose=1)\
    (delayed(random_square)(i) for i in range(1000000))

[Parallel(n_jobs=-1)]: Using backend MultiprocessingBackend
                       with 12 concurrent workers.
[Parallel(n_jobs=-1)]: Done 220 tasks | elapsed: 0.0s
[Parallel(n_jobs=-1)]: Done 457032 tasks | elapsed: 1.9s
[Parallel(n_jobs=-1)]: Done 1000000 out of 1000000 |
                       elapsed: 3.8s finished
```

13.4 요약, 그리고 문제

13.4.1 요약

1. 병렬 컴퓨팅은 컴퓨터의 다중 코어를 사용하여 실행 시간을 줄일 수 있다.
2. 프로세스와 쓰레드 사이에는 차이가 있다. 파이썬에서는 병렬 처리에 프로세스 기반 접근 방식을 사용하는 것이 더 쉽다.
3. multiprocessing 패키지를 사용하면 다중 코어를 쉽게 이용할 수 있다.
4. joblib를 사용하면 많은 단순 작업에 대한 병렬 컴퓨팅 코드를 단순화할 수 있다.

13.4.2 문제

1. 병렬 컴퓨팅이란 무엇인가?
2. 프로세스와 쓰레드의 차이는 무엇인가?
3. multiprocessing 패키지를 사용하여 컴퓨터의 프로세서 수를 구하시오.
4. multiprocessing 패키지를 사용하여 다음 코드를 병렬화하고, 실행 시간을 측정하시오.

```
def plus_cube(x, y):
    return (x+y)**3


for x, y in zip(range(100), range(100)):
    results.append(plus_cube(x, y))
```

5. pool.map과 pool.map_async의 차이를 보여주는 예제를 만들어보시오.
6. 파이썬의 GIL은 무엇인가?
7. joblib를 사용하여 문제 4번의 예제를 병렬화하시오. 백 엔드로 "multiprocessing"을 사용하시오.

CHAPTER 14

선형대수와 선형 연립방정식

CONTENTS

14.1 선형대수의 기초

먼저 선형방정식의 표현과 풀이에 사용할 선형대수의 몇 가지 기초적인 내용을 소개한다. 이 장에서는 아주 기초적인 것만 다룰 것이다. 자세한 내용에 대해서는 따로 선형대수학 교재를 구해 학습하기 바란다.

14.1.1 집합

2장에서 파이썬 데이터 구조의 하나인 집합에 대해 살펴본 바 있다. 여기서는 수학적 관점의 집합에 대해 살펴보자. 수학에서 **집합**은 원소들의 집합이다. 앞에서 정의한 것처럼 집합은 일반적으로 중괄호 { }를 사용하여 표시된다. 예를 들어, S={orange, apple, banana}는 S가 orange, apple, banana 등을 포함하는 집합임을 의미한다.

공집합은 원소를 전혀 포함하지 않는 집합이며, 일반적으로 { } 또는 ∅로 표시된다. 두 집합 A와 B가 주어졌을 때 A와 B의 **합집합**은 $A \cup B$로 표시되고, A와 B의 모든 원소를 포함하는 집합이다. A와 B의 **교집합**은 $A \cap B$로 표시되고, A와 B 양쪽에 속하는 모든 원소를 포함하는 집합이다. A와 B의 **차집합**은 $A - B$로 표시되고, A에는 속하지만 B에는 속하지 않는 모든 원소를 포함하는 집합이다. 집합 표기법에서 콜론은 "~을 만족하는"을 의미하며, 그 용법은 곧 보게 될 것이다. ∈ 기호는 원소가 집합에 포함된다는 사실을 나타내기 위해 사용된다. 예를 들어, $a \in A$는 "a는 A의 원소임" 또는 "a는 A에 속함"을 의미한다.

자연수, 음이 아닌 정수, 정수, 유리수, 무리수, 실수, 복소수 등과 같이 숫자들에 관련된 몇 가지 표준 집합이 있다. 각 집합에 대한 설명과 이를 나타내는 기호는 다음 표와 같다.

집합 이름	기호	설명
자연수	N	$\mathbf{N} = \{1, 2, 3, 4, ...\}$
음이 아닌 정수	W	$\mathbf{W} = \mathbf{N} \cup \{0\}$
정수	Z	$\mathbf{Z} = \mathbf{W} \cup \{-1, -2, -3, ...\}$
유리수	Q	$\mathbf{Q} = \left\{\frac{p}{q} : p \in \mathbf{Z}, q \in \mathbf{Z} - \{0\}\right\}$
무리수	I	실수에 속하지만 유리수가 아닌 수
실수	R	$\mathbf{R} = \mathbf{Q} \cup \mathbf{I}$
복소수	C	$\mathbf{C} = \{a + bi : a, b \in \mathbf{R}, i = \sqrt{-1}\}$

실행 예제

S가 $x^2 + y^2 = 1$이 되는 모든 실수 쌍 (x, y)의 집합이라고 하자. 집합 표기법을 사용하여 S를 작성해보자.

$$S = \{(x, y) : x, y \in \mathbf{R}, x^2 + y^2 = 1\}$$

14.1.2 벡터

집합 $\mathbf{R}^n = \{(x_1, x_2, ..., x_n) : x_1, x_2, ..., x_n \in \mathbf{R}\}$은 n개의 실수 성분을 갖는 모든 좌표의 집합이다. 예를 들어, 집합 $\mathbf{R}^3$은 3차원 공간상의 모든 실수 좌표 (x, y, z)의 집합을 나타낸다.

$\mathbf{R}^n$상의 한 **벡터**는 $\mathbf{R}^n$의 좌표 한 개 또는 하나의 점에 해당한다. 벡터에는 성분들을 가로로 나열하는 **행벡터**도 있고 성분들을 세로로 나열하는 **열벡터**도 있다. 문맥상 명확하

지 않을 경우 벡터는 열벡터로 간주된다. 벡터 v의 i번째 성분은 v_i로 표시된다. 열벡터의 전치는 같은 길이의 행벡터이고 행벡터의 전치는 열벡터이다. 수학에서 전치는 v^T에서와 같이 위 첨자 T로 표시된다. **영벡터**는 모든 성분이 0인 벡터이다.

벡터의 **노옴**(norm)은 길이에 대한 척도이다. 사용된 메트릭(즉, 거리 계산 공식)에 따라 벡터의 길이를 정의하는 여러 가지 방법이 있다. 가장 일반적인 것은 유클리드 거리라고도 불리는 L_2 노옴이다. 벡터 v의 L_2 노옴은 $\|v\|_2$로 표시되며, $\|v\|_2 = \sqrt{\sum_i v_i^2}$과 같이 계산된다. 유클리드 거리란 1차원, 2차원 또는 3차원 공간에서 벡터의 "물리적" 길이를 의미한다. L_1 노옴 또는 "맨해튼 거리"는 $\|v\|_1 = \sum_i |v_i|$로 계산되며 뉴욕 맨해튼의 격자 모양 도로 구조에서 이름을 따왔다. 일반적으로 벡터의 L_p 노옴은 $\|v\|_p = \sqrt[p]{\sum_i |v_i|^p}$이다. L_∞ 노옴은 $p = \infty$인 L_p 노옴이다. L_∞ 노옴은 $\|v\|_\infty$로 표시되며 v의 성분들의 절댓값 중 최댓값과 같다.

실행 예제

행벡터와 열벡터를 만들고 그 모양을 표시해보자.

```
In [1]: import numpy as np
        vector_row = np.array([[1, -5, 3, 2, 4]])
        vector_column = np.array([[1],[2],[3],[4]])
        print(vector_row.shape)
        print(vector_column.shape)

(1, 5)
(4, 1)
```

메모 파이썬에서 행벡터와 열벡터의 사용은 까다로울 수 있다. 위의 예에서 볼 수 있듯이 1행 4열 벡터나 4행 1열 벡터를 얻으려면 리스트의 리스트 형식으로 지정해야 한다. `np.array([1,2,3,4])`를 사용할 경우 행이나 열에 대한 정보가 포함되지 않는다.

실행 예제

위에서 정의한 행벡터를 열벡터로 전치하고 L_1 노옴, L_2 노옴, L_∞ 노옴 등을 계산해보자. 벡터의 L_∞ 노옴이 벡터에 있는 성분들의 최대 절댓값과 동일한지 확인한다.

```
In [2]: from numpy.linalg import norm
        new_vector = vector_row.T
        print(new_vector)
```

```
        norm_1 = norm(new_vector, 1)
        norm_2 = norm(new_vector, 2)
        norm_inf = norm(new_vector, np.inf)
        print("L_1 is: %.1f"%norm_1)
        print("L_2 is: %.1f"%norm_2)
        print("L_inf is: %.1f"%norm_inf)

[[ 1]
 [-5]
 [ 3]
 [ 2]
 [ 4]]
L_1 is: 15.0
L_2 is: 7.4
L_inf is: 5.0
```

벡터 덧셈은 대상 벡터들의 대응되는 성분 별로 덧셈을 수행하는 것으로 정의된다. 예를 들어, v와 w가 $\mathbf{R}^n$의 벡터일 경우 $u = v + w$의 성분들은 $u_i = v_i + w_i$인 것으로 정의된다.

벡터 곱셈은 문맥에 따라 여러 가지로 정의할 수 있다. 벡터에 대한 **스칼라 곱셈**은 벡터와 **스칼라**(즉, $\mathbf{R}$에 속하는 숫자)의 곱이다. 스칼라 곱셈은 벡터의 각 성분에 스칼라를 곱하는 것으로 정의된다. 보다 구체적으로, α가 스칼라이고 v가 벡터이면 $u = \alpha v$는 $u_i = \alpha v_i$를 성분으로 갖는 것으로 정의된다. 이것이 바로 파이썬에서 벡터에 대한 스칼라 곱셈을 구현하는 방식이다.

실행 예제

$\alpha(v+w) = \alpha v + \alpha w$이 성립함을 (즉, 벡터에 대한 스칼라 곱셈은 벡터 덧셈에 대해 분배법칙이 성립함을) 확인해보자.

벡터 덧셈 $u = v + w$는 $u_i = v_i + w_i$를 성분으로 갖는 벡터이다. 벡터에 대한 스칼라 곱셈의 정의에 따르면 $x = \alpha u$는 $x_i = \alpha(v_i + w_i)$를 성분으로 갖는 벡터이다. α, v_i, w_i 등은 모두 스칼라이므로 그 곱셈은 덧셈에 대해 분배법칙이 성립하여 $x_i = \alpha v_i + \alpha w_i$이다. 따라서 $\alpha(v+w) = \alpha v + \alpha w$이다.

두 벡터의 **내적**은 개별 성분들의 곱의 합이며, $\cdot$ 로 표시된다. $v \cdot w$는 "v 점 w"로 읽는다. 따라서 $v, w \in \mathbf{R}^n$에 대해 $d = v \cdot w$는 $d = \sum_{i=1}^{n} v_i w_i$로 정의된다. **두 벡터 사이의 각도** θ는 다음 식으로 정의된다.

$$v \cdot w = \|v\|_2 \, \|w\|_2 \cos\theta$$

내적은 두 벡터의 방향이 얼마나 유사한지 측정한 것이다. 예를 들어, 벡터 (1, 1)과 (2, 2)는 평행하다. 내적을 사용하여 그들 사이의 각도를 계산하면 $\theta = 0$임을 알 수 있다. 벡터 사이의 각도가 $\theta = \pi/2$인 두 벡터는 수직 또는 **직교**라고 하며 내적은 0이다.

실행 예제

벡터 v=[10, 9, 3]과 w=[2, 5, 12] 사이의 각도를 계산해보자.

```
In [3]: from numpy import arccos, dot

        v = np.array([[10, 9, 3]])
        w = np.array([[2, 5, 12]])
        theta = arccos(dot(v, w.T)/(norm(v)*norm(w)))
        print(theta)

[[0.97992471]]
```

마지막으로, 두 벡터 v와 w 사이의 **외적**은 $v \times w$로 표현되며, $v \times w = (\|v\|_2 \, \|w\|_2 \sin\theta)n$으로 정의된다. 여기서 θ는 v와 w 사이의 각도(내적에서 계산할 수 있음)이고 n은 v와 w 모두에 수직인 단위 벡터(즉, 길이가 1인 벡터)이다. 외적에 대한 기하학적 해석은 v와 w에 수직인 벡터이며 그 길이는 두 벡터에 의해 생성된 평행사변형으로 둘러싸인 면적으로 정해진다.

실행 예제

벡터 v=[0, 2, 0]과 w=[3, 0, 0]이 주어질 때, NumPy 함수 cross를 사용하여 v와 w의 외적을 계산해보자.

```
In [4]: v = np.array([[0, 2, 0]])
        w = np.array([[3, 0, 0]])
        print(np.cross(v, w))

[[ 0  0 -6]]
```

S가 덧셈과 스칼라 곱셈이 정의되는 집합일 때 S의 **선형 조합**은 다음과 같이 정의된다.

$$\sum \alpha_i s_i$$

여기서 α_i는 임의의 실수이고 s_i는 S의 i번째 성분이다. α_i 값을 s_i의 **계수**라고도 한다.

선형 조합은 여러 가지 설명에 사용할 수 있다. 예를 들어, 식료품 청구서는 $\sum c_i n_i$라고 표현할 수 있다. 여기서 c_i는 품목 i의 단가이고 n_i는 구매한 품목 개수이다. 따라서 총 청구금액은 구매한 품목 단가의 선형 조합이다.

집합에 있는 어떤 원소도 그 집합에 있는 다른 원소들의 선형 조합으로 표현될 수 없는 경우 그러한 집합을 **선형 독립**이라고 한다. 이 책에서는 선형 독립인 벡터 집합만 다룰 것이다. 선형 독립이 아닌 벡터 집합은 **선형 종속**이라고 한다.

실행 예제

행벡터 v=[0, 3, 2], w=[4, 1, 1], u=[0, −2, 0]에 대해 벡터 x=[−8, −1, 4]를 v, w, u의 선형 조합으로 표현해보자.

```
In [5]: v = np.array([[0, 3, 2]])
        w = np.array([[4, 1, 1]])
        u = np.array([[0, -2, 0]])
        x = 3*v-2*w+4*u
        print(x)

[[-8 -1 4]]
```

실행 예제

v=[1, 1, 0], w=[1, 0, 0], u=[0, 0, 1] 등으로 구성되는 벡터 집합이 선형 독립인지 검사해보자.

분명히, u만 0이 아닌 세 번째 성분을 갖기 때문에 u는 v와 w로부터 선형 독립이다. 벡터 v와 w는 v만 0이 아닌 두 번째 성분을 갖기 때문에 선형 독립이다. 따라서 v, w, u는 선형 독립이다.

14.1.3 행렬

$m \times n$ **행렬**은 m개의 행과 n개의 열로 구성된 직사각형 형태의 숫자 테이블이다. 행렬의 노옴은 일종의 벡터 노옴으로 간주할 수 있다. M의 $m \times n$ 성분들을 mn 차원 벡터의 성분들로 취급하면 이 벡터의 L_p 노옴은 다음과 같이 표현할 수 있다.

$$\|M\|_p = \sqrt[p]{\sum_i^m \sum_j^n |a_{ij}|^p}$$

앞에서 벡터에 대해 사용했던 NumPy의 norm 함수를 사용하여 행렬 노옴을 계산할 수 있다.

행렬에 대한 덧셈이나 행렬에 대한 스칼라 곱셈은 벡터와 같은 방식으로 작동한다. 그러나 두 행렬 P와 Q 간의 **행렬 곱셈**은 P가 $m \times p$ 행렬이고 Q가 $p \times n$ 행렬일 때만 정의된다. $M = PQ$의 결과는 $m \times n$인 행렬 M이다. 이때 차원 p는 **내부 행렬 차원**이라고 하며 행렬 곱셈을 정의하려면 내부 행렬 차원이 일치해야 한다(즉, P의 열 개수와 Q의 행 개수가 같아야 함). 이때 차원 m과 n을 **외부 행렬 차원**이라고 한다. P가 $m \times p$이고 Q가 $p \times n$이면 $M = PQ$는 다음과 같이 정의된다.

$$M_{ij} = \sum_{k=1}^{p} P_{ik} Q_{kj}$$

파이썬에서 두 행렬 P와 Q의 곱은 NumPy의 **dot** 함수를 사용하여 계산할 수 있다. 행렬의 **전치**는 열과 행을 반전한 것이며, 위첨자 T로 표시된다. 예를 들면 행렬 M의 전치는 M^T로 표시된다. 파이썬에서 NumPy 배열에 대한 속성 T는 전치를 구할 때 사용된다. 예를 들어, M이 행렬일 때 M.T는 그 전치이다(T는 메서드가 아니라 속성이므로 그 뒤에 괄호를 사용하지 않음에 유의하기 바람).

실행 예제

행렬 P와 Q를 각각 [[1, 7], [2, 3], [5, 0]]과 [[2, 6, 3, 1], [1, 2, 3, 4]]라고 하자. P와 Q의 행렬 곱을 계산해보자. 또 Q와 P에 대한 곱셈은 오류를 생성한다는 것을 확인해보자.

```
In [6]: P = np.array([[1, 7], [2, 3], [5, 0]])
        Q = np.array([[2, 6, 3, 1], [1, 2, 3, 4]])
        print(P)
        print(Q)
        print(np.dot(P, Q))
        np.dot(Q, P)

[[1 7]
 [2 3]
 [5 0]]
[[2 6 3 1]
 [1 2 3 4]]
[[ 9 20 24 29]
 [ 7 18 15 14]
 [10 30 15 5]]

        ---------------------------------------------------
        ValueError Traceback      (most recent call last)
        <ipython-input-6-29a4b2da4cb8> in <module>
```

```
      4 print(Q)
      5 print(np.dot(P, Q))
----> 6 np.dot(Q, P)

ValueError: shapes (2,4) and (3,2) not aligned:
            4 (dim 1) != 3 (dim 0)
```

정방행렬은 $n \times n$ 행렬, 즉 행의 개수와 열의 개수가 같은 행렬이다. **행렬식**은 정방행렬의 중요한 속성이며, 정방행렬에 대해 계산되는 특별한 숫자이다. 행렬식은 수학에서나 NumPy의 linalg 패키지에서나 det로 표시된다. 행렬식을 사용하는 몇 가지 예제는 나중에 소개할 것이다.

2×2 행렬의 경우 행렬식은 다음과 같이 주어진다.

$$|M| = \begin{vmatrix} a & b \\ c & d \end{vmatrix} = ad - bc$$

마찬가지로 3×3 행렬의 경우 행렬식은 다음과 같이 주어진다.

$$\begin{aligned} |M| = \begin{vmatrix} a & b & c \\ d & e & f \\ g & h & i \end{vmatrix} &= a\begin{vmatrix} \square & \square & \square \\ \square & e & f \\ \square & h & i \end{vmatrix} - b\begin{vmatrix} \square & \square & \square \\ d & \square & f \\ g & \square & i \end{vmatrix} + c\begin{vmatrix} \square & \square & \square \\ d & e & \square \\ g & h & \square \end{vmatrix} \\ &= a\begin{vmatrix} e & f \\ h & i \end{vmatrix} - b\begin{vmatrix} d & f \\ g & i \end{vmatrix} + c\begin{vmatrix} d & e \\ g & h \end{vmatrix} \\ &= aei + bfg + cdh - ceg - bdi - afh \end{aligned}$$

고차원 행렬에 대한 행렬식도 비슷한 방식으로 계산할 수 있지만 파이썬을 사용하여 계산하는 편이 훨씬 쉽다. 파이썬에서 행렬식을 계산하는 아래 예를 참고하기 바란다.

단위행렬은 대각선상의 성분은 모두 1이고 다른 성분은 모두 0인 정방행렬이다. 단위행렬은 I로 표시되며 실수 1과 유사한 역할을 한다. 즉, 임의의 정방행렬에 (같은 크기의) I를 곱한 결과는 원래의 행렬과 같다.

실행 예제

행렬 M=[[0, 2, 1, 3], [3, 2, 8, 1], [1, 0, 0, 3], [0, 3, 2, 1]]의 행렬식을 계산해보자. np.eye 함수를 사용하여 4×4 단위행렬 I를 생성한다. M에 I를 곱한 결과가 M임을 확인한다.

```
In [7]: from numpy.linalg import det
        M = np.array([[0,2,1,3],
                      [3,2,8,1],
                      [1,0,0,3],
                      [0,3,2,1]])
```

```
        print("M:\n", M)

        print("Determinant: %.1f"%det(M))
        I = np.eye(4)
        print("I:\n", I)
        print("M*I:\n", np.dot(M, I))

M:
 [[0 2 1 3]
 [3 2 8 1]
 [1 0 0 3]
 [0 3 2 1]]
Determinant: -38.0
I:
 [[1. 0. 0. 0.]
  [0. 1. 0. 0.]
  [0. 0. 1. 0.]
  [0. 0. 0. 1.]]
M*I:
 [[0. 2. 1. 3.]
  [3. 2. 8. 1.]
  [1. 0. 0. 3.]
  [0. 3. 2. 1.]]
```

정방행렬 M의 **역행렬**은 $M \cdot N = I$인 동일한 크기의 행렬 N이다. 역행렬은 실수에 대한 역수와 유사하다. 예를 들어, 3의 역수는 $\frac{1}{3}$인데, 이는 $(3)(\frac{1}{3}) = 1$이기 때문이다. 역행렬을 갖는 행렬을 **가역행렬**이라고 한다. 역행렬은 고유하게 정해진다. 즉, 가역행렬의 경우 해당 행렬에 대해 하나의 역행렬만 존재한다. M이 정방행렬이면 수학에서 역행렬은 M^{-1}로 표시되며, 파이썬에서는 NumPy의 `linalg` 패키지에서 `inv` 함수를 사용하여 계산할 수 있다.

2×2 행렬의 경우 해석적으로 구한 역행렬은 다음과 같다.

$$M^{-1} = \begin{bmatrix} a & b \\ c & d \end{bmatrix} = \frac{1}{|M|} \begin{bmatrix} d & -b \\ -c & a \end{bmatrix}$$

행렬이 커지면 해석적인 역행렬 계산이 복잡해진다. 가우스 소거법, 뉴턴법, 고윳값 분해 등과 같이 계산을 더 쉽게 해주는 여러 가지 방법이 있다. 선형 연립방정식 풀이 방법을 설명한 후에 이러한 역행렬 계산 방법 중 일부를 소개할 것이다(계산 과정은 본질적으로 동일함).

실수의 경우 0은 곱셈에 대한 역수를 갖지 않는 것과 마찬가지로 역행렬을 갖지 않는 행렬도 있다. 이러한 행렬을 **특이 행렬**이라고 한다. 역행렬을 갖는 행렬을 **정칙 행렬**이라고 한다.

행렬이 특이 행렬인지 확인하는 한 가지 방법은 행렬식을 계산하는 것이다. 행렬식이 0인 행렬은 특이 행렬이다. 그렇지 않은 경우 정칙 행렬이다.

실행 예제

(앞의 예제에서 사용된) M의 행렬식은 0이 아니다. M의 역행렬을 계산해보자. 행렬 P=[[0,1, 0], [0, 0, 0], [1, 0, 1]]은 행렬식 값이 0이며, 따라서 역행렬을 갖지 않는다.

```
In [8]: from numpy.linalg import inv

        print("Inv M:\n", inv(M))
        P = np.array([[0,1,0],
                      [0,0,0],
                      [1,0,1]])
        print("det(p):\n", det(P))


Inv M:
 [[-1.57894737 -0.07894737 1.23684211 1.10526316]
 [-0.63157895 -0.13157895 0.39473684 0.84210526]
 [ 0.68421053 0.18421053 -0.55263158 -0.57894737]
 [ 0.52631579 0.02631579 -0.07894737 -0.36842105]]
det(p):
 0.0
```

특이 행렬에 가까운 (즉, 행렬식이 0에 가까운) 경우 **불량 조건** 행렬이라고 한다. 불량 조건 행렬은 역행렬을 갖기는 하지만 수치적 계산 과정에서 아주 작은 숫자에 의한 나눗셈이 발생하여 수치적으로 불안정한 계산이 된다. 즉, 이러한 계산으로 오버플로, 언더플로 또는 심각한 반올림 오차 등이 발생할 수 있다. 이러한 개념을 잊어버렸다면 9장을 참고하기 바란다. **조건수**는 행렬의 불량 조건 정도를 정량화한 척도이며, 행렬의 노옴과 그 역행렬의 노옴의 곱, 즉 $\|M\|\|M^{-1}\|$으로 정의된다. 파이썬에서는 NumPy의 `linalg` 패키지에서 함수 cond를 사용하여 계산할 수 있다. 조건수가 클수록 행렬은 특이 행렬에 가까워진다.

$m \times n$ 행렬 A의 **순위**는 A의 선형 독립인 열 또는 행의 개수이며 rank(A)로 표시된다. 모든 행렬에 대해 선형 독립인 행의 개수는 선형 독립인 열의 개수와 항상 같다는 사실이 알려져 있다. rank(A) = $\min(m, n)$인 경우 전 순위 행렬이라고 한다. 모든 열이 선형

독립인 경우 **전 순위** 행렬이다. **확대 행렬**은 행렬 A에 벡터 y가 결합된 것이며 $[A, y]$로 표시된다. 이것은 일반적으로 "y로 확대된 A"로 읽는다. 결합에는 np.concatenate가 사용될 수 있다. $\text{rank}([A, y]) = \text{rank}(A) + 1$이면 벡터 y는 "새로운" 정보이다. 즉, A에 있는 열의 선형 조합으로 y를 생성할 수 없다. 순위는 이 장의 마지막 절에서 논의되는 선형 방정식 풀이와 관계가 있으며, 행렬의 중요한 특성의 하나이다.

실행 예제

행렬 A=[[1, 1, 0], [0, 1, 0], [1, 0, 1]]에 대해 조건수와 순위를 계산해보자. 또 y=[[1], [2], [1]]에 대해 확대 행렬 $[A, y]$를 구해보자.

```
In [9]: from numpy.linalg import cond, matrix_rank

        A = np.array([[1,1,0],
                      [0,1,0],
                      [1,0,1]])

        print("Condition number:\n", cond(A))
        print("Rank:\n", matrix_rank(A))
        y = np.array([[1], [2], [1]])
        A_y = np.concatenate((A, y), axis = 1)
        print("Augmented matrix:\n", A_y)

Condition number:
 4.048917339522305
Rank:
 3
Augmented matrix:
 [[1 1 0 1]
  [0 1 0 2]
  [1 0 1 1]]
```

14.2 선형 변환

벡터 x와 y, 스칼라 a와 b에 대해 함수 F가 다음과 같을 경우 **선형 변환**이라고 한다.

$$F(ax + by) = aF(x) + bF(y)$$

$m \times n$ 행렬 A와 호환 가능한 크기의 $n \times 1$ 벡터 v를 곱하는 것이 v의 선형 변환임을 알 수 있다. 따라서 이제 행렬은 선형 변환 함수와 동의어로 사용할 수 있다.

실행 예제

x를 벡터라고 하고 $F(x) = Ax$로 정의한다. 여기서 A는 적절한 크기의 행렬이다. $F(x)$가 선형 변환임을 확인해보자.

증명: $F(x) = Ax$이므로 벡터 v와 w, 스칼라 a와 b에 대해

$F(av+bw) = A(av+bw)$ [F의 정의에 따름]

$= aAv + bAw$ [행렬 곱셈의 분배법칙 적용]

$= aF(v) + bF(w)$ [F의 정의에 따름].

A가 $m \times n$ 행렬이면 A에 연계된 두 개의 중요한 부분공간이 존재하는데, 하나는 $\mathbf{R}^n$이고 다른 하나는 $\mathbf{R}^m$이다. A의 **정의역**은 $\mathbf{R}^n$의 부분공간이며, 오른쪽에 A를 곱할 수 있는 모든 벡터의 집합이다. A의 **치역**은 $\mathbf{R}^m$의 부분공간이며, $y = Ax$인 모든 벡터 y의 집합이다. A의 치역은 $\mathcal{R}(\mathbf{A})$로 표시할 수 있으며, 여기서 $\mathcal{R}(\mathbf{A}) = \{y \in \boldsymbol{R}^m : Ax = y\}$와 같이 정의된다. A의 치역은 또한 A에 있는 열들에 대한 모든 선형 조합들의 집합으로 간주할 수 있다. $\mathcal{N}(\mathbf{A}) = \left\{x \in \mathbf{R}^n : Ax = 0_m\right\}$로 정의되는 $\mathcal{N}(\mathbf{A})$은 **영공간**이라고 하며 $Ax = 0_m$을 만족하는 A의 정의역에 포함되는 벡터 x의 부분집합이다. 여기서 0_m은 **영벡터**이다(즉, 모든 성분이 0인 $\mathbf{R}^m$ 안의 벡터).

실행 예제

A=[[1, 0, 0], [0, 1, 0], [0, 0, 0]]이라고 하고 A의 정의역을 $\mathbf{R}^3$라고 하자. A의 치역과 영공간을 구해보자.

$v = [x, y, z]$가 $\mathbf{R}^3$ 상의 벡터라고 하자. $u = Av$는 벡터 $u = [x, y, 0]$으로 주어진다. $x, y \in R$이므로 A의 치역은 $z = 0$인 x-y 평면이다.

$z \in \mathbf{R}$에 대해 $v = [0, 0, z]$라고 하자. 그러면 $u = Av$는 벡터 $u = [0, 0, 0]$이다. 따라서 A의 영공간은 z축이다(즉, $z \in \mathbf{R}$에 대한 벡터 $[0, 0, z]$의 집합).

따라서 이 선형 변환은 벡터의 모든 z 성분을 "평탄화"한다.

14.3 선형 연립방정식

선형 방정식은 다음 형식의 등식으로 주어진다.

$$\sum_{i=1}^{n} a_i x_i = y$$

여기서 a_i는 스칼라, x_i는 미지의 실수를 나타내는 변수, y는 스칼라이다.

실행 예제

다음 방정식 중 어느 것이 선형이고 어느 것이 비선형인지 결정해보자. 선형이 아닌 경우 선형으로 변형할 수 있는가?

1. $3x_1+4x_2-3=-5x_3$
2. $\dfrac{-x_1+x_2}{x_3}=2$
3. $x_1x_2+x_3=5$

방정식 1은 $3x_1+4x_2+5x_3=3$으로 정돈할 수 있으며 이는 분명히 선형 방정식의 형태를 갖는다. 방정식 2는 선형이 아니지만 선형인 $-x_1+x_2-2x_3=0$으로 정돈할 수 있다. 방정식 3은 선형이 아니다.

선형 연립방정식은 동일한 변수를 공유하는 일련의 선형 방정식이다. 다음 선형 연립방정식을 생각해보자.

$$
\begin{array}{ccccccccccc}
a_{1,1}x_1 & + & a_{1,2}x_2 & + & \cdots & + & a_{1,n-1}x_{n-1} & + & a_{1,n}x_n & = & y_1 \\
a_{2,1}x_1 & + & a_{2,2}x_2 & + & \cdots & + & a_{2,n-1}x_{n-1} & + & a_{2,n}x_n & = & y_2 \\
 & & & & \cdots & & \cdots & & & & \\
a_{m-1,1}x_1 & + & a_{m-1,2}x_2 & + & \cdots & + & a_{m-1,n-1}x_{n-1} & + & a_{m-1,n}x_n & = & y_{m-1} \\
a_{m,1}x_1 & + & a_{m,2}x_2 & + & \cdots & + & a_{m,n-1}x_{n-1} & + & a_{m,n}x_n & = & y_m
\end{array}
$$

여기서 $a_{i,j}$와 y_i는 실수이다. 선형 연립방정식을 **행렬 형식**으로 표현하면 $Ax=y$와 같다. 여기서 A는 $m\times n$ 행렬, $A(i,j)=a_{i,j}$, y는 $\mathbb{R}^m$의 벡터, x는 $\mathbb{R}^n$의 미지수 벡터이다. 행렬 형식 표현은 다음과 같다.

$$
\begin{bmatrix} a_{1,1} & a_{1,2} & \cdots & a_{1,n} \\ a_{2,1} & a_{2,2} & \cdots & a_{2,n} \\ \vdots & \vdots & \ddots & \vdots \\ a_{m,1} & a_{m,2} & \cdots & a_{m,n} \end{bmatrix}
\begin{bmatrix} x_1 \\ x_2 \\ \vdots \\ x_n \end{bmatrix}
=
\begin{bmatrix} y_1 \\ y_2 \\ \vdots \\ y_m \end{bmatrix}
$$

행렬 곱셈을 수행하면 원래의 연립방정식을 얻는다.

실행 예제

다음 연립방정식을 행렬 형식으로 바꾸어보자.

$$
\begin{aligned}
4x+3y-5z &= 2 \\
-2x-4y+5z &= 5 \\
7x+8y &= -3 \\
x+2z &= 1 \\
9+y-6z &= 6
\end{aligned}
$$

$$\begin{bmatrix} 4 & 3 & -5 \\ -2 & -4 & 5 \\ 7 & 8 & 0 \\ 1 & 0 & 2 \\ 9 & 1 & -6 \end{bmatrix}\begin{bmatrix} x \\ y \\ z \end{bmatrix}=\begin{bmatrix} 2 \\ 5 \\ -3 \\ 1 \\ 6 \end{bmatrix}$$

14.4 선형 연립방정식의 풀이

행렬 형식의 선형 연립방정식 $Ax=y$를 생각해보자. 여기서 A는 $m\times n$ 행렬이다. 이것은 이 연립방정식에 m개의 방정식과 n개의 미지수가 있음을 의미한다. 이 선형 연립방정식에 대한 해는 행렬 형식의 연립방정식을 충족하는 $\mathbf{R}^n$에 속하는 x이다. A와 y의 값에 따라 x에 대해 세 가지 유형의 해가 가능한데, x에 대한 해가 존재하지 않거나 x에 대한 유일한 해가 존재하거나 x에 대한 해가 무수히 많거나 중의 하나이다. 이러한 사실에 대한 증명은 생략한다.

경우 1: x에 대한 해가 존재하지 않는다. $\text{rank}([A,y])=\text{rank}(A)+1$이면 y는 A의 열들에 대해 선형 독립이다. 따라서 y는 A의 치역에 포함되지 않으므로 정의에 따라 연립방정식을 충족하는 x는 존재할 수 없다. 따라서 $\text{rank}([A,y])$와 $\text{rank}(A)$를 비교하면 선형 연립방정식에서 해의 존재 여부를 쉽게 확인할 수 있다.

경우 2: x에 대한 유일한 해가 존재한다. $\text{rank}([A,y])=\text{rank}(A)$이면 y는 A의 열들의 선형 조합으로 표현될 수 있으며 연립방정식에 대한 해가 하나 이상 존재한다. 해가 하나만 있으려면 $\text{rank}(A)=n$도 성립해야 한다. 즉, 방정식의 수가 미지수의 수와 정확히 같아야 한다. 이러한 성질이 유일한 해를 생성하는 이유를 알아보려면 m과 n 사이의 관계에 대한 세 가지 경우 $m<n$, $m=n$, $m>n$ 등을 나누어 살펴보아야 한다.

- $m<n$의 경우 $\text{rank}(A)=n$은 성립할 수 없다. 이는 미지수보다 방정식의 수가 적은 "가로형" 행렬이 주어짐을 의미하기 때문이다. 따라서 이 경우는 고려할 필요가 없다.
- $m=n$이고 $\text{rank}(A)=n$일 때 A는 정방형의 가역 행렬이다. 행렬의 역행렬은 고유하므로 행렬 방정식 $Ax=y$의 양변 왼쪽에 A^{-1}을 곱하여 풀 수 있다. 그 결과는 $A^{-1}Ax=A^{-1}y \rightarrow Ix=A^{-1}y \rightarrow x=A^{-1}y$가 되어 방정식의 유일한 해를 얻는다.

- $m > n$이면 미지수보다 방정식이 더 많다. 그러나 $\text{rank}(A) = n$이면 n개의 방정식(즉, A의 행)을 선택하여 선택된 방정식들이 충족되면 나머지 $m-n$개의 방정식도 충족되도록 할 수 있다. 즉, 방정식들에 잉여성이 존재한다. $m-n$개의 잉여 방정식을 연립방정식에서 제거하면 결과로 $n \times n$ 크기의 가역 행렬 A를 얻게 된다. 이러한 사실에 대한 증명은 생략한다. 이렇게 도출된 연립방정식은 유일한 해를 갖게 되며, 이 해는 원래의 연립방정식에 대해서도 유효하다.

경우 3: x에 대한 해가 무수히 많다. $\text{rank}([A, y]) = \text{rank}(A)$이면 y는 A의 치역에 속하며 연립방정식에 대한 해가 하나 이상 존재한다. 그런데 $\text{rank}(A) < n$인 경우에는 무수히 많은 해가 존재한다. 여기에서 증명하지는 않겠지만 $\text{rank}(A) < n$이면 A의 영공간에는 영벡터가 아닌 벡터 z가 적어도 하나 존재한다(실제로 이러한 조건에서는 영공간 안에 무수히 많은 벡터가 존재한다). z가 A의 영공간에 속하면 정의에 따라 $Az = 0$이다. 이제 x^*가 연립방정식 $Ax = y$에 대한 해이면 반드시 $Ax^* = y$이다. 그러나 $Ax^* + Az = y$, 즉 $A(x^* + z) = y$이므로 $x^* + z$ 또한 $Ax = y$에 대한 해가 된다. 사실, A는 선형 변환이기 때문에 임의의 실수 α에 대해 $x^* + \alpha z$ 또한 $Ax = y$에 대한 해이다(이에 대해서는 각자 증명해보기 바람). α에 대해 허용되는 값이 무수히 많기 때문에 이러한 연립방정식에 대한 해는 무수히 많다.

이 장의 나머지 부분에서는 유일한 해를 갖는 연립방정식을 푸는 방법에 대해 설명한다. 먼저, 가장 흔히 접하게 될 몇 가지 일반적인 방법에 대해 논의한 다음 파이썬에서 연립방정식의 해를 구하는 방법을 살펴본다.

다음과 같이 n개의 변수와 n개의 방정식을 갖는 $Ax = y$가 주어져 있다고 하자.

$$\begin{bmatrix} a_{1,1} & a_{1,2} & \cdots & a_{1,n} \\ a_{2,1} & a_{2,2} & \cdots & a_{2,n} \\ \vdots & \vdots & \ddots & \vdots \\ a_{n,1} & a_{n,2} & \cdots & a_{n,n} \end{bmatrix} \begin{bmatrix} x_1 \\ x_2 \\ \vdots \\ x_n \end{bmatrix} = \begin{bmatrix} y_1 \\ y_2 \\ \vdots \\ y_n \end{bmatrix}$$

14.4.1 가우스 소거법

가우스 소거법은 행렬 A를 **상부 삼각행렬**로 변환하여 연립방정식을 푸는 절차이다. 개념을 설명하기 위해 4개의 방정식과 4개의 변수로 구성된 연립방정식을 사용해보자. 가우스 소거법은 연립방정식을 다음과 같은 행렬 형식으로 바꾸어준다.

$$\begin{bmatrix} a_{1,1} & a_{1,2} & a_{1,3} & a_{1,4} \\ 0 & a'_{2,2} & a'_{2,3} & a'_{2,4} \\ 0 & 0 & a'_{3,3} & a'_{3,4} \\ 0 & 0 & 0 & a'_{4,4} \end{bmatrix} \begin{bmatrix} x_1 \\ x_2 \\ x_3 \\ x_4 \end{bmatrix} = \begin{bmatrix} y_1 \\ y'_2 \\ y'_3 \\ y'_4 \end{bmatrix}$$

이 방법을 사용하여 얻은 행렬 형식은 연립방정식을 다음과 같이 바꾸는 것이다.

$$\begin{aligned} a_{1,1}x_1 + a_{1,2}x_2 + a_{1,3}x_3 + a_{1,4}x_4 &= y_1 \\ a'_{2,2}x_2 + a'_{2,3}x_3 + a'_{2,4}x_4 &= y'_2 \\ a'_{3,3}x_3 + a'_{3,4}x_4 &= y'_3 \\ a'_{4,4}x_4 &= y'_4 \end{aligned}$$

이제 네 번째 방정식의 양변을 $a'_{4,4}$로 나누면 x_4에 대해 풀 수 있으며, 그 결과를 세 번째 방정식에 대입하면 x_3에 대해 풀 수 있다. x_3과 x_4를 알면 이들을 두 번째 방정식에 대입하여 x_2에 대해 풀 수 있으며, 그 결과를 이용하면 이제 모든 x에 대해 풀 수 있다. 이러한 연립방정식 풀이 방법은 상향식 풀이 방법에 해당하며 **역대입법**이라고 한다. A가 하부 삼각행렬인 경우 **전진대입법**을 통해 연립방정식을 하향식으로 풀 수 있다.

가우스 소거법으로 연립방정식을 푸는 아래 예제를 살펴보자.

실행 예제

가우스 소거법을 사용하여 다음 방정식을 풀어보자.

$$\begin{aligned} 4x_1 + 3x_2 - 5x_3 &= 2 \\ -2x_1 - 4x_2 + 5x_3 &= 5 \\ 8x_1 + 8x_2 \quad\quad &= -3 \end{aligned}$$

1단계: 이 방정식을 행렬 형식 $Ax = y$로 바꾼다.

$$\begin{bmatrix} 4 & 3 & -5 \\ -2 & -4 & 5 \\ 8 & 8 & 0 \end{bmatrix} \begin{bmatrix} x_1 \\ x_2 \\ x_3 \end{bmatrix} = \begin{bmatrix} 2 \\ 5 \\ -3 \end{bmatrix}$$

2단계: 다음과 같이 확대 행렬 $[A, y]$를 얻는다.

$$[A,\ y] = \begin{bmatrix} 4 & 3 & -5 & 2 \\ -2 & -4 & 5 & 5 \\ 8 & 8 & 0 & -3 \end{bmatrix}$$

3단계: 다른 방정식의 성분을 소거하는 데 사용되는 **기준 방정식**을 선택하여 행렬의 성분 소거를 시작한다. 첫 번째 방정식을 기준 방정식으로 선택하고, 첫 번째 행(기준 방정식)에 −0.5를 곱한 것을 두 번째 행에서 빼서 두 번째 행의 첫 번째 성분을 0으로 바꾼다. 승수는 $m_{2,1} =-$

0.5이며, 그 결과는 다음과 같다.

$$\begin{bmatrix} 4 & 3 & -5 & 2 \\ 0 & -2.5 & 2.5 & 6 \\ 8 & 8 & 0 & -3 \end{bmatrix}$$

4단계: 세 번째 행의 첫 번째 성분을 0으로 바꾼다. 위에서 수행한 대로 첫 번째 행에 2를 곱하고 세 번째 행에서 뺀다. 승수는 $m_{3,1}=2$이며, 그 결과는 다음과 같다.

$$\begin{bmatrix} 4 & 3 & -5 & 2 \\ 0 & -2.5 & 2.5 & 6 \\ 0 & 2 & 10 & -7 \end{bmatrix}$$

5단계: 세 번째 행의 두 번째 성분을 0으로 바꾼다. 두 번째 행에 −4/5를 곱하고 세 번째 행에서 뺀다. 승수는 $m_{3,2}=-0.8$이며, 그 결과는 다음과 같다.

$$\begin{bmatrix} 4 & 3 & -5 & 2 \\ 0 & -2.5 & 2.5 & 6 \\ 0 & 0 & 12 & -2.2 \end{bmatrix}$$

6단계: $x_3=-2.2/12=-0.183$을 얻는다.

7단계: x_3을 두 번째 방정식에 대입하면 $x_2=-2.583$을 얻는다.

8단계: 첫 번째 방정식에 x_2와 x_3을 대입하면 $x_1=2.208$이 된다.

메모 때로 첫 번째 행의 첫 번째 성분이 0인 경우가 있다. 이 경우 첫 번째 행을 0이 아닌 첫 번째 성분을 갖는 다른 행과 교환한 다음 위에서 설명한 것과 동일한 절차를 따른다.

여기에서는 “기준을 조정하는” 가우스 소거법을 사용하고 있다. 기준 값이 절대 0이 되지 않는다고 가정하는 “단순” 가우스 소거법도 있다.

14.4.2 가우스-조던 소거법

가우스-조던 소거법도 연립방정식 풀이에 사용되며, 행렬 형식의 연립방정식에서 아래와 같이 행렬 A를 대각행렬로 변환하는 절차이다.

$$\begin{bmatrix} 1 & 0 & 0 & 0 \\ 0 & 1 & 0 & 0 \\ 0 & 0 & 1 & 0 \\ 0 & 0 & 0 & 1 \end{bmatrix} \begin{bmatrix} x_1 \\ x_2 \\ x_3 \\ x_4 \end{bmatrix} = \begin{bmatrix} y'_1 \\ y'_2 \\ y'_3 \\ y'_4 \end{bmatrix}$$

위의 행렬 형식은 아래의 연립방정식에 해당한다.

$$x_1 + 0 + 0 + 0 = y'_1$$
$$0 + x_2 + 0 + 0 = y'_2$$

$$0 + \ 0 + x_3 + \ 0 = y'_3$$
$$0 + \ 0 + \ 0 + x_4 = y'_4$$

위의 예를 모델로 삼아 또 다른 연립방정식을 풀어보자.

실행 예제

가우스-조던 소거법을 사용하여 다음 방정식을 풀어보자.

$$\begin{aligned} 4x_1 + 3x_2 - 5x_3 &= 2 \\ -2x_1 - 4x_2 + 5x_3 &= 5 \\ 8x_1 + 8x_2 \qquad &= -3 \end{aligned}$$

1단계: 확대 행렬 $[A, y]$를 구성한다.

$$[A,\ y] = \begin{bmatrix} 4 & 3 & -5 & 2 \\ -2 & -4 & 5 & 5 \\ 8 & 8 & 0 & -3 \end{bmatrix}$$

2단계: 첫 번째 행의 첫 번째 성분은 1이어야 하므로 첫 번째 행을 4로 나눈다.

$$\begin{bmatrix} 1 & 3/4 & -5/4 & 1/2 \\ -2 & -4 & 5 & 5 \\ 8 & 8 & 0 & -3 \end{bmatrix}$$

3단계: 두 번째 및 세 번째 행의 첫 번째 성분을 소거하기 위해 첫 번째 행에 각각 −2와 8을 곱한 다음 두 번째 및 세 번째 행에서 빼서 다음의 결과를 얻는다.

$$\begin{bmatrix} 1 & 3/4 & -5/4 & 1/2 \\ 0 & -5/2 & 5/2 & 6 \\ 0 & 2 & 10 & -7 \end{bmatrix}$$

4단계: 두 번째 행의 두 번째 성분을 1로 정규화하기 위해 두 번째 행을 −5/2로 나눈다.

$$\begin{bmatrix} 1 & 3/4 & -5/4 & 1/2 \\ 0 & 1 & -1 & -12/5 \\ 0 & 2 & 10 & -7 \end{bmatrix}$$

5단계: 세 번째 행의 두 번째 성분을 소거하기 위해 두 번째 행에 2를 곱한 다음 세 번째 행에서 뺀다.

$$\begin{bmatrix} 1 & 3/4 & -5/4 & 1/2 \\ 0 & 1 & -1 & -12/5 \\ 0 & 0 & 12 & -11/5 \end{bmatrix}$$

6단계: 마지막 행을 8로 나누어 정규화한다.

$$\begin{bmatrix} 1 & 3/4 & -5/4 & 1/2 \\ 0 & 1 & -1 & -12/5 \\ 0 & 0 & 1 & -11/60 \end{bmatrix}$$

7단계: 두 번째 행의 세 번째 성분을 소거하기 위해 세 번째 행에 −1을 곱하고 두 번째 행에서 뺀다.

$$\begin{bmatrix} 1 & 3/4 & -5/4 & 1/2 \\ 0 & 1 & 0 & -155/60 \\ 0 & 0 & 1 & -11/60 \end{bmatrix}$$

8단계: 첫 번째 행의 세 번째 성분을 소거하기 위해 세 번째 행에 −5/4를 곱한 다음 첫 번째 행에서 뺀다.

$$\begin{bmatrix} 1 & 3/4 & 0 & 13/48 \\ 0 & 1 & 0 & -2.583 \\ 0 & 0 & 1 & -0.183 \end{bmatrix}$$

9단계: 첫 번째 행의 두 번째 성분을 소거하기 위해 두 번째 행에 3/4을 곱한 다음 첫 번째 행에서 뺀다.

$$\begin{bmatrix} 1 & 0 & 0 & 2.208 \\ 0 & 1 & 0 & -2.583 \\ 0 & 0 & 1 & -0.183 \end{bmatrix}$$

14.4.3 LU 분해법

앞에서 설명된 두 가지 방법은 A를 상부 삼각행렬 또는 대각 행렬 형태로 만드는 과정에서 A와 y를 동시에 변경한다. 때때로 동일한 연립방정식을 사용하지만 y 부분만 달리하여 여러 번 풀어야 하는 경우가 있다. 현실 세계의 실험에서 빈번히 나타나는 일로 여러 번 실험을 반복하여 여러 개의 관찰 결과 y_a, y_b, y_c, ...를 얻는 경우가 이에 해당한다. 이 경우 매번 $[A, y]$가 변경되기 때문에 $Ax = y_a$, $Ax = y_b$, $Ax = y_c$, ... 등을 반복하여 풀어야 하며, 이것은 정말 비효율적이다. 좌변의 A만 변경하고 우변의 y는 변경하지 않는 방법이 있을까?

LU 분해법은 y는 그대로 두고 행렬 A만 변경한다. 계수 행렬 A는 동일하지만 상수 벡터 y가 매번 달라지는 연립방정식의 풀이에 이상적이다. LU 분해법은 A를 두 행렬 L과 U의 곱으로 바꾸는 것을 목표로 한다. 여기서 L은 하부 삼각행렬이고 U는 상부 삼각행렬이다. 이 분해를 통해 연립방정식을 다음 형식으로 변환한다.

$$LUx = y \rightarrow \begin{bmatrix} l_{1,1} & 0 & 0 & 0 \\ l_{2,1} & l_{2,2} & 0 & 0 \\ l_{3,1} & l_{3,2} & l_{3,3} & 0 \\ l_{4,1} & l_{4,2} & l_{4,3} & l_{4,4} \end{bmatrix} \begin{bmatrix} u_{1,1} & u_{1,2} & u_{1,3} & u_{1,4} \\ 0 & u_{2,2} & u_{2,3} & u_{2,4} \\ 0 & 0 & u_{3,3} & u_{3,4} \\ 0 & 0 & 0 & u_{4,4} \end{bmatrix} \begin{bmatrix} x_1 \\ x_2 \\ x_3 \\ x_4 \end{bmatrix} = \begin{bmatrix} y_1 \\ y_2 \\ y_3 \\ y_4 \end{bmatrix}$$

$Ux = M$으로 정의하면 위의 방정식은 다음과 같이 표현할 수 있다.

$$\begin{bmatrix} l_{1,1} & 0 & 0 & 0 \\ l_{2,1} & l_{2,2} & 0 & 0 \\ l_{3,1} & l_{3,2} & l_{3,3} & 0 \\ l_{4,1} & l_{4,2} & l_{4,3} & l_{4,4} \end{bmatrix} M = \begin{bmatrix} y_1 \\ y_2 \\ y_3 \\ y_4 \end{bmatrix}$$

위의 문제는 전진대입법(가우스 소거법에서 보았던 역대입법의 반대)으로 쉽게 풀 수 있다. M을 구한 다음에는 역대입법을 사용하여 남은 부분을 쉽게 풀 수 있다.

$$\begin{bmatrix} u_{1,1} & u_{1,2} & u_{1,3} & u_{1,4} \\ 0 & u_{2,2} & u_{2,3} & u_{2,4} \\ 0 & 0 & u_{3,3} & u_{3,4} \\ 0 & 0 & 0 & u_{4,4} \end{bmatrix} \begin{bmatrix} x_1 \\ x_2 \\ x_3 \\ x_4 \end{bmatrix} = \begin{bmatrix} m_1 \\ m_2 \\ m_3 \\ m_4 \end{bmatrix}$$

그런데 행렬 L과 U는 어떻게 구할까? LU 분해를 얻는 방법에는 여러 가지가 있다. 가우스 소거법을 사용하는 방법이 그 중 하나이다. 앞에서 가우스 소거를 수행하면 상부 삼각행렬을 얻을 수 있음을 살펴보았다. 이와 동시에 하부 삼각행렬도 얻게 되는데 앞의 설명에서 이 점에 대해서는 명시적으로 언급하지는 않았다. 가우스 소거 과정에서 행렬 A는 실제로 아래와 같이 두 행렬의 곱으로 바뀐다. 오른쪽의 상부 삼각행렬은 앞서 구한 행렬이다. 왼쪽의 하부 삼각행렬의 대각선 성분은 1이고 대각선 성분 아래의 성분들은 계산 과정에서 성분을 소거하기 위해 기준 방정식에 곱하는 승수들이다.

$$A = \begin{bmatrix} 1 & 0 & 0 & 0 \\ m_{2,1} & 1 & 0 & 0 \\ m_{3,1} & m_{3,2} & 1 & 0 \\ m_{4,1} & m_{4,2} & m_{4,3} & 1 \end{bmatrix} \begin{bmatrix} u_{1,1} & u_{1,2} & u_{1,3} & u_{1,4} \\ 0 & u_{2,2} & u_{2,3} & u_{2,4} \\ 0 & 0 & u_{3,3} & u_{3,4} \\ 0 & 0 & 0 & u_{4,4} \end{bmatrix}$$

가우스 소거법을 수행하면 L과 U를 동시에 얻게 된다. 위의 예를 사용하여 U는 이전에 방정식을 풀기 위해 사용한 것이고 L은 승수들로 구성된다(가우스 소거법 절의 예제를 통해 확인해보기 바람).

$$L = \begin{bmatrix} 1 & 0 & 0 \\ -0.5 & 1 & 0 \\ 2 & -0.8 & 1 \end{bmatrix}$$

$$U = \begin{bmatrix} 4 & 3 & -5 \\ 0 & -2.5 & 2.5 \\ 0 & 0 & 60 \end{bmatrix}$$

실행 예제

위의 행렬 L과 U가 행렬 A의 LU 분해인지 확인해보자. 결과는 $A=LU$라야 한다.

```
In [1]: import numpy as np
        u = np.array([[4, 3, -5],
                      [0, -2.5, 2.5],
                      [0, 0, 12]])
        l = np.array([[1, 0, 0],
                      [-0.5, 1, 0],
                      [2, -0.8, 1]])

        print("LU=", np.dot(l, u))

LU= [[ 4. 3. -5.]
 [-2. -4. 5.]
 [ 8. 8. 0.]]
```

14.4.4 반복법 – 가우스-자이델 방법

위에서 소개한 방법은 모두 유한한 횟수의 연산을 사용하여 해를 직접적으로 계산하는 방법이다. 이 절에서는 이와는 다른 **간접 방법**에 해당하는 **반복법**을 소개한다. 반복법에서는 해에 대한 초기 추측 값으로 시작하여 해의 변화가 미리 선택해둔 임계값 아래로 떨어질 때까지 반복적으로 해를 개선한다. 이러한 반복 과정을 사용하려면 먼저 음의 형식으로 주어진 연립방정식을 양의 형식으로 표현해야 한다. 음의 형식의 선형 연립방정식이 아래와 같이 주어져 있다고 하자.

$$\begin{bmatrix} a_{1,1} & a_{1,2} & \cdots & a_{1,n} \\ a_{2,1} & a_{2,2} & \cdots & a_{2,n} \\ \vdots & \vdots & \ddots & \vdots \\ a_{m,1} & a_{m,2} & \cdots & a_{m,n} \end{bmatrix} \begin{bmatrix} x_1 \\ x_2 \\ \vdots \\ x_n \end{bmatrix} = \begin{bmatrix} y_1 \\ y_2 \\ \vdots \\ y_m \end{bmatrix}$$

이를 양의 형식으로 표현하면 다음과 같다.

$$x_i = \frac{1}{a_{i,i}} \left[y_i - \sum_{j=1, j \neq i}^{j=n} a_{i,j}\, x_j \right]$$

이것이 반복법의 기초이다. 모든 x에 대한 초깃값을 설정하고 이를 $x^{(0)}$으로 둔다. 첫 번째 반복에서 $x^{(0)}$을 위의 양의 형식 연립방정식의 우변에 대입하여 첫 번째 반복 해인

$x^{(1)}$을 얻을 수 있다. $x^{(1)}$을 방정식에 대입하여 $x^{(2)}$를 얻고, 이런 식의 계산을 $x^{(k)}$와 $x^{(k-1)}$의 차이가 미리 정해둔 임계값보다 작아질 때까지 반복을 계속한다.

반복법에서 해가 수렴하기 위해서는 특정 조건이 필요하다. 계수 행렬의 **대각 지배성**은 수렴을 위한 충분조건의 하나인데, 필요조건은 아니다. 이는 계수 행렬 a의 각 행에서 대각선 성분의 절댓값이 비대각선 성분의 절댓값의 합보다 크다는 것을 의미한다. 계수 행렬이 이 조건을 충족하면 반복을 통해 해로 수렴한다. 계수 행렬이 대각 지배성을 갖추지 못한 경우에도 수렴할 가능성은 남아 있다.

14.4.4.1 가우스-자이델 반복법

가우스-자이델 반복법은 x의 각 성분에 대해 항상 최신 추정 값을 사용하는 반복법이다. 예를 들어, 먼저 x_1을 제외한 나머지 성분 x_2, x_3, ..., x_n 등에 초깃값이 정해져 있을 때 이들을 이용하여 x_1을 계산하였다고 하자. 이제 x_2를 계산할 때는 계산된 x_1과 나머지 x(x_2는 제외)를 사용한다. 같은 방식으로 계속해서 x의 모든 성분을 계산하면 첫 번째 반복이 완료된다. 가우스-자이델 반복법의 특징은 최신 값을 사용하여 x의 다음 값을 계산하는 것이다. 이러한 반복은 값이 수렴할 때까지 계속된다. 이 방법을 사용하여 앞에서 풀었던 문제를 다시 풀어보자.

예제

미리 정의된 임계값 $\epsilon=0.01$을 사용하여 가우스-자이델 반복법으로 아래의 선형 연립방정식을 풀어보자. 수렴 조건이 만족되는지 여부를 확인하는 것이 중요하다.

$$\begin{aligned} 8x_1 + 3x_2 - 3x_3 &= 14 \\ -2x_1 - 8x_2 + 5x_3 &= 5 \\ 3x_1 + 5x_2 + 10x_3 &= -8 \end{aligned}$$

먼저 계수 행렬의 대각 지배성 여부를 확인한다.

```
In [2]: a = [[8, 3, -3], [-2, -8, 5], [3, 5, 10]]

        # 대각선 성분의 절댓값들을 구한다.
        diag = np.diag(np.abs(a))

        # 각 행에 대해 비대각선 성분의 절댓값 합을 구한다.
        off_diag = np.sum(np.abs(a), axis=1) - diag

        if np.all(diag > off_diag):
            print("matrix is diagonally dominant")
```

```
        else:
            print("NOT diagonally dominant")

matrix is diagonally dominant
```

수렴이 보장될 것이므로 가우스-자이델 반복법을 사용하여 주어진 연립방정식을 풀 수 있다.

```
In [3]: x1 = 0
        x2 = 0
        x3 = 0
        epsilon = 0.01
        converged = False

        x_old = np.array([x1, x2, x3])

        print("Iteration results")
        print(" k, x1, x2, x3 ")
        for k in range(1, 50):
            x1 = (14-3*x2+3*x3)/8
            x2 = (5+2*x1-5*x3)/(-8)
            x3 = (-8-3*x1-5*x2)/(-5)
            x = np.array([x1, x2, x3])
            # 해의 변화가 임계값보다 작은지 확인한다.
            dx = np.sqrt(np.dot(x - x_old, x - x_old))

            print("%d, %.4f, %.4f, %.4f"%(k, x1, x2, x3))
            if dx < epsilon:
                converged = True
                print("Converged!")
                break

            # 최신의 x 값으로 예전 값을 대체한다.
            x_old = x

        if not converged:

            print("Not converged, increase the # of iterations")

Iteration results
```

```
k,    x1,      x2,      x3
1, 1.7500, -1.0625, 1.5875
2, 2.7437, -0.3188, 2.9275
3, 2.9673, 0.4629, 3.8433
4, 3.0177, 1.0226, 4.4332
5, 3.0290, 1.3885, 4.8059
6, 3.0315, 1.6208, 5.0397
7, 3.0321, 1.7668, 5.1861
8, 3.0322, 1.8582, 5.2776
9, 3.0322, 1.9154, 5.3348
10, 3.0323, 1.9512, 5.3705
11, 3.0323, 1.9735, 5.3929
12, 3.0323, 1.9875, 5.4068
13, 3.0323, 1.9962, 5.4156
14, 3.0323, 2.0017, 5.4210
Converged!
```

14.5 파이썬에서 선형 연립방정식 풀기

앞에서 제시된 예제들은 선형 연립방정식 풀이에 사용할 수 있는 다양한 방법을 보여주고 있다. 이들은 또한 아래와 같이 파이썬에서 매우 쉽게 수행할 수 있다. 해를 구하는 가장 쉬운 방법은 NumPy의 solve 함수를 사용하는 것이다.

실행 예제

numpy.linalg.solve를 사용하여 다음 방정식을 풀어보자.

$$\begin{aligned} 4x_1 + 3x_2 - 5x_3 &= \ \ 2 \\ -2x_1 - 4x_2 + 5x_3 &= \ \ 5 \\ 8x_1 + 8x_2 \qquad\quad &= -3 \end{aligned}$$

```
In [1]: import numpy as np
        A = np.array([[4, 3, -5],
                      [-2, -4, 5],
                      [8, 8, 0]])
        y = np.array([2, 5, -3])

        x = np.linalg.solve(A, y)
```

```
        print(x)

[ 2.20833333 -2.58333333 -0.18333333]
```

손으로 계산한 이전 절의 결과와 동일한 결과를 얻는다. 위의 풀이 함수는 "수면 아래에서" LU 분해를 수행한다. 함수의 도움말을 확인해보면 입력 행렬은 전 순위 정방행렬이어야 한다는 것을 알 수 있다. 즉, 모든 행(또는 열)은 선형 독립이어야 한다.

실행 예제

역행렬을 계산하여 위의 연립방정식을 풀어보자.

```
In [2]: A_inv = np.linalg.inv(A)
        x = np.dot(A_inv, y)
        print(x)

[ 2.20833333 -2.58333333 -0.18333333]
```

SciPy 패키지를 사용하여 LU 분해에 사용된 행렬 L과 U를 구할 수도 있다.

실행 예제

위의 행렬 A에 대해 L과 U를 구해보자.

```
In [3]: from scipy.linalg import lu

        P, L, U = lu(A)
        print("P:\n", P)
        print("L:\n", L)
        print("U:\n", U)
        print("LU:\n",np.dot(L, U))
P:
 [[0. 0. 1.]
  [0. 1. 0.]
  [1. 0. 0.]]
L:
 [[ 1. 0. 0. ]
  [-0.25 1. 0. ]
  [ 0.5 0.5 1. ]]
U:
 [[ 8. 8. 0. ]
  [ 0. -2. 5. ]
  [ 0. 0. -7.5]]
```

```
LU:
 [[ 8. 8. 0.]
  [-2. -4. 5.]
  [ 4. 3. -5.]]
```

마지막 절에서 손으로 계산한 것과 다른 L과 U를 얻게 된 이유는 무엇일까? 또한 lu 함수는 **순열 행렬** P를 반환하는데, 이 순열 행렬은 더 쉬운 계산을 위해 방정식의 순서가 어떻게 변경되었는지를 기록한다. 예를 들어, 첫 번째 행의 첫 번째 성분이 0이면, 첫 번째 행은 다른 행의 첫 번째 성분을 0으로 바꾸는 데 사용할 수 없으므로 기준 방정식이 될 수 없다. 따라서 새로운 기준 방정식을 얻으려면 방정식의 순서를 바꾸어야 한다. 위의 예에서 P와 A를 곱해보면 이 순열 행렬이 방정식의 순서를 역순으로 변경하였음을 알 수 있다.

실행 예제

P와 A를 곱하여 A에 대한 순열 행렬의 효과가 무엇인지 확인해보자.

```
In [4]: print(np.dot(P, A))

[[ 8. 8. 0.]
 [-2. -4. 5.]
 [ 4. 3. -5.]]
```

14.6 역행렬 계산

정방행렬 M의 역행렬은 $M \cdot M^{-1} = M^{-1} \cdot M = I$가 되는 동일한 크기의 행렬 M^{-1}로 정의한 바 있다. 큰 행렬의 경우 역행렬 계산에 대한 해석적 해가 복잡해진다. 따라서 역행렬을 계산하기 위한 다른 효율적인 방법이 필요하다.

아래와 같은 4×4 행렬이 주어져 있다고 하자.

$$M = \begin{bmatrix} m_{1,1} & m_{1,2} & m_{1,3} & m_{1,4} \\ m_{2,1} & m_{2,2} & m_{2,3} & m_{2,4} \\ m_{3,1} & m_{3,2} & m_{3,3} & m_{3,4} \\ m_{4,1} & m_{4,2} & m_{4,3} & m_{4,4} \end{bmatrix}$$

M의 역행렬을 다음과 같이 둔다.

$$X = \begin{bmatrix} x_{1,1} & x_{1,2} & x_{1,3} & x_{1,4} \\ x_{2,1} & x_{2,2} & x_{2,3} & x_{2,4} \\ x_{3,1} & x_{3,2} & x_{3,3} & x_{3,4} \\ x_{4,1} & x_{4,2} & x_{4,3} & x_{4,4} \end{bmatrix}$$

그러면 다음의 식을 갖게 될 것이다.

$$M \cdot X = \begin{bmatrix} m_{1,1} & m_{1,2} & m_{1,3} & m_{1,4} \\ m_{2,1} & m_{2,2} & m_{2,3} & m_{2,4} \\ m_{3,1} & m_{3,2} & m_{3,3} & m_{3,4} \\ m_{4,1} & m_{4,2} & m_{4,3} & m_{4,4} \end{bmatrix} \begin{bmatrix} x_{1,1} & x_{1,2} & x_{1,3} & x_{1,4} \\ x_{2,1} & x_{2,2} & x_{2,3} & x_{2,4} \\ x_{3,1} & x_{3,2} & x_{3,3} & x_{3,4} \\ x_{4,1} & x_{4,2} & x_{4,3} & x_{4,4} \end{bmatrix} = \begin{bmatrix} 1 & 0 & 0 & 0 \\ 0 & 1 & 0 & 0 \\ 0 & 0 & 1 & 0 \\ 0 & 0 & 0 & 1 \end{bmatrix}$$

위의 방정식을 아래와 같이 4개의 연립방정식으로 다시 작성할 수 있다.

$$\begin{bmatrix} m_{1,1} & m_{1,2} & m_{1,3} & m_{1,4} \\ m_{2,1} & m_{2,2} & m_{2,3} & m_{2,4} \\ m_{3,1} & m_{3,2} & m_{3,3} & m_{3,4} \\ m_{4,1} & m_{4,2} & m_{4,3} & m_{4,4} \end{bmatrix} \begin{bmatrix} x_{1,1} \\ x_{2,1} \\ x_{3,1} \\ x_{4,1} \end{bmatrix} = \begin{bmatrix} 1 \\ 0 \\ 0 \\ 0 \end{bmatrix}$$

$$\begin{bmatrix} m_{1,1} & m_{1,2} & m_{1,3} & m_{1,4} \\ m_{2,1} & m_{2,2} & m_{2,3} & m_{2,4} \\ m_{3,1} & m_{3,2} & m_{3,3} & m_{3,4} \\ m_{4,1} & m_{4,2} & m_{4,3} & m_{4,4} \end{bmatrix} \begin{bmatrix} x_{1,2} \\ x_{2,2} \\ x_{3,2} \\ x_{4,2} \end{bmatrix} = \begin{bmatrix} 0 \\ 1 \\ 0 \\ 0 \end{bmatrix}$$

$$\begin{bmatrix} m_{1,1} & m_{1,2} & m_{1,3} & m_{1,4} \\ m_{2,1} & m_{2,2} & m_{2,3} & m_{2,4} \\ m_{3,1} & m_{3,2} & m_{3,3} & m_{3,4} \\ m_{4,1} & m_{4,2} & m_{4,3} & m_{4,4} \end{bmatrix} \begin{bmatrix} x_{1,3} \\ x_{2,3} \\ x_{3,3} \\ x_{4,3} \end{bmatrix} = \begin{bmatrix} 0 \\ 0 \\ 1 \\ 0 \end{bmatrix}$$

$$\begin{bmatrix} m_{1,1} & m_{1,2} & m_{1,3} & m_{1,4} \\ m_{2,1} & m_{2,2} & m_{2,3} & m_{2,4} \\ m_{3,1} & m_{3,2} & m_{3,3} & m_{3,4} \\ m_{4,1} & m_{4,2} & m_{4,3} & m_{4,4} \end{bmatrix} \begin{bmatrix} x_{1,4} \\ x_{2,4} \\ x_{3,4} \\ x_{4,4} \end{bmatrix} = \begin{bmatrix} 0 \\ 0 \\ 0 \\ 1 \end{bmatrix}$$

위의 4개의 연립방정식을 풀면 역행렬을 얻는다. 앞에 소개된 연립방정식 풀이 방법(가우스 소거법, 가우스-조던 소거법, LU 분해법) 중 어느 것을 사용하더라도 이러한 방정식을 풀 수 있다. 다음은 가우스-조던 소거법을 사용한 역행렬 계산의 예이다.

다음과 같은 연립방정식 문제가 주어졌다고 하자.

$$\begin{bmatrix} m_{1,1} & m_{1,2} & m_{1,3} & m_{1,4} \\ m_{2,1} & m_{2,2} & m_{2,3} & m_{2,4} \\ m_{3,1} & m_{3,2} & m_{3,3} & m_{3,4} \\ m_{4,1} & m_{4,2} & m_{4,3} & m_{4,4} \end{bmatrix} \begin{bmatrix} x_1 \\ x_2 \\ x_3 \\ x_4 \end{bmatrix} = \begin{bmatrix} y_1 \\ y_2 \\ y_3 \\ y_4 \end{bmatrix}$$

가우스-조던 소거법에서는 해를 구하기 위해 위의 연립방정식을 아래와 같이 변환한다.

$$\begin{bmatrix} 1 & 0 & 0 & 0 \\ 0 & 1 & 0 & 0 \\ 0 & 0 & 1 & 0 \\ 0 & 0 & 0 & 1 \end{bmatrix} \begin{bmatrix} x_1 \\ x_2 \\ x_3 \\ x_4 \end{bmatrix} = \begin{bmatrix} y_1{'} \\ y_2{'} \\ y_3{'} \\ y_4{'} \end{bmatrix}$$

이 변환은 기본적으로 행렬

$$\begin{bmatrix} m_{1,1} & m_{1,2} & m_{1,3} & m_{1,4} & y_1 \\ m_{2,1} & m_{2,2} & m_{2,3} & m_{2,4} & y_2 \\ m_{3,1} & m_{3,2} & m_{3,3} & m_{3,4} & y_3 \\ m_{4,1} & m_{4,2} & m_{4,3} & m_{4,4} & y_4 \end{bmatrix}$$

을 아래의 행렬로 변환하는 것이다.

$$\begin{bmatrix} 1 & 0 & 0 & 0 & y_1{'} \\ 0 & 1 & 0 & 0 & y_2{'} \\ 0 & 0 & 1 & 0 & y_3{'} \\ 0 & 0 & 0 & 1 & y_4{'} \end{bmatrix}$$

요약하자면 행렬

$$\begin{bmatrix} m_{1,1} & m_{1,2} & m_{1,3} & m_{1,4} & 1 & 0 & 0 & 0 \\ m_{2,1} & m_{2,2} & m_{2,3} & m_{2,4} & 0 & 1 & 0 & 0 \\ m_{3,1} & m_{3,2} & m_{3,3} & m_{3,4} & 0 & 0 & 1 & 0 \\ m_{4,1} & m_{4,2} & m_{4,3} & m_{4,4} & 0 & 0 & 0 & 1 \end{bmatrix}$$

을 아래의 행렬로 변환하는 것이다.

$$\begin{bmatrix} 1 & 0 & 0 & 0 & m'_{1,1} & m'_{1,2} & m'_{1,3} & m'_{1,4} \\ 0 & 1 & 0 & 0 & m'_{2,1} & m'_{2,2} & m'_{2,3} & m'_{2,4} \\ 0 & 0 & 1 & 0 & m'_{3,1} & m'_{3,2} & m'_{3,3} & m'_{3,4} \\ 0 & 0 & 0 & 1 & m'_{4,1} & m'_{4,2} & m'_{4,3} & m'_{4,4} \end{bmatrix}$$

그러면 M의 역행렬은 아래와 같이 주어진다.

$$\begin{bmatrix} m'_{1,1} & m'_{1,2} & m'_{1,3} & m'_{1,4} \\ m'_{2,1} & m'_{2,2} & m'_{2,3} & m'_{2,4} \\ m'_{3,1} & m'_{3,2} & m'_{3,3} & m'_{3,4} \\ m'_{4,1} & m'_{4,2} & m'_{4,3} & m'_{4,4} \end{bmatrix}$$

역행렬 계산에 LU 분해법을 사용하는 방법을 각자 서술해보기 바란다.

14.7 요약, 그리고 문제

14.7.1 요약

1. 선형대수학은 많은 공학 분야의 토대이다.
2. 벡터는 $\mathbb{R}^n$상의 점으로 간주할 수 있다. 벡터에 대해 덧셈과 곱셈이 정의되지만, 스칼라와 벡터에 대한 덧셈은 정의되지 않는다.
3. 벡터의 집합에 속하는 어떤 벡터도 나머지 벡터들의 선형 조합으로 표현할 수 없는 경우 해당 벡터 집합은 선형 독립이다.
4. 행렬은 숫자 테이블이다. 행렬은 행렬식, 순위, 역행렬 등을 포함하여 몇 가지 중요한 특성을 갖는다.
5. 선형 연립방정식은 행렬 형식의 방정식 $Ax = y$로 나타낼 수 있다.
6. 선형 연립방정식의 해의 수는 rank(A), rank($[A, y]$) 등과 관련이 있다. 0개일 수도 있고, 1개일 수도 있고, 무수히 많을 수도 있다.
7. 가우스 소거법, 가우스-조던 소거법, LU 분해법, 가우스-사이넬 반복법 등을 사용하여 선형 연립방정식을 풀 수 있다.
8. 역행렬을 계산하는 방법을 소개하였다.

14.7.2 문제

0. 선형대수 교재를 구해 읽어보기 바란다. 이 장의 내용을 더 깊이 있게 이해할 수 있을 것이다. 주세페 칼리피오레와 로랑 엘 가위 공저의 『Optimization Models』의 첫 번째 단원을 추천한다.
1. 행렬 곱셈과 행렬 덧셈에 대해 분배법칙이 성립함을 증명하시오. 즉, 호환 가능한 크기의 행렬 A, B, C에 대해 $A(B+C) = AB + AC$임을 보이시오.
2. 함수 `my_is_orthogonal(v1,v2,tol)`을 작성하시오. 여기서 `v1`과 `v2`는 같은 크기의 열벡터이고 `tol`은 0보다 큰 스칼라 값이다. `v1`과 `v2` 사이의 각도 θ가 $\pi/2$에서 `tol` 이내인 경우, 즉 $|\pi/2 - \theta| <$ `tol`인 경우 출력은 1이고, 그렇지 않으면 0이다. `v1`과 `v2`가 같은 크기의 열벡터이고 `tol`은 양의 스칼라라고 가정한다.

```
In [ ]: # 문제 2를 위한 테스트 케이스
        a = np.array([[1], [0.001]])
        b = np.array([[0.001], [1]])
```

```
# 출력: 1
my_is_orthogonal(a, b, 0.01)

# 출력: 0
my_is_orthogonal(a, b, 0.001)

# 출력: 0
a = np.array([[1], [0.001]])
b = np.array([[1], [1]])
my_is_orthogonal(a, b, 0.01)

# 출력: 1
a = np.array([[1], [1]])
b = np.array([[-1], [1]])
my_is_orthogonal(a, b, 1e-10)
```

3. 함수 my_is_similar(s1,s2,tol)을 작성하시오. 여기서 s1과 s2는 문자열이며, 반드시 같은 길이를 가질 필요는 없다. tol은 0보다 큰 스칼라 값이다. 이 함수는 s1과 s2로부터 두 개의 벡터 v1과 v2를 생성해야 한다. 여기서 v1[0], v1[1], ..., v1[25] 등은 각각 s1 안의 a의 개수, b의 개수, ..., z의 개수 등이다. 벡터 v2는 s2에 대해 유사하게 구성되어야 한다. v1과 v2 사이의 각도 θ의 절댓값이 tol보다 작은 경우, 즉 $|\theta| <$ tol인 경우 출력은 1이고, 그렇지 않으면 0이다.
4. 함수 my_make_lin_ind(A)를 작성하시오. A가 rank(A) = n인 입력 행렬일 때 출력 행렬 B는 A의 열 중에서 모두 선형 독립인 처음 n개의 열을 포함하는 행렬이어야 한다. 이것은 B가 전 순위를 갖는다는 것을 의미한다.

```
In [ ]: # 문제 4를 위한 테스트 케이스
        A = np.array([[12,24,0,11,-24,18,15],
                      [19,38,0,10,-31,25,9],
                      [1,2,0,21,-5,3,20],
                     [6,12,0,13,-10,8,5],
                     [22,44,0,2,-12,17,23]])

        B = my_make_lin_ind(A)

        # B = [[12,11,-24,15],
        # [19,10,-31,9],
        # [1,21,-5,20],
        # [6,13,-10,5],
        # [22,2,-12,23]]
```

5. 크래머의 법칙은 행렬식을 계산하는 방법이다. $n \times n$ 정방행렬 M이 있다고 하자. $M(i,j)$를 M의 i번째 행과 j번째 열에 있는 성분이라 하고, $m_{i,j}$를 M의 i번째 행과 j번째 열을 제거하고 남은 M의 소행렬이라고 하자. 크래머의 법칙에 따르면 다음의 관계가 성립한다.

$$\det(M) = \sum_{i=1}^{n}(-1)^{i-1}M(1,i)\det(m_{1,i})$$

출력이 $\det(M)$인 함수 `my_rec_det(M)`를 작성하시오. `NumPy`의 함수를 사용하지 말고 크래머의 법칙을 사용하여 행렬식을 계산해야 한다.

6. 위의 문제에서 `my_rec_det`의 복잡도는 얼마인가? 이 함수가 행렬이 특이 행렬인지 여부를 결정하는 효과적인 방법이라고 생각하는가?

7. p를 차수가 $L-1$인 다항식의 계수들을 포함하는 길이 L인 벡터라고 하자. 예를 들어, 벡터 $p=[1, 0, 2]$는 다항식 $f(x)=1x^2+0x+2$를 나타낸다. 함수 `my_poly_der_mat(p)`를 작성하시오. 여기서 p는 앞서 말한 벡터이고, 출력 D는 p의 왼쪽에 D를 곱하면 p의 도함수의 계수가 되는 행렬로 정해진다. 예를 들어 $f(x)$의 도함수는 $f(x)=2x$이다. 따라서 $d=Dp=[2, 0]$이 되어야 한다. 이것은 D의 크기가 $(L-1)\times L$임을 의미한다. 이 문제의 요점은 다항식의 미분이 실제로 선형 변환에 해당한다는 것을 보여주는 것이다.

8. 가우스 소거법을 사용하여 다음 방정식을 풀어보시오.

$$\begin{aligned} 3x_1 - x_2 + 4x_3 &= 2 \\ 17x_1 + 2x_2 + x_3 &= 14 \\ x_1 + 12x_2 - 7x_3 &= 54 \end{aligned}$$

9. 가우스-조던 소거법을 사용하여 문제 8의 방정식을 풀어보시오.

10. 문제 8의 방정식에서 하부 삼각행렬 L과 상부 삼각행렬 U를 구하시오.

11. 벡터 내적과 벡터 덧셈에 대해 분배법칙이 성립한다는 것을 보이시오. 즉, $u \cdot (v+w) = u \cdot v + u \cdot w$를 보이시오.

12. `S1`과 `S2`로 표시된 2개의 전원 공급 장치와 `N1`에서 `N5`로 표시된 5개의 전력 수신 노드로 구성된 그림 14.1의 네트워크를 생각해보자. 노드들은 화살표로 표시된 전력선으로 연결되며 전력은 전력선을 따라 노드 사이에서 양방향으로 흐를 수 있다.

   d_i를 노드 i에 대한 전력 수요를 나타내는 양의 스칼라라고 하자. 전력 수요는 정확히 충족되어야 한다고 가정한다. 전원 공급 장치의 용량은 S로 표시된다. 전

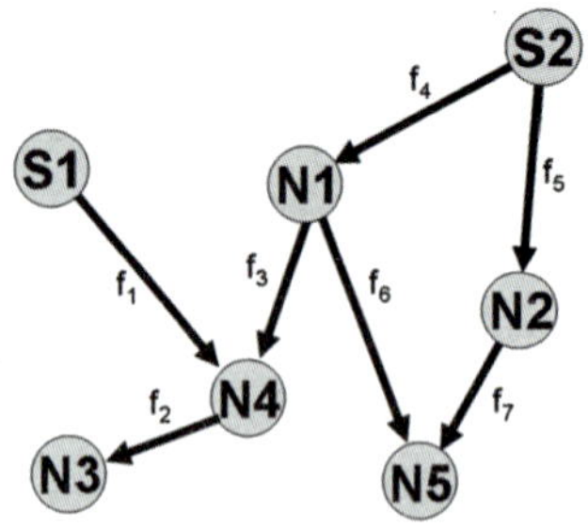

그림 14.1
문제 12의 그래프.

원 공급 장치는 용량만큼의 전력을 공급해야 한다. 각 화살표에 대해 f_j를 해당 화살표를 따라 흐르는 전력이라고 하자. 음의 흐름은 전원이 화살표의 반대 방향으로 흐르고 있음을 의미한다.

함수 `my_flow_calculator(S,d)`를 작성하시오. 여기서 `S`는 각 전원 공급 장치의 용량을 나타내는 1×2 벡터이고 `d`는 각 노드의 수요를 나타내는 1×5 행벡터이다(즉, `d[0]`은 노드 1의 수요). 출력 인수 `f`는 네트워크의 흐름을 나타내는 1×7 행벡터이다(즉, 다이어그램에서 `f[0]` $= f_1$). `f`에 포함된 흐름은 용량이나 수요와 같은 시스템의 모든 제약조건을 충족해야 한다. 연립방정식에 대한 해는 둘 이상이 될 수도 있음에 유의하기 바란다.

노드로 들어오는 총 흐름은 노드에서 나오는 총 흐름에 수요를 더한 것과 같아야 한다. 즉, 각 노드 i에 대해 $f_{\text{inflow}} = f_{\text{outflow}} + d_i$이다. $\sum S_j = \sum d_i$라고 가정한다.

```
In [ ]: # 문제 12를 위한 테스트 케이스

        s = np.array([[10, 10]])
        d = np.array([[4, 4, 4, 4, 4]])

        # f = [[10.0, 4.0, -2.0, 4.5, 5.5, 2.5, 1.5]]
        f = my_flow_calculator(s, d)

        s = np.array([[10, 10]])
        d = np.array([[3, 4, 5, 4, 4]])
        # f = [[10.0, 5.0, -1.0, 4.5, 5.5, 2.5, 1.5]]
        f = my_flow_calculator(s, d)
```

CHAPTER

고윳값과 고유벡터 15

CONTENTS

15.1 고윳값과 고유벡터 개요

15.1.1 고윳값과 고유벡터

이전 장에서 열벡터 x에 Ax와 같이 적용되는 행렬 A는 x에 대한 선형 변환임을 살펴보았다. 그런데 다음의 관계를 만족하는 특별한 변환이 있다.

$$Ax = \lambda x$$

여기서 A는 $n \times n$ 행렬, x는 $n \times 1$ 열벡터($x \neq 0$), λ는 스칼라이다. 위의 관계식을 만족하는 모든 λ는 행렬 A의 **고윳값**이라고 하며, 연계된 벡터 x는 λ에 대응되는 **고유벡터**라고 한다.

15.1.2 고윳값과 고유벡터의 배경

고윳값과 고유벡터의 배경은 선형 변환의 특성을 이해하는 것이 문제 풀이의 단순화에 도움이 된다는 것이다. Ax에서와 같이 행렬 A를 벡터 x에 곱할 수 있다고 가정한다.

이러한 곱셈은 벡터 x를 다른 벡터로 변환하며, 이러한 변환은 벡터 길이의 변경이나 벡터의 회전 등을 나타낸다. 위의 관계식은 벡터에 따라서는 변환 Ax의 효과가 (축소, 확대, 또는 방향의 반전 등과 같은) 길이 변경에 국한된다는 것을 나타낸다. 고유벡터는 이러한 성질을 갖는 벡터이고 고윳값은 길이 변경 계수이다. 다음 예를 살펴보자.

실행 예제

벡터 x=[[1], [1]]과 벡터 $b=Ax$를 그려보자. 여기서 A=[[2, 0], [0, 1]]이다.

```
In [1]: import numpy as np
        import matplotlib.pyplot as plt

        plt.style.use("seaborn-poster")

        %matplotlib inline

        def plot_vect(x, b, xlim, ylim):
            """
            두 개의 벡터를 그리는 함수
            x - 원본 벡터
            b - 변환 후의 벡터
            xlim - x 값 한계
            ylim - y 값 한계
            """
            plt.figure(figsize = (10, 6))
            plt.quiver(0,0,x[0],x[1],\
                color="k",angles="xy",\
                scale_units="xy",scale=1,\
                label="Original vector")
            plt.quiver(0,0,b[0],b[1],\
                color="g",angles="xy",\
                scale_units="xy",scale=1,\
                label ="Transformed vector")
            plt.xlim(xlim)
            plt.ylim(ylim)
            plt.xlabel("X")
            plt.ylabel("Y")
            plt.legend()
            plt.show()

In [2]: A = np.array([[2, 0],[0, 1]])
        x = np.array([[1],[1]])
```

```
        b = np.dot(A, x)
        plot_vect(x,b,(0,3),(0,2))
```

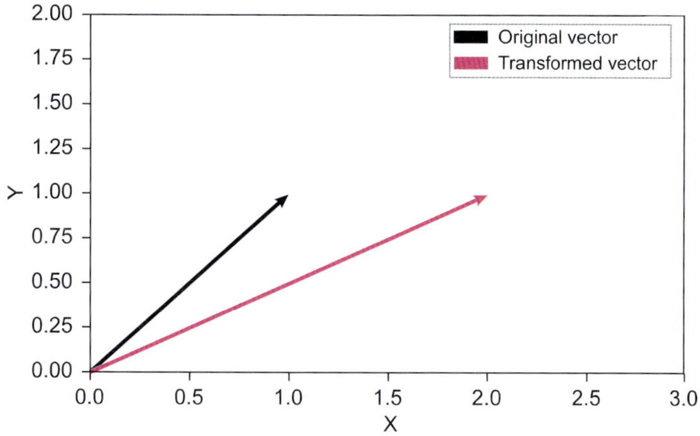

생성된 그림에서 원본 벡터 x가 A에 의해 변환된 후 회전이 발생하였고 길이가 늘어난 것을 볼 수 있다. 벡터 [[1], [1]]은 [[2], [1]]로 변환되었다. 다른 벡터 [[1], [0]]로 동일한 변환을 사용하는 연습을 해보자.

실행 예제

벡터 x=[[1], [0]]과 벡터 $b=Ax$를 그려보자. 여기서 A=[[2, 0], [0, 1]]이다.

```
In [3]: x = np.array([[1], [0]])
        b = np.dot(A, x)
        plot_vect(x,b,(0,3),(-0.5,0.5))
```

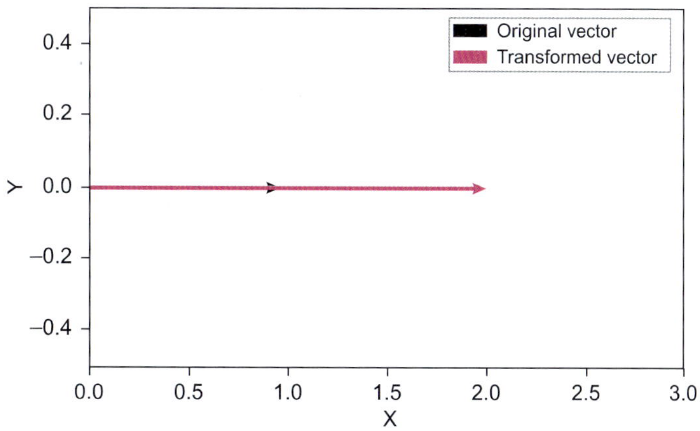

새로운 벡터의 경우 변환 후 유일한 변화는 벡터의 길이가 늘어난 것이다. 변환 후의 벡터는 [[2], [0]]이므로 변환은 다음과 같다.

$$Ax = 2x$$

여기에서 $x =$[[1], [0]]이고 $\lambda = 2$이다. 벡터의 방향은 전혀 변경되지 않는다(회전 없음). [[0], [1]]이 또 다른 고유벡터인지 각자 확인해보기 바란다.

15.1.3 특성 방정식

$Ax = \lambda x$에서 고윳값과 고유벡터를 얻기 위해 다음 형식을 사용할 수 있다.

$$(A - \lambda I)x = 0$$

여기서 I는 A와 동일한 크기의 단위행렬이다. 행렬 $A - \lambda I$가 역행렬을 갖는 경우 양변에 $(A - \lambda I)^{-1}$을 곱하면 자명한 해 $x = 0$을 얻는다. 따라서 유일한 흥미로운 사례는 $A - \lambda I$가 역행렬이 존재하지 않는 특이 행렬일 때이며, 이 경우 자명하지 않은 해가 존재한다. 이 경우 $A - \lambda I$에 대한 행렬식은 0이 된다.

$$\det(A - \lambda I) = 0$$

이 방정식을 **특성 방정식**이라고 하며, λ에 관한 다항식 방정식으로 이어지는데 이를 풀면 고윳값들을 얻을 수 있다. 아래의 예를 살펴보자.

실행 예제

행렬 [[0, 2], [2, 3]]에 대한 고윳값을 구해보자.

특성 방정식은 다음과 같다.

$$\begin{vmatrix} 0-\lambda & 2 \\ 2 & 3-\lambda \end{vmatrix} = 0$$

따라서 다음 식을 얻는다.

$$-\lambda(3-\lambda) - 4 = 0 \quad \Rightarrow \quad \lambda^2 - 3\lambda - 4 = 0$$

위의 방정식을 풀어 다음과 같은 두 개의 고윳값을 구할 수 있다.

$$\lambda_1 = 4, \quad \lambda_2 = -1$$

실행 예제

위의 두 고윳값에 대한 고유벡터를 구해보자.

첫 번째 고윳값 $\lambda_1 = 4$를 $(A - \lambda I)x = 0$에 대입하면 다음 식을 얻는다.

$$\begin{bmatrix}-4 & 2\\ 2 & -1\end{bmatrix}\begin{bmatrix}x_1\\ x_2\end{bmatrix}=\begin{bmatrix}0\\ 0\end{bmatrix}$$

따라서 두 개의 방정식 $-4x_1+2x_2=0$과 $2x_1-x_2=0$을 얻게 되는데, 둘 모두 $x_2=2x_1$임을 나타낸다. 따라서 첫 번째 고유벡터는 다음과 같다.

$$v_1=k_1\begin{bmatrix}1\\ 2\end{bmatrix}$$

k_1은 0이 아닌 스칼라이다. x_2와 x_1 사이의 비율이 2이기만 하면 고유벡터가 된다. 아래와 같이 벡터 [[1], [2]]를 다시 대입하여 고유벡터임을 확인할 수 있다.

$$\begin{bmatrix}0 & 2\\ 2 & 3\end{bmatrix}\begin{bmatrix}1\\ 2\end{bmatrix}=\begin{bmatrix}4\\ 8\end{bmatrix}=4\begin{bmatrix}1\\ 2\end{bmatrix}$$

이번에는 $\lambda_2=-1$을 대입하여 또 다른 고유벡터를 구할 수 있다($k_2\neq 0$).

$$v_2=k_2\begin{bmatrix}-2\\ 1\end{bmatrix}$$

위의 예는 행렬 A에서 고윳값과 고유벡터를 구하는 방법을 보여준다. 연립방정식에 대한 고유벡터가 유일하게 정해지는 것은 아니다. 행렬의 차원이 증가함에 따라 특성 방정식에서 도출되는 다항식의 차수도 높아지며 그 풀이도 더 복잡해진다. 다행히 (수백에서 수천에 이르는 차원의 경우를 포함하는) 큰 행렬에 대한 고윳값 문제를 해결하기 위한 다양한 수치적 방법이 개발되어 있다. 다음에 오는 두 절에서 누승법과 QR 방법을 소개한다.

15.2 누승법

15.2.1 가장 큰 고윳값 찾기

어떤 문제에서는 가장 큰 우세 고윳값과 그에 대응되는 고유벡터만 찾으면 된다. 이 경우 가장 큰 고윳값으로 수렴하는 반복적인 방법인 **누승법**(power method)을 사용할 수 있다. 아래의 예를 살펴보자.

n개의 실수 고윳값 λ_1, λ_2, ..., λ_n과 이에 대응되는 선형 독립인 고유벡터 v_1, v_2, ..., v_n을 갖는 $n\times n$ 행렬 A가 있다고 하자. 고윳값은 스칼라이므로 다음과 같이 순위를 매길 수 있다.

$$|\lambda_1|>|\lambda_2|\geq\cdots\geq|\lambda_n|$$

위의 순위에서 $|\lambda_1| > |\lambda_2|$만 필요하며, 다른 고윳값들은 같아도 무방하다.

고유벡터는 선형 독립이라고 가정하기 때문에 기저 벡터의 집합이며, 이는 동일한 공간에 있는 임의의 벡터를 기저 벡터의 선형 조합으로 작성할 수 있음을 의미한다. 즉, 임의의 벡터 x_0에 대해 다음과 같이 표현할 수 있다.

$$x_0 = c_1 v_1 + c_2 v_2 + \cdots + c_n v_n$$

여기서 제약조건은 $c_1 \neq 0$이다. 만일 0이 될 경우에는 $c_1 \neq 0$이 되도록 다른 초기 벡터를 선택한다.

이제 양변에 A를 곱해 보자.

$$Ax_0 = c_1 A v_1 + c_2 A v_2 + \cdots + c_n A v_n$$

$Av_i = \lambda_i v_i$이므로 다음 식을 얻는다.

$$Ax_0 = c_1 \lambda_1 v_1 + c_2 \lambda_2 v_2 + \cdots + c_n \lambda_n v_n$$

위의 식을 다음과 같이 변경할 수 있다.

$$Ax_0 = c_1 \lambda_1 \left[v_1 + \frac{c_2}{c_1} \frac{\lambda_2}{\lambda_1} v_2 + \cdots + \frac{c_n}{c_1} \frac{\lambda_n}{\lambda_1} v_n \right] = c_1 \lambda_1 x_1$$

여기서 x_1은 새로운 벡터이며, $x_1 = v_1 + \frac{c_2}{c_1} \frac{\lambda_2}{\lambda_1} v_2 + \cdots + \frac{c_n}{c_1} \frac{\lambda_n}{\lambda_1} v_n$으로 계산된다.

이것으로 첫 번째 반복이 완료된다. 두 번째 반복을 위해 A를 x_1에 적용하여 다음 식을 얻는다.

$$Ax_1 = \lambda_1 v_1 + \frac{c_2}{c_1} \frac{\lambda_2^2}{\lambda_1} v_2 + \cdots + \frac{c_n}{c_1} \frac{\lambda_n^2}{\lambda_1} v_n$$

위의 식을 다음과 같이 정돈할 수 있다.

$$Ax_1 = \lambda_1 \left[v_1 + \frac{c_2}{c_1} \frac{\lambda_2^2}{\lambda_1^2} v_2 + \cdots + \frac{c_n}{c_1} \frac{\lambda_n^2}{\lambda_1^2} v_n \right] = \lambda_1 x_2$$

여기서 x_2가 새로운 벡터이며, $x_2 = v_1 + \frac{c_2}{c_1} \frac{\lambda_2^2}{\lambda_1^2} v_2 + \cdots + \frac{c_n}{c_1} \frac{\lambda_n^2}{\lambda_1^2} v_n$으로 계산된다.

새로운 벡터에 A를 적용하기를 반복하면, k번째 반복에서는 다음 식을 얻는다.

$$Ax_{k-1} = \lambda_1\left[v_1 + \frac{c_2}{c_1}\frac{\lambda_2^k}{\lambda_1^k}v_2 + \cdots + \frac{c_n}{c_1}\frac{\lambda_n^k}{\lambda_1^k}v_n\right] = \lambda_1 x_k$$

λ_1이 가장 큰 고윳값이기 때문에 1보다 큰 모든 i에 대해 $\frac{\lambda_i}{\lambda_1} < 1$이다. k가 충분히 크면 계수 $\left(\frac{\lambda_n}{\lambda_1}\right)^k$는 0에 가까워진다. 따라서 k가 증가함에 따라 이 계수를 포함하는 모든 항을 무시할 수 있게 된다. 즉,

$$Ax_{k-1} \sim \lambda_1 v_1$$

기본적으로 k가 충분히 크면 가장 큰 고윳값과 그에 대응되는 고유벡터를 얻게 된다. 누승법 계산에서 각 반복의 결과 벡터는 대개 정규화된다. 이것은 벡터에서 가장 큰 성분으로 벡터를 나누어줌으로써 벡터의 가장 큰 성분을 1로 만드는 것이다. 이러한 정규화를 통해 가장 큰 고윳값과 그에 대응되는 고유벡터를 동시에 얻을 수 있다. 아래의 예에서 이를 확인할 것이다.

언제 반복을 중지할 수 있을까? 다음과 같은 단순한 중시 기순늘이 있다. (1) 고윳값 간의 차이가 지정된 허용 오차보다 작다. (2) 고유벡터 사이의 각도가 임계값보다 작다. (3) 잔차 벡터의 노옴이 충분히 작다.

실행 예제

마지막 절에서 행렬 $A = \begin{bmatrix} 0 & 2 \\ 2 & 3 \end{bmatrix}$에 대한 가장 큰 고윳값이 4라는 것을 확인한 바 있다. 누승법을 사용하여 가장 큰 고윳값과 그에 대응되는 고유벡터를 구해보자. 초기 벡터로 [1, 1]을 선택하여 반복을 시작한다.

첫 번째 반복:

$$\begin{bmatrix} 0 & 2 \\ 2 & 3 \end{bmatrix}\begin{bmatrix} 1 \\ 1 \end{bmatrix} = \begin{bmatrix} 2 \\ 5 \end{bmatrix} = 5\begin{bmatrix} 0.4 \\ 1 \end{bmatrix}$$

두 번째 반복:

$$\begin{bmatrix} 0 & 2 \\ 2 & 3 \end{bmatrix}\begin{bmatrix} 0.4 \\ 1 \end{bmatrix} = \begin{bmatrix} 2 \\ 3.8 \end{bmatrix} = 3.8\begin{bmatrix} 0.5263 \\ 1 \end{bmatrix}$$

세 번째 반복:

$$\begin{bmatrix} 0 & 2 \\ 2 & 3 \end{bmatrix}\begin{bmatrix} 0.5263 \\ 1 \end{bmatrix} = \begin{bmatrix} 2 \\ 4.0256 \end{bmatrix} = 4.0256\begin{bmatrix} 0.4935 \\ 1 \end{bmatrix}$$

네 번째 반복:

$$\begin{bmatrix} 0 & 2 \\ 2 & 3 \end{bmatrix}\begin{bmatrix} 0.4935 \\ 1 \end{bmatrix} = \begin{bmatrix} 2 \\ 3.987 \end{bmatrix} = 3.987\begin{bmatrix} 0.5016 \\ 1 \end{bmatrix}$$

다섯 번째 반복:

$$\begin{bmatrix} 0 & 2 \\ 2 & 3 \end{bmatrix}\begin{bmatrix} 0.5016 \\ 1 \end{bmatrix} = \begin{bmatrix} 2 \\ 4.00032 \end{bmatrix} = 4.00032\begin{bmatrix} 0.4996 \\ 1 \end{bmatrix}$$

여섯 번째 반복:

$$\begin{bmatrix} 0 & 2 \\ 2 & 3 \end{bmatrix}\begin{bmatrix} 0.4996 \\ 1 \end{bmatrix} = \begin{bmatrix} 2 \\ 3.9992 \end{bmatrix} = 3.9992\begin{bmatrix} 0.5001 \\ 1 \end{bmatrix}$$

일곱 번째 반복:

$$\begin{bmatrix} 0 & 2 \\ 2 & 3 \end{bmatrix}\begin{bmatrix} 0.5001 \\ 1 \end{bmatrix} = \begin{bmatrix} 2 \\ 4.0002 \end{bmatrix} = 4.0002\begin{bmatrix} 0.5000 \\ 1 \end{bmatrix}$$

7번의 반복 후에 고윳값은 4로 수렴되었으며 [0.5, 1]은 그에 대응되는 고유벡터이다.

실행 예제

파이썬에서 누승법을 구현해보자.

```
In [1]: import numpy as np

In [2]: def normalize(x):
            fac = abs(x).max()
            x_n = x / x.max()
            return fac, x_n

In [3]: x = np.array([1, 1])
        a = np.array([[0, 2],
                      [2, 3]])
        for i in range(8):
            x = np.dot(a, x)
            lambda_1, x = normalize(x)

        print("Eigenvalue:", lambda_1)
        print("Eigenvector:", x)

Eigenvalue: 3.999949137887188
Eigenvector: [0.50000636 1.]
```

15.2.2 역 누승법

역행렬 A^{-1}의 고윳값은 A의 고윳값의 역수이다. 이러한 성질과 누승법을 활용하여 A의 가장 작은 고윳값을 얻을 수 있으며, 이것이 **역 누승법**의 토대이다. 계산 단계는 매우 간단하다. 위에서 설명한 대로 A를 적용하는 대신 A^{-1}을 적용함으로써 가장 큰 $\frac{1}{\lambda_1}$ 값을 찾는데, 이는 A의 고윳값 중 가장 작은 값이 될 것이다. 역행렬의 계산에는 이전 장에서 다룬 방법을 사용할 수 있다. 여기서 더 자세히 설명하지는 않으며, 아래에 예를 제시하는 것으로 마친다.

실행 예제

행렬 $A=\begin{bmatrix}0 & 2\\2 & 3\end{bmatrix}$에 대한 가장 작은 고윳값과 그에 대응되는 고유벡터를 구해보자.

```
In [4]: from numpy.linalg import inv

In [5]: a_inv = inv(a)

        for i in range(8):
            x = np.dot(a_inv, x)
            lambda_1, x = normalize(x)

        print("Eigenvalue:", lambda_1)
        print("Eigenvector:", x)

Eigenvalue: 0.20000000000003912
Eigenvector: [1. 1.]
```

15.2.3 이동 누승법

때로 최댓값과 최솟값뿐만 아니라 모든 고윳값과 고유벡터를 찾아야 하는 경우가 있다. 간단하지만 비효율적인 한 가지 방법은 **이동 누승법**을 사용하는 것이다. 보다 효율적인 방법에 대해서는 다음 절에서 소개할 것이다.

$Ax=\lambda_1 x$이고 λ_1이 누승법으로 얻은 가장 큰 고윳값인 경우 다음 식을 얻는다.

$$[A-\lambda_1 I]x=\alpha x$$

여기서 α는 이동된 행렬 $A-\lambda_1 I$의 고윳값이며, 0, $\lambda_2-\lambda_1$, $\lambda_3-\lambda_1$, ..., $\lambda_n-\lambda_1$ 등의 값을 갖는다.

이제 이동된 행렬에 누승법을 적용하면 이동된 행렬의 최대 고윳값을 결정할 수 있는데, 이를 α_k라고 하자. $\alpha_k=\lambda_k-\lambda_1$이므로 고윳값 λ_k를 쉽게 얻을 수 있다. 이 과정을 여러 번 반복하면 다른 모든 고윳값을 찾을 수 있지만, 계산량이 매우 많은 작업임을 알 수 있다. 모든 고윳값을 찾는 더 좋은 방법은 다음에 소개할 QR 방법이다.

15.3 QR 방법

QR 방법은 행렬의 모든 고윳값을 찾아야 할 때 많이 사용하는 반복법이며(고유벡터도 함께 찾아주지는 않음), 다음 두 가지 개념을 기반으로 한다.

1. 유사한 행렬은 동일한 고윳값과 관련 고유벡터를 갖는다. 두 개의 정방행렬 A와 B는 다음을 만족하는 가역 행렬 C가 존재할 때 유사하다고 말한다.

$$A = C^{-1}BC$$

2. QR 방법은 행렬을 두 개의 행렬 Q와 R로 분해하는 방법이다. 여기서 Q는 직교 행렬이고 R은 상부 삼각행렬이다. 직교 행렬은 $Q^{-1} = Q^T$를 충족하는 행렬을 말하며, 이는 $Q^{-1}Q = Q^TQ = I$를 의미한다.

고윳값을 찾기 위해 이 두 개념을 어떻게 연결할 수 있을까? 고윳값을 결정해야 하는 행렬 A_0이 있다고 하자. k번째 단계($k = 0$에서 시작함)에서 QR 분해를 수행하면 다음의 식을 얻을 수 있다.

$$A_k = Q_kR_k$$

여기서 Q_k는 직교 행렬이고 R_k는 상부 삼각행렬이다. 이제

$$A_{k+1} = R_kQ_k$$

라고 두면 다음의 결과를 얻을 수 있다.

$$A_{k+1} = R_kQ_k = Q_k^{-1}Q_kR_kQ_k = Q_k^{-1}A_kQ_k$$

위에서 언급한 것처럼 모든 A_k가 유사하기 때문에 모두 동일한 고윳값을 갖는다.

반복이 진행됨에 따라 결국 다음과 같은 형태의 상부 삼각행렬로 수렴할 것이다.

$$A_k = R_kQ_k = \begin{bmatrix} \lambda_1 & X & \cdots & X \\ 0 & \lambda_2 & \cdots & X \\ \vdots & \vdots & \ddots & \vdots \\ 0 & 0 & \cdots & \lambda_n \end{bmatrix}$$

여기서 대각선 값들은 행렬의 고윳값들이다. QR 방법의 각 반복에서 **하우스홀더 행렬**이라는 특수 행렬을 사용하여 행렬을 직교 행렬과 상부 삼각행렬로 분해할 수 있다. 행렬에

서 Q와 R을 얻는 방법에 대한 수학적 세부사항은 생략한다. 대신 이 두 행렬을 구하기 위해 파이썬 함수를 사용한다.

실행 예제

numpy.linalg의 qr 함수를 사용하여 행렬 $A = \begin{bmatrix} 0 & 2 \\ 2 & 3 \end{bmatrix}$을 분해해보자. 결과가 올바른지 확인해 보기 바란다.

```
In [1]: import numpy as np
        from numpy.linalg import qr

In [2]: a = np.array([[0, 2],
                      [2, 3]])

        q, r = qr(a)

        print("Q:", q)
        print("R:", r)

        b = np.dot(q, r)
        print("QR:", b)

Q: [[ 0. -1.]
 [-1. 0.]]
R: [[-2. -3.]
 [ 0. -2.]]
QR: [[0. 2.]
 [2. 3.]]
```

실행 예제

QR 방법을 사용하여 행렬 $A = \begin{bmatrix} 0 & 2 \\ 2 & 3 \end{bmatrix}$의 고윳값을 구해보자. 20번 반복하고 첫 번째, 다섯 번째, 10번째, 20번째 반복의 결과를 인쇄한다.

```
In [3]: a = np.array([[0, 2],
                      [2, 3]])
        p = [1, 5, 10, 20]
        for i in range(20):

           q, r = qr(a)
           a = np.dot(r, q)
           if i+1 in p:
               print(f"Iteration {i+1}:")
               print(a)
```

```
Iteration 1:
[[3. 2.]
 [2. 0.]]
Iteration 5:
[[ 3.99998093 0.00976559]
 [ 0.00976559 -0.99998093]]
Iteration 10:
[[ 4.00000000e+00 9.53674316e-06]
 [ 9.53674316e-06 -1.00000000e+00]]
Iteration 20:
[[ 4.00000000e+00 9.09484250e-12]
 [ 9.09494702e-12 -1.00000000e+00]]
```

다섯 번째 반복 후에 고윳값들은 올바른 값들로 수렴된다. 다음 절에서는 파이썬 내장 함수를 사용하여 고윳값과 고유벡터를 구하는 방법을 보여준다.

15.4 파이썬에서 고윳값과 고유벡터 구하기

앞에서 소개한 방법들은 실행하기가 상당히 복잡하지만, 파이썬에서 고윳값과 고유벡터를 계산하는 것은 어렵지 않다. 파이썬에서 정방행렬에 대한 고윳값/고유벡터 문제 풀이에 사용되는 주요 함수는 numpy.linalg의 eig 함수이며, 사용 방법에 대해서는 다음 예제를 참고하기 바란다.

실행 예제

행렬 $A = \begin{bmatrix} 0 & 2 \\ 2 & 3 \end{bmatrix}$에 대한 고윳값과 고유벡터를 계산해보자.

```
In [1]: import numpy as np
        from numpy.linalg import eig

In [2]: a = np.array([[0, 2],
                      [2, 3]])
        w,v=eig(a)
        print("E-value:", w)
        print("E-vector", v)

E-value: [-1. 4.]
E-vector [[-0.89442719 -0.4472136 ]
 [ 0.4472136 -0.89442719]]
```

실행 예제

행렬 $A = \begin{bmatrix} 2 & 2 & 4 \\ 1 & 3 & 5 \\ 2 & 3 & 4 \end{bmatrix}$에 대한 고윳값과 고유벡터를 계산해보자.

```
In [3]: a = np.array([[2, 2, 4],
                      [1, 3, 5],
                      [2, 3, 4]])
        w,v=eig(a)
        print("E-value:", w)
        print("E-vector", v)

E-value: [ 8.80916362 0.92620912 -0.73537273]
E-vector [[-0.52799324 -0.77557092 -0.36272811]
 [-0.604391 0.62277013 -0.7103262 ]
 [-0.59660259 -0.10318482 0.60321224]]
```

15.5 요약, 그리고 문제

15.5.1 요약

1. 고윳값과 고유벡터는 선형 변환의 특성을 이해하는 데 도움이 된다.
2. 행렬의 고유벡터는 행렬 변환을 적용한 후 회전 없이 길이만 변하는 벡터이다. 고윳값은 길이 변경 계수이다.
3. 행렬의 최대 고윳값과 그에 대응되는 고유벡터를 얻기 위해 누승법을 사용할 수 있다.
4. 역 누승법은 행렬의 가장 작은 고윳값과 그에 대응되는 고유벡터를 얻을 때 사용할 수 있다.
5. 이동 누승법은 행렬에 대해 남아 있는 다른 모든 고유값/고유벡터를 얻을 수 있다.
6. 모든 고윳값을 얻기 위한 효율적인 방법은 QR 방법이다.

15.5.2 문제

1. 행렬 $A = \begin{bmatrix} 3 & 2 \\ 2 & 3 \end{bmatrix}$에 대한 특성 방정식을 작성하시오.
2. 위의 특성 방정식을 사용하여 행렬 A의 고윳값들과 고유벡터들을 구하시오.
3. 문제 2에서 구한 첫 번째 고유벡터에 대해 $Ax = \lambda x$임을 확인하시오.

4. 누승법을 사용하여 행렬 $A = \begin{bmatrix} 2 & 1 & 2 \\ 1 & 3 & 2 \\ 2 & 4 & 1 \end{bmatrix}$에 대한 최대 고윳값과 고유벡터를 구하시오. 초기 벡터 [1, 1, 1]로 시작하고 8회 반복 후의 결과를 확인하시오.
5. 역 누승법을 사용하여 문제 4의 행렬에 대한 가장 작은 고윳값과 고유벡터를 얻고, 또 가장 작은 고윳값으로 수렴하는 데 필요한 반복 횟수를 결정하시오.
6. 문제 4의 행렬 A에 대한 QR 분해를 수행하시오. $A = QR$이고 Q가 직교 행렬임을 확인하시오.
7. QR 방법을 사용하여 문제 4의 행렬 A에 대한 모든 고윳값을 구하시오.
8. 파이썬 함수를 사용하여 문제 4의 행렬 A에 대한 고윳값과 고유벡터를 구하시오.

CHAPTER 16

최소제곱 회귀

CONTENTS

16.1 최소제곱 회귀 개요

독립 데이터 포인트 x_i와 종속 데이터 포인트 y_i의 집합이 주어지면($i=1, \ldots, m$), 데이터를 최대한 정확하게 설명하는 **추정 함수** $\hat{y}(x)$를 결정할 수 있다. $\hat{y}$가 다변수 함수일 수도 있지만 여기에서는 단일 변수를 갖는 함수로 제한한다. 최소제곱 회귀에서 추정 함수는 **기저 함수** $f_i(x)$의 선형 조합이어야 한다. 즉, 추정 함수는 다음 형식을 갖는다.

$$\hat{y}(x) = \sum_{i=1}^{n} \alpha_i f_i(x)$$

스칼라 α_i들은 추정 함수의 **매개변수**라고 하며, 기저 함수들은 선형 독립이어야 한다. 즉, 적절한 "함수 공간"에서 어떤 기저 함수도 다른 기저 함수들의 선형 조합으로 표현될 수 없다. 대개의 경우 데이터 포인트의 개수 m이 기저 함수의 개수 n보다 훨씬 더 크다(즉, $m \gg n$).

실행 예제

선형 스프링의 힘-변위 관계에 대한 추정 함수를 생성해보자. 먼저 기저 함수와 모델 매개변수들을 식별하시오.

힘 F와 변위 x 사이의 관계는 함수 $F(x)=kx$로 설명할 수 있다. 여기서 k는 스프링 강성 계수이다. 유일한 기저 함수는 함수 $f_1(x)=x$이고 결정해야 할 모델 매개변수는 $\alpha_1=k$이다.

최소제곱 회귀의 목표는 $E=\sum_{i=1}^{m}(\hat{y}-y_i)^2$로 정의되는 **총 제곱 오차** E를 최소화하는 추정 함수의 매개변수를 찾는 것이다. **개별 오차** 또는 **잔차**는 $e_i=(\hat{y}-y_i)$로 정의된다. e가 모든 개별 오차를 포함하는 벡터인 경우 이전 장에서 정의한 L_2 노옴인 $E=\|e\|_2^2$도 최소화하고자 한다.

다음에 오는 두 절에서는 원하는 매개변수를 찾는 최소제곱 방법을 유도한다. 첫 번째로 유도된 방법에서는 선형대수를 이용하며, 두 번째로 유도된 방법은 다변량 미적분학에 기초한다. 이들은 서로 다른 방법이지만 동일한 최소제곱 공식으로 이어진다. 취향에 따라 두 방법 중 하나를 선택하여 학습해도 좋다.

16.2 최소제곱 회귀의 유도(선형대수 기반)

먼저 각 데이터 포인트 x_i에서의 데이터 추정 값을 구하면 다음과 같다.

$$\hat{y}(x_1)=\alpha_1 f_1(x_1)+\alpha_2 f_2(x_1)+\cdots+\alpha_n f_n(x_1)$$
$$\hat{y}(x_2)=\alpha_1 f_1(x_2)+\alpha_2 f_2(x_2)+\cdots+\alpha_n f_n(x_2)$$
$$\cdots$$
$$\hat{y}(x_m)=\alpha_1 f_1(x_m)+\alpha_2 f_2(x_m)+\cdots+\alpha_n f_n(x_m)$$

$x\in\mathbf{R}^n$을 x의 i번째 성분이 i번째 데이터 포인트의 x 값(즉, x_i)을 포함하는 열벡터, $\hat{Y}$는 $\hat{Y}_i=\hat{y}(x_i)$를 성분으로 갖는 열벡터, β는 $\beta_i=\alpha_i$인 열벡터, $F_i(x)$는 x의 모든 성분에 대해 계산된 $f_i(x)$를 열벡터로 반환하는 함수, A는 A의 i번째 열이 $F_i(x)$인 $m\times n$ 행렬이라고 하자. 이러한 기호들을 사용하면 위의 연립방정식은 $\hat{Y}=A\beta$가 된다.

이제 Y가 $Y_i=y_i$인 열벡터인 경우 총 제곱 오차는 $E=\|\hat{Y}-Y\|_2^2$로 표시된다. L_2 노옴의 정의에 대입하여 이를 확인할 수 있다. E는 가급적 작아야 하며 노옴은 거리의 척도이기 때문에, 총 제곱 오차에 대한 표현식은 $\hat{Y}$와 Y가 "가급적 가까워야 한다"고

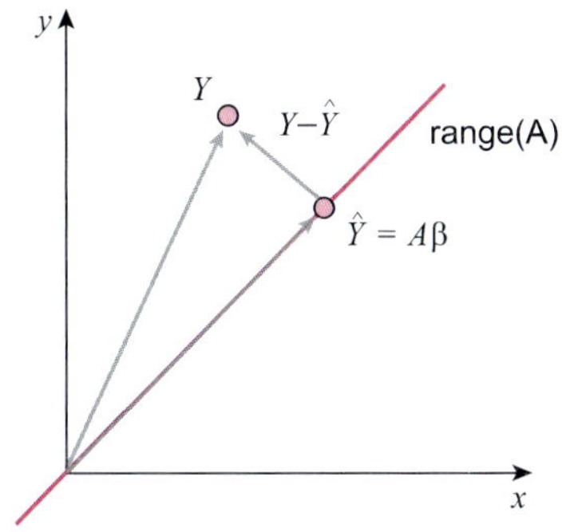

그림 16.1
Y를 A의 치역 상에 L_2 투영한 모습.

말하는 것과 같다. 일반적으로 Y는 A의 치역에 속하지 않으므로 $E > 0$이 된다.

A의 치역에 대한 다음의 단순화된 묘사를 생각해보자(그림 16.1 참고). A의 치역은 데이터 포인트 (x_i, y_i)의 도식화와 일치하지 않는다는 점에 유의하기 바란다.

관찰에서 A의 치역 상의 벡터이면서 Y에 가장 가까운 $\hat{Y}$는 Y에서 수직으로 가리킬 수 있는 벡터이다. 따라서 벡터 $Y-\hat{Y}$는 벡터 $\hat{Y}$에 수직이 되어야 한다.

선형대수에 관한 설명에서 두 벡터의 내적이 0인 경우 두 벡터는 수직, 즉 직교 관계임을 언급한 바 있다. 두 벡터 v와 w 사이의 내적은 $\text{dot}(v,w)=v^Tw$로 표현할 수 있다. $\text{dot}(\hat{Y}, Y-\hat{Y})=0$이면 $\hat{Y}$와 $Y-\hat{Y}$가 수직이다. 따라서 $\hat{Y}^T(Y-\hat{Y})=0$이 되며, 이는 $(A\beta)^T(Y-A\beta)=0$과 동일하다.

두 행렬 A와 B에 대해 $(AB)^T=B^TA^T$라는 사실과 벡터 곱셈의 분배법칙 성질을 이용하면, $\beta^TA^TY-\beta^TA^TA\beta=\beta^T(A^TY-A^TA\beta)=0$을 얻는다. $\beta=0$은 자명한 해이며, $A^TY-A^TA\beta=0$으로부터 보다 의미 있는 해를 찾을 수 있다. β에 대해 이 방정식을 풀면 다음과 같은 **최소제곱 회귀 공식**을 얻을 수 있다.

$$\beta=(A^TA)^{-1}A^TY$$

$(A^TA)^{-1}A^T$는 A의 **의사 역행렬**이라고 하며, $m>n$이고 A가 선형 독립 열을 가질 때 존재한다. (A^TA)의 가역성을 증명하는 것은 이 책의 범위를 벗어나지만 특정 경우를 제외하고는 항상 가역적이다.

16.3 최소제곱 회귀의 유도(다변량 미적분 기반)

m개의 데이터 포인트와 n개의 기저 함수에 대한 총 오차는 다음과 같음을 상기하기 바란다.

$$E = \sum_{i=1}^{m} e_i^2 = \sum_{i=1}^{m} (\hat{y}(x_i) - y_i)^2 = \sum_{i=1}^{m} \left(\sum_{j=1}^{n} \alpha_j f_j(x_i) - y_i \right)^2$$

이는 α_k들로 주어지는 n차원 포물면이다. 미적분학에서 포물면의 최솟값은 모든 편도함수가 0인 곳에서 주어진다는 것을 배웠을 것이다. 변수 α_k들에 대해 E의 편미분을 취하고(이 경우 매개변수가 변수의 역할을 함) 이러한 편미분들을 0으로 설정한 다음 α_k들에 대한 연립방정식을 풀면 된다.

α_k에 대한 편도함수를 계산하고 0으로 설정하면 다음 식을 얻는다.

$$\frac{\partial E}{\partial \alpha_k} = \sum_{i=1}^{m} 2 \left(\sum_{j=1}^{n} \alpha_j f_j(x_i) - y_i \right) f_k(x_i) = 0$$

위의 식은 다음과 같이 정돈할 수 있다.

$$\sum_{i=1}^{m} \sum_{j=1}^{n} \alpha_j f_j(x_i) f_k(x_i) - \sum_{i=1}^{m} y_i f_k(x_i) = 0$$

(덧셈의 교환법칙 성질을 이용하여) 위의 식은 다시 다음과 같이 정돈할 수 있다.

$$\sum_{j=1}^{n} \alpha_j \sum_{i=1}^{m} f_j(x_i) f_k(x_i) = \sum_{i=1}^{m} y_i f_k(x_i)$$

이제 X는 i번째 성분이 x_i인 열벡터이고 Y도 유사하게 구성된 열벡터이며, $F_j(X)$는 i번째 성분이 $f_j(x_i)$인 열벡터라고 하자. 이러한 기호들을 사용하여 위의 식은 다음과 같이 벡터 표기법으로 다시 작성할 수 있다.

$$\left[F_k^T(X)F_1(X), F_k^T(X)F_2(X), \ldots, F_k^T(X)F_j(X), \ldots, F_k^T(X)F_n(X) \right] \begin{bmatrix} \alpha_1 \\ \alpha_2 \\ \vdots \\ \alpha_j \\ \vdots \\ \alpha_n \end{bmatrix} = F_k^T(X)Y$$

모든 k에 대해 이 방정식을 반복하면 다음과 같은 행렬 형식의 선형 연립방정식을 얻는다.

$$\begin{bmatrix} F_1^T(X)F_1(X), F_1^T(X)F_2(X), \ldots, F_1^T(X)F_j(X), \ldots, F_1^T(X)F_n(X) \\ F_2^T(X)F_1(X), F_2^T(X)F_2(X), \ldots, F_2^T(X)F_j(X), \ldots, F_2^T(X)F_n(X) \\ \vdots \\ F_n^T(X)F_1(X), F_n^T(X)F_2(X), \ldots, F_n^T(X)F_j(X), \ldots, F_n^T(X)F_n(X) \end{bmatrix} \begin{bmatrix} \alpha_1 \\ \alpha_2 \\ \vdots \\ \alpha_j \\ \vdots \\ \alpha_n \end{bmatrix} = \begin{bmatrix} F_1^T(X)Y \\ F_2^T(X)Y \\ \vdots \\ F_n^T(X)Y \end{bmatrix}$$

$A = [F_1(X),\ F_2(X),\ \ldots,\ F_j(X),\ \ldots,\ F_n(X)]$, β는 j번째 성분이 α_j인 열벡터라고 하면, 위의 연립방정식은 다음과 같이 표현할 수 있다.

$$A^TA\beta = A^TY$$

이제 β에 대해 이 행렬 방정식을 풀면 $\beta = (A^TA)^{-1}A^TY$가 된다. 이는 앞의 절에서 유도한 공식과 정확히 동일한 공식이다.

16.4 파이썬에서 최소제곱 회귀의 수행

앞에서 각 데이터 포인트 x_i에서 데이터 추정 값을 나열하면 다음과 같은 연립방정식을 얻게 된다고 언급한 바 있다.

$$\begin{aligned} \hat{y}(x_1) &= \alpha_1 f_1(x_1) + \alpha_2 f_2(x_1) + \cdots + \alpha_n f_n(x_1) \\ \hat{y}(x_2) &= \alpha_1 f_1(x_2) + \alpha_2 f_2(x_2) + \cdots + \alpha_n f_n(x_2) \\ &\cdots \\ \hat{y}(x_m) &= \alpha_1 f_1(x_m) + \alpha_2 f_2(x_m) + \cdots + \alpha_n f_n(x_m) \end{aligned}$$

데이터가 절대적으로 완벽하다면(즉, 노이즈가 없는 경우) 추정 함수는 모든 데이터 포인트를 적용하여 다음과 같은 연립방정식을 생성하게 될 것이다.

$$\begin{aligned} y_1 &= \alpha_1 f_1(x_1) + \alpha_2 f_2(x_1) + \cdots + \alpha_n f_n(x_1) \\ y_2 &= \alpha_1 f_1(x_2) + \alpha_2 f_2(x_2) + \cdots + \alpha_n f_n(x_2) \\ &\cdots \\ y_m &= \alpha_1 f_1(x_m) + \alpha_2 f_2(x_m) + \cdots + \alpha_n f_n(x_m) \end{aligned}$$

앞에서 정의한 A를 사용하면 다음의 행렬 방정식이 생성된다.

$$Y = A\beta$$

데이터가 완벽하지 않기 때문에 모든 데이터 포인트와 정확히 일치하는 추정 함수는 없을 것이며 이 연립방정식은 해를 갖지 못할 것이다. 따라서 해를 얻으려면 앞의 두 절에서 유도한 아래의 최소제곱 회귀 공식을 사용해야 한다.

$$\beta = (A^T A)^{-1} A^T Y$$

실행 예제

`x = np.linspace(0, 1, 101)`과 `y = 1 + x + x * np.random.random(len(x))`에 의해 인위적으로 생성된 데이터를 생각해보자. $\hat{y} = \alpha_1 x + \alpha_2$로 정의된 추정 함수를 사용하여 최소제곱 회귀를 수행한다. 최소제곱 회귀와 함께 데이터 포인트들을 그래프 상에 표시한다. 데이터 생성에 사용된 파이썬 식에 기초하여 $\alpha_1 = 1.5$와 $\alpha_2 = 1.0$으로 예상할 수 있지만, 데이터에 추가한 무작위 노이즈로 인해 결과가 약간 달라질 수 있다. 아래 몇 개의 절에서 다양한 접근 방식을 사용하여 이 문제를 해결하는 방법을 살펴본다.

16.4.1 역행렬을 직접 사용하는 방법

```
In [1]: import numpy as np
        from scipy import optimize
        import matplotlib.pyplot as plt

        plt.style.use("seaborn-poster")

In [2]: # x, y의 생성
        x = np.linspace(0, 1, 101)
        y = 1 + x + x * np.random.random(len(x))

In [3]: # 행렬 A의 구성
        A = np.vstack([x, np.ones(len(x))]).T

        # y를 열벡터로 전환
        y = y[:, np.newaxis]

In [4]: # 최소제곱 회귀를 직접 계산
```

```
        alpha = np.dot((np.dot(np.linalg.inv(np.dot(A.T,A)),A.T)),y)
        print(alpha)

[[1.459573 ]
 [1.02952189]]

In [5]: # 결과의 그래프 표시
        plt.figure(figsize = (10,8))
        plt.plot(x, y, "b.")
        plt.plot(x, alpha[0]*x + alpha[1], "r")
        plt.xlabel("x")
        plt.ylabel("y")
        plt.show()
```

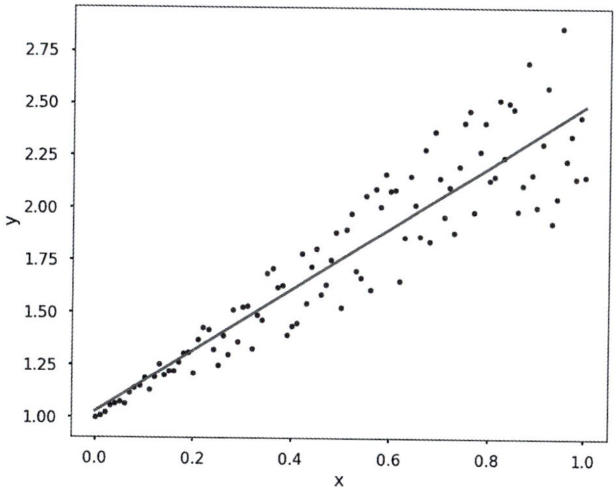

파이썬에는 최소제곱 회귀를 수행할 수 있는 여러 패키지와 함수가 있다. 여기에는 NumPy, SciPy, statsmodels, sklearn 등이 포함된다. 이후의 절들에서 이러한 패키지들의 응용을 보여주는 몇 가지 예를 제시하고 있다. 취향에 따라 선택하여 학습해도 좋다.

16.4.2 의사 역행렬의 사용

$(A^TA)^{-1}A^T$로 앞에서 정의한 바 있는 의사 역행렬(pseudo-inverse)은 NumPy의 pinv 함수를 사용하여 직접 계산할 수 있다.

```
In [6]: pinv = np.linalg.pinv(A)
        alpha = pinv.dot(y)
        print(alpha)

[[1.459573 ]
 [1.02952189]]
```

16.4.3 numpy.linalg.lstsq의 사용

NumPy에는 최소제곱 회귀가 구현되어 있으며, 해당 함수를 호출하여 해를 구할 수 있다. 이 함수는 해 외의 정보도 반환하는데, 자세한 내용에 대해서는 관련 문서를 확인하기 바란다.

```
In [7]: alpha = np.linalg.lstsq(A, y, rcond=None)[0]
        print(alpha)

[[1.459573 ]
 [1.02952189]]
```

16.4.4 SciPy의 optimize.curve_fit 사용하기

이 SciPy 함수는 매우 강력하며, 선형 함수뿐만 아니라 비선형 함수를 포함하는 다양한 함수에 적합하다. 여기서는 앞의 선형 함수의 예만 보인다. 이 함수를 사용할 때는 y를 열벡터로 변환할 필요가 없다.

```
In [8]: # x, y의 생성
        x = np.linspace(0, 1, 101)
        y = 1 + x + x * np.random.random(len(x))

In [9]: def func(x, a, b):
            y = a*x + b
            return y

        alpha = optimize.curve_fit(func, xdata=x, ydata=y)[0]
        print(alpha)

[1.44331612 1.0396133 ]
```

16.5 비선형 함수에 대한 최소제곱 회귀

최소제곱 회귀에서는 추정 함수가 기저 함수들의 선형 조합이어야 한다. 이 형식에 맞지는 않지만 최소제곱 회귀를 적용할 수 있는 함수도 있다.

비선형 함수를 처리하는 여러 가지 방법이 있지만, 간단한 방법 두 가지는 다음과 같다.

- 비선형 함수에 로그를 적용하여 선형 함수로 변환한 다음 최소제곱 회귀를 수행한다.
- 최소제곱을 적용하여 계산되는 비선형 함수의 매개변수를 직접 추정하기 위해 `SciPy`의 `curve_fit` 함수를 사용한다.

16.5.1 지수 함수에 대한 로그 기법

$\hat{y}(x) - \alpha c^{\beta x}$ 형식의 함수와 x, y에 대한 데이터가 있을 때 α와 β를 찾기 위해 최소제곱 회귀를 수행하려고 한다. 분명히, 이전의 (선형) 기저 함수 집합은 $\hat{y}(x)$를 설명하는 데 적합하지 않을 것이다. 그러나 양변에 로그를 취하면 $\log(\hat{y}(x)) = \log(\alpha) + \beta x$를 얻는다. 이제 $\tilde{y}(x) = \log(\hat{y}(x))$와 $\tilde{\alpha} = \log(\alpha)$로 두면 $\tilde{y}(x) = \tilde{\alpha} + \beta x$가 된다. 이렇게 선형 변환된 식에 대해 최소제곱 회귀를 수행하여 $\tilde{y}(x)$, $\tilde{\alpha}$, β 등을 구한 다음 $\alpha = e^{\tilde{\alpha}}$를 사용하여 α를 구할 수 있다.

아래 예에서는 $\alpha = 0.1$과 $\beta = 0.3$을 사용하여 데이터를 생성한다.

```
In [1]: import numpy as np
        from scipy import optimize
        import matplotlib.pyplot as plt
        plt.style.use("seaborn-poster")

In [2]: # x, y를 생성하면서 y에는 약간의 노이즈를 추가한다.
        x = np.linspace(0, 10, 101)
        y = 0.1*np.exp(0.3*x) + 0.1*np.random.random(len(x))

In [3]: # 데이터의 그래프 표시
        plt.figure(figsize = (10,8))
        plt.plot(x, y, "b.")
```

```
    plt.xlabel("x")
    plt.ylabel("y")
    plt.show()
```

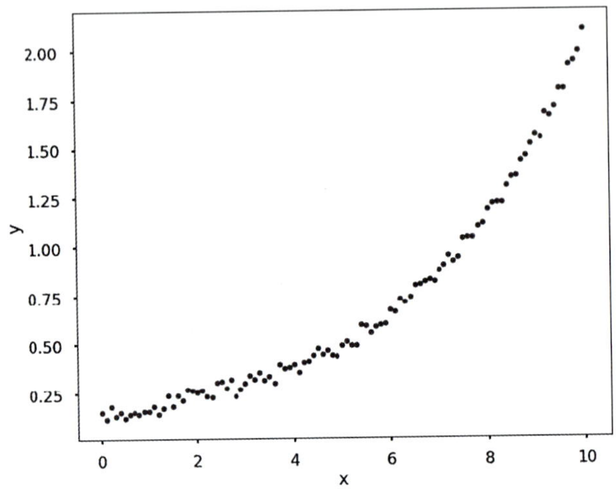

로그 기법을 적용하여 데이터에 적합한 최소제곱 회귀를 구할 수 있다.

```
In [4]: A = np.vstack([x, np.ones(len(x))]).T
        beta, log_alpha = np.linalg.lstsq(A, np.log(y), rcond = None)[0]
        alpha = np.exp(log_alpha)
        print(f"alpha={alpha}, beta={beta}")

alpha=0.13973103064296616, beta=0.26307478591152406

In [5]: # 데이터의 그래프 표시
        plt.figure(figsize = (10,8))
        plt.plot(x, y, "b.")
        plt.plot(x, alpha*np.exp(beta*x), "r")
        plt.xlabel("x")
        plt.ylabel("y")
        plt.show()
```

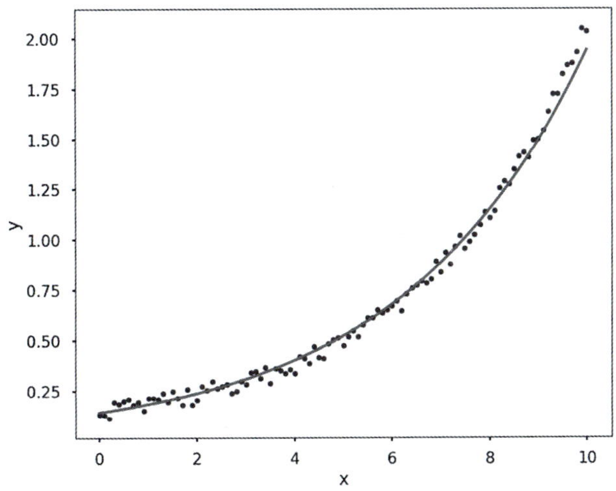

16.5.2 멱승 함수에 대한 로그 기법

멱승 함수의 경우도 매우 유사하나. $\hat{y}(x) = bx^m$ 형식의 함수와 x, y에 대한 데이터가 있다고 하자. 이 경우 양변에 로그를 취하면 $\log(\hat{y}(x)) = m\log(x) + \log b$와 같이 선형 변환할 수 있다. 이제 이 함수를 선형 회귀로 풀면 된다. 앞의 예와 매우 유사하므로 더 이상의 설명은 생략한다.

16.5.3 다항식 회귀

다항식 형태의 비선형 함수가 주어진 경우에도 최소제곱 회귀를 사용할 수 있다. 앞의 예에서는 전체 함수를 $y = ax + b$와 같은 선형 형식으로 변환할 수 있었다. 그러나 "다항식"은 아래와 같은 형태의 함수이다.

$$f(x) = a_n x^n + a_{n-1} x^{n-1} + \cdots + a_2 x^2 + a_1 x^1 + a_0$$

여기서 a_n, a_{n-1}, ..., a_2, a_1, a_0 등은 실수 계수이고 음이 아닌 정수 n은 다항식의 차수이다. 데이터 포인트 집합이 주어진 경우 이에 적합한 다항식을 찾기 위해 여러 다른 차수의 다항식을 시도할 수 있다. 다항식의 계수는 이전과 같이 최소제곱 회귀를 사용하여 추정한다. 즉, 실제 데이터와 시도된 다항식 결과 간의 오차를 최소화하도록 추정할 수 있다.

파이썬에서는 numpy.polyfit을 사용하여 지정된 차수의 다항식에 대해 최소제곱 오차를 갖는 계수들을 얻을 수 있다. 계수들을 얻은 다음에는 numpy.polyval을 사용하여 특정 값을 계산할 수 있다. 다음은 파이썬에서 이를 수행하는 방법의 예이다.

```
In [6]: x_d = np.array([0, 1, 2, 3, 4, 5, 6, 7, 8])
        y_d = np.array([0,0.8,0.9,0.1,-0.6,-0.8,-1,-0.9,-0.4])

        plt.figure(figsize = (12, 8))
        for i in range(1, 7):
            # 다항식 계수를 구한다.
            y_est = np.polyfit(x_d, y_d, i)
            plt.subplot(2, 3, i)
            plt.plot(x_d, y_d, "o")
            # 다항식 값을 계산하여 그래프로 표시한다.
            plt.plot(x_d, np.polyval(y_est, x_d))
            plt.title(f"Polynomial order {i}")
            plt.tight_layout()
            plt.show()
```

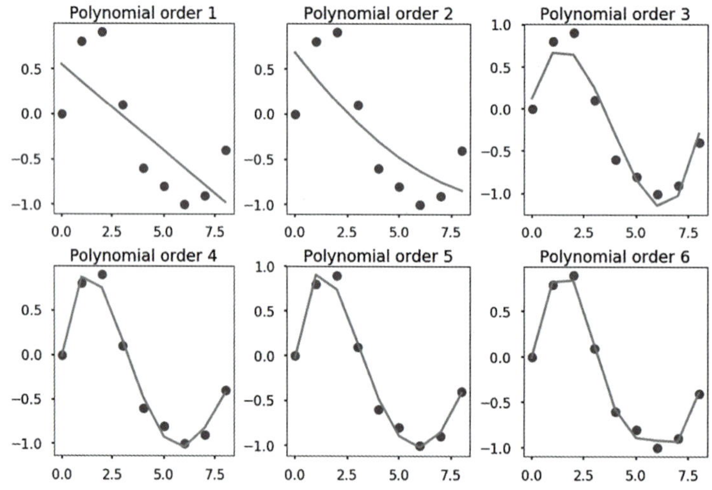

위의 그림은 동일한 데이터에 적합한 추정 함수를 구하기 위해 여러 차수의 다항식을 시도할 수 있음을 보여준다. 차수가 높을수록 데이터 곡선이 더 유연해져 데이터에 맞추기가 쉽다. 그러나 어떤 차수를 사용할 것인가는 단순한 문제가 아니며, 주어진 과학/공학 문제에 달려 있다.

16.5.4 SciPy의 optimize.curve_fit 사용하기

어떤 형태의 함수에 대해서도 curve_fit 함수를 사용하여 적합한 추정 함수를 구하고 매개변수들을 추정할 수 있다. 지수 함수를 사용하여 생성된 데이터 포인트에 관한 문제를 해결하는 데 curve_fit 함수를 사용하는 예를 아래에 보이고 있다.

```
In [7]: # 함수 형태의 정의
        def func(x, a, b):
            y = a*np.exp(b*x)
            return y

        alpha, beta = optimize.curve_fit(func, xdata = x, ydata = y)[0]
        print(f"alpha={alpha}, beta={beta}")

alpha=0.12663549356730994, beta=0.27760076897453045

In [8]: # 데이터의 그래프 표시
        plt.figure(figsize = (10,8))
        plt.plot(x, y, "b.")
        plt.plot(x, alpha*np.exp(beta*x), "r")
        plt.xlabel("x")
        plt.ylabel("y")
        plt.show()
```

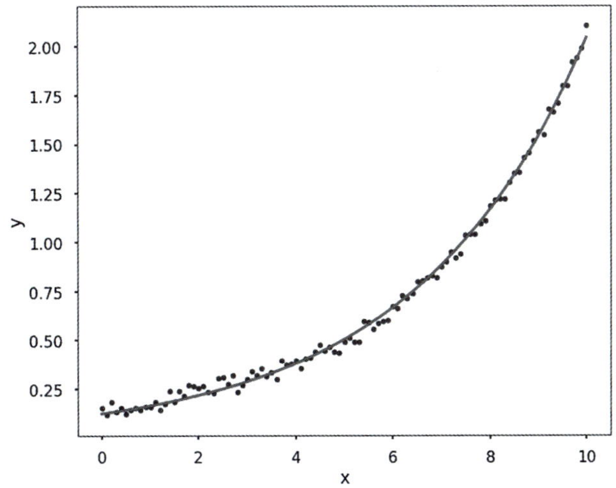

16.6 요약, 그리고 문제

16.6.1 요약

1. 수학적 모델은 공학 시스템의 이해, 예측, 제어 등에 사용된다. 이러한 모델은 모델의 동작을 제어하는 매개변수들을 포함한다.
2. 실험 데이터 집합이 주어졌을 때 최소제곱 회귀는 데이터에 적합한 모델 매개변수들을 찾는 한 가지 방법이다. 최소제곱 회귀는 모델, 즉 추정 함수와 데이터 포인트 간의 제곱 오차를 최소화한다.
3. 선형 최소제곱 회귀에서 추정 함수는 선형 독립인 기저 함수들의 선형 조합이어야 한다.
4. 매개변수 집합 β는 최소제곱 방정식 $\beta=(A^TA)^{-1}A^TY$에 의해 결정될 수 있다. 여기서 A의 j번째 열은 각 데이터 포인트 x 값에 대해 j번째 기저 함수를 계산한 결과 값들로 이루어진다.
5. 비선형 함수를 추정하기 위해 선형 추정 함수로 변환하는 방법도 있고, SciPy의 curve_fit을 사용하여 비선형 함수를 풀기 위해 최소제곱 회귀를 직접 적용하는 방법도 있다.

16.6.2 문제

1. 다변량 미적분학에 기반하여 추정 함수 $\hat{y}(x)=ax^2+bx+c$에 대해 최소제곱 회귀 공식을 유도해보시오. 여기서 a, b, c는 매개변수이다.
2. 함수 my_ls_params(f, x, y)를 작성하시오. 여기서 x와 y는 실험 데이터를 포함하는 동일한 크기의 배열이고 f는 추정 함수의 기저 함수들을 나타내는 함수 객체를 각 성분으로 포함하는 리스트이다. 출력 인수 beta는 x, y, f에 대한 최소제곱 회귀 매개변수들의 배열이어야 한다.
3. 함수 my_func_fit(x, y)를 작성하시오. 여기서 x와 y는 실험 데이터를 포함하는 동일한 크기의 열벡터이다. 출력 인수 alpha와 beta는 추정 함수 $\hat{y}(x)=\alpha x^{\beta}$의 매개변수들이다.
4. 4개의 데이터 포인트 (x_i, y_i)와 3차 다항식 $\hat{y}(x)=ax^3+bx^2+cx+d$에 대한 매개변수가 주어지면 추정 함수 $\hat{y}(x)$에 따른 총 오차는 얼마가 될까? 추정 함수에 따른 추가 오차가 발생하지 않도록 또 다른 데이터 포인트 (x, y)를 배치하는 것

이 가능한가?

5. 함수 my_lin_regression(f, x, y)을 작성하시오. 여기서 f는 기저 함수들을 나타내는 함수 객체를 포함하는 리스트이고 x와 y는 노이즈 있는 데이터를 포함하는 배열이다. x와 y가 같은 크기라고 가정한다. x와 y에 포함된 데이터에 대한 추정 함수를 $\hat{y}(x) = \beta(1) \cdot f_1(x) + \beta(2) \cdot f_2(x) + \cdots + \beta(n) \cdot f_n(x)$와 같이 정의한다. 여기서 n은 f의 길이이다. 함수는 최소제곱 회귀 공식에 따라 출력 인수 beta를 계산해야 한다.

테스트 케이스: 생성된 난수들에 따라 해가 아래 그림에 표시된 것과 약간 다를 수 있음에 유의하기 바란다.

```
x = np.linspace(0, 2*np.pi, 1000)
y = 3*np.sin(x) - 2*np.cos(x) + np.random.random(len(x))
f = [np.sin, np.cos]
beta = my_lin_regression(f, x, y)

plt.figure(figsize = (10,8))
plt.plot(x,y,"b.", label = "data")
plt.plot(x, beta[0]*f[0](x)+beta[1]*f[1](x)+beta[2], "r", label="regression")
plt.xlabel("x")
plt.ylabel("y")
plt.title("Least Square Regression Example")
plt.legend()
plt.show()
```

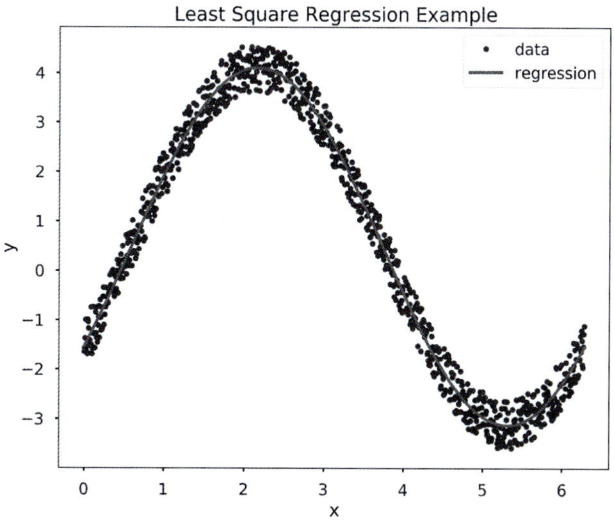

6. 함수 my_exp_regression(x,y)을 작성하시오. 여기에서 x와 y는 같은 크기의 배열이며, x와 y에 포함된 데이터에 대한 추정 함수를 $\hat{y}(x) = \alpha e^{\beta x}$로 정의한다. 함수는 최소제곱 회귀 공식을 풀기 위해 α와 β를 계산해야 한다.

테스트 케이스: 생성된 난수들에 따라 해가 아래 그림에 표시된 것과 약간 다를 수 있음에 유의하기 바란다.

```
x = np.linspace(0, 1, 1000)
y = 2*np.exp(-0.5*x) + 0.25*np.random.random(len(x))

alpha, beta = my_exp_regression(x, y)

plt.figure(figsize = (10,8))
plt.plot(x,y,"b.", label = "data")
plt.plot(x, alpha*np.exp(beta*x), "r", label="regression")
plt.xlabel("x")
plt.ylabel("y")
plt.title("Least Square Regression on Exponential Model")
plt.legend()
plt.show()
```

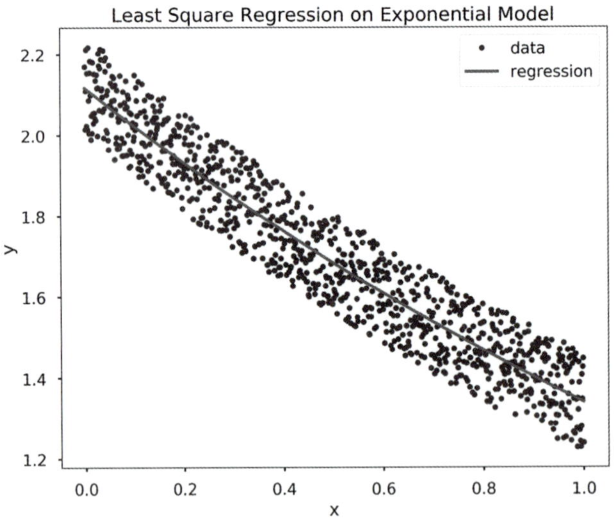

CHAPTER 17

보간법

CONTENTS

17.1 보간 문제

독립변수 데이터 값 x_i와 종속변수 데이터 값 y_i로 구성된 데이터 세트가 있다고 가정하자($i = 1, \ldots, n$). 모든 데이터 포인트에 대해 $\hat{y}(x_i) = y_i$가 되는 추정 함수 $\hat{y}(x)$를 찾고자 한다. 이러한 조건은 추정 함수가 모든 데이터 포인트를 통과한다는 것을 의미한다. 새로운 x^*가 주어지면 $\hat{y}(x^*)$를 사용하여 함수 값을 **보간**할 수 있다. 이때 $\hat{y}(x)$를 **보간 함수**라고 한다. 그림 17.1은 보간 문제를 설명하는 예시를 보여준다.

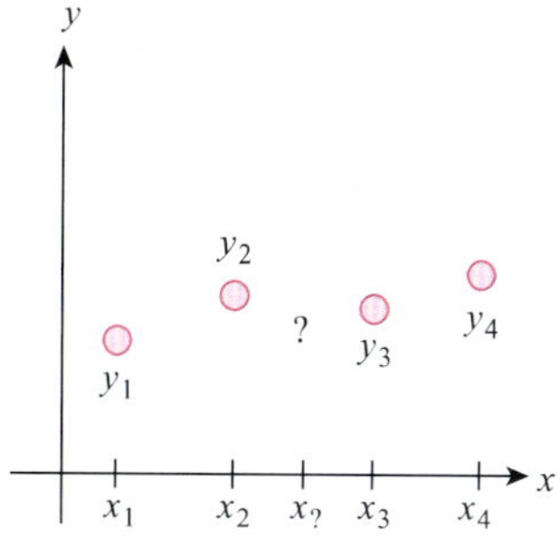

그림 17.1
보간 문제에 대한 예시: 데이터 포인트들 중간 위치에 대해 함수 값을 추정한다.

회귀와 달리 보간에서는 신뢰할 수 있는 데이터 포인트가 많은 경우 사용자가 데이터에 대한 기본 모델을 가질 필요가 없다. 그러나 데이터를 생성하는 프로세스는 보간 품질에 영향을 미친다. 예를 들어, 시간에 따른 자동차의 (x, y) 좌표로 구성되는 데이터의 경우, 자동차의 움직임은 물리 법칙을 벗어나지 못하기 때문에 데이터 세트의 (x, y) 좌표 사이에서 들쭉날쭉 하는 움직임이 아니라 "부드러운" 곡선을 따르게 될 것이라고 기대할 수 있다.

다음 절에서는 몇 가지 일반적인 보간 방법을 제시한다.

17.2 선형 보간법

선형 보간법에서 추정되는 점은 왼쪽과 오른쪽의 가장 가까운 포인트들을 연결하는 선 위에 있다고 가정한다. 일반성을 잃지 않고, 데이터 포인트들은 x 값에 대해 오름차순으로 나열되어 있다고 가정한다(즉, $x_i < x_{i+1}$). x가 $x_i < x < x_{i+1}$인 포인트라고 가정한다. 그러면 x에서의 선형 보간은 다음과 같다.

$$\hat{y}(x) = y_i + \frac{(y_{i+1} - y_i)(x - x_i)}{(x_{i+1} - x_i)}$$

실행 예제

데이터 `x = [0, 1, 2]`, `y = [1, 3, 2]`에 기초하여 `x = 1.5`에서 선형 보간을 계산해보자. `SciPy`의 `interp1d` 함수를 사용하여 결과를 확인할 수 있다.

$1 < x < 2$이므로 두 번째와 세 번째 데이터 포인트를 위의 공식에 대입하여 선형 보간을 계산하면 다음과 같다.

$$\hat{y}(x) = y_i + \frac{(y_{i+1} - y_i)(x - x_i)}{(x_{i+1} - x_i)} = 3 + \frac{(2-3)(1.5-1)}{(2-1)} = 2.5$$

```
In [1]: from scipy.interpolate import interp1d
        import matplotlib.pyplot as plt

        plt.style.use("seaborn-poster")

In [2]: x = [0, 1, 2]
        y = [1, 3, 2]

        f = interp1d(x, y)
        y_hat = f(1.5)
```

```
        print(y_hat)

2.5

In [3]: plt.figure(figsize = (10,8))
        plt.plot(x, y, "-ob")
        plt.plot(1.5, y_hat, "ro")
        plt.title("Linear Interpolation at x = 1.5")
        plt.xlabel("x")
        plt.ylabel("y")
        plt.show()
```

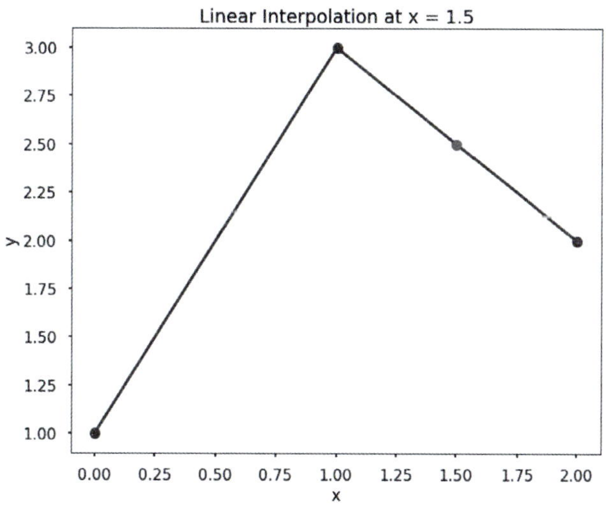

17.3 3차 스플라인 보간법

3차 스플라인 보간법에서 보간 함수는 여러 조각의 3차 함수를 연결한 형태를 갖는다. 구체적으로 말하자면, $x_i \le x \le x_{i+1}$ 구간에서 유효한 3차 다항식 $S_i(x) = a_i x^3 + b_i x^2 + c_i x + d_i$가 점 $(x_i,\ y_i)$와 점 $(x_{i+1},\ y_{i+1})$을 연결한다($i = 1,\ \ldots,\ n-1$). 보간 함수를 찾으려면 먼저 각 3차 함수에 대한 계수 a_i, b_i, c_i, d_i를 결정해야 한다. n개의 점에 대해 찾아야 할 $n-1$개의 3차 함수가 있으며, 각 3차 함수는 4개의 계수를 필요로 한다. 따라서 총 $4(n-1)$개의 미지수가 있으므로 모든 계수를 찾기 위해서는 $4(n-1)$개의 독립 방정식이 필요하다.

먼저, 각 3차 함수는 적용 구간 왼쪽과 오른쪽의 데이터 포인트를 통과해야 한다.

$$S_i(x_i) = y_i, \qquad i = 1, \ldots, n-1$$
$$S_i(x_{i+1}) = y_{i+1}, \quad i = 1, \ldots, n-1$$

여기에서 $2(n-1)$개의 방정식을 얻는다. 다음으로, 각 3차 함수가 이웃하는 함수들과 최대한 원활하게 연결될 수 있도록 데이터 포인트 $i = 2, \ldots, n-1$에서 연속인 1차 도함수와 2차 도함수를 갖도록 스플라인을 제약한다.

$$S'_i(x_{i+1}) = S'_{i+1}(x_{i+1}), \quad i = 1, \ldots, n-2$$
$$S''_i(x_{i+1}) = S''_{i+1}(x_{i+1}), \quad i = 1, \ldots, n-2$$

여기에서 다시 $2(n-2)$개의 방정식을 얻는다.

$S_i(x)$의 계수들을 계산하려면 두 개의 방정식이 더 필요하다. 이 마지막 두 제약조건은 임의로 정하는데, 수행되는 보간 상황에 맞게 선택할 수 있다. 많이 사용되는 최종 제약조건은 2차 도함수가 양쪽 경계에서 0이라고 가정하는 것이다. 이것은 스플라인 곡선이 양쪽 경계에서 "직선"임을 의미한다. 이러한 경계조건을 명시적으로 기술하자면 다음과 같다.

$$S''_1(x_1) = 0$$
$$S''_{n-1}(x_n) = 0$$

파이썬에서는 SciPy의 `CubicSpline` 함수를 사용하여 3차 스플라인 보간을 수행할 수 있다. 위의 경계조건은 SciPy의 `CubicSpline`이 3차 스플라인을 수행하기 위해 사용하는 기본 경계조건과 동일하지는 않다. SciPy에서 `bc_type` 인수를 설정하여 경계조건을 추가하는 다양한 방법이 있다(자세한 내용은 `CubicSpline` 도움말 참고).

실행 예제

`CubicSpline`을 사용하여 구간 $0 \le x \le 2$에 대한 데이터 세트 `x = [0, 1, 2]`와 `y = [1, 3, 2]`의 3차 스플라인 보간을 그래프 상에 표시해보자.

```
In [1]: from scipy.interpolate import CubicSpline
        import numpy as np
        import matplotlib.pyplot as plt

        plt.style.use("seaborn-poster")

In [2]: x = [0, 1, 2]
        y = [1, 3, 2]
```

```
        # bc_type = "natural"은 2차 도함수가 양쪽 경계에서 0이라는 제약조건임
        f = CubicSpline(x, y, bc_type="natural")
        x_new = np.linspace(0, 2, 100)
        y_new = f(x_new)

In [3]: plt.figure(figsize = (10,8))
        plt.plot(x_new, y_new, "b")
        plt.plot(x, y, "ro")
        plt.title("Cubic Spline Interpolation")
        plt.xlabel("x")
        plt.ylabel("y")
        plt.show()
```

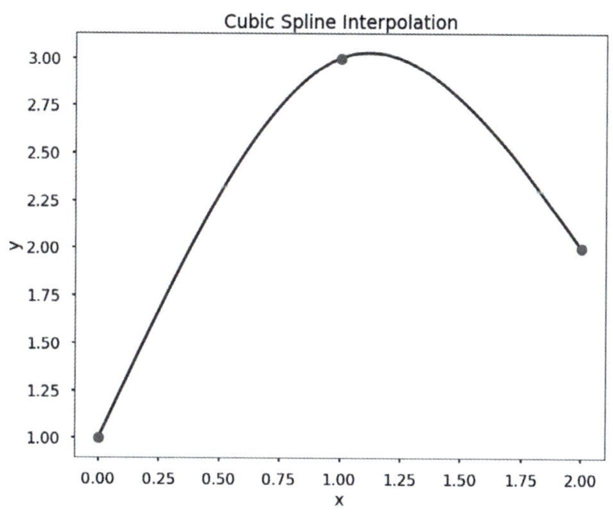

각 3차 함수의 계수들을 결정하기 위해 $4(n-1)$개의 미지수가 있는 선형 연립방정식으로 제약조건을 명시적으로 기술해보자. n개의 데이터 포인트에 대해 미지수는 포인트 x_i와 x_{i+1}을 연결하는 3차 스플라인 S_i의 계수 a_i, b_i, c_i, d_i이다.

제약조건 $S_i(x_i) = y_i$에 대해 다음 방정식을 얻는다.

$$a_1 x_1^3 + b_1 x_1^2 + c_1 x_1 + d_1 = y_1$$
$$a_2 x_2^3 + b_2 x_2^2 + c_2 x_2 + d_2 = y_2$$
$$\cdots$$
$$a_{n-1} x_{n-1}^3 + b_{n-1} x_{n-1}^2 + c_{n-1} x_{n-1} + d_{n-1} = y_{n-1}$$

제약조건 $S_i(x_{i+1}) = y_{i+1}$에 대해 다음 방정식을 얻는다.

$$a_1 x_2^3 + b_1 x_2^2 + c_1 x_2 + d_1 = y_2$$
$$a_2 x_3^3 + b_2 x_3^2 + c_2 x_3 + d_2 = y_3$$
$$\cdots$$
$$a_{n-1} x_n^3 + b_{n-1} x_n^2 + c_{n-1} x_n + d_{n-1} = y_n$$

제약조건 $S'_i(x_{i+1}) = S'_{i+1}(x_{i+1})$에 대해 다음 방정식을 얻는다.

$$3a_1x_2^2 + 2b_1x_2 + c_1 - 3a_2x_2^2 - 2b_2x_2 - c_2 = 0$$
$$3a_2x_3^2 + 2b_2x_3 + c_2 - 3a_3x_3^2 - 2b_3x_3 - c_3 = 0$$
$$\cdots$$
$$3a_{n-2}x_{n-1}^2 + 2b_{n-2}x_{n-1} + c_{n-2} - 3a_{n-1}x_{n-1}^2 - 2b_{n-1}x_{n-1} - c_{n-1} = 0$$

제약조건 $S''_i(x_{i+1}) = S''_{i+1}(x_{i+1})$에 대해 다음 방정식을 얻는다.

$$6a_1 x_2 + 2b_1 - 6a_2 x_2 - 2b_2 = 0$$
$$6a_2 x_3 + 2b_2 - 6a_3 x_3 - 2b_3 = 0$$
$$\cdots$$
$$6a_{n-2} x_{n-1} + 2b_{n-2} - 6a_{n-1} x_{n-1} - 2b_{n-1} = 0$$

마지막으로 경계조건 $S''_1(x_1) = 0$과 $S''_{n-1}(x_n) = 0$에 대해 다음 방정식을 얻는다.

$$6a_1 x_1 + 2b_1 = 0$$
$$6a_{n-1} x_n + 2b_{n-1} = 0$$

이러한 방정식들은 미지의 계수 a_i, b_i, c_i, d_i에 대해 선형이다. 위의 방정식들을 행렬 형식으로 바꾸고 역행렬을 구하면 스플라인의 계수들을 구할 수 있다. x에 대한 행렬 방정식 $Ax = b$를 풀 때 A가 가역적 정방행렬인지 확인해야 한다. 3차 스플라인 방정식을 찾는 문제의 경우 행렬 A는 데이터 세트의 x_i 값들이 고유성을 갖는 한 항상 가역적 정방행렬이다.

실행 예제

데이터 `x = [0, 1, 2]`, `y = [1, 3, 2]`에 기초하여 `x = 1.5`에서 스플라인 보간을 계산해보자.

먼저 적절한 연립방정식을 만들고 행렬 형식으로 변환하여 풀면 3차 스플라인의 계수를 찾을 수 있다.

연립방정식의 행렬 형식은 다음과 같다.

$$\begin{bmatrix} 0 & 0 & 0 & 1 & 0 & 0 & 0 & 0 \\ 0 & 0 & 0 & 0 & 1 & 1 & 1 & 1 \\ 1 & 1 & 1 & 1 & 0 & 0 & 0 & 0 \\ 0 & 0 & 0 & 0 & 8 & 4 & 2 & 1 \\ 3 & 2 & 1 & 0 & -3 & -2 & -1 & 0 \\ 6 & 2 & 0 & 0 & -6 & -2 & 0 & 0 \\ 0 & 2 & 0 & 0 & 0 & 0 & 0 & 0 \\ 0 & 0 & 0 & 0 & 12 & 2 & 0 & 0 \end{bmatrix} \begin{bmatrix} a_1 \\ b_1 \\ c_1 \\ d_1 \\ a_2 \\ b_2 \\ c_2 \\ d_2 \end{bmatrix} = \begin{bmatrix} 1 \\ 3 \\ 3 \\ 2 \\ 0 \\ 0 \\ 0 \\ 0 \end{bmatrix}$$

```
In [4]: b = np.array([1, 3, 3, 2, 0, 0, 0, 0])
        b = b[:, np.newaxis]
        A = np.array([[0, 0, 0, 1, 0, 0, 0, 0],
                      [0, 0, 0, 0, 1, 1, 1, 1],
                      [1, 1, 1, 1, 0, 0, 0, 0],
                      [0, 0, 0, 0, 8, 4, 2, 1],
                      [3, 2, 1, 0, -3, -2, -1, 0],
                      [6, 2, 0, 0, -6, -2, 0, 0],
                      [0, 2, 0, 0, 0, 0, 0, 0],
                      [0, 0, 0, 0, 12, 2, 0, 0]])

In [5]: np.dot(np.linalg.inv(A), b)
Out[5]: array([[-0.75],
               [ 0.  ],
               [ 2.75],
               [ 1.  ],
               [ 0.75],
               [-4.5 ],
               [ 7.25],
               [-0.5 ]])
```

두 개의 3차 다항식은 다음과 같다.

$$S_1(x) = -0.75x^3 + 2.75x + 1 \quad 0 \le x \le 1 \tag{17.1}$$

$$S_2(x) = 0.75x^3 - 4.5x^2 + 7.25x - 0.5 \quad 1 \le x \le 2 \tag{17.2}$$

따라서 $x = 1.5$에 대해 $S_2(1.5)$를 계산하여 추정 값 2.7813을 얻는다.

17.4 라그랑주 다항식 보간법

라그랑주 다항식 보간법은 연속 데이터 포인트 쌍 사이에서 3차 다항식을 찾는 대신 모든 데이터 포인트를 통과하는 단일 다항식을 찾는다. 이 다항식을 **라그랑주 다항식**이라고 하며, $L(x)$로 표시한다. 라그랑주 다항식 보간 함수는 모든 데이터 포인트에 대해 $L(x_i) = y_i$를 만족해야 한다. 라그랑주 다항식을 계산할 때 아래와 같이 주어지는 **라그랑주 기저 다항식** $P_i(x)$의 선형 조합으로 작성하는 것이 유용하다.

$$P_i(x) = \prod_{j=1, j \neq i}^{n} \frac{x - x_j}{x_i - x_j}$$

그러면 라그랑주 다항식 $L(x)$는 다음과 같이 표현할 수 있다.

$$L(x) = \sum_{i=1}^{n} y_i P_i(x)$$

여기서 $\prod$는 "~의 곱"을 의미한다. 정의에 따라 $P_i(x)$는 $i = j$일 때 $P_i(x_j) = 1$이고 $i \neq j$일 때 $P_i(x_j) = 0$인 속성을 갖는다. $L(x)$는 이러한 다항식의 합이므로 요구되는 바와 같이 정확히 모든 데이터 포인트에 대해 $L(x_i) = y_i$를 만족한다는 것을 확인할 수 있다.

실행 예제

데이터 세트 `x = [0, 1, 2]`와 `y = [1, 3, 2]`에 대한 라그랑주 기저 다항식을 찾아보자. 각 다항식을 그래프 상에 표시하고 $i = j$일 때 $P_i(x_j) = 1$이고 $i \neq j$일 때 $P_i(x_j) = 0$인 속성을 확인할 수 있다.

$$P_1(x) = \frac{(x - x_2)(x - x_3)}{(x_1 - x_2)(x_1 - x_3)} = \frac{(x-1)(x-2)}{(0-1)(0-2)} = \frac{1}{2}(x^2 - 3x + 2)$$

$$P_2(x) = \frac{(x - x_1)(x - x_3)}{(x_2 - x_1)(x_2 - x_3)} = \frac{(x-0)(x-2)}{(1-0)(1-2)} = -x^2 + 2x$$

$$P_3(x) = \frac{(x - x_1)(x - x_2)}{(x_3 - x_1)(x_3 - x_2)} = \frac{(x-0)(x-1)}{(2-0)(2-1)} = \frac{1}{2}(x^2 - x)$$

```
In [1]: import numpy as np
        import numpy.polynomial.polynomial as poly
        import matplotlib.pyplot as plt

        plt.style.use("seaborn-poster")
```

```
In [2]: x = [0, 1, 2]
        y = [1, 3, 2]
        P1_coeff = [1,-1.5,.5]
        P2_coeff = [0, 2,-1]
        P3_coeff = [0,-.5,.5]

        # 다항식 함수들을 구한다.
        P1 = poly.Polynomial(P1_coeff)
        P2 = poly.Polynomial(P2_coeff)
        P3 = poly.Polynomial(P3_coeff)

        x_new = np.arange(-1.0, 3.1, 0.1)

        fig = plt.figure(figsize = (10,8))
        plt.plot(x_new, P1(x_new), "b", label = "P1")
        plt.plot(x_new, P2(x_new), "r", label = "P2")
        plt.plot(x_new, P3(x_new), "g", label = "P3")

        plt.plot(x, np.ones(len(x)), "ko", x,np.zeros(len(x)), "ko")
        plt.title("Lagrange Basis Polynomials")
        plt.xlabel("x")
        plt.ylabel("y")
        plt.grid()
        plt.legend()
        plt.show()
```

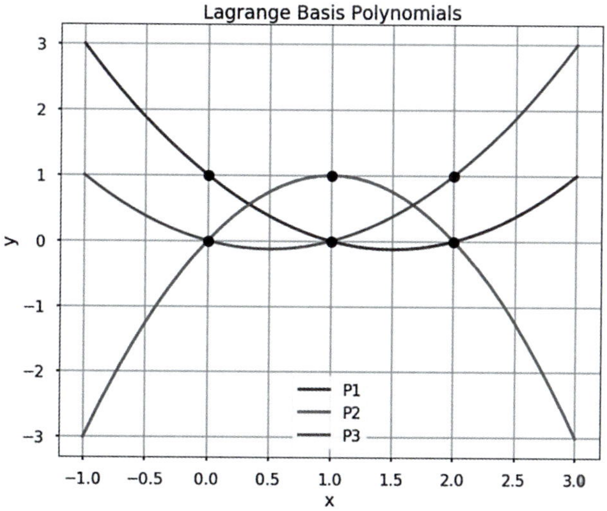

실행 예제

위의 예제를 사용하여 라그랑주 다항식을 계산하고 그래프 상에 표시해보자. 각 데이터 포인트를 통과한다는 것을 확인할 수 있다.

```
In [3]: L = P1 + 3*P2 + 2*P3

        fig = plt.figure(figsize = (10,8))
        plt.plot(x_new, L(x_new), "b", x, y, "ro")
        plt.title("Lagrange Polynomial")
        plt.grid()
        plt.xlabel("x")
        plt.ylabel("y")
        plt.show()
```

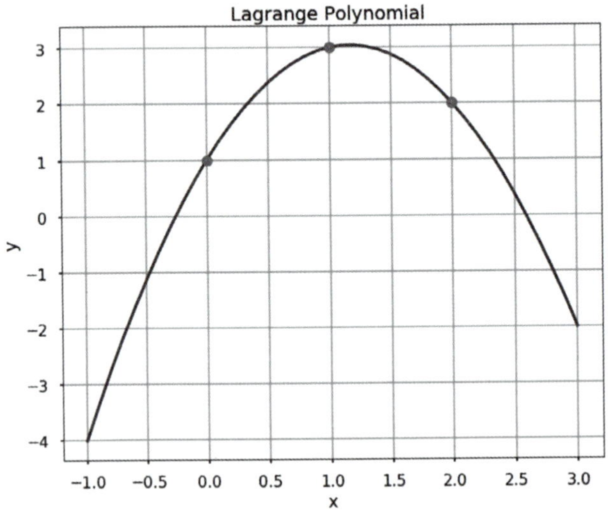

주의

라그랑주 보간 다항식은 보간 영역 외부, 즉 구간 $[x_1, x_n]$ 밖에서도 정의되지만, 이 영역 외부에서는 제한 없이 매우 빠르게 증가한다. 이것은 일반적으로 실제 데이터의 동작과 일치하지 않기 때문에 바람직한 특성이 아니다. 따라서 관심 영역 외부 구간에 라그랑주 보간 다항식을 적용할 경우 주의를 요한다.

17.4.1 SciPy의 lagrange 함수 사용하기

SciPy의 lagrange 함수를 사용하면 데이터에 대한 보간 다항식을 쉽게 구할 수 있다.

위의 예에서의 x, y를 사용하는 예를 보인다.

```
In [4]: from scipy.interpolate import lagrange

In [5]: f = lagrange(x, y)

In [6]: fig = plt.figure(figsize = (10,8))
        plt.plot(x_new, f(x_new), "b", x, y, "ro")
        plt.title("Lagrange Polynomial")
        plt.grid()
        plt.xlabel("x")
        plt.ylabel("y")
        plt.show()
```

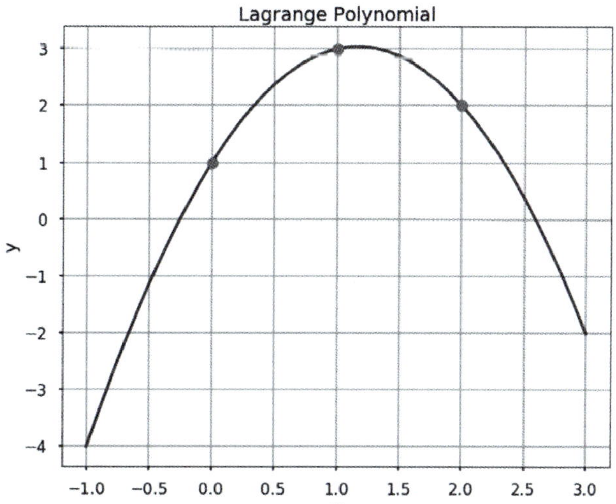

17.5 뉴턴의 다항식 보간법

뉴턴의 다항식 보간법은 데이터 포인트들에 정확히 맞추는 방법으로 많이 사용된다. n개의 점을 지나는 $(n-1)$차 뉴턴 다항식의 일반적인 형태는 다음과 같다.

$$f(x) = a_0 + a_1(x - x_0) + a_2(x - x_0)(x - x_1) + \cdots + a_n(x - x_0)(x - x_1)\cdots(x - x_{n-2})$$

위의 다항식을 다음과 같이 고쳐 쓸 수 있다.

$$f(x) = \sum_{i=0}^{n-1} a_i n_i(x)$$

여기서 $n_i(x)$는 다음과 같이 주어진다.

$$n_i(x) = \prod_{j=0}^{i-1} (x - x_j)$$

뉴턴 다항식의 특별한 점은 계수 a_i가 매우 간단한 수학적 절차를 사용하여 결정될 수 있다는 것이다. 예를 들어, 이 다항식은 각 데이터 포인트를 통과하기 때문에 데이터 포인트 $(x_i,\ y_i)$에 대해 $f(x_i) = y_i$가 된다. 따라서 다음의 결과를 얻는다.

$$f(x_0) = a_0 = y_0 \text{ 그리고 } f(x_1) = a_0 + a_1(x_1 - x_0) = y_1$$

a_1을 구하기 위해 위의 식을 정돈하면 다음 식을 얻을 수 있다.

$$a_1 = \frac{y_1 - y_0}{x_1 - x_0}$$

데이터 포인트 $(x_2,\ y_2)$를 추가하면 다음과 같이 a_2를 계산할 수 있다.

$$a_2 = \frac{\dfrac{y_2 - y_1}{x_2 - x_1} - \dfrac{y_1 - y_0}{x_1 - x_0}}{x_2 - x_0}$$

a_3을 계산하기 위해 다시 데이터 포인트 $(x_3,\ y_3)$을 추가한다. 추가된 데이터 포인트를 방정식에 반영하면 다음 식을 얻는다.

$$a_3 = \frac{\dfrac{\dfrac{y_3 - y_2}{x_3 - x_2} - \dfrac{y_2 - y_1}{x_2 - x_1}}{x_3 - x_1} - \dfrac{\dfrac{y_2 - y_1}{x_2 - x_1} - \dfrac{y_1 - y_0}{x_1 - x_0}}{x_2 - x_0}}{x_3 - x_0}$$

지금쯤 패턴이 보일 텐데, 이를 **분할 차분**이라고 한다. 먼저 다음 식으로 시작한다.

$$f[x_1,\ x_0] = \frac{y_1 - y_0}{x_1 - x_0}$$

그 다음에 얻는 식은 아래와 같다.

$$f[x_2,\ x_1,\ x_0] = \frac{\dfrac{y_2 - y_1}{x_2 - x_1} - \dfrac{y_1 - y_0}{x_1 - x_0}}{x_2 - x_0} = \frac{f[x_2,\ x_1] - f[x_1,\ x_0]}{x_2 - x_0}$$

이를 계속하면 아래의 반복 방정식을 얻을 수 있다.

$$f[x_k,\ x_{k-1},\ \dots,\ x_1,\ x_0] = \frac{f[x_k,\ x_{k-1},\ \dots,\ x_2,\ x_1] - f[x_{k-1},\ x_{k-2},\ \dots,\ x_1,\ x_0]}{x_k - x_0}$$

이 방법을 사용할 때의 장점은 일단 결정된 계수는 새로운 데이터 포인트를 추가해도 변경되지 않는다는 것이다. 같은 방식으로 더 높은 차분만 계산하면 된다. 이러한 계수를 찾는 전체 절차는 분할 차분 표로 요약할 수 있다. 5개의 데이터 포인트를 사용하는 예는 다음과 같다.

$$\begin{array}{llllll}
x_0 & y_0 & & & & \\
 & & f[x_1,\ x_0] & & & \\
x_1 & y_1 & & f[x_2,\ x_1,\ x_0] & & \\
 & & f[x_2,\ x_1] & & f[x_3,\ x_2,\ x_1,\ x_0] & \\
x_2 & y_2 & & f[x_3,\ x_2,\ x_1] & & f[x_4,\ x_3,\ x_2,\ x_1,\ x_0] \\
 & & f[x_3,\ x_2] & & f[x_4,\ x_3,\ x_2,\ x_1] & \\
x_3 & y_3 & & f[x_4,\ x_3,\ x_2] & & \\
 & & f[x_4,\ x_3] & & & \\
x_4 & y_4 & & & &
\end{array}$$

표의 각 성분은 (왼쪽에 있는) 이전 단계의 두 성분을 사용하여 계산할 수 있다. 실제로 모든 성분을 계산하여 삼각행렬에 저장할 수 있다. 즉, 다음과 같은 계수 행렬로 저장할 수 있다.

$$\begin{array}{ccccc}
y_0 & f[x_1,\ x_0] & f[x_2,\ x_1,\ x_0] & f[x_3,\ x_2,\ x_1,\ x_0] & f[x_4,\ x_3,\ x_2,\ x_1,\ x_0] \\
y_1 & f[x_2,\ x_1] & f[x_3,\ x_2,\ x_1] & f[x_4,\ x_3,\ x_2,\ x_1] & 0 \\
y_2 & f[x_3,\ x_2] & f[x_4,\ x_3,\ x_2] & 0 & 0 \\
y_3 & f[x_4,\ x_3] & 0 & 0 & 0 \\
y_4 & 0 & 0 & 0 & 0
\end{array}$$

행렬의 첫 번째 행에 실제로 필요한 모든 계수, 즉 a_0, a_1, a_2, a_3, a_4가 포함된다. 다음은 이를 파이썬에서 수행하는 방법의 예이다.

실행 예제

x = [-5, -1, 0, 2], y = [-2, 6, 1, 3]에 대한 분할 차분 표를 계산해보자.

```
In [1]: import numpy as np
        import matplotlib.pyplot as plt

        plt.style.use("seaborn-poster")

        %matplotlib inline

In [2]: def divided_diff(x, y):
            """
            분할 차분 표를 계산하는 함수
            """
            n = len(y)
            coef = np.zeros([n, n])
            # 첫 번째 열은 y이다.
            coef[:,0] = y

            for j in range(1,n):
                for i in range(n-j):
                    coef[i][j] = (coef[i+1][j-1]-coef[i][j-1])/(x[i+j]-x[i])
            return coef

        def newton_poly(coef, x_data, x):
            """
            x에서 뉴턴 다항식을 계산한다.
            """
            n = len(x_data) - 1
            p = coef[n]

            for k in range(1,n+1):
                p = coef[n-k] + (x -x_data[n-k])*p
            return p

In [3]: x = np.array([-5, -1, 0, 2])
        y = np.array([-2, 6, 1, 3])
        # 분할 차분 계수를 구한다.
        a_s = divided_diff(x, y)[0, :]

        # 새로운 데이터 포인터에 대해 계산한다.
        x_new = np.arange(-5, 2.1, .1)
        y_new = newton_poly(a_s, x, x_new)

        plt.figure(figsize = (12, 8))
```

```
        plt.plot(x, y, "bo")
        plt.plot(x_new, y_new)
```

```
Out[3]: [<matplotlib.lines.Line2D at 0x11bd4e630>]
```

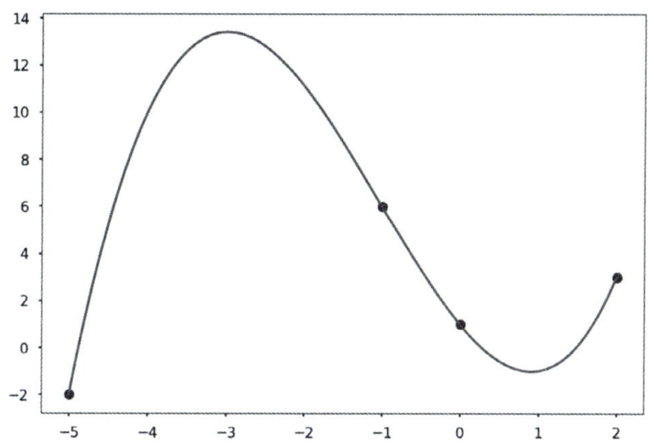

뉴턴 다항식이 모든 데이터 포인트를 정확히 통과하는 것을 볼 수 있다.

17.6 요약, 그리고 문제

17.6.1 요약

1. 신뢰할 수 있는 데이터 포인트 집합이 주어졌을 때 보간법은 데이터 세트에 없는 독립변수 값에 대해 종속변수 값을 추정하는 방법이다.
2. 선형 보간법, 3차 스플라인 보간법, 라그랑주 다항식 보간법, 뉴턴 다항식 보간법 등은 많이 사용되는 보간법이다.

17.6.2 문제

1. 함수 `my_lin_interp(x, y, X)`를 작성하시오. 여기서 x와 y는 실험 데이터 포인트를 포함하는 배열이고 X는 보간을 원하는 좌표가 포함된 배열이다. x와 X는 오름차순이고 각기 고유한 성분들로 이루어져 있다고 가정한다. 출력 인수 Y는 X와 크기가 같은 배열이어야 한다. 여기서 `Y[i]`는 `X[i]`에서의 선형 보간이다. NumPy의 interp나 SciPy의 interp1d를 사용해서는 안 된다.
2. 함수 `my_cubic_spline(x, y, X)`를 작성하시오. 여기서 x와 y는 실험 데이터

포인트를 포함하는 배열이고 X는 보간을 원하는 좌표가 포함된 배열이다. x와 X는 오름차순이고 각기 고유한 성분들로 이루어져 있다고 가정한다. 출력 인수 Y는 X와 크기가 같은 배열이어야 한다. 여기서 Y[i]는 X[i]에서의 3차 스플라인 보간이다. interp1d나 CubicSpline을 사용해서는 안 된다.

3. 함수 my_nearest_neighbor(x, y, X)를 작성하시오. 여기서 x와 y는 실험 데이터 포인트를 포함하는 배열이고 X는 보간을 원하는 좌표가 포함된 배열이다. x와 X는 오름차순이고 각기 고유한 성분들로 이루어져 있다고 가정한다. 출력 인수 Y는 X와 크기가 같은 배열이어야 한다. 여기서 Y[i]는 X[i]에서의 최근린 보간이다. 즉, x 상에서 X[i]에 가장 가까운 데이터 포인트가 x[j]일 때 Y[i]는 y[j]가 된다. SciPy의 interp1d를 사용해서는 안 된다.
4. 최근린 보간법을 사용하는 것이 3차 스플라인 보간법보다 나은 상황을 제시해보시오.
5. 함수 my_cubic_spline_flat(x, y, X)를 작성하시오. 여기서 x와 y는 실험 데이터 포인트를 포함하는 배열이고 X는 보간을 원하는 좌표가 포함된 배열이다. x와 X는 오름차순이고 각기 고유한 성분들로 이루어져 있다고 가정한다. 출력 인수 Y는 X와 크기가 같은 배열이어야 한다. 여기서 Y[i]는 X[i]에서의 3차 스플라인 보간이다. 이전에 도입된 제약조건 대신 $S'_1(x_1)=0$과 $S'_{n-1}(x_n)=0$을 사용하시오.
6. 함수 my_quintic_spline(x, y, X)를 작성하시오. 여기서 x와 y는 실험 데이터 포인트를 포함하는 배열이고 X는 보간을 원하는 좌표가 포함된 배열이다. x와 X는 오름차순이고 각기 고유한 성분들로 이루어져 있다고 가정한다. 출력 인수 Y는 X와 크기가 같은 배열이어야 한다. 여기서 Y[i]는 X[i]에서의 5차 스플라인 보간이다. 충분한 제약조건을 제시하려면 추가적인 경계조건을 사용해야 한다. 각자 재량에 따른 경계조건을 도입해도 좋다.
7. 함수 my_interp_plotter(x, y, X, option)를 작성하시오. 여기서 x와 y는 실험 데이터 포인트를 포함하는 배열이고 X는 보간을 원하는 좌표가 포함된 배열이다. x와 X는 오름차순이고 각기 고유한 성분들로 이루어져 있다고 가정한다. 출력 인수 Y는 X와 크기가 같은 배열이어야 한다. 입력 인수 option은 문자열 "linear", "spline", "nearest" 중 하나라야 한다. 함수는 그래프 상에서 데이터 포인트 (x, y)를 빨간색 원으로 표시해야 한다. 입력 X에 대해 option으로 지정된 보간법을 사용하여 계산된 보간을 Y라고 할 때, (X, Y)로 표현되는 점들

은 파란색 선으로 연결되어야 한다. 제목, 축 레이블, 범례를 적절히 설정해야 한다.

Hint SciPy의 interp1d를 사용하고, 인수 kind에 사용할 수 있는 옵션을 조사하시오.

테스트 케이스:

```
x = np.array([0, .1, .15, .35, .6, .7, .95, 1])
y = np.array([1, 0.8187, 0.7408, 0.4966, 0.3012, 0.2466, 0.1496, 0.1353])
my_interp_plotter(x, y, np.linspace(0, 1, 101), "nearest")
```

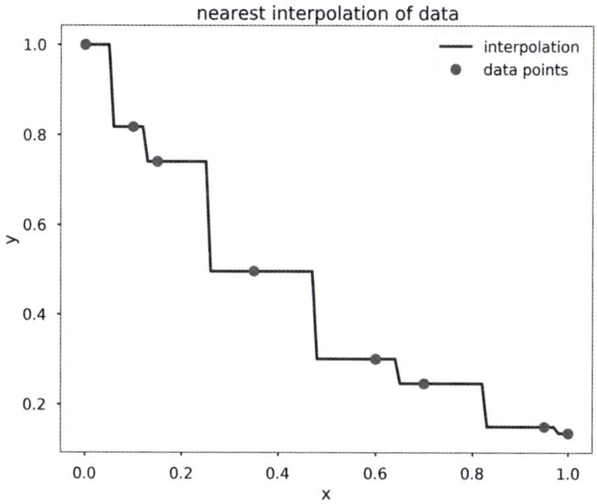


```
my_interp_plotter(x, y, np.linspace(0, 1, 101), "linear")
```

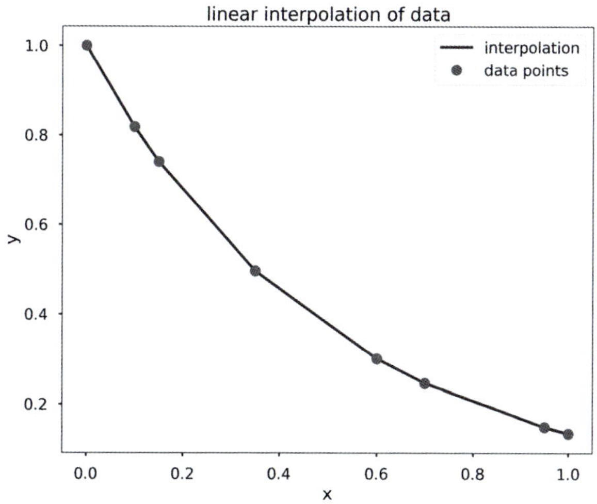

```
my_interp_plotter(x, y, np.linspace(0, 1, 101), "cubic")
```

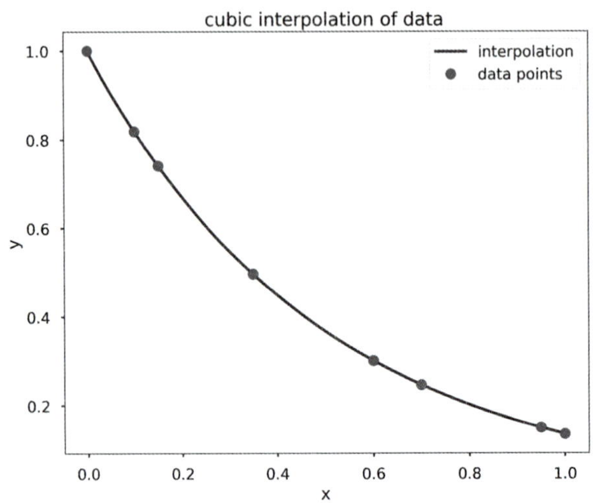

8. 함수 my_D_cubic_spline(x, y, X, D)를 작성하시오. 여기서 x와 y는 실험 데이터 포인트를 포함하는 배열이고 X는 보간을 원하는 좌표가 포함된 배열이다. x와 X는 오름차순이고 각기 고유한 성분들로 이루어져 있다고 가정한다. 출력 인수 Y는 X와 크기가 같은 배열이어야 한다. 여기서 Y[i]는 X[i]에서의 3차 스플라인 보간이다. 표준으로 정착된 경계조건(즉, $S''_1(x_1) = 0$과 $S''_{n-1}(x_n) = 0$) 대신 새로운 경계조건 $S'_1(x_1) = D$와 $S'_{n-1}(x_n) = D$(즉, 양쪽 경계에서 보간 다항식의 기울기는 D)을 사용하시오.

테스트 케이스:

```
x = [0, 1, 2, 3, 4]
y = [0, 0, 1, 0, 0]
X = np.linspace(0, 4, 101)

# 해: Y = 0.54017857
Y = my_D_cubic_spline(x, y, 1.5, 1)

plt.figure(figsize = (10, 8))
plt.subplot(221)
plt.plot(x, y, "ro", X, my_D_cubic_spline(x, y, X, 0), "b")
plt.subplot(222)
plt.plot(x, y, "ro", X, my_D_cubic_spline(x, y, X, 1), "b")
plt.subplot(223)
```

```
plt.plot(x, y, "ro", X, my_D_cubic_spline(x, y, X, -1), "b")
plt.subplot(224)
plt.plot(x, y, "ro", X, my_D_cubic_spline(x, y, X, 4), "b")
plt.tight_layout()
plt.show()
```

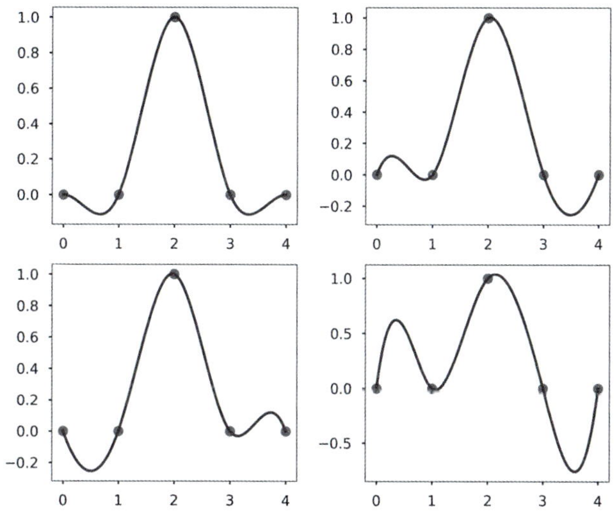

9. 함수 my_lagrange(x, y, X)를 작성하시오. x와 y에 포함된 데이터 포인트에서 도출된 라그랑주 다항식 보간을 X에 적용하여 출력 Y를 계산한다.

Hint 중첩 for 루프를 사용한다. 내부 for 루프에서는 라그랑주 기저 다항식에 대한 곱을 계산하고, 외부 루프에서는 라그랑주 다항식에 대한 합을 계산한다. SciPy의 lagrange 함수를 사용해서는 안 된다.

테스트 케이스:

```
x = [0, 1, 2, 3, 4]
y = [2, 1, 3, 5, 1]

X = np.linspace(0, 4, 101)

plt.figure(figsize = (10,8 ))
plt.plot(X, my_lagrange(x, y, X), "b", label = "interpolation")
plt.plot(x, y, "ro", label = "data points")

plt.xlabel("x")
plt.ylabel("y")
```

```
plt.title(f"Lagrange Interpolation of Data Points")
plt.legend()
plt.show()
```

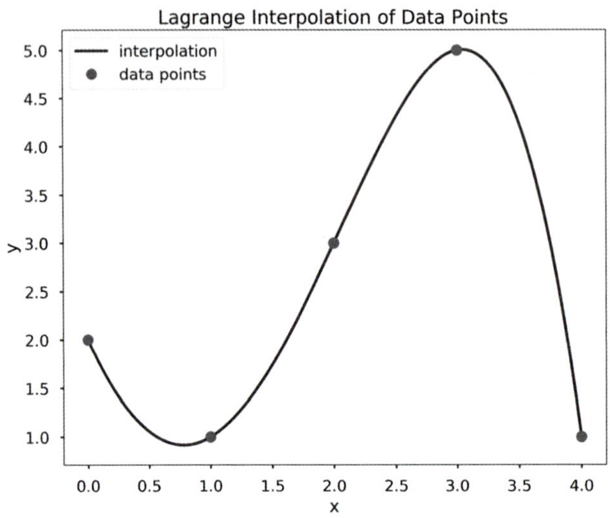

10. 데이터 세트 `x = [0, 1, 2, 3, 4]`, `y = [2, 1, 3, 5, 1]`에 맞는 뉴턴 다항식을 구하시오.

CHAPTER 18

테일러급수

CONTENTS

18.1 테일러급수를 이용한 함수 표현

수열은 숫자 집합에 순서가 부여되어 있는 것으로 괄호 안의 숫자 목록으로 표시된다. 예를 들어, $s=(s_1, s_2, s_3, \ldots)$는 s가 수열 $s_1, s_2, s_3, \ldots$임을 의미한다. 이때 "순서가 부여되어 있음"은 $s_1 < s_2$가 아니라 수열 상에서 s_1이 s_2보다 앞에 나타난다는 것을 의미한다. 예를 들어, $s=(n^2, n \in N)$은 수열 1, 4, 9, ...을 나타낸다. **급수**는 수열에서 특정 항까지의 합을 말한다. **무한 수열**은 항의 개수가 무한한 수열이고, **무한급수**는 무한 수열의 합이다.

테일러 전개는 어떤 점 근방에서 주어진 함수를 다항식 무한급수로 표현하는 것이다. 수학적으로 함수 $f(x)$의 **테일러급수**는 다음과 같이 정의된다.

$$f(x)=\sum_{n=0}^{\infty}\frac{f^{(n)}(a)(x-a)^n}{n!}$$

여기서 $f^{(n)}$은 f의 n차 도함수이고 $f^{(0)}$은 함수 f이다.

실행 예제

$a=0$과 $a=1$ 근방에서 $f(x)=5x^2+3x+5$에 대한 테일러급수를 구해보자. f와 그에 대한 테일러급수가 동일한지 확인한다.

먼저 몇 개의 도함수를 구해보면 다음과 같다.

$$f(x) = 5x^2 + 3x + 5$$
$$f'(x) = 10x + 3$$
$$f''(x) = 10$$

$a = 0$ 근방에서:

$$f(x) = \frac{5x^0}{0!} + \frac{3x^1}{1!} + \frac{10x^2}{2!} + 0 + 0 + \cdots = 5x^2 + 3x + 5$$

$a = 1$ 근방에서:

$$f(x) = \frac{13(x-1)^0}{0!} + \frac{13(x-1)^1}{1!} + \frac{10(x-1)^2}{2!} + 0 + \cdots$$
$$= 13 + 13x - 13 + 5x^2 - 10x + 5 = 5x^2 + 3x + 5$$

n이 충분히 클 때 임의의 다항식의 n차 도함수가 0이기 때문에 다항식에 대한 테일러급수는 유한한 개수의 항을 갖는다는 점에 유의하기 바란다.

실행 예제

$a = 0$ 근방에서 $\sin(x)$를 테일러급수로 표현해보자.

$f(x) = \sin(x)$로 둔다. 테일러급수 정의에 따라 다음 식을 얻는다.

$$f(x) = \frac{\sin(0)}{0!}x^0 + \frac{\cos(0)}{1!}x^1 + \frac{-\sin(0)}{2!}x^2 + \frac{-\cos(0)}{3!}x^3 + \frac{\sin(0)}{4!}x^4 + \frac{\cos(0)}{5!}x^5 + \cdots$$

위의 전개는 다음 공식으로 간결하게 표현할 수 있다.

$$f(x) = \sum_{n=0}^{\infty} \frac{(-1)^n x^{2n+1}}{(2n+1)!}$$

$\sin(0)$은 0이므로 이를 포함하는 항, 즉 짝수 항은 무시한다. 짝수 항들이 제외되기 때문에 위의 합산식에서의 항 번호는 테일러급수 공식의 항 번호와 달라진다. 예를 들어, 공식의 $n = 0$ 항은 위의 합산식에서 $n = 1$ 항이고 공식의 $n = 1$ 항은 위의 합산식에서 $n = 3$ 항이다.

18.2 테일러급수를 사용한 근사

분명히, 함수를 무한한 개수의 항들에 대한 합으로 표현하는 것은 계산이 불가능해져 유용하지 않다. 그렇지만 테일러급수의 N차 항까지만 사용하는 근사를 사용하여 함수를 근사하는 것이 유용한 경우가 종종 있다. 이 기법은 특히 특정 점 근방에서 함수나 그 도함수에 대해 잘 파악하고 있을 때 도움이 된다. 예를 들어, $a = 0$ 근방에서 e^x의 테일러급수를 취하면 모든 n에 대해 $f^{(n)}(a) = 1$이고 e^x를 근사하기 위해 테일러급수의 도

함수를 계산할 필요가 없다.

실행 예제

파이썬을 사용하여 sin 함수와 sin 함수에 대한 1차, 3차, 5차, 7차 테일러급수 근사에 대한 그래프를 그려보자. 여기에는 앞에서 구한 공식의 0번째에서 3번째까지의 항들이 포함된다.

```
In [1]: import numpy as np
        import matplotlib.pyplot as plt
        plt.style.use("seaborn-poster")

In [2]: x = np.linspace(-np.pi, np.pi, 200)
        y = np.zeros(len(x))

        labels = ["First Order", "Third Order",
                  "Fifth Order", "Seventh Order"]

        plt.figure(figsize = (10,8))
        for n, label in zip(range(4), labels):
            y=y+((-1)**n*(x)**(2*n+1))/np.math.factorial(2*n+1)
            plt.plot(x,y, label = label)

        plt.plot(x, np.sin(x), "k", label = "Analytic")
        plt.grid()
        plt.title("Taylor Series Approximations of Various Orders")
        plt.xlabel("x")
        plt.ylabel("y")
        plt.legend()
        plt.show()
```

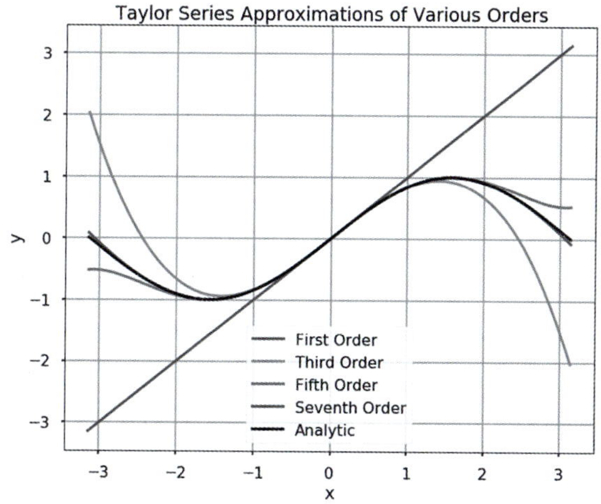

명백히 이 경우의 근사는 x가 $a=0$에 가깝지 않은 경우에도 sin 함수에 빠르게 접근한다. 위의 코드에서는 5.1절에서 소개된 함수 zip을 사용하고 있다. 이 함수를 통해 루프의 반복에서 개별 그래프에 두 개의 매개변수 range(4)와 labels의 각 원소를 사용할 수 있다.

실행 예제

$a=0$ 근방에서 $\sin(x)$에 대한 7차 테일러급수 근사를 구하고, 이 근사를 사용하여 $x=\pi/2$에서의 근삿값을 계산해보자. 이 근삿값을 정확한 값인 1과 비교해보자.

```
In [3]: x = np.pi/2
        y = 0

        for n in range(4):
            y=y+((-1)**n *(x)**(2*n+1))/np.math.factorial(2*n+1)

        print(y)

0.9998431013994987
```

위의 예제에서 7차 테일러급수 근사를 구한 지점($a=0$)과 테일러급수 근사를 사용하여 계산하는 지점($x=\pi/2$)이 멀더라도 함수의 이론적인 값에 매우 가까운 근삿값을 얻는다.

가장 많이 사용되는 테일러급수 근사는 1차 근사, 즉 **선형 근사**이다. "평활" 함수의 경우 지점 a에 충분히 가깝다면 해당 함수의 선형 근사로 적합한 근삿값을 얻을 수 있음을 직관적으로도 알 수 있을 것이다. 즉, "평활" 함수의 경우 어떤 지점을 확대하면 할수록 점점 더 직선에 가까운 모습을 보일 것이다. 아래 예제에 나타나는 그림에서 평활 함수의 국부적 선형 특성을 드러내기 위해 해당 함수를 연속적으로 확대한 모습을 보여주고 있다. 선형 근사는 "복잡한" 함수의 국부적 분석에서 유용한 도구이다.

```
In [4]: x = np.linspace(0, 3, 30)
        y = np.exp(x)

        plt.figure(figsize = (14, 4.5))
        plt.subplot(1, 3, 1)
        plt.plot(x, y)
        plt.grid()
        plt.subplot(1, 3, 2)
        plt.plot(x, y)
```

```
plt.grid()
plt.xlim(1.7, 2.3)
plt.ylim(5, 10)
plt.subplot(1, 3, 3)
plt.plot(x, y)
plt.grid()
plt.xlim(1.92, 2.08)
plt.ylim(6.6, 8.2)
plt.tight_layout()
plt.show()
```

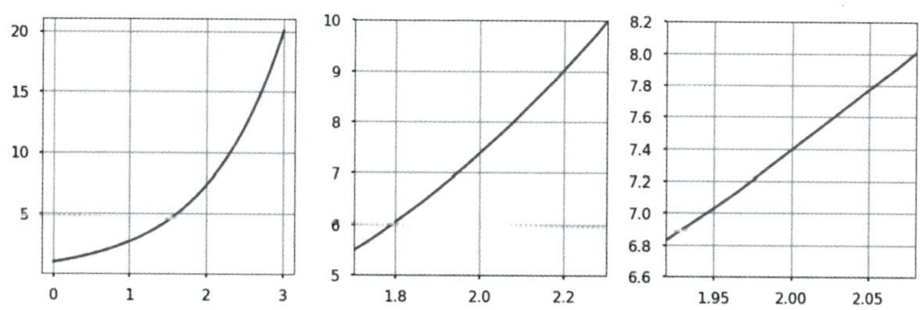

실행 예제

점 $a=0$ 근방에서 e^x에 대한 선형 근사를 취한다. e^1과 $e^{0.01}$의 값을 근사하기 위해 e^x에 대한 선형 근사를 사용한다. NumPy의 함수 exp를 사용하여 exp(1)과 exp(0.01)를 계산하고 결과를 비교해보자.

$a=0$ 근방에서 e^x의 선형 근사는 $1+x$이다.
NumPy의 exp 함수를 사용한 결과는 다음과 같다.

```
In [5]: np.exp(1)
Out[5]: 2.718281828459045

In [6]: np.exp(0.01)
Out[6]: 1.010050167084168
```

e^1의 선형 근삿값은 2로 부정확하고, $e^{0.01}$의 선형 근사는 1.01로 상당히 좋다. 이 예는 근사를 취한 지점에 가까워질 때 선형 근사가 어떻게 동작하는지 보여준다.

18.3 오차에 대한 논의

18.3.1 테일러급수의 절삭 오차

수치해석에서는 일반적으로 **반올림**과 **절삭**이라는 두 가지 오차 발생 원인이 있다. 반올림 오차는 컴퓨터에서 실수 표현의 부정확성과 이러한 실수를 사용하여 수행되는 산술 연산으로 인해 발생한다. 이러한 유형의 오차에 관한 자세한 설명에 대해서는 9장을 참고하기 바란다. 절삭 오차는 사용된 방법의 근사 특성으로 인해 발생하며, 일반적으로 정확한 수학적 함수 대신 근사식을 사용할 때 발생한다(예: 테일러급수를 사용하여 함수를 근사할 때). 예를 들어, 테일러급수를 사용하여 함수 e^x를 근사한 결과는 다음과 같다.

$$e^x = 1 + x + \frac{x^2}{2!} + \frac{x^3}{3!} + \frac{x^4}{4!} + \cdots$$

함수를 근사하려면 무한 수열이 필요하므로 몇 개의 항만 사용하면 근사 오차(즉, 절삭 오차)가 발생한다. 예를 들어, e^2를 근사하기 위해 처음 4개 항만 사용한 결과는 다음과 같다.

$$e^2 \approx 1 + 2 + \frac{2^2}{2!} + \frac{2^3}{3!} = 6.3333$$

테일러급수의 나머지 항들을 절삭하였기 때문에 이에 따른 계산 결과에는 오차가 있을 수밖에 있다. 따라서 함수 $f(x)$는 다음과 같이 테일러급수 근사에 절삭 오차 항을 더한 것으로 표현할 수 있다.

$$f(x) = f_n(x) + E_n(x)$$

항의 개수가 늘어날수록 근삿값이 정확한 값에 더 가까워진다. 위의 예에 대해 파이썬을 사용하여 계산해 보자.

실행 예제

여러 다른 차수의 테일러급수를 사용하여 e^2를 근사하고 결과를 출력해보자.

```
In [1]: import numpy as np

In [2]: exp = 0
        x = 2
        for i in range(10):
            exp = exp + (x**i)/np.math.factorial(i)
```

```
        print(f"Using {i}-term, {exp}")

    print(f"The true e^2 is: \n{np.exp(2)}")

Using 0-term, 1.0
Using 1-term, 3.0
Using 2-term, 5.0
Using 3-term, 6.333333333333333
Using 4-term, 7.0
Using 5-term, 7.266666666666667
Using 6-term, 7.355555555555555
Using 7-term, 7.3809523809523805
Using 8-term, 7.387301587301587
Using 9-term, 7.3887125220458545
The true e^2 is:
7.38905609893065
```

18.3.2 절삭 오차의 추정

함수에 대한 근사에서 사용되는 차수가 높을수록 실제 값에 더 가깝다는 것을 알 수 있다. 선택하는 차수에 따라 그에 해당하는 오차가 있으며, 근사가 유용하기 위해서는 근사가 얼마나 정확한지 파악할 수 있어야 한다. 이것이 오차에 관한 논의가 필요한 이유이다.

테일러급수에서 처음 n개의 항만 사용하는 경우를 다음과 같이 표현할 수 있다.

$$f(x) = f_n(x) + E_n(x) = \sum_{k=0}^{n} \frac{f^{(k)}(a)(x-a)^k}{k!} + E_n(x)$$

$E_n(x)$는 테일러급수의 나머지 항들을 나타내며, 근사치 $f_n(x)$가 $f(x)$에서 얼마나 멀리 떨어져 있는지를 측정하는 절삭 오차에 해당한다. 이 오차는 아래와 같이 서술되는 **테일러 정리**를 사용하여 추정할 수 있다.

> a를 포함하는 구간 I 안의 모든 x에 대해 함수 $f(x)$에 $(n+1)$차까지의 미분이 존재할 경우 I 안의 각 x에 대해 아래 식을 만족하는 z가 x와 a 사이에 존재한다.

$$E_n(x) = \frac{f^{(n+1)}(z)(x-a)^{n+1}}{(n+1)!}$$

해당 구간에서 $|f^{(n+1)}|$의 최댓값이 M이면, 테일러 정리로부터 절삭 오차의 한계에

관한 다음 식을 얻는다.

$$|E_n(x)| \le \frac{M|x-a|^{n+1}}{(n+1)!}$$

실행 예제

$n=9$를 사용할 때 e^2에 대한 테일러급수 근사의 절삭 오차의 한계를 추정해보자.

이 오차를 이해하기 위해 $n=9$를 사용할 때 $(e^x)'=e^x$이며, 여기에서 $a=0$이다. 따라서 $x=2$와 관련된 오차는 다음과 같다.

$$E_n(x) = \frac{f^{(9+1)}(z)(x)^{(9+1)}}{(9+1)!} = \frac{e^z 2^{10}}{10!}$$

$0 \le z \le 2$이고 $e<3$이다. 따라서 절삭 오차의 한계는 다음과 같이 주어진다.

$$|E_n(x)| \le \frac{3^2 2^{10}}{10!} = 0.00254$$

$n=9$인 테일러급수를 사용하여 e^2을 근사한다면 절대 오차는 0.00254보다 작을 것이다. 아래에서 이를 확인한다.

```
In [3]: abs(7.3887125220458545-np.exp(2))
Out[3]: 0.0003435768847959153
```

18.3.3 테일러급수의 반올림 오차

합계에 많은 항을 추가할 때 부동 소수점 반올림 오차로 인한 오차의 수치적 누적에 유의해야 한다. 다음 예를 살펴보자.

예제

테일러급수를 사용하여 e^{-30}을 근사하고 결과를 출력해보자.

```
In [4]: exp = 0
        x = -30
        for i in range(200):
            exp = exp + (x**i)/np.math.factorial(i)

        print(f"Using {i}-term, our result is {exp}")
        print(f"The true e^-30 is: {np.exp(x)}")

Using 199-term, our result is -8.553016433669241e-05
The true e^-30 is: 9.357622968840175e-14
```

위의 예에서는 앞에서 논의한 반올림 오차로 인해 아무리 많은 항을 포함하여 계산하더라도 테일러급수를 사용한 추정이 더 이상 참 값에 가까워지지 않는다는 것이 명백하다. 음의 큰 인수를 사용할 때 작은 결과 값을 얻으려면 테일러급수에서 교대로 나타나는 큰 숫자들이 상쇄되어야 한다. 출력에서 원하는 정밀도의 결과를 얻기 위해 계산에 나타나는 큰 숫자와 작은 숫자를 모두 정확하게 표현하려면 높은 정밀도에 해당하는 만큼의 가수를 위한 충분한 자릿수가 필요한데 파이썬에서 부동 소수점 실수의 가수는 제한되어 있다. 이것이 위의 예에서 부정확한 결과가 발생하는 이유이다.

18.4 요약, 그리고 문제

18.4.1 요약

1. 어떤 함수는 다항식의 무한 합인 테일러급수로 완벽하게 표현될 수 있다.
2. 테일러 전개가 주어져 있는 함수는 테일러급수를 절삭하여 근사할 수 있다.
3. 선형 근사는 함수에 대한 국부 근사에 많이 사용된다.
4. 테일러급수 근사에서 발생하는 절삭 오차는 테일러 정리를 사용하여 추정할 수 있다.
5. 테일러급수의 반올림 오차에 유의해야 한다.

18.4.2 문제

1. 테일러 전개를 사용하여 $e^{ix} = \cos(x) + i\sin(x)$임을 보이시오. 여기서 $i = \sqrt{-1}$이다.
2. $a = 0$ 근방에서 $\sin(x)$의 선형 근사를 사용하여 작은 x에 대해 $\frac{\sin(x)}{x} \approx 1$임을 보이시오.
3. $a = 0$ 근방에서 e^{x^2}에 대한 테일러 전개를 작성하시오. 테일러 전개의 처음 n개의 항을 사용하여 e^{x^2}의 근삿값을 계산하는 함수 `my_double_exp(x, n)`을 작성하시오. `my_double_exp`가 배열 입력을 받을 수 있어야 한다.
4. 1에서 7까지의 차수에 대해 0 근방에서 `np.exp` 함수에 대한 테일러급수 근삿값을 출력하는 함수를 작성하시오. 차수 7에 대한 절삭 오차 한계를 계산하시오.
5. $\sin(x)$, $\cos(x)$, $\sin(x)\cos(x)$ 등에 대한 0을 중심으로 하는 4차 테일러 전개를 구하시오. 이제 $\sin(\pi/2)\cos(\pi/2)$를 계산할 때, $\sin$과 $\cos$에 대한 테일러

전개를 별도로 계산한 다음 결과를 함께 곱하는 것과 곱에 대한 테일러 전개를 사용하여 계산하는 것 중 어느 쪽의 오차가 작은가?

6. 4차 테일러급수를 사용하여 $\cos(0.2)$를 근사하고 절삭 오차 한계를 결정하시오.

7. 함수 `my_cosh_approximator(x, n)`를 작성하시오. 여기서 출력은 x의 쌍곡코사인 $\cosh(x)$에 대해 $a=0$ 근방에서 취한 n차 테일러급수 근삿값이다. x는 배열이고 n은 0 이상의 정수로 가정한다. $\cosh(x)$는 다음과 같이 정의되는 함수이다.

$$\cosh(x) = (e^{x} + e^{-x})/2$$

주의: $n=0$일 때와 $n=1$일 때의 근삿값은 동일하고, $n=2$일 때와 $n=3$일 때의 근삿값은 동일하며, 이러한 관계는 계속된다.

CHAPTER

근의 계산

19

CONTENTS

19.1 근을 구하는 문제

함수 $f(x)$의 **근**은 $f(x_r)=0$을 만족하는 x_r을 말한다. $f(x)=x^2-9$와 같은 함수의 경우 3과 −3이라는 근을 쉽게 구할 수 있다. 그러나 $f(x)=\cos(x)-x$와 같은 함수의 경우 함수의 근에 대한 해석적 해를 구하는 것이 어려울 수 있다. 이러한 경우 f의 근에 대한 수치적 근사치를 생성하고 그 한계를 이해하는 것이 유용할 수 있다.

실행 예제

SciPy의 fsolve 함수를 사용하여 −2 근방에서 $f(x)=\cos(x)-x$의 근을 계산해보자. 또 계산으로 구한 해가 근에 충분히 가까운지 확인해보자.

```
In [1]: import numpy as np
        from scipy import optimize

        f = lambda x: np.cos(x) - x
        r = optimize.fsolve(f, -2)
        print("r =", r)

        # 위의 해가 근이 맞는지 확인한다.
        result = f(r)
        print("result=", result)

r = [0.73908513]
```

```
result= [0.]
```

실행 예제

함수 $f(x) = \frac{1}{x}$에는 근이 없다. fsolve 함수를 사용하여 $f(x) = \frac{1}{x}$에 대한 근의 계산을 시도해보자. 무슨 일이 일어나고 있는지 보려면 full_output을 켠다. 자세한 내용은 설명서를 확인하기 바란다.

```
In [2]: f = lambda x: 1/x

        r, infodict, ier, mesg =
           optimize.fsolve(f, -2, full_output=True)
        print("r =", r)

        result = f(r)
        print("result=", result)

        print(mesg)

r = [-3.52047359e+83]
result= [-2.84052692e-84]
The number of calls to function has reached maxfev = 400.
```

$f(r)$ 값이 매우 작은 숫자이기는 하지만 반환된 r 값은 근이 아니다. full_output을 켰기 때문에 더 많은 정보가 제공된다. 해를 찾지 못한 경우 메시지가 반환되는데, "함수 호출 수가 maxfev = 400에 도달하였다"라고 실패 원인을 설명한다.

19.2 허용 오차

공학이나 과학에서 **오차**는 계산된 값과 참 값 사이의 편차이다. **허용 오차**는 공학 응용에 허용되는 오차 수준이다. 컴퓨터 프로그램이 허용 오차보다 작은 오차를 갖는 해를 찾았을 때 해에 **수렴**했다고 말한다. 수치적으로 근을 계산하거나 다른 종류의 수치해석을 수행할 때 주어진 공학/과학 응용에 적합한 오차 측정 기준과 허용 오차를 모두 설정하는 것이 중요하다.

근을 계산하려면 $f(x_r)$가 0에 매우 가까운 x_r이 필요하다. 오차가 작을수록 근이 될 가능성이 높기 때문에 $|f(x)|$는 오차 측정에 사용할 수 있는 하나의 선택지이다. 또한 x_i가 근을 찾는 알고리즘의 i번째 추측이라고 가정하면, 추측이 해에 근접함에 따라 연속

된 추측 사이의 개선이 점차 줄어들 것으로 예상할 수 있기 때문에 $|x_{i+1}-x_i|$가 오차 측정에 사용할 수 있는 또 다른 선택지가 될 수 있다. 다음 예에서 설명하겠지만 이러한 다양한 선택마다 장점과 단점이 있다.

실행 예제

오차를 $e=|f(x)|$로 측정하기로 하고, tol을 허용 오차라고 하자. 함수 $f(x)=x^2+\text{tol}/2$에는 실수 근이 존재하지 않지만, $|f(0)|=\text{tol}/2$이므로 0은 근 계산 프로그램에서 해로 인정될 것이다.

실행 예제

오차를 $e=|x_{i+1}-x_i|$로 측정하기로 하고, tol을 허용 오차라고 하자. 함수 $f(x)=1/x$에는 실수 근이 존재하지 않는다. 그러나 추측 $x_i=-\text{tol}/4$와 $x_{i+1}=\text{tol}/4$에 대한 $e=\text{tol}/2$이므로 컴퓨터 프로그램에서 해로 인정될 것이다.

이러한 관찰을 생각해볼 때, 허용 오차나 수렴 기준의 사용은 신중하게 이루어져야 하며 이들을 사용하는 프로그램의 맥락을 고려해야 한다.

19.3 이분법

연속함수에 관한 **중간 값 정리**에 따르면, $f(x)$가 a와 b 사이의 연속 함수이고 $f(a)$와 $f(b)$의 부호가 서로 다를 경우 $a<c<b$이고 $f(c)=0$인 c가 반드시 존재한다(그림 19.1 참고).

이분법은 중간 값 정리를 반복적으로 사용하여 근을 찾는다. $f(x)$를 연속 함수라고

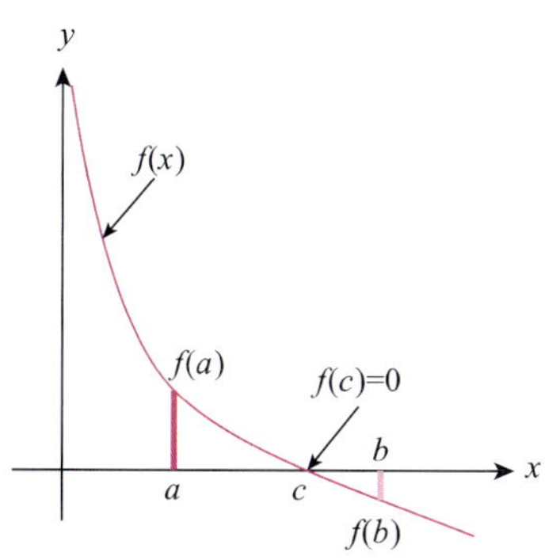

그림 19.1

중간 값 정리의 예시. $f(a)$와 $f(b)$의 부호가 서로 다를 경우 $f(c)=0$인 c가 구간 (a,b)에 존재한다.

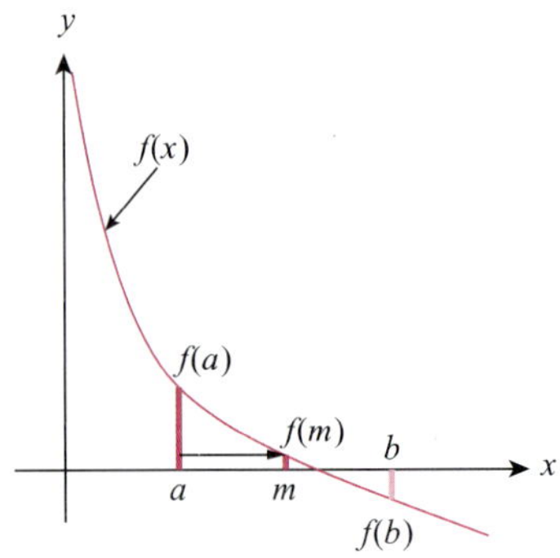

그림 19.2

이분법의 예시. 근이 구간 (a, m)에 존재할지 (m, b)에 존재할지 확인하기 위해 $f(m)$의 부호를 조사한다. 이 새 구간은 이분법의 다음 반복에서 사용된다. 그림에 표시된 경우 근은 구간 (m, b)에 존재한다.

하고 a와 b를 $a < b$를 만족하는 실수 스칼라 값이라고 하자. 일반성을 잃지 않고 $f(a) > 0$이고 $f(b) < 0$이라고 가정한다. 그러면 중간 값 정리에 의해 개구간 (a, b)에 근이 존재해야 한다. 이제 $m = \frac{b+a}{2}$를 a와 b 사이의 중점이라고 하자. $f(m) = 0$이거나 충분히 가깝다면 m은 근이다. $f(m) > 0$이면 m은 왼쪽 경계 a에 대한 개선이며 개구간 (m, b)에 근이 존재함이 보장된다. $f(m) < 0$이면 m은 오른쪽 경계 b에 대한 개선이며 개구간 (a, m)에 근이 존재함이 보장된다. 이러한 시나리오는 그림 19.2에 묘사되어 있다.

오차가 허용 가능한 수준으로 낮아질 때까지 a와 b를 갱신하는 프로세스를 반복할 수 있다.

실행 예제

a와 b로 경계를 이루는 구간에서 이분법으로 $|f(r)| < tol$인 f의 근 r에 근사하는 함수 my_bisection(f,a,b,tol)을 작성해보자.

```
In [1]: import numpy as np

        def my_bisection(f, a, b, tol):
            # 구간 (a, b)에서 허용 오차가 |f(m)| < tol인
            # a와 b의 중점 m으로 f의 근 R을 근사한다.
            # 재귀적 구현

            # a와 b가 근의 경계가 되는지 조사한다.
            if np.sign(f(a)) == np.sign(f(b)):
                raise Exception(
```

```
            "The scalars a and b do not bound a root")

        # 중점 계산
        m = (a + b)/2

        if np.abs(f(m)) < tol:
            # 종료 조건 발생: m을 근으로 반환한다.
            return m
        elif np.sign(f(a)) == np.sign(f(m)):
            # m이 a에 대한 개선인 경우
            # a = m으로 재귀적 호출
            return my_bisection(f, m, b, tol)
        elif np.sign(f(b)) == np.sign(f(m)):
            # m이 b에 대한 개선인 경우
            # b = m으로 재귀적 호출
            return my_bisection(f, a, m, tol)
```

실행 예제

함수 $f(x)=x^2-2$의 근으로 $\sqrt{2}$를 계산할 수 있다. $a=0$, $b=2$에서 시작하는 my_bisection을 사용하여 허용 오차가 $|f(x)|<0.1$인 경우와 $|f(x)|<0.01$인 경우의 근으로 $\sqrt{2}$의 근삿값을 구해보자. 계산 결과를 다시 함수에 대입하여 결과가 근에 가까운지 확인한다.

```
In [2]: f = lambda x: x**2 - 2

        r1 = my_bisection(f, 0, 2, 0.1)
        print("r1 =", r1)
        r01 = my_bisection(f, 0, 2, 0.01)
        print("r01 =", r01)

        print("f(r1) =", f(r1))
        print("f(r01) =", f(r01))

r1 = 1.4375
r01 = 1.4140625
f(r1) = 0.06640625
f(r01) = -0.00042724609375
```

실행 예제

위의 함수에 $a=2$, $b=4$를 사용하면 어떻게 되는지 확인해보자.

```
In [3]: my_bisection(f, 2, 4, 0.01)
```

```
---------------------------------------------------------------
Exception                 Traceback (most recent call last)
<ipython-input-3-4158b7a9ae67> in <module>
----> 1 my_bisection(f, 2, 4, 0.01)

<ipython-input-1-36f06123e87c> in my_bisection(f,a,b,tol)
   10     if np.sign(f(a)) == np.sign(f(b)):
   11         raise Exception(
---> 12         "The scalars a and b do not bound a root")
   13 
   14     # get midpoint

Exception: The scalars a and b do not bound a root
```

19.4 뉴턴-랩슨 방법

$f(x)$가 평활 함수이고 x_r은 $f(x)$의 알려지지 않은 근이라고 하자. x_0이 x_r에 대한 추측으로 주어져 있다고 하자. 큰 행운이 따르지 않는다면 x_0가 $f(x)$의 근이 되기는 어려울 것이다. 이러한 시나리오에서 x_0보다 개선된 (즉, x_0보다 x_r에 더 가까운) x_1을 찾고자 한다. x_0이 x_r에 "충분히 가까울" 경우, x_0 근방에서 $f(x)$의 선형 근사를 구하고 이 선형 근사가 나타내는 직선과 x축의 교차점을 찾아 x_0보다 개선된 추측을 얻을 수 있다. x_0 근방에서 $f(x)$의 선형 근사는 $f(x) \approx f(x_0)+f'(x_0)(x-x_0)$이다. 이 근사를 사용하여 $f(x_1)=0$인 x_1을 찾는다. 이 값을 선형 근사에 대입하면 다음 방정식이 생성된다.

$$0=f(x_0)+f'(x_0)(x_1-x_0)$$

위의 방정식을 x_1에 대해 풀면 다음의 결과를 얻는다.

$$x_1=x_0-\frac{f(x_0)}{f'(x_0)}$$

이 선형 근사가 초기 추측을 어떻게 개선하는지 그림 19.3에서 보여주고 있다.

일반적으로 **뉴턴 단계**는 이전 추측 값 x_i을 아래 식에 적용하여 개선된 추측 값 x_{i+1}를 계산한다.

$$x_{i+1}=x_i-\frac{f(x_i)}{f'(x_i)}$$

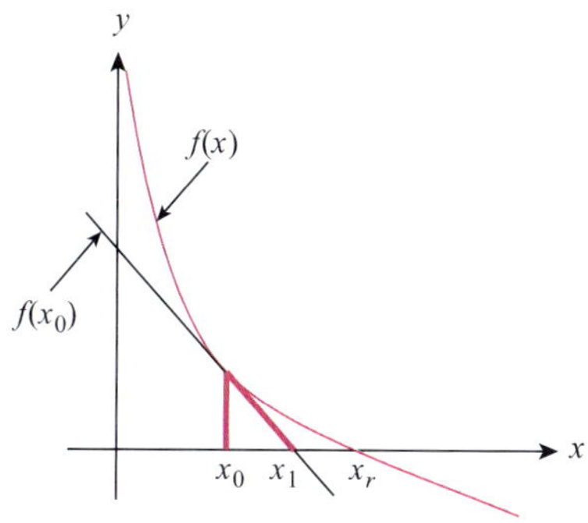

그림 19.3
평활 함수 $f(x)$에 대한 뉴턴 단계의 예시.

근을 찾는 **뉴턴-랩슨 방법**은 x_0에서 출발하여 오차가 허용 오차보다 작아질 때까지 뉴턴 단계를 반복한다.

실행 예제

앞에서 언급한 것처럼 $\sqrt{2}$는 $f(x)=x^2-2$의 근이다. 위의 공식에서 시작점으로 $x_0=1.4$를 사용하여 $\sqrt{2}$를 추정해보자. 또 이 근삿값을 파이썬의 sqrt 함수로 계산된 값과 비교해보자.

$$x=1.4-\frac{1.4^2-2}{2(1.4)}=1.4142857142857144$$

```
In [1]: import numpy as np

        f = lambda x: x**2 - 2
        f_prime = lambda x: 2*x
        newton_raphson = 1.4 - (f(1.4))/(f_prime(1.4))

        print("newton_raphson =", newton_raphson)
        print("sqrt(2) =", np.sqrt(2))

newton_raphson = 1.4142857142857144
sqrt(2) = 1.4142135623730951
```

실행 예제

함수 my_newton(f,df,x0,tol)을 작성해보자. 여기서 출력은 f의 근에 대한 추정치이고, f는 함수 객체 $f(x)$, df는 함수 객체 $f'(x)$, x0은 초기 추측, tol은 허용 오차이다. 오차 측정 기준은 $|f(x)|$이다.

```
In [2]: def my_newton(f, df, x0, tol):
            # 출력은 f의 근에 대한 추정치이다.
```

```
        # 뉴턴-랩슨 방법의 재귀적 구현
        if abs(f(x0)) < tol:
            return x0
        else:
            return my_newton(f, df, x0 - f(x0)/df(x0), tol)
```

실행 예제

my_newton을 사용하고 x0 = 1.5에서 시작하여 1e–6의 허용 오차 내에서 $\sqrt{2}$를 계산해보자.

```
In [3]: estimate = my_newton(f, f_prime, 1.5, 1e-6)
        print("estimate =", estimate)
        print("sqrt(2) =", np.sqrt(2))

estimate = 1.4142135623746899
sqrt(2) = 1.4142135623730951
```

x_0이 x_r에 가까울 경우 일반적으로 뉴턴-랩슨 방법이 이분법보다 훨씬 빠르게 x_r에 수렴한다는 것을 증명할 수 있다. 그러나 x_r이 미리 알려지지는 않기 때문에 함수에 관한 특별한 사전 정보가 없다면 초기 추측이 이러한 동작 특성을 보일 만큼 근에 충분히 가까운지 파악할 방법이 없다(사전 정보의 예: 함수의 근이 0에 가까움). 이러한 초기화 문제 외에도 뉴턴-랩슨 방법에는 다른 심각한 제한점이 있다. 예를 들어, 추측 값의 미분이 0에 가까우면 뉴턴 단계가 매우 커지고 어쩌면 근에서 아주 멀어질 수도 있다. 또한 x_0과 x_r 사이에서의 도함수의 동작에 따라 뉴턴-랩슨 방법은 x_r과는 다른 근으로 수렴할 수도 있으며, 이러한 결과는 당면한 공학 응용에 유용하지 않을 수도 있다.

실행 예제

초기 추측 값 $x_0 = 0.29$가 주어질 때 한 번의 뉴턴 단계를 적용하여 함수 $f(x) = x^3 + 3x^2 - 2x - 5$의 근에 대해 개선된 근삿값을 계산해보자.

```
In [4]: x0 = 0.29
        x1 = x0-(x0**3+3*x0**2-2*x0-5)/(3*x0**2+6*x0-2)
        print("x1 =", x1)

x1 = -688.4516883116648
```

$f'(x_0) = -0.0077$이고(0에 가까움) x_1에서의 오차는 약 324880000임에(매우 큼) 유의하기 바란다.

실행 예제

다항식 $f(x) = x^3 - 100x^2 - x + 100$이 주어져 있다고 하자. 이 다항식은 $x = 1$과 $x = 100$을 근으로 갖는다. $x_0 = 0$에서 시작하고 뉴턴-랩슨 방법을 사용하여 f의 근을 찾아보자.

$x_0 = 0$에서 $f(x_0) = 100$이고 $f'(x_0) = -1$이므로 뉴턴 단계를 적용하면 f의 근인 $x_1 = 0 - 100 - 1 = 100$을 얻는다. 이 근은 $x = 1$에서 다른 근보다 초기 추측 값에서 훨씬 더 멀리 떨어져 있으며 초기 추측 값 0에서 원하는 근이 아닐 수도 있다.

19.5 파이썬에서 근의 계산

당연히 파이썬에는 근을 계산하는 함수들이 있다. 여기에서 근을 구할 때 사용할 함수는 `scipy.optimize`의 `f_solve`이다.

`f_solve` 함수는 많은 인수를 취하지만(자세한 내용에 대해서는 설명서 참고 바람), 가장 중요한 두 가지는 (1) 근을 구하고자 하는 함수와 (2) 초기 추측 값이다.

실행 예제

`f_solve`를 사용하여 함수 $f(x) = x^3 - 100x^2 - x + 100$의 근을 계산해보자.

```
In [1]: from scipy.optimize import fsolve

In [2]: f = lambda x: x**3-100*x**2-x+100
        fsolve(f, [2, 80])
Out[2]: array([ 1., 100.])
```

19.6 요약, 그리고 문제

19.6.1 요약

1. 근은 함수의 중요한 속성이다.
2. 이분법은 분할 정복법에 기초하여 근을 구하는 방법이다. 안정적이지만 뉴턴-랩슨 방법에 비해 수렴 속도가 느릴 수 있다.
3. 뉴턴-랩슨 방법은 함수의 근사에 기반하여 근을 찾는 다른 방법이다. 뉴턴-랩슨 방법은 빠르게 수렴하고 실제 근 가까운 곳에서 멈추지만, 불안정할 수 있다.

19.6.2 문제

1. 함수 my_nth_root(x,n,tol)을 작성하시오. 여기서 x와 tol은 양의 스칼라이고 n은 1보다 큰 정수이다. 출력 인수 r은 x의 N제곱근 $\sqrt[N]{x}$의 근삿값이어야 한다. 이 근삿값은 함수 $f(y)=y^N-x$의 근을 찾기 위해 뉴턴-랩슨 방법을 사용하여 계산해야 한다. 오차 측정 기준으로는 $|f(y)|$을 사용한다.
2. 함수 my_fixed_point(f,g,tol,max_iter)를 작성하시오. 여기서 f와 g는 함수 객체이고 tol은 양의 스칼라이다. 입력 인수 max_iter는 양의 정수이다. 출력 인수 X는 $|f(X)-g(X)|<\text{tol}$을 만족하는 스칼라여야 한다. 즉 X는 $f(X)=g(X)$를 (거의) 만족하는 점이다. X를 찾기 위해 이분법을 사용해야 하며 오차 측정 기준으로 $|F(m)|<\text{tol}$을 적용한다. my_fixed_point 함수는 max_iter 반복 횟수 후에는 "포기"해야 하고 이 경우 X = []를 반환한다.
3. 이분법이 $f(x)=1/x$에 대해 $|b-a|$를 오차로 제시하며 실패하는 이유를 설명하시오.

   Hint $f(x)$가 어떻게 중간 값 정리를 위반하는지 생각해보시오.
4. [R,E]를 반환하는 함수 my_bisection(f,a,b,tol)을 작성하시오. 여기서 f는 함수 객체이고, a와 b는 a < b인 스칼라이며, tol은 양의 스칼라 값이다. 함수는 배열 R을 반환해야 한다. 여기서 R[i]는 이분법의 i번째 반복에서 $(a+b)/2$로 정의되는 f의 근에 대한 추정치이다. 초기 추정치도 R에 포함되어야 한다. 함수는 또한 배열 E를 반환해야 한다. 여기서 E[i]는 이분법의 i번째 반복에서의 $|f(R[i])|$ 값이다. 함수는 E(i) < tol일 때 종료되어야 한다. $f(a)$와 $f(b)$의 부호는 다르다고 가정한다.

   추가 설명: 입력 a와 b는 이분법의 첫 번째 반복을 구성한다. 따라서 R과 E는 비어 있으면 안 된다.

   테스트 케이스:

```
In: f = lambda x: x**2 - 2
    [R, E] = my_bisection(f, 0, 2, 1e-1)
Out: R = [1, 1.5, 1.25, 1.375, 1.4375]
     E = [1, 0.25, 0.4375, 0.109375, 0.06640625]

In: f = lambda x: np.sin(x) - np.cos(x)
    [R, E] = my_bisection(f, 0, 2, 1e-2)
Out: R = [1, 0.5, 0.75, 0.875, 0.8125, 0.78125]
```

```
E = [0.30116867893975674, 0.39815702328616975,
     0.05005010885048666, 0.12654664407270177,
     0.038323093040207645, 0.005866372111545948]
```

5. [R,E]를 반환하는 함수 my_newton(f,df,x0,tol)을 작성하시오. 여기서 f는 함수 객체이고, df는 f의 도함수를 나타내는 함수 객체이고, x0은 근의 초기 추정값이다. tol은 양의 스칼라이다. 함수는 배열 R을 반환해야 한다. 여기서 R[i]는 i번째 반복에서 f의 근에 대한 뉴턴-랩슨 추정치이다. 초기 추정치도 R에 포함되어야 한다. 함수는 또한 배열 E를 반환해야 한다. 여기서 E[i]는 뉴턴-랩슨 방법의 i번째 반복에서의 $|f(R[i])|$ 값이다. 함수는 E(i) < tol일 때 종료되어야 한다. f의 도함수는 주어진 테스트 케이스에서의 반복 동안 0에 도달하지 않을 것이라고 가정한다.

테스트 케이스:

```
In: f - lambda x: x**2 - 2
    df = lambda x: 2*x
    [R, E] = my_newton(f, df, 1, 1e-5)
Out: R = [1, 1.5, 1.4166666666666667, 1.4142156862745099]
     E = [1, 0.25, 0.006944444444444642, 6.007304882871267e-06]

In: f = lambda x: np.sin(x) - np.cos(x)
    df = lambda x: np.cos(x) + np.sin(x)
    [R, E] = my_newton(f, df, 1, 1e-5)
Out: R = [1, 0.782041901539138, 0.7853981759997019]
     E = [0.30116867893975674, 0.004746462127804163,
     1.7822277875723103e-08]
```

6. 해안선에서 H 마일 떨어진 해상 석유 플랫폼에서 해안선을 따라 L 마일 떨어진 육지의 정유소까지 파이프라인을 건설하는 문제를 생각해보자. 파이프 건설 비용은 파이프가 바다 아래에 있는 동안 $C_{\mathrm{ocean/mile}}$이고 파이프가 육지에 있을 때 $C_{\mathrm{land/mile}}$이라고 한다. 해상 석유 플랫폼에서 시작된 파이프는 해안을 향해 직선으로 건설되며 0과 L 사이의 어떤 지점 x에서 해안선과 만난다. 정유소에 도착할 때까지 파이프는 육상의 해안선을 따라 계속된다. 정확한 내용에 대해서는 아래 그림을 참고하기 바란다.

함수 my_pipe_builder(C_ocean,C_land,L,H)를 작성하시오. 입력 인수는 앞에서 설명한 대로이고 출력 인수 x는 파이프라인의 총 비용을 최소화하는 x 값이다. 초기 경계 $a=0$과 $b=L$에서 시작하는 이분법을 사용하여 x 값을 결정하는데, 허용 오차는 1×10^{-6}으로 둔다.

테스트 케이스:

```
In: my_pipe_builder(20, 10, 100, 50)
Out: 28.867512941360474

In: my_pipe_builder(30, 10, 100, 50)
Out: 17.677670717239380

In: my_pipe_builder(30, 10, 100, 20)
Out: 7.071067392826080
```

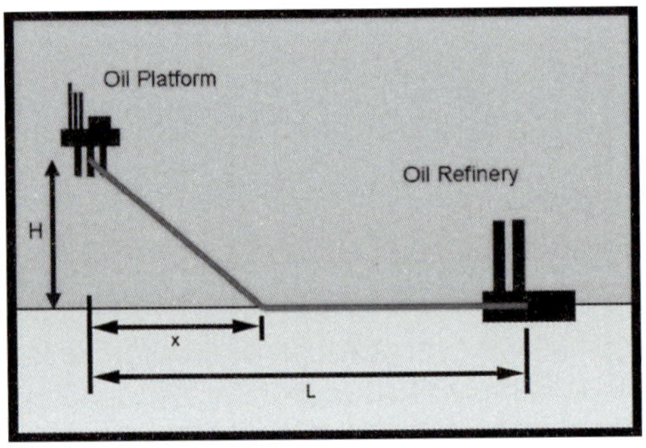

7. 뉴턴-랩슨 방법이 x_0과 $-x_0$ 사이에서 무한정 진동하게 되는 함수 $f(x)$와 f의 근에 대한 초기 추측 값 x_0을 찾아보시오.

CHAPTER

20 수치 미분

CONTENTS

20.1 수치 미분 문제

수치 격자는 함수의 정의역(즉, 독립변수)의 특정 구간을 균일한 간격으로 분할한 것으로 정의할 수 있다. 수치 격자의 **간격**(즉, **단계 크기**)은 격자 상에서 인접한 점 사이의 거리이다. 이 책에서는 x가 수치 격자인 경우, x_j는 수치 격자의 j번째 지점이고 h는 x_{j-1}과 x_j 사이의 간격이다. 그림 20.1에서 수치 격자의 예를 보여준다.

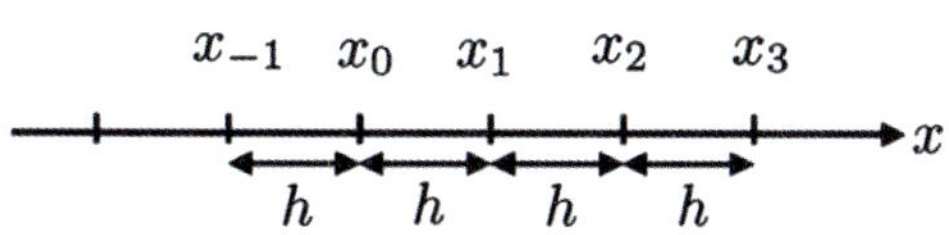

그림 20.1
함수의 근사에 사용되는 수치 격자.

파이썬에는 수치 격자의 생성에 사용할 수 있는 몇 가지 함수가 있다. 1차원 수치 격자의 경우 규칙적인 간격의 배열 생성에 사용한 바 있는 `linspace` 함수로 충분하다.

파이썬에서 함수 $f(x)$는 주어진 구간 안의 격자점들에서 값을 계산하여 표현할 수 있다. 연속 함수의 경우에도 이러한 **이산화** 표현은 수치 계산에 유용하며 공학/과학 현장에서 얻을 수 있는 데이터 세트에 해당한다. 특히, 이산 지점에서만 함수 값을 얻을 수 있는 경우도 있다. 예를 들어, 온도 센서는 일정한 시간 간격으로 온도를 측정하여 (시간, 온도) 데이터를 전송할 수 있다. 온도는 시간의 평활 함수이지만 센서는 불연속적인 시간 간격으로만 값을 제공한다. 이 예의 경우 시간과 온도 사이의 정확한 함수 관계를 파악하기 어려울 수도 있다.

f가 연속함수인지 그에 대한 이산적 표현인지에 상관없이 수치 격자 상에서 f의 도함수를 근사하는 방법을 도출하고 그 정확도를 결정해보자.

20.2 도함수 근사를 위한 유한 차분의 사용

점 $x=a$에서 함수 $f(x)$의 도함수 $f'(x)$는 다음과 같이 정의된다.

$$f'(a) = \lim_{x \to a} \frac{f(x) - f(a)}{x - a}$$

$x=a$에서의 미분은 이 지점에서의 기울기이다. 이러한 기울기에 대한 "유한 차분" 근사에서 목표를 달성하기 위해 점 $x=a$ 근방의 함수 값을 사용한다. 다양한 응용 분야에서 사용되는 다양한 유한 차분 공식이 있으며, 이 중 두 점의 값을 사용하여 미분을 계산하는 세 가지 공식을 아래에 제시한다.

전향 차분은 $(x_j, f(x_j))$와 $(x_{j+1}, f(x_{j+1}))$을 연결하는 선을 사용하여 x_j에서 함수의 기울기를 추정한다.

$$f'(x_j) = \frac{f(x_{j+1}) - f(x_j)}{x_{j+1} - x_j}$$

후진 차분은 $(x_{j-1}, f(x_{j-1}))$와 $(x_j, f(x_j))$을 연결하는 선을 사용하여 x_j에서 함수의 기울기를 추정한다.

$$f'(x_j) = \frac{f(x_j) - f(x_{j-1})}{x_j - x_{j-1}}$$

중심 차분은 $(x_{j-1}, f(x_{j-1}))$와 $(x_{j+1}, f(x_{j+1}))$을 연결하는 선을 사용하여 x_j에서 함수의 기울기를 추정한다.

$$f'(x_j) = \frac{f(x_{j+1}) - f(x_{j-1})}{x_{j+1} - x_{j-1}}$$

그림 20.2는 기울기 추정에 사용되는 세 가지 공식을 그래프 상에 표시하여 보여준다.

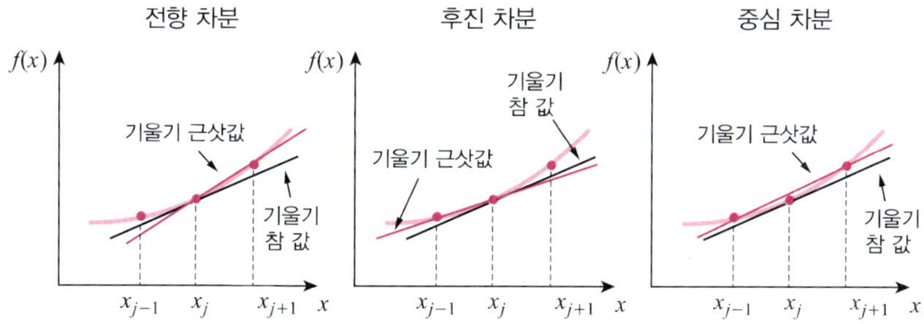

그림 20.2
도함수의 유한 차분 근사.

20.2.1 테일러급수로 도함수 근사를 위한 유한 차분의 사용

f의 도함수에 대한 근사를 도출하기 위해 테일러급수로 돌아가 보자. 임의의 함수 $f(x)$에 대해 $a=x_j$ 근방에서의 테일러급수는 다음과 같다.

$$f(x)=\frac{f(x_j)(x-x_j)^0}{0!}+\frac{f'(x_j)(x-x_j)^1}{1!}+\frac{f''(x_j)(x-x_j)^2}{2!}+\frac{f'''(x_j)(x-x_j)^3}{3!}+\cdots$$

x가 간격이 h인 격자점일 경우, $x=x_{j+1}$에서 테일러급수를 계산하면 다음 식을 얻는다.

$$f(x_{j+1})=\frac{f(x_j)(x_{j+1}-x_j)^0}{0!}+\frac{f'(x_j)(x_{j+1}-x_j)^1}{1!}+\frac{f''(x_j)(x_{j+1}-x_j)^2}{2!}+\frac{f'''(x_j)(x_{j+1}-x_j)^3}{3!}+\cdots$$

$h=x_{j+1}-x_j$를 대입하고 $f'(x_j)$에 대해 풀면 다음 식을 얻는다.

$$f'(x_j)=\frac{f(x_{j+1})-f(x_j)}{h}+\left(-\frac{f''(x_j)h}{2!}-\frac{f'''(x_j)h^2}{3!}-\cdots\right)$$

괄호 안의 항 $-\frac{f''(x_j)h}{2!}-\frac{f'''(x_j)h^2}{3!}-\cdots$을 h에 관한 **고차 항**이라고 한다. 고차 항은 다음과 같이 고쳐 쓸 수 있다.

$$-\frac{f''(x_j)h}{2!}-\frac{f'''(x_j)h^2}{3!}-\cdots=h(\alpha+\epsilon(h))$$

여기서 α는 상수이고 $\epsilon(h)$는 h가 0이 될 때 0이 되는 h의 함수이다. 대수학을 사용하여 이것이 성립함을 증명할 수 있다. $h(\alpha+\epsilon(h))$는 "$O(h)$"로 줄여 쓰고, 일반적으로 $h^p(\alpha+\epsilon(h))$는 "$O(h^p)$"로 줄여 쓴다.

위의 식에 $O(h)$를 대입하면 다음 식을 얻는다.

$$f'(x_j) = \frac{f(x_{j+1}) - f(x_j)}{h} + O(h)$$

위의 식을 사용할 경우 도함수 근사를 위한 **전향 차분** 공식은 다음과 같으며, 이를 $O(h)$ 공식이라고 한다.

$$f'(x_j) \approx \frac{f(x_{j+1}) - f(x_j)}{h}$$

여기서 $O(h)$는 도함수를 근사하기 위한 전향 차분 공식의 **정확도**를 나타낸다. $O(h^p)$인 근사의 경우 p를 근사 정확도의 **차수**라고 한다. 일부 예외를 제외하고는 고차의 경우 저차의 경우보다 높은 정확도를 제공한다. 이 점을 설명하기 위해 $q < p$라고 가정해보자. 이제 간격 h가 0에 접근할 때 h^q보다 h^p가 빠르게 0에 접근한다. 따라서 h가 0에 접근할 때 $O(h^q)$인 근삿값보다 $O(h^p)$인 근삿값이 더 빠르게 참 값에 접근한다.

$a = x_j$ 근방의 테일러급수를 얻은 다음 $x = x_{j-1}$에서 계산하여 $f'(x_j)$를 구하는 **후진 차분** 공식을 얻는다.

$$f'(x_j) \approx \frac{f(x_j) - f(x_{j-1})}{h}$$

이 또한 $O(h)$ 공식이다. 이 결과에 대해서는 각자 확인하기 바란다.

직관적으로 설명하자면, x_j에서의 미분에 대한 전향 차분 공식과 후진 차분 공식은 각각 점 x_j와 점 x_{j+1} 사이의 기울기와 점 x_j와 점 x_{j-1} 사이의 기울기이다.

여러 점에서 취한 테일러급수 항들을 잘 조작하면 도함수에 대해 개선된 근사를 구성할 수 있다. $a = x_j$ 근방의 테일러급수를 얻은 다음 x_{j+1}과 x_{j-1}에서 계산한 결과를 풀어 쓰면 아래의 식들과 같다.

$$f(x_{j+1}) = f(x_j) + f'(x_j)h + \frac{1}{2}f''(x_j)h^2 + \frac{1}{6}f'''(x_j)h^3 + \cdots$$

$$f(x_{j-1}) = f(x_j) - f'(x_j)h + \frac{1}{2}f''(x_j)h^2 - \frac{1}{6}f'''(x_j)h^3 + \cdots$$

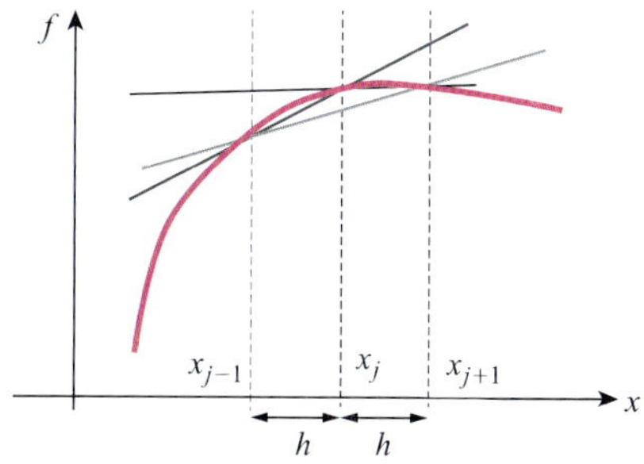

그림 20.3

전향 차분, 후진 차분, 중심 차분의 예시. 사용된 방법에 따라 기울기가 달라짐에 유의하기 바란다.

위의 식들에 뺄셈을 적용한 결과는 다음과 같다.

$$f(x_{j+1}) - f(x_{j-1}) = 2f'(x_j)h + \frac{2}{3}f'''(x_j)h^3 + \cdots$$

위의 식으로부터 $f'(x_j)$를 풀기 위한 **중심 차분** 공식을 얻을 수 있다.

$$f'(x_j) \approx \frac{f(x_{j+1}) - f(x_{j-1})}{2h}$$

두 식 사이의 뺄셈 과정에서 h^2 항이 상쇄되며 결과적으로 $f'(x_j)$를 위한 중심 차분 공식에서 h 항이 없어진다. 따라서 중심 차분 공식은 비록 전향 차분 공식이나 후진 차분 공식과 동일한 양의 계산을 사용하지만 $O(h^2)$이다. 따라서 중심 차분 공식은 추가 비용 없이 보다 높은 정확도를 얻는다. 일반적으로 x_j 근방의 대칭점을 사용하는 공식(예: x_{j-1}과 x_{j+1})은 전향 차분 공식이나 후진 차분 공식과 같은 비대칭 공식보다 높은 정확도를 갖는다.

그림 20.3은 함수 f의 도함수에 대한 근사를 위한 전향 차분((x_j, y_j)와 (x_{j+1}, y_{j+1})를 연결하는 선), 후진 차분((x_j, y_j)와 (x_{j-1}, y_{j-1})를 연결하는 선), 중심 차분((x_{j-1}, y_{j-1})와 (x_{j+1}, y_{j+1})를 연결하는 선) 등을 보여준다. 그림에서 알 수 있듯이 기울기 값의 차이는 단계 크기 h나 함수의 특성에 따라 크게 달라질 수 있다.

실행 예제

$a = x_j$ 근방의 f의 테일러급수를 취하고 $x = x_{j-2}$, x_{j-1}, x_{j+1}, x_{j+2} 등에서 급수를 계산한 결과로 얻은 식들을 결합하여 $f'(x_j)$에 대한 근사 공식을 구할 수 있음을 보이고, 이는 $O(h^4)$임을 확인해보자.

먼저 지정된 점들에서 테일러급수를 계산한다.

$$f(x_{j-2}) = f(x_j) - 2hf'(x_j) + \frac{4h^2 f''(x_j)}{2} - \frac{8h^3 f'''(x_j)}{6} + \frac{16h^4 f''''(x_j)}{24} - \frac{32h^5 f'''''(x_j)}{120} + \cdots$$

$$f(x_{j-1}) = f(x_j) - hf'(x_j) + \frac{h^2 f''(x_j)}{2} - \frac{h^3 f'''(x_j)}{6} + \frac{h^4 f''''(x_j)}{24} - \frac{h^5 f'''''(x_j)}{120} + \cdots$$

$$f(x_{j+1}) = f(x_j) + hf'(x_j) + \frac{h^2 f''(x_j)}{2} + \frac{h^3 f'''(x_j)}{6} + \frac{h^4 f''''(x_j)}{24} + \frac{h^5 f'''''(x_j)}{120} + \cdots$$

$$f(x_{j+2}) = f(x_j) + 2hf'(x_j) + \frac{4h^2 f''(x_j)}{2} + \frac{8h^3 f'''(x_j)}{6} + \frac{16h^4 f''''(x_j)}{24} + \frac{32h^5 f'''''(x_j)}{120} + \cdots$$

h^2, h^3, h^4 항을 상쇄하기 위해 다음 식을 계산한다.

$$f(x_{j-2}) - 8f(x_{j-1}) + 8f(x_{j-1}) - f(x_{j+2}) = 12hf'(x_j) - \frac{48h^5 f'''''(x_j)}{120}$$

위의 식은 다음과 같이 정돈할 수 있다.

$$f'(x_j) = \frac{f(x_{j-2}) - 8f(x_{j-1}) + 8f(x_{j-1}) - f(x_{j+2})}{12h} + O(h^4)$$

이 공식은 앞서의 중심 차분 공식보다 x_j에서의 도함수에 대한 더 나은 근사이지만 대신 두 배의 계산을 필요로 한다.

참고 파이썬에는 유한 차분을 직접 계산하기 위해 사용할 수 있는 함수들이 있다. 벡터 `f`에 대해 `d = np.diff(f)`는 입력 배열 `f` 상의 인접 원소 간 차이를 항목으로 갖는 배열 `d`를 생성한다. 즉, $d(i) = f(i+1) - f(i)$이다.

주의

`np.diff` 함수를 사용할 때 차이를 계산하기 위해 두 개의 원소가 필요하기 때문에 출력 크기는 입력 크기보다 하나 작다.

예제

함수 $f(x) = \cos(x)$를 생각해보자. $\cos(x)$의 도함수는 $-\sin(x)$이다. 현실 작업에서는 어떤 함수에 대한 도함수를 찾는 것인지 모를 수도 있지만, 여기에서는 앞서 언급한 수치 미분 방법과 그 정확도를 설명하기 위해 간단한 예를 사용한다. 다음 코드는 도함수를 수치적으로 계산한다.

```
In [1]: import numpy as np
        import matplotlib.pyplot as plt
        plt.style.use("seaborn-poster")
        %matplotlib inline

In [2]: # 단계 크기
```

```
h = 0.1
# 격자를 정의한다.
x = np.arange(0, 2*np.pi, h)
# 함수를 계산한다.
y = np.cos(x)

# 전향 차분 벡터를 계산한다.
forward_diff = np.diff(y)/h
# 대응되는 격자를 계산한다.
x_diff = x[:-1:]
# 정확한 해를 계산한다.
exact_solution = -np.sin(x_diff)

# 해를 그래프 상에 표시한다.
plt.figure(figsize = (12, 8))
plt.plot(x_diff, forward_diff, "-", \
        label = "Finite difference approximation")
plt.plot(x_diff, exact_solution, label = "Exact solution")
plt.legend()
plt.show()

# 수치 미분과 정확한 해 사이의 최대 오차를 계산한다.
max_error = max(abs(exact_solution - forward_diff))
print(max_error)
```

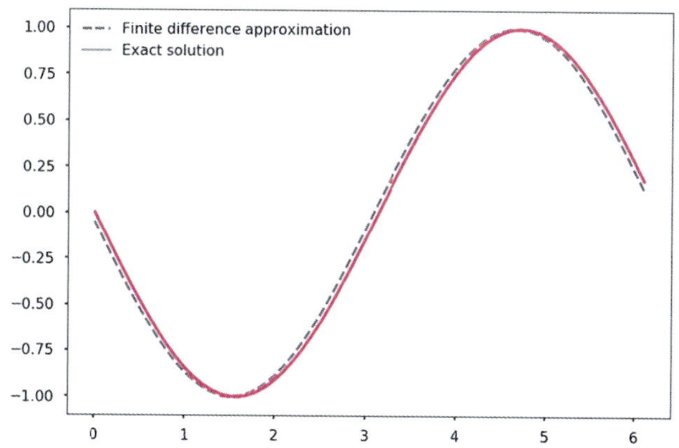


```
0.049984407218554114
```

위의 그림에서 알 수 있듯이 두 곡선 사이에는 작은 간극이 있으며, 이는 수치 도함수 계산의 수치 오차로 인해 발생한다. 두 수치 결과 사이의 최대 오차는 0.05 정도이며 단계 크기를 작게 하면 감소할 것으로 예상된다.

앞의 예에서 설명한 것처럼 유한 차분 방식은 도함수의 근사에 따른 수치 오차를 포함한다. 이러한 오차는 다음 예에서 보여주듯이 이산화 단계의 크기를 작게 하면 감소한다.

예제

다음 코드는 전향 차분 공식을 사용하여 $f(x) = \cos(x)$의 수치 도함수를 계산하는데, 각 반복에서 단계 크기 h를 줄여나간다. 그런 다음 근사 도함수와 실제 도함수 사이의 최대 오차 대 h에 관한 그래프를 보여준다.

```
In [3]: # 단계 크기를 정한다.
        h = 1
        # 반복 횟수를 정한다.
        iterations = 20
        # 단계 크기를 저장할 리스트
        step_size = []
        # 각 단계 크기에 대한 최대 오차를 저장할 리스트
        max_error = []

        for i in range(iterations):
            # 단계 크기를 절반으로 줄인다.
            h /= 2
            # 단계 크기를 저장한다.
            step_size.append(h)
            # 새로운 격자를 계산한다.
            x = np.arange(0, 2 * np.pi, h)
            # 새로운 격자에서 함수 값을 계산한다.
            y = np.cos(x)
            # 전향 차분 벡터를 계산한다.
            forward_diff = np.diff(y)/h
            # 대응되는 격자를 계산한다.
            x_diff = x[:-1]
            # 정확한 해를 계산한다.
            exact_solution = -np.sin(x_diff)

            # 수치 미분과 정확한 해 사이의 최대 오차를 계산한다.
            max_error.append(max(abs(exact_solution - forward_diff)))

        # 최대 오차 대 단계 크기에 관한 로그-로그 그래프를 생성한다.
        plt.figure(figsize = (12, 8))
        plt.loglog(step_size, max_error, "v")
        plt.show()
```

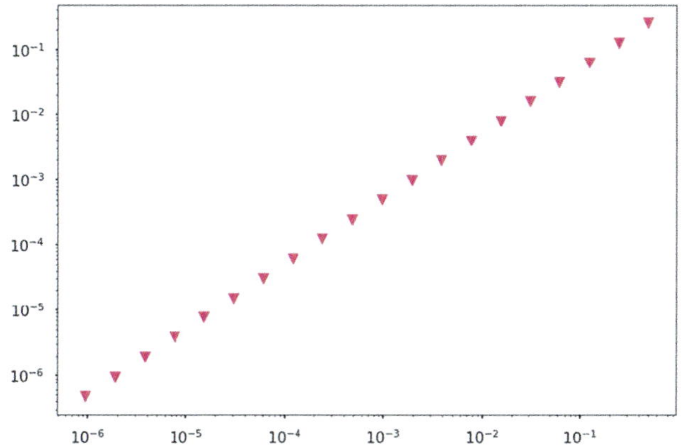

로그-로그 공간에서 선의 기울기는 1이다. 따라서 오차는 h에 비례하며, 이는 예상한 대로 전향 차분 공식이 $O(h)$임을 의미한다.

20.3 고차 도함수의 근사

테일러급수를 사용하여 ($f''(x_j)$, $f'''(x_j)$ 등의) 고차 도함수를 근사하는 것도 가능하다. 예를 들어, $a = x_j$ 근방의 테일러급수를 취한 다음 $x = x_{j-1}$와 $x = x_{j+1}$에서 계산하면 다음 식들을 얻는다.

$$f(x_{j-1}) = f(x_j) - hf'(x_j) + \frac{h^2 f''(x_j)}{2} - \frac{h^3 f'''(x_j)}{6} + \cdots$$

$$f(x_{j+1}) = f(x_j) + hf'(x_j) + \frac{h^2 f''(x_j)}{2} + \frac{h^3 f'''(x_j)}{6} + \cdots$$

위의 두 식을 더하면 다음 식을 얻는다.

$$f(x_{j-1}) + f(x_{j+1}) = 2f(x_j) + h^2 f''(x_j) + \frac{h^4 f''''(x_j)}{12} + \cdots$$

위의 식을 정돈하면 아래와 같이 $O(h^2)$의 근사 공식을 얻는다.

$$f''(x_j) \approx \frac{f(x_{j+1}) - 2f(x_j) + f(x_{j-1})}{h^2}$$

20.4 노이즈가 있는 수치 미분

앞서 언급했듯이 격자 벡터 x가 나타내는 독립변수 값들에 대한 해당 함수 값 f는 벡터로 주어진다. 때로 데이터가 **노이즈**로 오염되어 있는 경우가 있다. 즉, 데이터의 값이 순수한 수학 함수에서 계산된 경우와 약간 다를 수 있다. 공학 응용에서 측정 장치의 부정확성으로 인해 노이즈가 발생할 수도 있고, 관심 대상 시스템 외부의 교란으로 인해 데이터 자체가 약간씩 변경되면서 노이즈가 발생할 수도 있다. 예를 들어, 붐비는 방에서 친구의 이야기를 듣는 상황을 생각해보자. 신호 f는 친구 음성의 강도나 음조 값일 수 있다. 그러나 붐비는 방에서는 친구의 음성과 함께 다른 대화의 소음이 들리고 친구 말을 알아듣기 어려워질 것이다.

이 점을 설명하기 위해 작은 사인파에 의해 일그러지는 간단한 코사인파의 도함수를 수치적으로 계산해보자. 먼저 다음 두 개의 함수를 정의한다.

$$f(x) = \cos(x)$$
$$f_{\epsilon,\omega}(x) = \cos(x) + \epsilon \sin(\omega x)$$

여기서 $0 < \epsilon \ll 1$은 매우 작은 수이고 ω는 큰 수이다. ϵ가 작을 경우 명백히 $f \simeq f_{\epsilon,\omega}$이다. 이 점을 설명하기 위해 아래 그림과 같이 $\epsilon = 0.01$와 $\omega = 100$에 대해 $f_{\epsilon,\omega}(x)$의 그래프를 구해보면 $f(x)$에 매우 가까운 것을 볼 수 있다.

```
In [1]: import numpy as np
        import matplotlib.pyplot as plt
        plt.style.use("seaborn-poster")
        %matplotlib inline

In [2]: x = np.arange(0, 2*np.pi, 0.01)
        # 함수를 계산한다.
        omega = 100
        epsilon = 0.01

        y = np.cos(x)
        y_noise = y + epsilon*np.sin(omega*x)

        # 계산 결과에 대한 그래프를 그린다.
        plt.figure(figsize = (12, 8))
```

```
        plt.plot(x, y_noise, "r-", label = "cos(x) + noise")
        plt.plot(x, y, "b-", label = "cos(x)")

        plt.xlabel("x")
        plt.ylabel("y")

        plt.legend()
        plt.show()
```

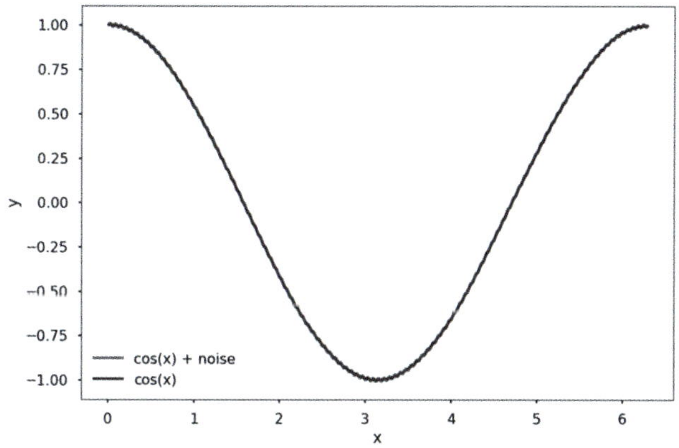

두 테스트 함수의 도함수는 다음과 같다.

$$f'(x) = -\sin(x)$$
$$f'_{\epsilon,\omega}(x) = -\sin(x) + \epsilon\,\omega\cos(\omega x)$$

ω가 클 때 $\epsilon\omega$가 작지 않을 수 있으므로 도함수에 대한 노이즈의 기여도는 작지 않을 수도 있다. 결과적으로 해석적이든 수치적이든 미분을 사용하지 못할 수 있다. 예를 들어, 다음 그림은 $\epsilon = 0.01$과 $\omega = 100$에 대해 $f'(x)$와 $f'_{\epsilon,\omega}(x)$를 보여준다.

```
In [3]: x = np.arange(0, 2*np.pi, 0.01)
        # 함수를 계산한다.
        y = -np.sin(x)
        y_noise = y + epsilon*omega*np.cos(omega*x)

        # 계산 결과를 그래프 상에 표시한다.
        plt.figure(figsize = (12, 8))
        plt.plot(x, y_noise, "r-", label = "Derivative cos(x) + noise")
        plt.plot(x, y, "b-", label = "Derivative of cos(x)")
```

```
plt.xlabel("x")
plt.ylabel("y")

plt.legend()
plt.show()
```

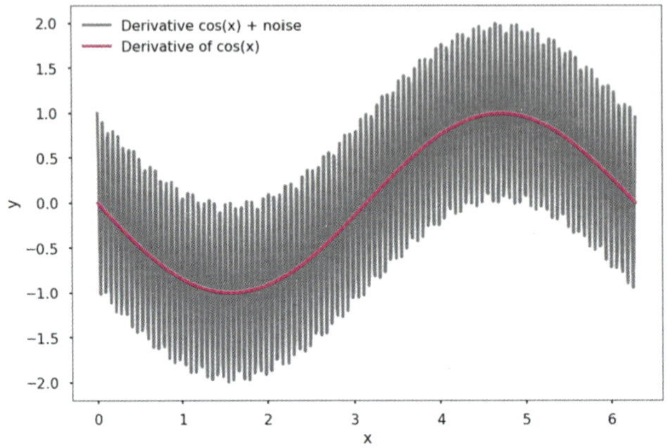

20.5 요약, 그리고 문제

20.5.1 요약

1. 공학 응용에서 함수의 명시적 유도가 번거로운 경우가 있으며 이때 수치적 접근이 선호된다.
2. 도함수의 수치적 근사는 격자 상의 유한 차분으로 도함수를 근사하는 방법을 사용하여 수행할 수 있다.
3. 유한 차분은 작은 간격에 대한 함수 값의 차이 비율을 사용하여 도함수를 근사한다.
4. 유한 차분 방식에서 사용된 방법에 따라 근사 차수가 달라진다.
5. 데이터에 노이즈가 있을 경우 도함수 근사를 위한 유한 차분의 사용에서 고려해야 할 문제들이 있다.

20.5.2 문제

1. 출력이 `[df,X]`인 함수 `my_der_calc(f, a, b, N, option)`를 작성하시오. 여기서 `f`는 함수 객체이고 a와 b는 `a < b`인 스칼라, `N`은 10보다 큰 정수이다. `option`

은 문자열 "forward", "backward", "central" 중 하나이다. x는 a에서 시작하고 b에서 끝나며 N개의 균등 간격 원소를 포함하는 배열이고 y는 배열 f(x)이다. 출력 인수 df는 입력 인수 option에 의해 정의되는 방법에 따라 x와 y에 대해 계산된 수치 도함수여야 한다. 출력 인수 X는 df와 같은 크기의 배열이며, df를 계산할 수 있는 x 값들을 포함해야 한다. 구체적으로, 전향 차분법은 마지막 점을 "잃고", 후진 차분법은 첫 번째 점을 잃으며, 중심 차분법은 첫 번째와 마지막 점을 잃는다.

2. 출력이 [df,X]인 함수 my_num_diff(f,a,b,n,option)를 작성하시오. 여기서 f는 함수 객체이다. my_num_diff 함수는 option에 의해 정의되는 방법에 따라 a에서 시작하고 b에서 끝나는 n개의 균등 간격 점에 대해 f의 도함수를 수치적으로 계산해야 한다. 입력 인수 option은 문자열 "forward", "backward", "central" 중 하나이다. 전향 차분법과 후진 차분법의 경우 출력 인수 dy는 길이가 n-1인 1차원 배열이어야 하고, 중심 차분법의 경우 dy는 경우 길이가 n-2인 1차원 배열이어야 한다. 이 함수는 dy와 크기가 같고 dy를 계산할 수 있는 x 값들을 나타내는 벡터 X도 출력해야 한다.

   테스트 케이스:

```
x = np.linspace(0, 2*np.pi, 100)
f = lambda x: np.sin(x)
[dyf, Xf] = my_num_diff(f, 0, 2*np.pi, 10, "forward")
[dyb, Xb] = my_num_diff(f, 0, 2*np.pi, 10, "backward")
[dyc, Xc] = my_num_diff(f, 0, 2*np.pi, 10, "central")
plt.figure(figsize = (12, 8))
plt.plot(x, np.cos(x), label = "analytic")
plt.plot(Xf, dyf, label = "forward")
plt.plot(Xb, dyb, label = "backward")
plt.plot(Xc, dyc, label = "central")
plt.legend()
plt.title("Analytic and Numerical Derivatives of Sine")
plt.xlabel("x")
plt.ylabel("y")
plt.show()
```

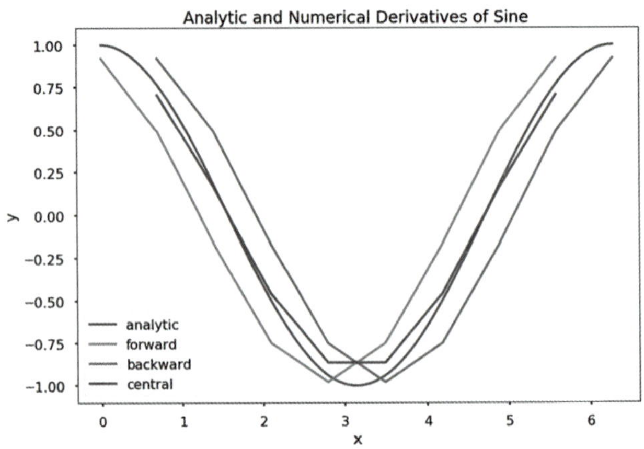


```
x = np.linspace(0, np.pi, 1000)
f = lambda x: np.sin(np.exp(x))
[dy10, X10] = my_num_diff(f, 0, np.pi, 10, "central")
[dy20, X20] = my_num_diff(f, 0, np.pi, 20, "central")
[dy100, X100] = my_num_diff(f, 0, np.pi, 100, "central")
plt.figure(figsize = (12, 8))
plt.plot(x, np.cos(np.exp(x)), label = "analytic")
plt.plot(X10, dy10, label = "10 points")
plt.plot(X20, dy20, label = "20 points")
plt.plot(X100, dy100, label = "100 points")
plt.legend()
plt.title("Analytic and Numerical Derivatives of Sine")
plt.xlabel("x")
plt.ylabel("y")
plt.show()
```

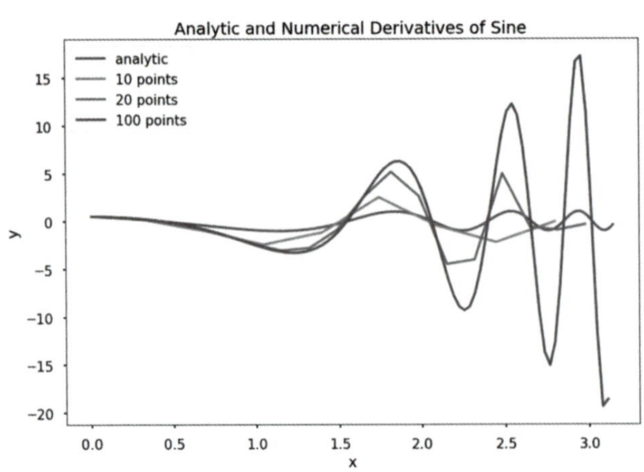

3. 출력이 [dy,X]인 함수 my_num_diff_w_smoothing(x,y,n)를 작성하시오. 여기서 x와 y는 동일한 길이의 1차원 NumPy 배열이고 n은 양의 정수이다. 함수는 먼저 y_smooth[i] = np.mean(y[i-n:i+n])인 y 데이터 포인트의 "평활화 버전"에 해당하는 벡터를 생성해야 한다. 그런 다음 함수는 중심 차분 방법을 사용하여 평활화된 y 벡터의 도함수 dy를 계산해야 한다. 이 함수는 dy와 크기가 같고 dy를 계산할 수 있는 x 값들을 나타내는 1차원 배열 X도 출력해야 한다.

   x에 포함된 데이터는 중복 항목 없이 오름차순이라고 가정한다. x의 원소 사이의 간격은 균일하지 않을 수 있다. 출력 dy는 y보다 2n+2개만큼 적은 개수의 원소를 갖는다. y의 길이는 2n+2보다 훨씬 크다고 가정한다.

   테스트 케이스:

```
x = np.linspace(0, 2*np.pi, 100)
y = np.sin(x) + np.random.randn(len(x))/100
[dy, X] = my_num_diff_w_smoothing(x, y, 4)
plt.figure(figsize = (12, 12))
plt.subplot(211)
plt.plot(x, y)
plt.title("Noisy Sine function")
plt.xlabel("x")
plt.ylabel("y")
plt.subplot(212)
plt.plot(x, np.cos(x), "b", label = "cosine")
plt.plot(x[:-1], (y[1:] - y[:-1])/(x[1]-x[0]), "g", \
label = "unsmoothed forward diff")
plt.plot(X, dy, "r", label = "smoothed")
plt.title("Analytic Derivative and Smoothed Derivative")
plt.xlabel("x")
plt.ylabel("y")
plt.legend()
plt.tight_layout()
plt.show()
```

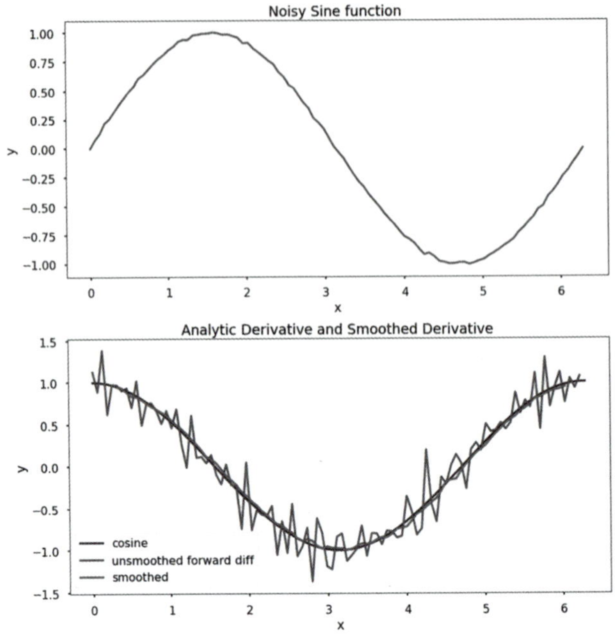

4. 테일러급수를 사용하여 아래의 근사식과 정확도를 유도하시오.

$$f''(x_j) = \frac{-f(x_{j+3}) + 4f(x_{j+2}) - 5f(x_{j+1}) + 2f(x_j)}{h^2} + O(h^2)$$

$$f'''(x_j) = \frac{f(x_{j+3}) - 3f(x_{j+2}) + 3f(x_{j+1}) - f(x_j)}{h^3} + O(h)$$

CHAPTER

수치 적분

21

CONTENTS

21.1 수치 적분 문제

전체 **구간** $[a, b]$에서 함수 $f(x)$의 적분에 대한 근사를 구해보자. 그림 21.1은 적분에 해당하는 영역을 보여준다. 적분에 대한 근사를 얻기 위해 구간 $[a, b]$가 간격이 $h = \frac{b-a}{n}$이고 $n+1$개의 점으로 구성된 수치 격자 x로 분할되었다고 가정한다. 여기에서 x의 각 점을 x_i로 표시한다. 여기서 $x_0 = a$이고 $x_n = b$이다. 번호가 x_0에서 시작하기 때문에 격자점의 개수는 $n+1$이다. 함수 $f(x)$는 모든 격자점에 대해 계산할 수 있거나 함수 값 $f(x_i)$가 주어진다고 가정한다. 구간 $[x_i, x_{i+1}]$을 **부분구간**이라고 한다.

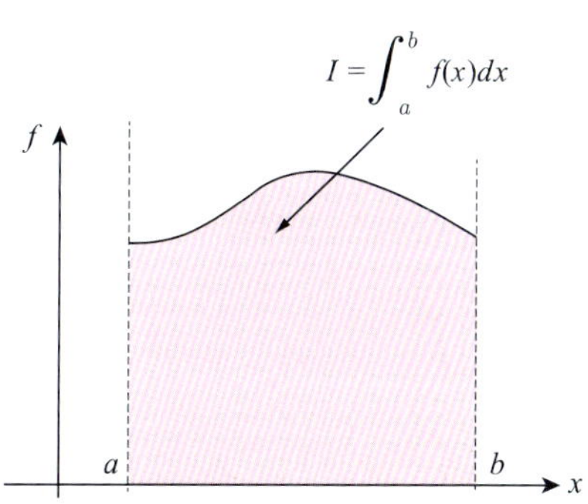

그림 21.1

적분 개념의 도식화. a에서 b까지 함수 f의 적분은 곡선 아래(핑크색) 영역의 면적이다.

다음에 오는 절들에서 $\int_a^b f(x)dx$를 근사하는 가장 기초적인 방법 몇 가지를 살펴본다. 각 방법은 정확한 면적을 계산하기 쉬운 모양으로 각 부분구간에 대한 $f(x)$ 아래의 면적을 근사한 다음 모든 부분구간의 면적 기여분을 합산한다.

21.2 리만 적분

적분을 근사하는 가장 간단한 방법은 각 부분구간에 대해 정의된 직사각형의 면적을 합하는 것이다. 사각형의 너비는 $x_{i+1} - x_i = h$이고 높이는 부분구간 안의 어떤 x에 대한 함수 값 $f(x)$로 정의된다. 높이에 대한 단순한 선택은 왼쪽 경계점 x_i 또는 오른쪽 경계점 x_{i+1}에서의 함수 값인데, 함수 자체를 모르는 경우에도 이러한 값을 사용할 수 있기 때문이다. 이상의 방법으로 아래의 **리만 적분** 근사를 얻는다. 왼쪽 경계점이 선택된 경우의 식은 다음과 같다.

$$\int_a^b f(x)dx \approx \sum_{i=0}^{n-1} h f(x_i)$$

그리고 오른쪽 경계점이 선택된 경우의 식은 다음과 같다.

$$\int_a^b f(x)dx \approx \sum_{i=1}^{n} h f(x_i)$$

수치 미분에서와 마찬가지로 h가 감소함에 따라 정확도가 어떻게 향상되는지 살펴보자. 정확도 향상 정도를 파악하기 위해 먼저 임의의 부분구간에 대한 $f(x)$의 적분을 테일러급수를 사용하여 다시 표현한다. $a = x_i$ 근방에서 $f(x)$의 테일러급수는 다음과 같다.

$$f(x) = f(x_i) + f'(x_i)(x - x_i) + \cdots$$

따라서 함수를 테일러급수로 대체하여 다음 식을 얻는다.

$$\int_{x_i}^{x_{i+1}} f(x)dx = \int_{x_i}^{x_{i+1}} (f(x_i) + f'(x_i)(x - x_i) + \cdots)dx$$

적분에서 분배법칙이 성립하므로 우변을 다음 형식으로 정돈할 수 있다.

$$\int_{x_i}^{x_{i+1}} f(x_i)dx + \int_{x_i}^{x_{i+1}} f'(x_i)(x - x_i)dx + \cdots$$

각 적분을 개별적으로 계산하면 다음의 근사를 얻는다.

$$\int_{x_i}^{x_{i+1}} f(x)dx = hf(x_i) + \frac{h^2}{2}f'(x_i) + O(h^3)$$

위의 식은 다음과 같이 표현할 수 있다.

$$\int_{x_i}^{x_{i+1}} f(x)dx = hf(x_i) + O(h^2)$$

$hf(x_i)$ 항은 단일 부분구간에 대한 리만 적분 근사치이므로 단일 부분구간에 대한 리만 적분 근사치는 $O(h^2)$이다.

전체 리만 합에 대해 $O(h^2)$ 오차를 합산하면 $nO(h^2)$를 얻는다. n과 h의 관계는 다음과 같다.

$$h = \frac{b-a}{n}$$

따라서 전체 구간에 대한 총 오차는 $\frac{b-a}{h}O(h^2) = O(h)$가 된다. 따라서 총 정확도는 $O(h)$이다.

중점 법칙은 각 부분구간에서 x_i와 x_{i+1} 사이의 중점에서의 함수 값을 직사각형의 높이로 취한다. 이 값은 $y_i = \frac{x_{i+1}+x_i}{2}$로 표시한다. 중점 법칙에 따른 근사는 다음과 같다.

$$\int_a^b f(x)dx \approx \sum_{i=0}^{n-1} hf(y_i)$$

리만 적분에서처럼 y_i 근방에서 $f(x)$의 테일러급수를 취하면 다음과 같다.

$$f(x) = f(y_i) + f'(y_i)(x-y_i) + \frac{f''(y_i)(x-y_i)^2}{2!} + \cdots$$

이제 부분구간에 대한 적분은 다음과 같다.

$$\int_{x_i}^{x_{i+1}} f(x)dx = \int_{x_i}^{x_{i+1}} \left(f(y_i) + f'(y_i)(x-y_i) + \frac{f''(y_i)(x-y_i)^2}{2!} + \cdots \right) dx$$

위의 식에 분배법칙을 적용하여 다음 형식으로 정돈할 수 있다.

$$\int_{x_i}^{x_{i+1}} f(x)dx = \int_{x_i}^{x_{i+1}} f(y_i)dx + \int_{x_i}^{x_{i+1}} f'(y_i)(x-y_i)dx$$
$$+ \int_{x_i}^{x_{i+1}} \frac{f''(y_i)(x-y_i)^2}{2!}dx + \cdots$$

x_i와 x_{i+1}이 y_i를 중심으로 대칭이므로 $\int_{x_i}^{x_{i+1}} f'(y_i)(x-y_i)dx = 0$을 얻는다. 이것은 임의의 홀수 p에 대한 $(x-y_i)^p$의 적분에 대해 성립한다. p가 짝수일 경우 $(x-y_i)^p$의 적분은 $\int_{x_i}^{x_{i+1}} (x-y_i)^p dx = \int_{-\frac{h}{2}}^{\frac{h}{2}} x^p dx$ 이고, 적분 결과는 h^{p+1}의 상수 배가 될 것이며 여기에 더 낮은 차수의 h의 멱승이 포함되지는 않는다.

이러한 사실을 활용하면 $f(x)$의 적분을 다음과 같이 표현할 수 있다.

$$\int_{x_i}^{x_{i+1}} f(x)dx = hf(y_i) + O(h^3)$$

$hf(y_i)$는 부분구간에 대한 적분의 근사치이므로 중점 법칙은 단일 부분구간에 대해 $O(h^3)$이다. 리만 적분에서와 유사한 논리에 따라 전체 구간에 대한 총 오차는 $O(h^2)$가 된다. 중점 법칙은 리만 적분과 동일한 수의 계산을 필요로 하며, 따라서 추가 비용 없이 보다 높은 정확도를 얻는다. 그러나 $f(x_i)$가 데이터 포인트의 형태로 주어지면 이러한 방식으로 $f(y_i)$를 계산할 수 없다.

실행 예제

왼쪽 경계점 리만 적분, 오른쪽 경계점 리만 적분, 중점 법칙 등을 사용하여 전체 구간에 걸쳐 11개의 균일 간격의 격자점으로 $\int_0^{\pi} \sin(x)dx$를 근사해보자. 이 값을 정확한 값 2와 비교해본다.

```
In [1]: import numpy as np

        a = 0
        b = np.pi
        n = 11
        h = (b - a) / (n - 1)
        x = np.linspace(a, b, n)
        f = np.sin(x)

        I_riemannL = h * sum(f[:n-1])
        err_riemannL = 2 - I_riemannL
```

```
        I_riemannR = h * sum(f[1::])
        err_riemannR = 2 - I_riemannR

        I_mid = h * sum(np.sin((x[:n-1] + x[1:])/2))
        err_mid = 2 - I_mid

        print(I_riemannL)
        print(err_riemannL)

        print(I_riemannR)
        print(err_riemannR)

        print(I_mid)
        print(err_mid)

1.9835235375094546
0.01647646249054535
1.9835235375094546
0.01647646249054535
2.0082484079079745
-0.008248407907974542
```

21.3 사다리꼴 공식

사다리꼴 공식은 각 부분구간을 사다리꼴에 맞추고 전체 적분을 근사하기 위해 사다리꼴들의 면적을 합산한다. 임의의 함수의 적분에 대한 이러한 근사 방법을 그림 21.2에서 보여주고 있다. 각 부분구간에 대해 사다리꼴 공식은 꼭짓점이 $(x_i, 0)$, $(x_{i+1}, 0)$,

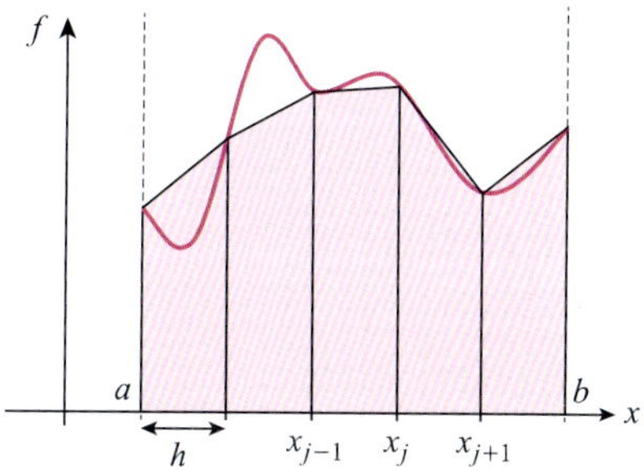

그림 21.2
사다리꼴 적분 절차의 도식화. 곡선 아래 면적은 함수를 근사하는 사다리꼴 면적의 합으로 근사된다.

$(x_i, f(x_i))$, $(x_{i+1}, f(x_{i+1}))$인 사다리꼴의 면적 $h\frac{f(x_i)+f(x_{i+1})}{2}$을 계산한다. 따라서 적분 근사를 위한 사다리꼴 공식은 다음과 같다.

$$\int_a^b f(x)dx \approx \sum_{i=0}^{n-1} h\frac{f(x_i)+f(x_{i+1})}{2}$$

실행 예제

사다리꼴 공식은 급수에 있는 대부분의 항을 "이중 계산"한다는 점을 눈치 챘을 것이다. 이 사실을 설명하기 위해 사다리꼴 공식의 합산을 전개해보자.

$$\sum_{i=0}^{n-1} h\frac{f(x_i)+f(x_{i+1})}{2} = \frac{h}{2}[(f(x_0)+f(x_1))+(f(x_1)+f(x_2))+(f(x_2)+f(x_3))+\cdots+(f(x_{n-1})+f(x_n))]$$

계산 관점에서 위의 식에는 필요 이상의 덧셈이나 $f(x)$에 대한 호출이 포함되어 있다. 다음 식을 사용하여 계산 효율을 높일 수 있다.

$$\int_a^b f(x)dx \approx \frac{h}{2}\left(f(x_0)+2\sum_{i=1}^{n-1} f(x_i)+f(x_n)\right)$$

사다리꼴 공식의 정확도를 결정하기 위해 먼저 x_i와 x_{i+1} 사이의 중점인 $y_i = \frac{x_{i+1}+x_i}{2}$ 근방에서 $f(x)$의 테일러 전개를 취한다. 이 테일러 전개는 다음과 같다.

$$f(x) = f(y_i)+f'(y_i)(x-y_i)+\frac{f''(y_i)(x-y_i)^2}{2!}+\cdots$$

x_i와 x_{i+1}에서 테일러급수를 계산하고 $x_i - y_i = -\frac{h}{2}$와 $x_{i+1} - y_i = \frac{h}{2}$를 적용하면 다음 두 개의 식을 얻는다.

$$f(x_i) = f(y_i) - \frac{hf'(y_i)}{2} + \frac{h^2 f''(y_i)}{8} - \cdots$$

$$f(x_{i+1}) = f(y_i) + \frac{hf'(y_i)}{2} + \frac{h^2 f''(y_i)}{8} + \cdots$$

위의 두 식의 평균을 취하면 다음과 같다.

$$\frac{f(x_{i+1})+f(x_i)}{2} = f(y_i) + O(h^2)$$

$f(y_i)$에 대해 이 식을 풀면 다음 식을 얻는다.

$$f(y_i) = \frac{f(x_{i+1}) + f(x_i)}{2} + O(h^2)$$

이제 $f(x)$에 대한 테일러 전개로 돌아가서 부분구간에 대한 $f(x)$의 적분을 구하면 다음과 같다.

$$\int_{x_i}^{x_{i+1}} f(x)dx = \int_{x_i}^{x_{i+1}} \left(f(y_i) + f'(y_i)(x - y_i) + \frac{f''(y_i)(x - y_i)^2}{2!} + \cdots \right) dx$$

위의 식에 분배법칙을 적용하여 다음 형식으로 정돈할 수 있다.

$$\int_{x_i}^{x_{i+1}} f(x)dx = \int_{x_i}^{x_{i+1}} f(y_i)dx + \int_{x_i}^{x_{i+1}} f'(y_i)(x - y_i)dx + \int_{x_i}^{x_{i+1}} \frac{f''(y_i)(x - y_i)^2}{2!} dx + \cdots$$

x_i와 x_{i+1}이 y_i를 중심으로 대칭이므로 $(x - y_i)^p$의 홀수 멱승의 적분은 사라지고 짝수 멱승에 대한 적분은 h^{p+1}의 상수 배로 정리된다. 따라서 $f(x)$의 적분을 다음과 같이 표현할 수 있다.

$$\int_{x_i}^{x_{i+1}} f(x)dx = h f(y_i) + O(h^3)$$

위의 식에서 $f(y_i)$를 $f(x_i)$와 $f(x_{i+1})$의 식으로 대체하면 다음 식을 얻는다.

$$\int_{x_i}^{x_{i+1}} f(x)dx = h\left(\frac{f(x_{i+1}) + f(x_i)}{2} + O(h^2) \right) + O(h^3)$$

우변은 다음 식과 같다.

$$h\left(\frac{f(x_{i+1}) + f(x_i)}{2} \right) + hO(h^2) + O(h^3)$$

따라서 다음 식을 얻는다.

$$\int_{x_i}^{x_{i+1}} f(x)dx = h\left(\frac{f(x_{i+1}) + f(x_i)}{2} \right) + O(h^3)$$

사다리꼴 공식에서 $\frac{h}{2}(f(x_{i+1})+f(x_i))$는 부분구간에 대한 적분의 근사이므로 단일 부분구간에 대해서는 $O(h^3)$의 정확도를 갖고 전체 구간에 대해서는 $O(h^2)$의 정확도를 갖는다.

실행 예제

사다리꼴 공식을 사용하여 전체 구간에 걸쳐 11개의 균일 간격의 격자점으로 $\int_0^\pi \sin(x)dx$를 근사해보자. 이 값을 정확한 값 2와 비교해본다.

```
In [1]: import numpy as np

        a = 0
        b = np.pi
        n = 11
        h = (b - a) / (n - 1)
        x = np.linspace(a, b, n)
        f = np.sin(x)

        I_trap = (h/2)*(f[0] + 2 * sum(f[1:n-1]) + f[n-1])
        err_trap = 2 - I_trap

        print(I_trap)
        print(err_trap)
```

```
1.9835235375094546
0.01647646249054535
```

21.4 심슨의 공식

연속된 두 개의 부분구간 $[x_{i-1}, x_i]$와 $[x_i, x_{i+1}]$이 있다고 하자. **심슨의 공식**은 이러한 부분구간 상에서 함수 $f(x)$를 3개의 점 $(x_{i-1}, f(x_{i-1}))$, $(x_i, f(x_i))$, $(x_{i+1}, f(x_{i+1}))$을 통과하는 이차 다항식으로 근사한다. 이때 3개의 점이 주어지면 이들을 통과하는 이차 다항식은 유일하게 결정된다. 그림 21.3은 임의의 함수에 대해 심슨의 공식을 사용하는 적분 근사를 보여준다.

먼저, 두 개의 부분구간에 대한 함수의 이차 다항식 근사를 구성한다. 이를 수행하는 가장 쉬운 방법은 17장에서 살펴본 바 있는 라그랑주 다항식을 사용하는 것이다. 라그랑주 다항식을 구성하는 공식을 적용하여 다음 식을 얻는다.

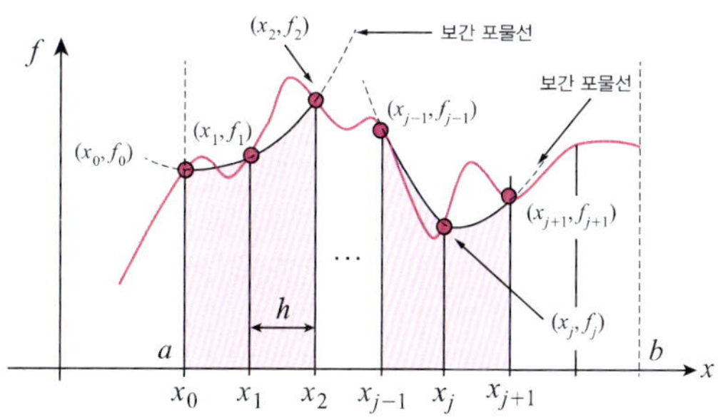

그림 21.3

심슨 적분 공식의 도식화. 격자점을 3개씩 묶어 이들을 통과하는 포물선을 구한다. 일반적인 보간 다항식으로 이를 수행할 수 있다. 곡선 아래의 면적은 포물선 아래의 면적으로 근사된다.

$$P_i(x) = f(x_{i-1})\frac{(x-x_i)(x-x_{i+1})}{(x_{i-1}-x_i)(x_{i-1}-x_{i+1})} + f(x_i)\frac{(x-x_{i-1})(x-x_{i+1})}{(x_i-x_{i-1})(x_i-x_{i+1})} + f(x_{i+1})\frac{(x-x_{i-1})(x-x_i)}{(x_{i+1}-x_{i-1})(x_{i+1}-x_i)}$$

h로 대체하여 식을 간소화하면 다음의 결과를 얻는다.

$$P_i(x) = \frac{f(x_{i-1})}{2h^2}(x-x_i)(x-x_{i+1}) - \frac{f(x_i)}{h^2}(x-x_{i-1})(x-x_{i+1}) + \frac{f(x_{i+1})}{2h^2}(x-x_{i-1})(x-x_i)$$

다항식 곡선이 격자점들을 통과하는 것을 확인할 수 있다. 약간의 대수 법칙 적용과 식의 정돈을 통해 두 부분구간에 대한 $P_i(x)$의 적분을 다음과 같이 표현할 수 있다.

$$\int_{x_{i-1}}^{x_{i+1}} P_i(x)dx = \frac{h}{3}(f(x_{i-1}) + 4f(x_i) + f(x_{i+1}))$$

구간 $[a, b]$에 대한 적분을 근사하려면 각 $P_i(x)$가 두 개의 부분구간에 걸쳐 있으므로 모든 부분구간 쌍에 대해 $P_i(x)$의 적분을 합산해야 한다. $P_i(x)$의 적분을 $\frac{h}{3}(f(x_{i-1}) + 4f(x_i) + f(x_{i+1}))$으로 대체하고 계산 효율성 제고를 위해 항들을 다시 묶으면 아래의 근사 공식을 얻는다. 그림 21.4에서 이렇게 항들을 묶는 방법을 보여준다.

$$\int_a^b f(x)dx \approx \frac{h}{3}\left[f(x_0) + 4\sum_{i=1,\ i\text{는 홀수}}^{n-1} f(x_i) + 2\sum_{i=2,\ i\text{는 짝수}}^{n-2} f(x_i) + f(x_n)\right]$$

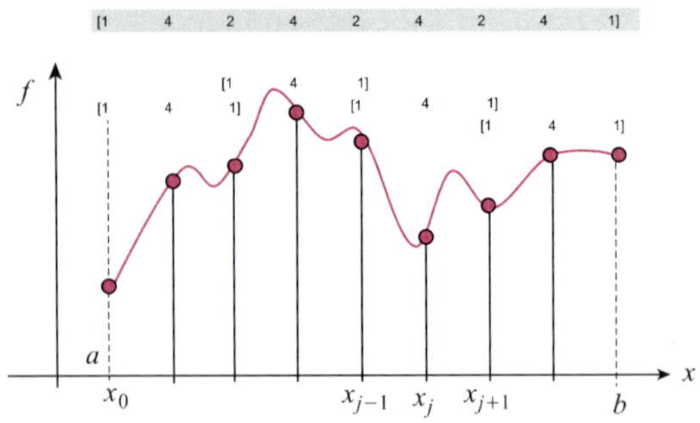

그림 21.4

전체 구간 $[a, b]$에 대해 심슨의 공식으로 함수 f를 근사하는 계산 절차의 도식화.

주의

> 심슨의 공식을 사용하려면 부분구간의 개수가 짝수여야 하므로 격자점 개수는 홀수여야 한다.

심슨의 공식의 정확도를 계산하기 위해 x_i 근방에서 $f(x)$의 테일러 전개를 취한다.

$$f(x) = f(x_i) + f'(x_i)(x - x_i) + \frac{f''(x_i)(x - x_i)^2}{2!} + \frac{f'''(x_i)(x - x_i)^3}{3!} + \frac{f''''(x_i)(x - x_i)^4}{4!} + \cdots$$

x_{i-1}과 x_{i+1}에서 테일러급수를 계산하고 h를 적절히 대입하면 다음과 같은 식들을 얻을 수 있다.

$$f(x_{i-1}) = f(x_i) - hf'(x_i) + \frac{h^2 f''(x_i)}{2!} - \frac{h^3 f'''(x_i)}{3!} + \frac{h^4 f''''(x_i)}{4!} - \cdots$$

$$f(x_{i+1}) = f(x_i) + hf'(x_i) + \frac{h^2 f''(x_i)}{2!} + \frac{h^3 f'''(x_i)}{3!} + \frac{h^4 f''''(x_i)}{4!} + \cdots$$

식 $\frac{f(x_{i-1}) + 4f(x_i) + f(x_{i+1})}{6}$을 생각해보자. 분자의 각 항에 테일러급수를 대입하면 다음 식을 얻는다.

$$\frac{f(x_{i-1}) + 4f(x_i) + f(x_{i+1})}{6} = f(x_i) + \frac{h^2}{6} f''(x_i) + \frac{h^4}{72} f''''(x_i) + \cdots$$

홀수 차수의 항들은 상쇄된다는 점을 유의하기 바란다. 이제 위의 식을 다음 식으로 표현할 수 있다.

$$f(x_i) = \frac{f(x_{i-1}) + 4f(x_i) + f(x_{i+1})}{6} - \frac{h^2}{6}f''(x_i) + O(h^4)$$

$f(x)$에 대한 테일러급수를 대입함으로써 두 부분구간에 대한 $f(x)$의 적분을 다음 식으로 표현할 수 있다.

$$\int_{x_{i-1}}^{x_{i+1}} f(x)dx = \int_{x_{i-1}}^{x_{i+1}} \left(f(x_i) + f'(x_i)(x - x_i) + \frac{f''(x_i)(x - x_i)^2}{2!} + \frac{f'''(x_i)(x - x_i)^3}{3!} + \frac{f''''(x_i)(x - x_i)^4}{4!} + \cdots \right) dx$$

다시, 적분에 분배법칙을 적용하고, 상쇄로 인해 0이 되는 홀수 차수 항의 적분을 제거하면 다음 식을 얻는다.

$$\int_{x_{i-1}}^{x_{i+1}} f(x)dx = \int_{x_{i-1}}^{x_{i+1}} f(x_i)dx + \int_{x_{i-1}}^{x_{i+1}} \frac{f''(x_i)(x - x_i)^2}{2!} dx + \int_{x_{i-1}}^{x_{i+1}} \frac{f''''(x_i)(x - x_i)^4}{4!} dx + \cdots$$

이제 적분을 수행한다. 곧 명확해지겠지만, 두 번째 항까지 적분을 정확히 계산하면 이점이 있다. 결과로 다음 식을 얻는다.

$$\int_{x_{i-1}}^{x_{i+1}} f(x)dx = 2hf(x_i) + \frac{h^3}{3}f''(x_i) + O(h^5)$$

위의 식에 앞서 도출한 $f(x_i)$를 대입하면 우변은 다음과 같게 된다.

$$2h\left(\frac{f(x_{i-1}) + 4f(x_i) + f(x_{i+1})}{6} - \frac{h^2}{6}f''(x_i) + O(h^4) \right) + \frac{h^3}{3}f''(x_i) + O(h^5)$$

이는 다시 다음과 같이 정돈할 수 있다.

$$\left[\frac{h}{3}(f(x_{i-1}) + 4f(x_i) + f(x_{i+1})) - \frac{h^3}{3}f''(x_i) + O(h^5) \right] + \frac{h^3}{3}f''(x_i) + O(h^5)$$

항들의 상쇄를 반영하고 항들을 적절히 결합하면 다음의 적분 식을 얻는다.

$$\int_{x_{i-1}}^{x_{i+1}} f(x)dx = \frac{h}{3}(f(x_{i-1}) + 4f(x_i) + f(x_{i+1})) + O(h^5)$$

$\frac{h}{3}(f(x_{i-1}) + 4f(x_i) + f(x_{i+1}))$은 해당 부분구간에서의 적분 근사를 위한 심슨의 공식이다. 따라서 위의 식은 심슨의 공식이 해당 부분구간에 대해 $O(h^5)$이고 전체 구간에 대해서는 $O(h^4)$임을 의미한다. h^3 항이 정확히 상쇄되기 때문에 심슨의 공식의 정확도는 h^2배만큼 향상된다는 점에 유의하기 바란다.

실행 예제

심슨의 공식을 사용하여 전체 구간에 걸친 11개의 균일 간격 격자점으로 $\int_0^{\pi} \sin(x)dx$를 근사해보자. 이 값을 정확한 값 2와 비교해본다.

```
In [1]: import numpy as np

        a = 0
        b = np.pi
        n = 11
        h = (b - a) / (n - 1)
        x = np.linspace(a, b, n)
        f = np.sin(x)

        I_simp = (h/3) * (f[0] + 2*sum(f[:n-2:2]) + 4*sum(f[1:n-1:2]) + f[n-1])
        err_simp = 2 - I_simp

        print(I_simp)
        print(err_simp)

2.0001095173150043
-0.00010951731500430384
```

21.5 파이썬에서의 적분 계산

scipy.integrate 패키지에는 적분 계산을 위한 여러 함수가 있다. trapz는 수치 격자 x에서 계산된 함수 값 f의 배열을 입력 인수로 사용한다.

실행 예제

trapz 함수를 사용하여 전체 구간에 걸친 11개의 균일 간격 격자점에 대해 $\int_0^{\pi} \sin(x)dx$를 근사해보자. 이 값을 사다리꼴 공식을 사용하여 이전 예에서 계산된 값과 비교해본다.

```
In [1]: import numpy as np
        from scipy.integrate import trapz

        a = 0
        b = np.pi
        n = 11
        h = (b - a) / (n - 1)
        x = np.linspace(a, b, n)
        f = np.sin(x)

        I_trapz = trapz(f,x)
        I_trap = (h/2)*(f[0] + 2 * sum(f[1:n-1]) + f[n-1])

        print(I_trapz)
        print(I_trap)

1.9835235375094542
1.9835235375094546
```

때때로 부분구간 적분 값들을 누적한 근사 누적 적분, 즉 $F(X) = \int_{x_0}^{X} f(x)dx$에 대한 근삿값들을 필요로 하는 경우가 있다. 이를 위해 trapz와 동일한 입력 인수를 사용하는 cumtrapz 함수를 사용할 수 있다.

실행 예제

cumtrapz 함수를 사용하여 간격 0.01의 격자점으로 0에서 π까지 $f(x) = \sin(x)$의 누적 적분을 근사해보자. 이 적분의 정확한 해는 $F(x) = 1 - \cos(x)$이다. 결과를 그래프로 표현해보면 누적 적분의 근사 해와 정확한 해가 구분이 안 될 정도로 일치되어 있다.

```
In [2]: from scipy.integrate import cumtrapz
        import matplotlib.pyplot as plt

        %matplotlib inline
        plt.style.use("seaborn-poster")

        x = np.arange(0, np.pi, 0.01)
        F_exact = 1 - np.cos(x)
        F_approx = cumtrapz(np.sin(x), x)
```

```
    plt.figure(figsize = (10,6))
    plt.plot(x, F_exact)
    plt.plot(x[1::], F_approx)
    plt.grid()
    plt.tight_layout()
    plt.title("$F(x) = \int_0^{x} sin(y) dy$")
    plt.xlabel("x")
    plt.ylabel("f(x)")
    plt.legend(["Exact with Offset", "Approx"])
    plt.show()
```

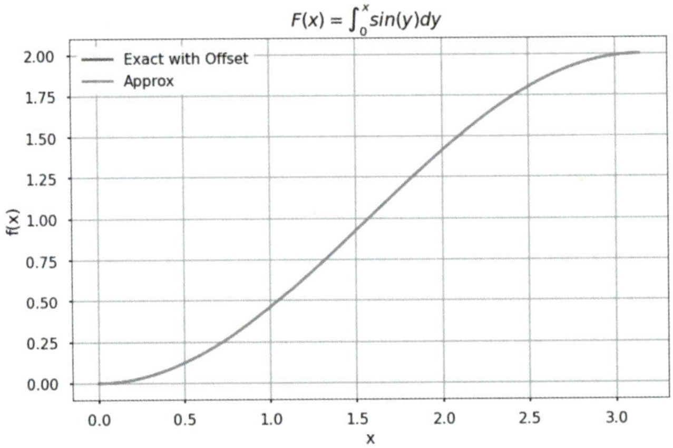

quad(f,a,b) 함수는 적분을 근사하기 위해 또다른 수치 미분 체계를 사용한다. quad는 a에서 b까지 함수 객체 f로 정의된 함수를 적분한다.

실행 예제

$\int_0^{\pi} \sin(x)dx$를 계산하기 위해 integration.quad 함수를 사용해보자. 이 값을 정확한 값 2와 비교해본다.

```
In [3]: from scipy.integrate import quad

        I_quad, est_err_quad = quad(np.sin, 0, np.pi)
        print(I_quad)
        err_quad = 2 - I_quad
        print(est_err_quad, err_quad)

2.0
2.220446049250313e-14 0.0
```

21.6 요약, 그리고 문제

21.6.1 요약

1. 정적분 식을 구하기 어려운 함수의 적분 계산이 필요할 경우 수치적 접근이 사용될 수 있다.
2. 리만 적분, 사다리꼴 공식, 심슨의 공식은 적분의 근사에 많이 사용되는 방법이다.
3. 각 방법에서 함수 아래 면적을 어떻게 근사할지에 따라 정확도 차수가 달라질 수 있다.

21.6.2 문제

1. 함수 `my_int_calc(f,a,b,N,option)`를 작성하시오. 여기서 `f`는 함수 객체이고 a와 b는 a < b인 스칼라, `N`은 양의 정수, `option`은 문자열 `"rect"`, `"trap"`, `"simp"` 중 하나이다. x는 a에서 시작하고 b에서 끝나며 N개의 균등 간격 원소를 포함하는 배열로 둔다. 출력 인수 `I`는 입력 인수 `option`에 따라 계산된 `f(x)`의 적분에 대한 근삿값이어야 한다.
2. 함수 `my_poly_int(x,y)`를 작성하시오. 여기서 x와 y는 동일한 크기의 1차원 배열이고, x는 오름차순이며 고유한 원소들로 이루어진다. `my_poly_int` 함수는 (1) x와 y로 정의되는 모든 점을 통과하는 라그랑주 다항식을 계산한다. (2) x와 y로 정의되는 라그랑주 다항식 곡선 아래 면적에 대한 근삿값을 반환한다.
3. `my_poly_int`가 사다리꼴 공식보다 우수한 경우는 언제인가?
4. 함수 `my_num_calc(f,a,b,n,option)`을 작성하시오. 여기서 출력 `I`는 함수 객체인 `f`의 수치 적분으로, a에서 시작하여 b에서 끝나는 n개의 균일 간격의 격자점에 대해 계산된다. 사용되는 적분 방법은 `option` 문자열 `"rect"`, `"trap"`, `"simp"` 중 하나로 정해진다. 직사각형(리만 적분, `"rect"`) 방법의 경우 함수 값은 부분구간의 오른쪽 경계점에서 계산된다. n은 홀수라고 가정한다.

   주의: 루프에서 x의 첨자는 x_1이 아니라 x_0에서 시작한다는 점에 유의하기 바란다. 첨자의 홀-짝 또한 바뀐다. 그리고 심슨의 공식 상의 n은 입력 인수 n에 의해 지정되는 격자점 개수가 아니라 부분구간 개수를 나타낸다.

   테스트 케이스:

```
In: f = lambda x: x**2
```

```
    my_num_int(f, 0, 1, 3, "rect")
Out: 0.625

In: my_num_int(f, 0, 1, 3, "trap")
Out: 0.375

In: my_num_int(f, 0, 1, 3, "simp")
Out: 0.3333333333333333

In: f = lambda x: np.exp(x**2)
    my_num_int(f, -1, 1, 101, "simp")
Out: 2.9253035883926493

In: my_num_int(f, -1, 1, 10001, "simp")
Out: 2.925303491814364

In: my_num_int(f, -1, 1, 100001, "simp")
Out: 2.9253034918143634
```

5. 이전 장에서 어떤 함수들이 다항식의 무한 합(즉, 테일러급수)으로 표현될 수 있음을 보여주었다. 또 사인파와 코사인파의 무한 합으로 작성할 수 있는 함수들도 있는데, 특히 주기 함수들이 이에 해당한다. 이러한 함수들은 다음과 같이 표현할 수 있는데, 이를 푸리에급수라고 한다.

$$f(x) = \frac{A_0}{2} + \sum_{n=1}^{\infty}(A_n\cos(nx) + B_n\sin(nx))$$

A_n과 B_n의 값은 다음 공식으로 계산할 수 있다.

$$A_n = \frac{1}{\pi}\int_{-\pi}^{\pi} f(x)\cos(nx)dx$$

$$B_n = \frac{1}{\pi}\int_{-\pi}^{\pi} f(x)\sin(nx)dx$$

테일러급수와 마찬가지로 푸리에급수도 어떤 $n = N$에서 절삭함으로써 함수를 근사할 수 있다. 푸리에급수는 계단 함수와 같이 특이하게 동작하는 함수를 근사하는 데 사용할 수 있으며, 신호 처리를 비롯한 여러 공학 응용의 기초를 형성한다. 출력이 $[A_n, B_n]$인 함수 my_fourier_coef(f,n)를 작성하시오. 여기서 f는 2π를 주기로 갖는 함수 객체이다. my_fourier_coef 함수는 f에 대한 푸리에급수에서 n번째 푸리에 계수 A_n과 B_n을 위에 주어진 두 공식으로 계산해야 한다. 적분 수행에는 quad 함수를 사용한다.

테스트 케이스: 함수의 해석적 해와 근사 해를 그래프 상에 표시하기 위해 아래의 함수를 사용한다.

```
def plot_results(f, N):
    x = np.linspace(-np.pi, np.pi, 10000)
    [A0, B0] = my_fourier_coef(f, 0)
    y = A0*np.ones(len(x))/2
    for n in range(1, N):
        [An, Bn] = my_fourier_coef(f, n)
        y += An*np.cos(n*x)+Bn*np.sin(n*x)
    plt.figure(figsize = (10,6))
    plt.plot(x, f(x), label = "analytic")
    plt.plot(x, y, label = "approximate")
    plt.xlabel("x")
    plt.ylabel("y")
    plt.grid()
    plt.legend()
    plt.title(f"{N}th Order Fourier Approximation")
    plt.show()

f = lambda x: np.sin(np.exp(x))
N = 2
plot_results(f, N)
```

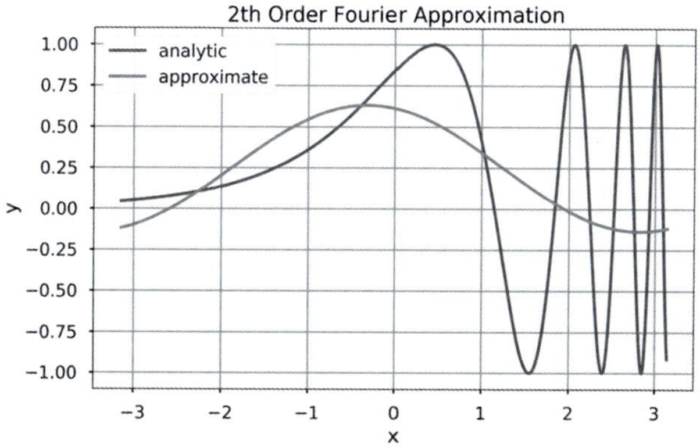


```
N = 2
plot_results(f, N)
```

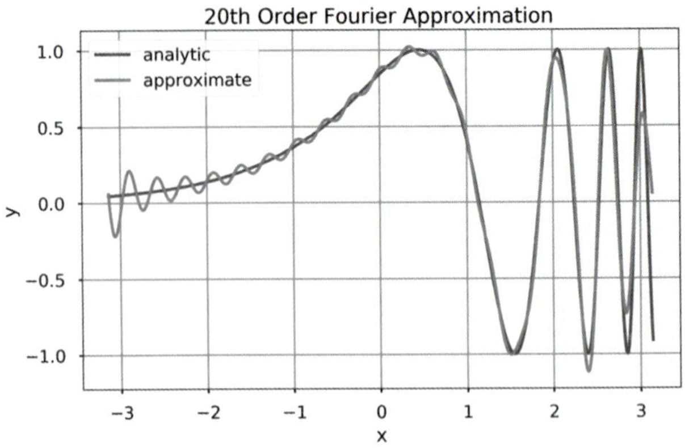


```
f = lambda x: np.mod(x, np.pi/2)
N = 5
plot_results(f, N)
```

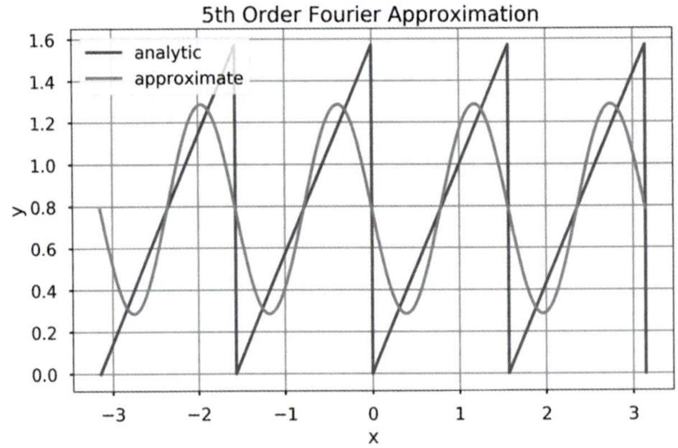


```
N = 20
plot_results(f, N)
```

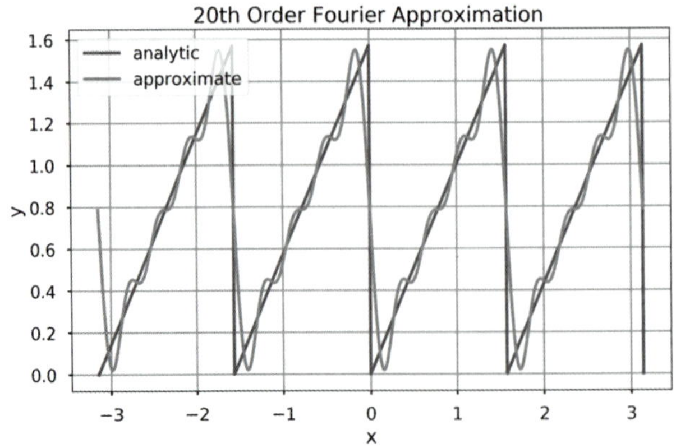

```
f = lambda x: (x > -np.pi/2) & (x < np.pi/2)
N = 2
plot_results(f, N)
```

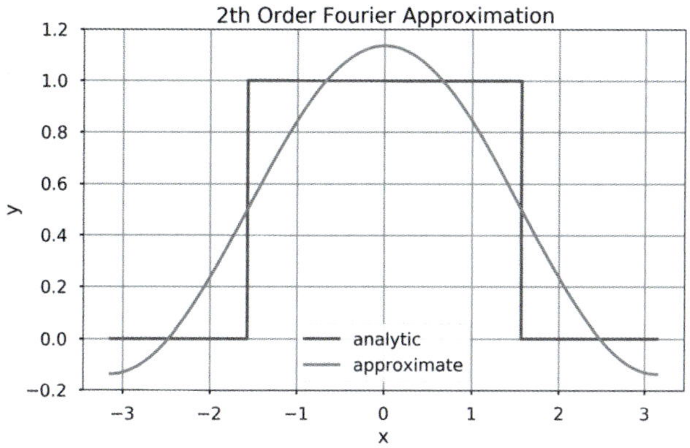


```
N = 20
plot_results(f, N)
```

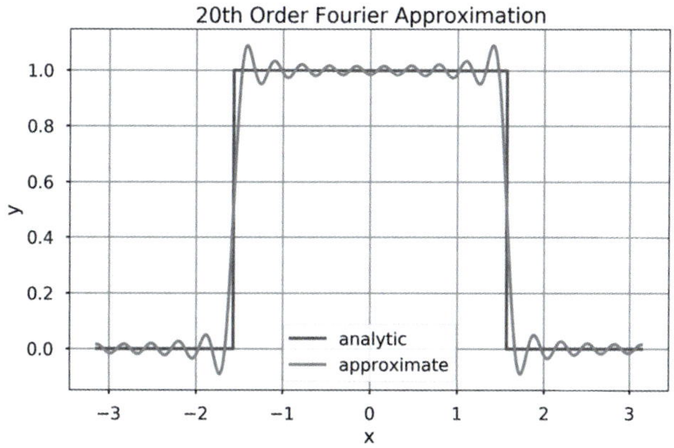

6. 간격이 h인 수치 격자의 경우 적분을 근사하기 위한 부울의 공식은 다음과 같다.

$$\int_{x_i}^{x_{i+4}} f(x)dx \approx \frac{4h}{90}[7f(x_i)+32f(x_{i+1})+12f(x_{i+2})$$
$$+32f(x_{i+3})+7f(x_{i+4})]$$

부울의 공식에서 정확도는 단일 부분구간에 대해 $O(h^7)$임을 보이시오.

CHAPTER

상미분방정식(ODE) 초깃값 문제

22

CONTENTS

22.1 ODE 초깃값 문제

미분방정식은 함수 $f(x)$, 독립변수 x, 임의의 개수의 도함수 사이의 관계이다. **상미분방정식**(ordinary differential equation; **ODE**)은 독립변수와 그 도함수가 1차원 상에 있는 미분방정식이다. 이 책에서는 ODE를 다음과 같이 표현할 수 있다고 가정한다.

$$F\left(x,\ f(x),\ \frac{df(x)}{dx},\ \frac{d^2f(x)}{dx^2},\ \frac{d^3f(x)}{dx^3},\ \ldots,\ \frac{d^{n-1}f(x)}{dx^{n-1}}\right) = \frac{d^nf(x)}{dx^n}$$

여기서 F는 하나 이상의 입력 인수를 갖는 임의의 함수이고 n은 미분방정식의 **계수**이다. 이러한 방정식을 **n계 ODE**라고 한다.

ODE의 예를 들기 위해 길이가 l인 줄에 매달려 있는 질량이 m인 진자를 생각해보자(그림 22.1 참고). 수직 중력이 g일 때, 진자가 시간 t에 수직축과 이루는 각도 $\Theta(t)$는 아래의 진자 방정식으로 설명할 수 있는데, 이는 ODE에 해당한다.

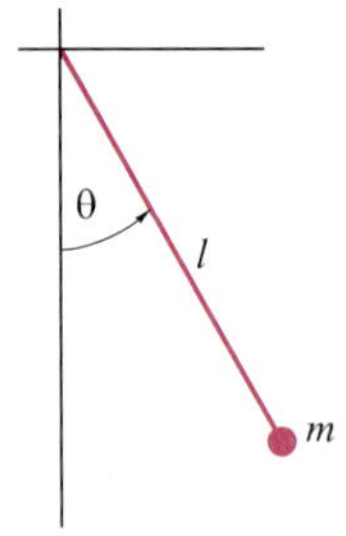

그림 22.1
진자 시스템.

$$ml\frac{d^2\Theta(t)}{dt^2} = -mg\sin(\Theta(t))$$

x 방향의 힘과 y 방향의 힘에 대한 합을 구한 다음 이를 극좌표로 변환함으로써 위의 방정식을 유도할 수 있다.

대조적으로, **편미분방정식**(partial differential equation; **PDE**)은 일반화된 형식의 미분방정식이다. 이 경우 x는 독립변수 $x_1, x_2, x_3, ..., x_m$ 등을 포함하는 벡터이며, 임의의 변수 조합에 관한 임의의 차수의 편도함수가 포함될 수 있다. 시간에 따른 공간의 온도 변화를 설명하는 아래의 열 방정식은 PDE의 예이다. 여기서 $u(t, x, y, z)$는 시간 t에 (x, y, z)에서의 온도이고, α는 열확산 계수이다.

$$\frac{\partial u(t, x, y, z)}{\partial t} = \alpha\left(\frac{\partial u(t, x, y, z)}{\partial x} + \frac{\partial u(t, x, y, z)}{\partial y} + \frac{\partial u(t, x, y, z)}{\partial z}\right)$$

미분방정식의 **일반해**는 미분방정식을 만족하는 함수 $g(x)$이다. 미분방정식에 대한 여러 가지 풀이 방법이 알려져 있지만, 미분방정식의 풀이는 여전히 어렵다. 계수가 n인 ODE의 경우 **특수해**는 미분방정식을 충족하고 n개의 함수 값이나 도함수 값이 명시적으로 알려져 있는 $p(x)$이다. 일반적으로 $p(x)$는 미분방정식을 만족해야 하고 또 n개의 3중항 (j, x_j, p_j)에 대해 $p^{(j)}(x_j) = p_j$이어야 한다. 여기서 $p^{(j)}$는 p의 j번째 도함수이다. 이 책에서는 특수해를 미분방정식의 **해**라고 한다.

실행 예제

진자 예제로 돌아가서 각도가 매우 작다고 가정하면 $\sin(\Theta(t)) \approx \Theta(t)$이며, 진자 방정식은 다음과 같이 간소화된다.

$$l\frac{d^2\Theta(t)}{dt^2} = -g\,\Theta(t)$$

먼저 $\Theta(t)=c_1\cos\left(\sqrt{\frac{g}{l}}\,t\right)+c_2\sin\left(\sqrt{\frac{g}{l}}\,t\right)$이 진자 방정식의 일반해임을 확인해보자. 여기에서 c_1, c_2는 임의상수이다.

일반해의 경우 $\Theta(t)$의 도함수들은 다음과 같다.

$$\frac{d\Theta(t)}{dt}=-c_1\sqrt{\frac{g}{l}}\,\sin\left(\sqrt{\frac{g}{l}}\,t\right)+c_2\sqrt{\frac{g}{l}}\,\cos\left(\sqrt{\frac{g}{l}}\,t\right)$$

$$\frac{d^2\Theta(t)}{dt^2}=-c_1\frac{g}{l}\cos\left(\sqrt{\frac{g}{l}}\,t\right)-c_2\frac{g}{l}\sin\left(\sqrt{\frac{g}{l}}\,t\right)$$

2차 도함수를 위의 미분방정식 좌변에 대입하면 $\Theta(t)$가 방정식을 만족한다는 것을 쉽게 확인할 수 있다. 따라서 일반해가 맞다.

다음으로 $t=0$에서 각도와 각속도가 Θ_0과 0으로 주어질 경우 $\Theta(t)=\Theta_0\cos\left(\sqrt{\frac{g}{l}}\,t\right)$이 특수해임을 확인해보자.

특수해의 경우 계수 Θ_0는 미분을 반복하더라도 계속 유지되며, $\Theta(0)=\Theta_0\cos(0)=\Theta_0$이고 $\Theta'(0)=-\Theta_0\sqrt{\frac{g}{l}}\sin(0)=0$이다. 따라서 이 특수해는 주어진 값들에 부합한다.

작은 각도만큼만 흔들리는 진자는 실제로 유용한 진자는 아니다. 유감스럽게도 큰 각도로 흔들리는 진자의 경우 진자 방정식을 만족하는 간단한 대수적 해는 없다. 대부분의 실제 공학 시스템보다 훨씬 간단하지만 명확한 해석적 해를 갖지 않는 진자 문제만 보더라도 ODE에 대한 수치적 해가 필요하다는 점이 명백할 것이다.

메모 ODE의 **해석적 해**는 미분방정식을 만족하고 초깃값에 부합하는 함수 $f(x)$의 수학적 표현이다. 그러나 공학/과학 분야에서 해석적 해를 구할 수 없는 경우가 많다. ODE의 수치적 해는 함수 $f(x)$를 근사하는 일련의 이산 점(수치 격자)이다. 이러한 격자를 사용하여 수치적 해를 얻을 수 있다.

ODE의 특수해를 위한 값으로 많이 사용되는 것은 **초깃값**이다. 계수가 n인 ODE의 경우 초깃값은 0에서 $(n-1)$번째까지의 도함수의 $x=0$에서의 값, 즉 $f(0)$, $f^{(1)}(0)$, $f^{(2)}(0)$, ..., $f^{(n-1)}(0)$ 등이다. 특정 종류의 상미분방정식의 경우 초깃값만으로 고유한 특수해를 찾는 데 충분하다. 초깃값이 주어진 ODE에 대한 해를 찾는 것을 **초깃값 문제**라고 한다. 이름 자체가 시간에 따라 변화하는 시스템에 관련된 ODE만 다룰 것으로 암시하지만 초깃값 문제에는 공간과 같은 다른 차원에 따라 변화하는 시스템도 포함될 수 있다. 직관적으로 생각하면, 진자 방정식은 중력만이 작용할 경우 초기 위치와 초기 속도만으로 이후의 진자 운동을 설명하기에 충분하기 때문에 초깃값 문제로 풀 수 있다.

이 장의 나머지 부분에서는 수치 격자 상에서 초깃값 문제에 대한 해를 수치적으로 근사하는 몇 가지 방법을 살펴볼 것이다. 초깃값 문제는 시간에 관한 미분방정식 외에도 적용되지만, 여기에서는 시간을 독립변수로 사용한다. $f(t)$의 도함수를 나타내기 위해

$f'(t)$, $f^{(1)}(t)$, $\frac{df(t)}{dt}$, $\dot{f}$ 등 여러 가지 기호를 문맥상 편한 대로 사용할 것이다.

22.2 계수의 감소

초깃값 문제를 해결하기 위한 수치적 방법 중에는 1계 미분방정식을 풀기 위해 특별히 설계된 것들이 많다. 이러한 풀이 함수를 고계 미분방정식을 푸는 데 유용하게 만들려면 미분방정식의 **계수를 감소시켜** 1계 미분방정식 문제로 만들어야 한다. 미분방정식의 계수를 감소시키는 방법을 알아보기 위해 먼저 시스템의 **상태**를 시간 함수로 나타내는 벡터 $S(t)$를 생각해보자. 일반적으로 시스템의 상태는 시스템의 동작과 관련된 모든 종속변수의 모음이다. 앞에서 ODE는 아래와 같이 표현할 수 있다고 하였다.

$$f^{(n)}(t) = F(t,\ f(t),\ f^{(1)}(t),\ f^{(2)}(t),\ f^{(3)}(t),\ \cdots,\ f^{(n-1)}(t))$$

초깃값 문제의 경우 상태 벡터를 다음과 같이 표현할 수 있다.

$$S(t) = \begin{bmatrix} f(t) \\ f^{(1)}(t) \\ f^{(2)}(t) \\ f^{(3)}(t) \\ \vdots \\ f^{(n-1)}(t) \end{bmatrix}$$

그러면 상태의 도함수는 다음과 같다.

$$\frac{dS(t)}{dt} = \begin{bmatrix} f^{(1)}(t) \\ f^{(2)}(t) \\ f^{(3)}(t) \\ f^{(4)}(t) \\ \vdots \\ f^{(n)}(t) \end{bmatrix} = \begin{bmatrix} f^{(1)}(t) \\ f^{(2)}(t) \\ f^{(3)}(t) \\ f^{(4)}(t) \\ \vdots \\ F(t,\ f(t),\ f^{(1)}(t),\ \cdots,\ f^{(n-1)}(t)) \end{bmatrix}$$

$$= \begin{bmatrix} S_2(t) \\ S_3(t) \\ S_4(t) \\ S_5(t) \\ \vdots \\ F(t,\ S_1(t),\ S_2(t),\ \cdots,\ S_{n-1}(t)) \end{bmatrix}$$

여기서 $S_i(t)$는 $S(t)$의 i번째 성분이다. 상태를 이러한 방식으로 표현할 경우 $\frac{dS(t)}{dt}$는

$f(t)$ 없이 $S(t)$와 그 도함수들만 사용하여 표현할 수 있다. 특히, $\frac{dS(t)}{dt}=\mathcal{F}(t, S(t))$가 상태의 도함수에 해당한다($\mathcal{F}$는 벡터를 적절하게 조합하는 함수). 이 방정식은 S에 관한 1계 미분방정식의 형태이다. 여기에서 한 일은 기본적으로 하나의 n계 ODE를 서로 **연관된** n개의 1계 ODE로 바꾼 것이다.

실행 예제

2계 진자 방정식을 1계 방정식으로 축소시켜보자. 여기서 상태는 다음과 같이 표현할 수 있다.

$$S(t)=\begin{bmatrix}\Theta(t)\\ \dot{\Theta}(t)\end{bmatrix}$$

$S(t)$의 도함수를 취하고 대입하면 다음 식을 얻는다.

$$\frac{dS(t)}{dt}=\begin{bmatrix}S_2(t)\\ -\frac{g}{l}S_1(t)\end{bmatrix}$$

위의 ODE는 아래와 같이 행렬 형식으로 표현할 수 있다.

$$\frac{dS(t)}{dt}=\begin{bmatrix}0 & 1\\ -\frac{g}{l} & 0\end{bmatrix}S(t)$$

이런 식으로 표현할 수 있는 ODE를 **선형 ODE**라고 한다.

ODE의 계수를 1계로 줄이면 여러 변수를 갖는 ODE가 생성되지만, 여전히 동일한 독립변수 t에 대해 모든 도함수를 취한다. 따라서 결과로 얻은 1계 방정식은 여전히 상미분방정식이다.

상태는 여러 종속변수나 그 도함수들을 포함할 수 있다. 다만, 동일한 독립변수에 대한 도함수라야 할 것이다.

실행 예제

늑대 개체수 $w(t)$로 인한 토끼 개체수 $r(t)$의 변화를 설명하는 매우 간단한 모델은 아래의 두 식에 의해 주어진다.

$$\frac{dr(t)}{dt}=4r(t)-2w(t)$$

$$\frac{dw(t)}{dt}=r(t)+w(t)$$

첫 번째 ODE에서는 토끼 개체수의 증가율이 토끼 개체수의 4배에서 토끼를 잡아먹는 늑대 개체수의 2배를 뺀 값이라고 말한다. 두 번째 ODE는 늑대 개체수의 증가율이 늑대 개체수에 토끼 개체수를 더한 값과 같다고 말한다. 이 미분 연립방정식을 $S(t)$에 관한 동등한 미분방정식으로 표현해보자. 여기서 $S(t)$는 다음과 같다.

$$S(t) = \begin{bmatrix} r(t) \\ w(t) \end{bmatrix}$$

다음의 1계 ODE는 모델의 설명에 처음 사용되는 한 쌍의 ODE와 동등하다.

$$\frac{dS(t)}{dt} = \begin{bmatrix} 4 & -2 \\ 1 & 1 \end{bmatrix} S(t)$$

22.3 오일러 방법

$\frac{dS(t)}{dt} = F(t, S(t))$를 명시적으로 정의된 1계 ODE라고 하자. 즉, F는 주어진 시간 및 상태 값에서 상태의 도함수, 즉 상태 변화를 반환하는 함수이다. 또한, t는 간격이 h인 구간 $[t_0, t_f]$의 수치 격자라고 하자. 일반성을 잃지 않고, $t_0 = 0$이고 어떤 양의 정수 N에 대해 $t_f = Nh$라고 가정한다.

t_j 근방의 $S(t)$의 선형 근사를 t_{j+1}에서 계산한 결과는 다음과 같다.

$$S(t_{j+1}) = S(t_j) + (t_{j+1} - t_j)\frac{dS(t_j)}{dt}$$

위의 식은 다음과 같이 표현할 수 있다.

$$S(t_{j+1}) = S(t_j) + h\,F(t_j, S(t_j))$$

이 공식을 **명시적 오일러 공식**이라고 하며, 이를 사용하여 상태 $S(t_j)$가 주어졌을 때 상태 $S(t_{j+1})$에 대한 근사치를 계산할 수 있다. 이것은 실제로 18장에서 논의한 테일러 급수를 기반으로 하며, 다음 상태를 선형 근사하기 위해 테일러급수에서 1차 항만 사용한다. 이 장의 뒷부분에서는 정확도를 높이기 위해 보다 고차의 항들도 사용하는 공식을 제시할 것이다. 주어진 초깃값 $S_0 = S(t_0)$에서 시작하고, 명시적 오일러 공식을 사용하여 상태를 $S(t_f)$까지 적분할 수 있다. 이러한 $S(t)$ 값들은 미분방정식의 해에 대한 근사치이다. 명시적 오일러 공식은 초깃값 문제를 푸는 가장 간단하고 직관적인 방법이다. 명시적 오일러 공식은 임의의 상태 $(t_j, S(t_j))$에서 F를 사용하여 다음 상태를 향하는 방향을 구한 다음 그 방향을 향해 시간 h만큼 이동한다(그림 22.2 참고).

이러한 문제를 해결하기 위한 보다 정교하고 정확한 방법들도 있지만 모두 동일한 기본 구조를 가지고 있다. 따라서 명시적 오일러 공식을 사용하여 초깃값 문제를 해결하는

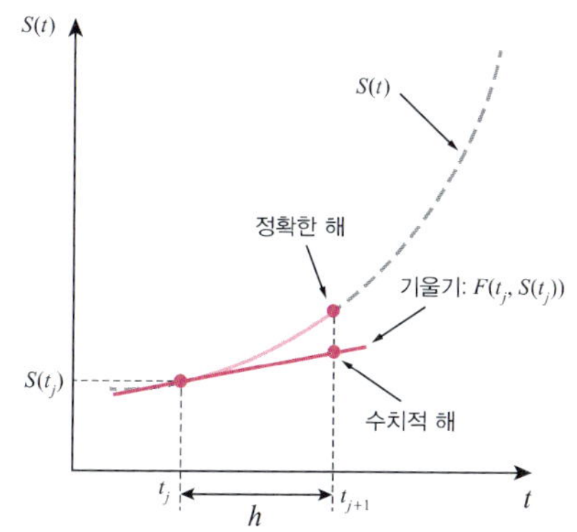

그림 22.2

명시적 오일러 방법의 도식화.

단계를 구체적으로 열거한다.

세부사항 $\frac{dS(t)}{dt}$를 계산하는 함수 $F(t, S(t))$, 구간 $[t_0, t_f]$의 수치 격자 t, 초기 상태값 $S_0 = S(t_0)$ 등이 주어졌다고 가정한다. 아래의 단계를 사용하여 모든 t_j에서의 $S(t_j)$를 계산할 수 있다.

1. $S_0 = S(t_0)$를 배열 S에 저장한다.
2. $S(t_1) = S_0 + h\,F(t_0, S_0)$을 계산한다.
3. $S_1 = S(t_1)$을 S에 저장한다.
4. $S(t_2) = S_1 + h\,F(t_1, S_1)$을 계산한다.
5. $S_2 = S(t_2)$을 S에 저장한다.
6. ...
7. $S(t_f) = S_{f-1} + h\,F(t_{f-1}, S_{f-1})$을 계산한다.
8. $S_f = S(t_f)$를 S에 저장한다.
9. S는 초깃값 문제에 대한 해의 근사치이다.

이러한 구조의 방법을 ODE의 **적분 기반** 해법이라고 한다.

실행 예제

초깃값 조건 $f_0 = -1$이 주어진 미분방정식 $\frac{df(t)}{dt} = e^{-t}$는 정확한 해 $f(t) = -e^{-t}$를 갖는다. 0과 1 사이에서 0.1을 단계 크기로 사용하는 명시적 오일러 공식으로 이 초깃값 문제에 대한 해를 근사해보자. 근사해와 정확한 해의 차이를 그래프 상에 표시한다.

```
In [1]: import numpy as np
        import matplotlib.pyplot as plt

        plt.style.use("seaborn-poster")
        %matplotlib inline

        # 매개변수 정의
        f = lambda t, s: np.exp(-t) # ODE
        h = 0.1 # 단계 크기
        t = np.arange(0, 1 + h, h) # 수치 격자
        s0 = -1 # 초깃값 조건

        # 명시적 오일러 공식
        s = np.zeros(len(t))
        s[0] = s0

        for i in range(0, len(t) - 1):
            s[i + 1] = s[i] + h*f(t[i], s[i])

        plt.figure(figsize = (12, 8))
        plt.plot(t, s, "b-", label="Approximate")
        plt.plot(t, -np.exp(-t), "g", label="Exact")
        plt.title("Approximate and Exact Solution for Simple ODE")
        plt.xlabel("t")
        plt.ylabel("f(t)")
        plt.grid()
        plt.legend(loc="lower right")
        plt.show()
```

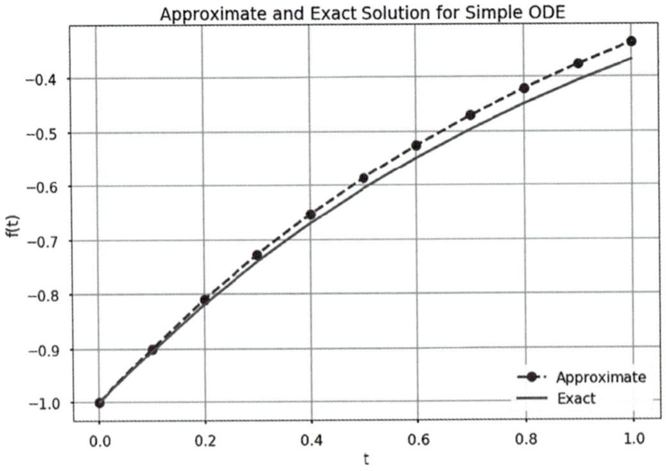

위의 그림에서 각 점은 바로 앞의 점에 대해 선형 방식으로 구한 근사치이다. 초깃값에서 시작하여 수치 격자 전체에 걸친 해의 근사치를 얻을 수 있다. $h = 0.01$에 대해 프로세스를 반복하면 보다 나은 근사 해를 얻을 수 있다.

```
In [2]: h = 0.01 # 단계 크기
        t = np.arange(0, 1 + h, h) # 수치 격자
        s0 = -1 # 초깃값 조건

        # 명시적 오일러 공식
        s = np.zeros(len(t))
        s[0] = s0

        for i in range(0, len(t) - 1):
            s[i + 1] = s[i] + h*f(t[i], s[i])

        plt.figure(figsize = (12, 8))
        plt.plot(t, s, "b-", label="Approximate")
        plt.plot(t, -np.exp(-t), "g", label="Exact")
        plt.title("Approximate and Exact Solution for Simple ODE")
        plt.xlabel("t")
        plt.ylabel("f(t)")
        plt.grid()
        plt.legend(loc="lower right")
        plt.show()
```

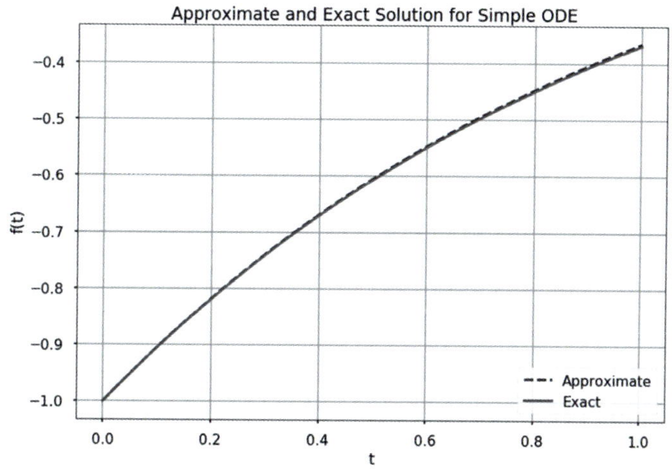

명시적 오일러 공식은 t_{j+1}에서의 상태를 계산하기 위해 t_j에서의 정보만 필요하기 때문에 "명시적"이라고 한다. 즉, $S(t_{j+1})$은 이미 알고 있는 값인 t_j와 $S(t_j)$을 사용하여 명시적으로 표현할 수 있다. **암시적 오일러 공식**은 t_{j+1} 근방의 $S(t)$의 선형 근사를 t_j에서 계산하여 도출할 수 있다.

$$S(t_{j+1}) = S(t_j) + h\,F(t_{j+1}, S(t_{j+1}))$$

이 공식은 $S(t_{j+1})$를 계산하기 위해 $S(t_{j+1})$를 알아야 한다는 이상한 점이 있다. 그러나 이러한 공식을 사용하여 초깃값 문제에 대한 해를 근사할 수 있는 경우가 있다. 암시적 오일러 공식을 사용하여 이러한 문제를 해결하는 방법을 자세히 살펴보기 전에 명시적 오일러 공식과 암시적 오일러 공식의 평균에 해당하는 **사다리꼴 공식**이라는 또 다른 암시적 공식을 소개한다.

$$S(t_{j+1}) = S(t_j) + \frac{h}{2}(F(t_j, S(t_j)) + F(t_{j+1}, S(t_{j+1})))$$

이러한 암시적 공식을 푸는 방법을 설명하기 위해 1계 방정식으로 축소된 진자 방정식을 다시 생각해보자.

$$\frac{dS(t)}{dt} = \begin{bmatrix} 0 & 1 \\ -\frac{g}{l} & 0 \end{bmatrix} S(t)$$

이 방정식으로부터 다음 식을 얻을 수 있다.

$$F(t_j,\ S(t_j)) = \begin{bmatrix} 0 & 1 \\ -\frac{g}{l} & 0 \end{bmatrix} S(t_j)$$

이 식을 명시적 오일러 공식에 대입하면 다음 식을 얻는다.

$$\begin{aligned} S(t_{j+1}) &= S(t_j) + h\begin{bmatrix} 0 & 1 \\ -\frac{g}{l} & 0 \end{bmatrix} S(t_j) \\ &= \begin{bmatrix} 1 & 0 \\ 0 & 1 \end{bmatrix} S(t_j) + h\begin{bmatrix} 0 & 1 \\ -\frac{g}{l} & 0 \end{bmatrix} S(t_j) = \begin{bmatrix} 1 & h \\ -\frac{gh}{l} & 1 \end{bmatrix} S(t_j) \end{aligned}$$

마찬가지로 동일한 식을 암시적 오일러 공식에 대입하면 다음 식을 얻는다.

$$\begin{bmatrix} 1 & -h \\ \frac{gh}{l} & 1 \end{bmatrix} S(t_{j+1}) = S(t_j)$$

사다리꼴 공식에 대입하면 다음 식을 얻는다.

$$\begin{bmatrix} 1 & -\frac{h}{2} \\ \frac{gh}{2l} & 1 \end{bmatrix} S(t_{j+1}) = \begin{bmatrix} 1 & -\frac{h}{2} \\ -\frac{gh}{2l} & 1 \end{bmatrix} S(t_j)$$

마지막 두 개의 식 각각으로부터 다음의 두 식을 얻을 수 있다.

$$S(t_{j+1}) = \begin{bmatrix} 1 & -h \\ \frac{gh}{l} & 1 \end{bmatrix}^{-1} S(t_j)$$

$$S(t_{j+1}) = \begin{bmatrix} 1 & -\frac{h}{2} \\ \frac{gh}{2l} & 1 \end{bmatrix}^{-1} \begin{bmatrix} 1 & \frac{h}{2} \\ -\frac{gh}{2l} & 1 \end{bmatrix} S(t_j)$$

이 식들을 사용하면 각 상태 $S(t_j)$에서 다음 상태 $S(t_{j+1})$를 계산할 수 있으므로 초깃값 문제를 풀 수 있다. 일반적으로 ODE가 선형일 때 이러한 방법을 사용할 수 있다.

22.4 수치 오차와 불안정성

ODE를 위한 적분 기법과 관련하여 고려해야 할 두 가지 주요 문제가 있는데, 바로 **정확도**와 **안정성**이다. 정확도는 단계 크기 h의 함수이며, 해당 기법이 미지의 정확한 해에 얼마나 가까운 해를 찾는지 알려준다. 이전 장에서는 $O(h^p)$ 표기법을 사용하여 정확도를 표현하였다. ODE의 경우에도 동일한 표기법을 사용할 수 있다. 적분 기법의 안정성은 시간에 관한 적분이 진행됨에 따라 오차가 커지는 것을 방지하는 능력이다. 오차가 커지지 않으면 해당 기법은 안정적이며, 그렇지 않으면 불안정하다. 적분 기반 기법 중에는 h의 선택에 따라 안정성 여부가 달라지는 경우도 있는데, 이러한 기법은 불안정한 것으로 분류된다.

안정성 이슈의 이해를 돕기 위해 명시적 오일러 공식, 암시적 오일러 공식, 사다리꼴 공식 등을 모두 사용하여 진자 방정식을 수치적으로 풀어보자.

실행 예제

명시적 오일러 공식, 암시적 오일러 공식, 사다리꼴 공식 등을 사용하여 시간 구간 [0, 5]에 대해 단계 크기 0.1, 초깃값 $S_0 = 10$에 따라 진자 방정식을 풀어보자. 모델 매개변수에 대해서는 $\sqrt{\frac{g}{l}} = 4$를 사용하여 근사 해를 그래프 상에 표시한다.

```
In [1]: import numpy as np
        from numpy.linalg import inv
        import matplotlib.pyplot as plt

        plt.style.use("seaborn-poster")

        %matplotlib inline
```

```
In [2]: # 단계 크기
        h = 0.1
        # 수치 격자
        t = np.arange(0, 5.1, h)
        # 진자의 진동 주기
        w = 4
        s0 = np.array([[1], [0]])

        m_e = np.array([[1, h],
                        [-w**2*h, 1]])
        m_i = inv(np.array([[1, -h],
                        [w**2*h, 1]]))
        m_t = np.dot(inv(np.array([[1, -h/2],
                      [w**2*h/2,1]])), np.array(
                        [[1,h/2], [-w**2*h/2, 1]]))

        s_e = np.zeros((len(t), 2))
        s_i = np.zeros((len(t), 2))
        s_t = np.zeros((len(t), 2))

        # 적분 수행
        s_e[0, :] = s0.T
        s_i[0, :] = s0.T
        s_t[0, :] = s0.T

        for j in range(0, len(t)-1):
            s_e[j+1, :] = np.dot(m_e,s_e[j, :])
            s_i[j+1, :] = np.dot(m_i,s_i[j, :])
            s_t[j+1, :] = np.dot(m_t,s_t[j, :])
```

```
plt.figure(figsize = (12, 8))
plt.plot(t,s_e[:,0],"b-")
plt.plot(t,s_i[:,0],"g:")
plt.plot(t,s_t[:,0],"r-")
plt.plot(t, np.cos(w*t), "k")
plt.ylim([-3, 3])
plt.xlabel("t")
plt.ylabel("$\Theta (t)$")
plt.legend(["Explicit", "Implicit", "Trapezoidal", "Exact"])
plt.show()
```

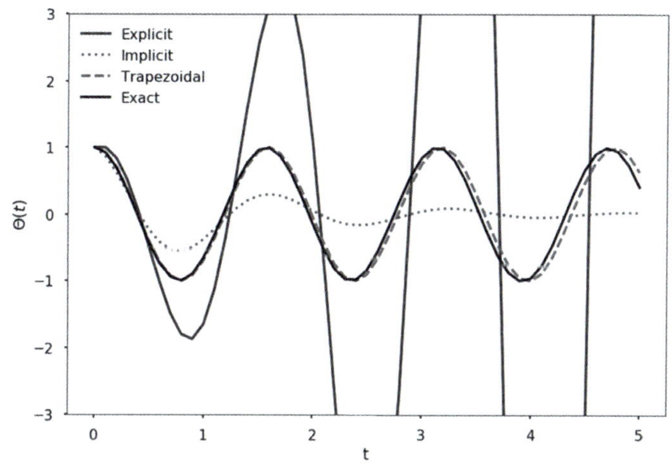

위의 예제에서 생성된 그림을 통해 진자 문제에 대한 수치적 해들을 비교할 수 있다. 정확한 해는 순수한 코사인파이다. 명시적 오일러 공식은 명백히 불안정하다. 암시적 오일러 공식에 따른 해는 기하급수적으로 감소하는데 이는 정확하지 않다. 사다리꼴 공식은 약간의 위상차가 있기는 하지만 시간이 지나도 여전히 거의 정확한 해를 계산한다.

22.5 예측자-수정자 방법과 룽게-쿠타 방법

22.5.1 예측자-수정자 방법

시간과 상태 값이 주어지면 $F(t, S(t))$ 함수는 상태의 변화 $\frac{dS(t)}{dt}$를 반환한다. 초깃값 문제를 풀 때 **예측자-수정자 방법**은 여러 다른 위치에서 F 함수를 여러 번 사용하는 방법으로 비 예측자-수정자 방법의 근사 정확도를 개선한다(예측). 그런 다음 결과의 가중 평균을 사용하여 상태를 갱신한다(수정). 기본적으로 이 방법은 예측자와 수정자라는 두 가지 공식을 사용한다. 예측자는 명시적 공식이며 먼저 t_{j+1}에서의 해를 추정한다. 즉, 오일러 방법이나 다른 방법을 사용하여 이 단계를 수행할 수 있다. 해 $S(t_{j+1})$를 구한 후, 정확도를 개선하기 위해 수정자를 적용한다. 예측자 공식에서 계산된 $S(t_{j+1})$를 수정자 공식의 우변에 사용함으로써 보다 정확한 해를 새로 계산할 수 있다.

예측자-수정자 방법의 하나인 **중점 방법**의 예측자 단계를 위한 공식은 아래와 같으며, t_j와 t_{j+1} 사이의 중간 지점 $t_j+\frac{h}{2}$에서 해의 값을 예측하고 있다.

$$S\left(t_j+\frac{h}{2}\right)=S(t_j)+\frac{h}{2}F(t_j,\ S(t_j))$$

그런 다음 수정자 단계를 위한 공식은 아래와 같으며, $t_j+\frac{h}{2}$에서의 S의 도함수를 사용한다.

$$S(t_{j+1})=S(t_j)+hF\left(t_j+\frac{h}{2},\ S\left(t_j+\frac{h}{2}\right)\right)$$

22.5.2 룽게-쿠타 방법

룽게-쿠타(RK) 방법은 ODE를 푸는 데 가장 널리 사용되는 수치적 방법 중 하나이다. 앞에서 살펴본 오일러 방법에서는 테일러급수의 처음 두 항을 사용하는 선형 공식 $S(t_{j+1})=S(t_j+h)=S(t_j)+h\cdot S'(t_j)$을 사용하여 수치 적분을 근사한다.

아래 식에서와 같이 더 많은 급수 항을 유지하면 수치 적분의 정확도를 크게 개선할 수 있다.

$$S(t_{j+1})=S(t_j+h)=S(t_j)+S'(t_j)h+\frac{1}{2!}S''(t_j)h^2+\cdots+\frac{1}{n!}S^{(n)}(t_j)h^n$$

정확도가 높은 해를 얻기 위해서는 $S''(t_j)$, $S'''(t_j)$, ..., $S^{(n)}(t_j)$ 등을 위한 식을 유도해야 한다. 룽게-쿠타 방법 역시 절삭된 테일러급수를 기반으로 하지만 이러한 고차 도함수의 계산이 필요하지 않은 방법이다.

22.5.2.1 2차 룽게-쿠타 방법

먼저 2차 룽게-쿠타 방법을 유도해보자. $\frac{dS(t)}{dt}=F(t,S(t))$로 둔다. 그런 다음 적분 공식을 다음과 같이 가정한다.

$$S(t+h) = S(t) + c_1 F(t,\ S(t))h + c_2 F[t+ph,\ S(t) + qhF(t,\ S(t))]h \qquad (22.1)$$

위의 식을 2차 테일러급수와 일치시킴으로써 매개변수 c_1, c_2, p, q 등을 구하려고 시도할 수 있다.

$$S(t+h) = S(t) + S'(t)h + \frac{1}{2!}S''(t)h^2 = S(t) + F(t,\ S(t))h + \frac{1}{2!}F'(t,\ S(t))h^2 \qquad (22.2)$$

참고로 F의 도함수는 다음과 같이 표현할 수 있다.

$$F'(t,\ S(t)) = \frac{\partial F}{\partial t} + \frac{\partial F}{\partial S}\frac{\partial S}{\partial t} = \frac{\partial F}{\partial t} + \frac{\partial F}{\partial S}F \qquad (22.3)$$

따라서 식 (22.2)는 다음과 같이 표현할 수 있다.

$$S(t+h) = S + Fh + \frac{1}{2!}\left(\frac{\partial F}{\partial t} + \frac{\partial F}{\partial S}F\right)h^2 \qquad (22.4)$$

식 (22.1)에서 여러 변수에 관한 테일러급수를 적용하여 마지막 항을 다시 작성한다.

$$F[t+ph,\ S+phF)] = F + \frac{\partial F}{\partial t}ph + qh\frac{\partial F}{\partial S}F$$

이제 식 (22.1)을 다음과 같이 표현할 수 있다.

$$S(t+h) = S + (c_1 + c_2)Fh + c_1\left[\frac{\partial F}{\partial t}p + q\frac{\partial F}{\partial S}F\right]h^2 \qquad (22.5)$$

식 (22.4)와 식 (22.5)를 비교하여 다음의 결과를 얻을 수 있다

$$c_1 + c_2 = 1,\ c_2 p = \frac{1}{2},\ c_2 q = \frac{1}{2} \qquad (22.6)$$

(22.6)에서 미지수는 4개인데 방정식은 3개만 있으므로 매개변수 중 하나에 임의의 값을 지정하고 나머지 매개변수를 구한다. 많이 사용되는 선택은 다음과 같다.

$$c_1 = \frac{1}{2},\quad c_2 = \frac{1}{2},\quad p = 1,\quad q = 1$$

다음과 같이 정의할 수도 있다.

$$k_1 = F(t_j, S(t_j))$$
$$k_2 = F(t_j + ph, S(t_j) + qhk_1)$$

이 경우 얻게 되는 식은 다음과 같다.

$$S(t_{j+1}) = S(t_j) + \frac{1}{2}(k_1 + k_2)h$$

22.5.2.2 4차 룽게-쿠타 방법

ODE 풀이를 위한 적분 기법 중 높은 정확도를 갖는 고전적인 방법은 **4차 룽게-쿠타** (RK4) 방법이다. 이 방법에서는 4개의 점 k_1, k_2, k_3, k_4 등을 사용한다. 이러한 예측의 가중 평균이 해의 근사치를 생성하는 데 사용된다. 관련 공식은 다음과 같다.

$$k_1 = F(t_j, S(t_j))$$

$$k_2 = F\left(t_j + \frac{h}{2}, S(t_j) + \frac{1}{2}k_1 h\right)$$

$$k_3 = F\left(t_j + \frac{h}{2}, S(t_j) + \frac{1}{2}k_2 h\right)$$

$$k_4 = F(t_j + h, S(t_j) + k_3 h)$$

따라서 다음 식을 얻는다.

$$S(t_{j+1}) = S(t_j) + \frac{h}{6}(k_1 + 2k_2 + 2k_3 + k_4)$$

이름에서 알 수 있듯이 RK4 방법은 4차 정확도, 즉 $O(h^4)$의 정확도를 갖는다.

22.6 파이썬의 ODE 풀이 함수

SciPy에는 초깃값 문제를 해결하기 위한 몇 가지 함수가 있다. 가장 많이 사용되는 함수는 `scipy.integrate.solve_ivp`이다. 함수 호출 형식은 다음과 같다.

함수 호출 형식

아래와 같이 주어지는 미분방정식을 계산하는 함수를 나타내는 함수 객체를 F라고 하자.

$$\frac{dS(t)}{dt} = F(t, S(t))$$

$$S(t_0) = S_0$$

변수 t는 1차원 독립변수(시간), $S(t)$는 n차원 벡터 형태의 함수(상태)이고, $F(t, S(t))$

는 미분방정식을 정의한다. S_0는 S의 초깃값이다. 이름이 F일 필요는 없지만 함수 F는 $\frac{dS}{dt} = F(t, S)$ 형식이어야 한다. 여기서의 목표는 주어진 초깃값 $S(t_0) = S_0$에 따라 미분방정식을 근사적으로 충족하는 $S(t)$를 찾는 것이다.

미분방정식을 풀기 위해 풀이 함수 solve_ivp를 사용하는 방법은 다음과 같다.

```
solve_ivp(fun, t_span, s0, method="RK45", t_eval=None)
```

여기서 fun은 미분방정식 우변의 함수이다. t_span은 적분 구간 (t_0, t_f)이다. 여기서 t_0은 구간의 시작이고 t_f는 구간의 끝이다. s0은 초기 상태이다. method에서 선택할 수 있는 방법에는 여러 가지가 있는데 기본 값은 "RK45"이다. 이는 RK4 방법에 정확도를 5차까지 끌어올릴 수 있는 추가적인 조작을 사용한다. 선택할 수 있는 다른 방법들에 대해서는 다음 절 끝 부분을 참고하기 바란다. t_eval은 해의 계산이 수행될 시간들을 포함하는 배열이며, 원소들은 오름차순으로 정렬되어야 하고 t_span 내에 있어야 한다.

예를 하나 살펴보자.

예제

$S_0 = 0$이 초깃값인 ODE가 아래와 같이 주어져 있다.

$$\frac{dS(t)}{dt} = \cos(t)$$

이 문제에 대한 정확한 해는 $S(t) = \sin(t)$이다. solve_ivp를 사용하여 구간 $[0, \pi]$에서 이 초깃값 문제에 대한 해를 근사해보자. 시간에 따른 근사 해의 그래프, 또 정확한 해와의 오차에 대한 그래프를 그려본다.

```
In [1]: import matplotlib.pyplot as plt
        import numpy as np
        from scipy.integrate import solve_ivp

        plt.style.use("seaborn-poster")

        %matplotlib inline
        F = lambda t, s: np.cos(t)

        t_eval = np.arange(0, np.pi, 0.1)
        sol = solve_ivp(F, [0, np.pi], [0], t_eval=t_eval)

        plt.figure(figsize = (12, 4))
        plt.subplot(121)
```

```
        plt.plot(sol.t, sol.y[0])
        plt.xlabel("t")
        plt.ylabel("S(t)")
        plt.subplot(122)
        plt.plot(sol.t, sol.y[0] - np.sin(sol.t))
        plt.xlabel("t")
        plt.ylabel("S(t) - sin(t)")
        plt.tight_layout()
        plt.show()
```

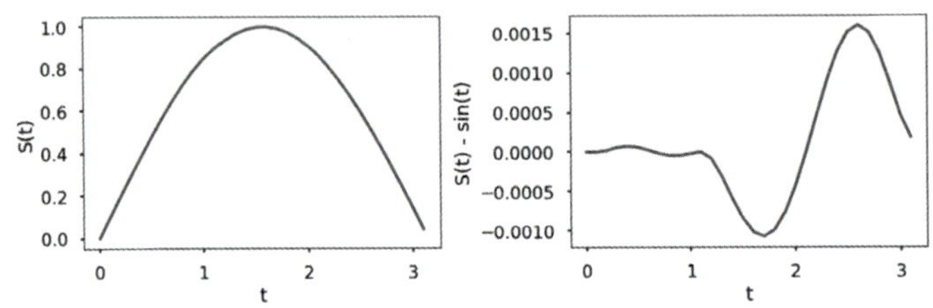

왼쪽 그림은 solve_ivp를 사용하여 구한 $\frac{dS(t)}{dt} = \cos(t)$의 적분을 보여준다. 오른쪽 그림은 solve_ivp에 의한 적분 해와 정확한 해석적 해 사이의 차이를 계산하여 보여준다. 그림에서 알 수 있듯이 이 ODE에 대한 근사해와 정확한 해의 차이는 크지 않다. 또한 rtol, atol 등의 인수를 사용하여 각각 상대 허용 오차, 절대 허용 오차를 제어할 수 있다. 풀이 함수는 국소 오차 추정 값을 atol + rtol*abs(S)보다 작게 유지한다. 기본 값은 rtol의 경우 1e-3이고 atol의 경우 1e-6이다.

실행 예제

rtol과 atol을 사용하여 근사 해와 정확한 해의 차이를 1e−7보다 작게 만들어보자.

```
In [2]: sol = solve_ivp(F, [0, np.pi], [0], t_eval=t_eval, \
                        rtol = 1e-8, atol = 1e-8)

        plt.figure(figsize = (12, 4))
        plt.subplot(121)
        plt.plot(sol.t, sol.y[0])
        plt.xlabel("t")
        plt.ylabel("S(t)")
        plt.subplot(122)
        plt.plot(sol.t, sol.y[0] - np.sin(sol.t))
        plt.xlabel("t")
        plt.ylabel("S(t) - sin(t)")
```

```
plt.tight_layout()
plt.show()
```

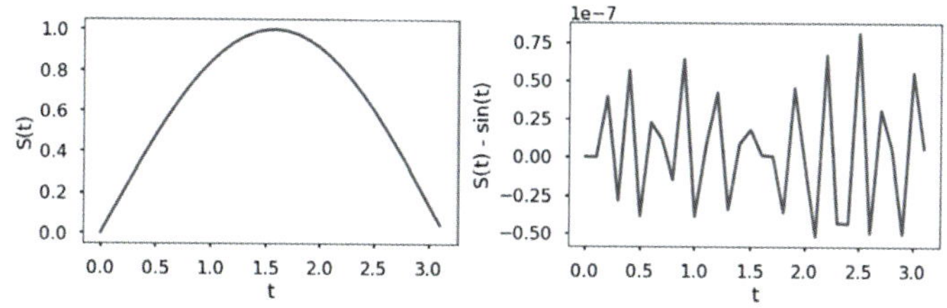

예제

$S_0 = 1$이 초깃값인 ODE가 아래와 같이 주어져 있다.

$$\frac{dS(t)}{dt} = -S(t)$$

이 문제에 대한 정확한 해는 $S(t) = e^{-t}$이다. solve_ivp를 사용하여 구간 [0, 1]에서 이 초깃값 문제에 대한 해를 근사해보자. 시간에 따른 근사 해의 그래프, 또 정확한 해와의 오차에 대한 그래프를 그려본다.

```
In [3]: F = lambda t, s: -s

        t_eval = np.arange(0, 1.01, 0.01)
        sol = solve_ivp(F, [0, 1], [1], t_eval=t_eval)

        plt.figure(figsize = (12, 4))
        plt.subplot(121)
        plt.plot(sol.t, sol.y[0])
        plt.xlabel("t")
        plt.ylabel("S(t)")
        plt.subplot(122)
        plt.plot(sol.t, sol.y[0] - np.exp(-sol.t))
        plt.xlabel("t")
        plt.ylabel("S(t) - exp(-t)")
        plt.tight_layout()
        plt.show()
```

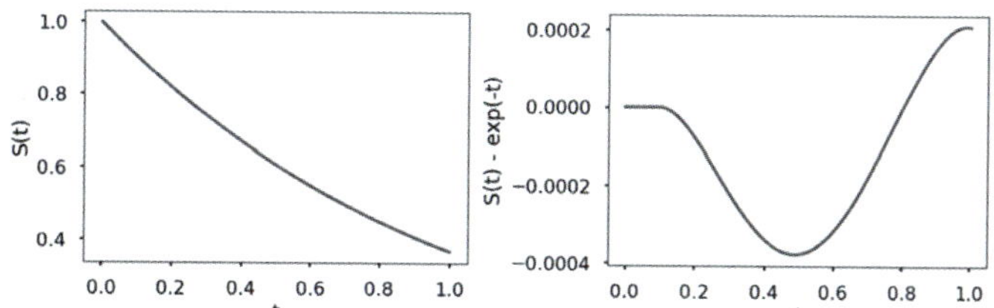

위의 그림은 수치적 계산 결과를 보여준다. 앞의 예에서와 같이 solve_ivp의 결과와 해석적 해 사이의 차이는 함수의 값에 비해 아주 작다.

예제

시스템의 상태를 $S(t) = \begin{bmatrix} x(t) \\ y(t) \end{bmatrix}$로 둘 때 진행 상황이 다음 ODE로 정의되는 시스템이 주어져 있다.

$$\frac{dS(t)}{dt} = \begin{bmatrix} 0 & t^2 \\ -t & 0 \end{bmatrix} S(t)$$

초깃값이 $S_0 = \begin{bmatrix} 1 \\ 1 \end{bmatrix}$로 주어질 때 시간 구간 [0, 10]에 대해 solve_ivp를 사용하여 이 ODE를 풀어보자. 계산된 해를 $(x(t), y(t))$에 관한 그래프로 표시한다.

```
In [4]: F=lambda t, s: np.dot(np.array([[0, t**2], [-t,0]]),s)

        t_eval = np.arange(0, 10.01, 0.01)
        sol = solve_ivp(F, [0, 10], [1, 1], t_eval=t_eval)

        plt.figure(figsize = (12, 8))
        plt.plot(sol.y.T[:, 0], sol.y.T[:, 1])
        plt.xlabel("x")
        plt.ylabel("y")
        plt.show()
```

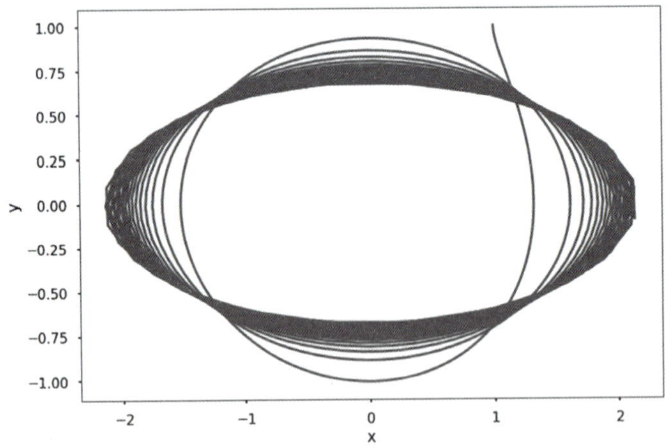

22.7 고급 주제

이 절에서는 상미분방정식 초깃값 문제에 관련된 몇 가지 고급 주제에 대해 간략하게 설명한다. 여기에서는 자세히 다루지는 않으며, 대신 관심이 있는 독자들에게는 모리스 테넨바움과 해리 폴라드의 『Ordinary Differential Equations』, 에이모스 길랏과 비쉬 수브라마니암의 『Numerical Methods for Engineers and Scientists』, J.C. 부처의 『Numerical Methods for Ordinary Differential Equations』 등의 훌륭한 책들을 추천한다.

22.7.1 다단계 방법

지금까지 논의한 대부분의 방법을 "단일 단계 방법"이라고 한다. 이전 점에서의 정보 $S(t_j)$와 t_j만 사용하여 다음 점 t_{j+1}에 대한 근사치를 구하기 때문이다. 룽게-쿠타 방법과 같은 일부 방법은 t_j와 t_{j+1} 사이에 위치한 점들에서의 함수 값 정보를 사용할 수 있지만 향후 근사에 직접 사용하기 위해 이러한 정보를 유지하지는 않는다. 효율성을 개선하려는 시도에서 **다단계 방법**은 두 개 이상의 이전 점을 사용하여 다음 점 t_{j+1}에서의 해를 근사한다. 선형 다단계 방법의 경우 이전 점과 도함수 값의 선형 조합을 사용하여 다음 점을 근사한다. 계수는 17장에서 논의된 바와 같이 다항식 보간법을 사용하여 결정할 수 있다.

일반적으로 사용되는 선형 다단계 방법에는 애덤스-배시포스 방법, 애덤스-몰턴 방법, BDF(Backward Differential Formula) 등의 세 가지 계열이 있다.

22.7.2 경직성 ODE

경직성은 ODE의 수치적 해법에서 어렵고 중요한 개념이다. 경직성 ODE의 경우 계산식에 급격히 변하는 항이 포함되어 있어 불안정하게 된다. 따라서 적절한 결과를 얻기 위해서는 아주 작은 단계 크기를 사용해야 한다. 따라서 경직성은 일반적으로 효율성에 큰 영향을 미치는 요소이며, 계산 비용이 문제가 되지 않는다면 경직성에 대해 신경 쓸 필요가 없을 것이다.

과학 및 공학 응용에 따라 물리적 현상을 모델링할 때 사용되는 시간 간격이나 공간 간격은 크게 달라질 수 있다. 이러한 응용들은 일반적으로 ODE 시스템으로 이어지며, 그 해에 포함된 항들의 시간에 따른 변화율이 크게 달라질 수 있다. 예를 들어, 그림 22.3은 좌우로 움직이는 질량과 상하로 진동하는 스프링이 있는 스프링-질량 시스템을 보여준다. 따라서 이 시스템에는 두 가지 다른 시간 간격, 즉 좌우 운동 시간 간격과 상하

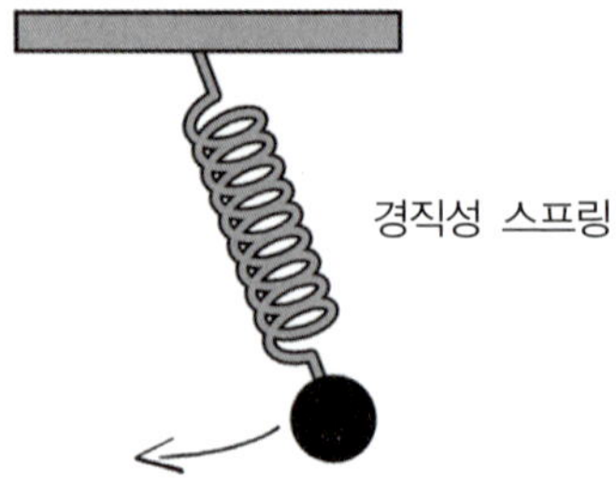

그림 22.3
스프링-질량 시스템.

진동 시간 간격을 갖는다. 경직성이 높은 스프링의 경우 상하 진동 시간 간격은 좌우 운동 시간 간격보다 훨씬 짧게 될 것이다. 이러한 시스템에서 진동에 관한 좋은 해를 얻기 위해서는 아주 짧은 시간 간격을 사용해야 한다.

ODE의 속성과 원하는 정확도 수준에 따라 `solve_ivp`에서 사용하는 방법을 달리 해야 할 수도 있다. `solve_ivp`의 `method` 인수에 대해 선택할 수 있는 여러 가지 방법이 있으며, 자세한 정보에 대해서는 설명서를 찾아보기 바란다. 문서에서 제안한 대로 경직성이 없는 문제에는 `"RK45"` 또는 `"RK23"` 방법을 사용하고 경직성 문제에는 `"Radau"` 또는 `"BDF"` 방법을 사용한다. 확실하지 않은 경우 먼저 `"RK45"`를 실행해본다. 이 방법에서 반복 횟수가 비정상적으로 많거나, 또는 발산하거나 실패할 경우 이 문제는 경직성일 가능성이 높으므로 `"Radau"` 또는 `"BDF"`를 사용해야 한다. `"LSODA"`도 훌륭한 범용 선택이 될 수 있지만 구식 Fortran 코드를 사용하기 때문에 작업이 다소 불편할 수 있다.

22.8 요약, 그리고 문제

22.8.1 요약

1. 상미분방정식(ODE)은 함수와 그 도함수를 연관시키는 방정식이며 초깃값 문제는 ODE 문제의 한 유형이다.
2. 대부분의 초깃값 문제는 명시적으로 적분할 수 없기 때문에 수치적 해법이 필요하다.
3. 초깃값 문제를 수치적으로 풀기 위한 방법으로 명시적 방법, 암시적 방법, 예측자-수정자 방법 등이 있다.
4. 사용된 기법의 정확도는 ODE의 근사 차수에 따라 달라진다.
5. 사용된 기법의 안정성은 ODE, 기법, 적분 매개변수의 선택 등에 따라 달라진다.

22.8.2 문제

1. 로지스틱 방정식은 인구의 변화 $\frac{dP}{dt}$를 현재 인구 P와 연관시키는 데 사용할 수 있는 간단한 미분방정식 모델이다. 인구 증가율로는 r, 환경 수용력으로는 K가 주어진다. 로지스틱 방정식은 다음과 같이 표현할 수 있다.

$$\frac{dP}{dt} = rP\left(1 - \frac{P}{K}\right)$$

dP를 반환하는 로지스틱 방정식을 나타내는 함수 my_logistic_eq(t, P, r, K)를 작성하시오. 이 형식을 사용하는 my_logistic_eq는 solve_ivp에 대한 입력 인수로 사용할 수 있다. 인수 dP, t, P, r, K 등은 모두 스칼라이고 dP는 주어진 r, P, K에 대한 $\frac{dP}{dt}$의 값이다. my_logistic_eq가 solve_ivp의 입력 인수로 사용되는 경우 입력 인수 t는 필수이다. 위의 로지스틱 방정식은 다음과 같은 해석적 해를 갖는다.

$$P(t) = \frac{KP_0e^{rt}}{K + P_0(e^{rt} - 1)}$$

여기서 P_0는 초기 인구 규모이다. 이 방정식이 로지스틱 방정식의 해임을 보이시오.

테스트 케이스:

```
In [1]: import numpy as np
        from scipy.integrate import solve_ivp
        import matplotlib.pyplot as plt
        from functools import partial
        plt.style.use("seaborn-poster")

        %matplotlib inline

In [2]: def my_logistic_eq(t, P, r, K):
            # 여기에 코드를 작성하시오.

            return dP

        dP = my_logistic_eq(0, 10, 1.1, 15)
        dP
Out[2]: 3.666666666666667

In [3]: from functools import partial
```

```
t0 = 0
tf = 20
P0 = 10
r = 1.1
K = 20
t = np.linspace(0, 20, 2001)
f = partial(my_logistic_eq, r=r, K=K)
sol=solve_ivp(f,[t0,tf],[P0],t_eval=t)

plt.figure(figsize = (10, 8))
plt.plot(sol.t, sol.y[0])
plt.plot(t, K*P0*np.exp(r*t)/(K+P0*(np.exp(r*t)-1)),"r:")
plt.xlabel("time")
plt.ylabel("population")

plt.legend(["Numerical Solution", "Exact Solution"])
plt.grid(True)
plt.show()
```

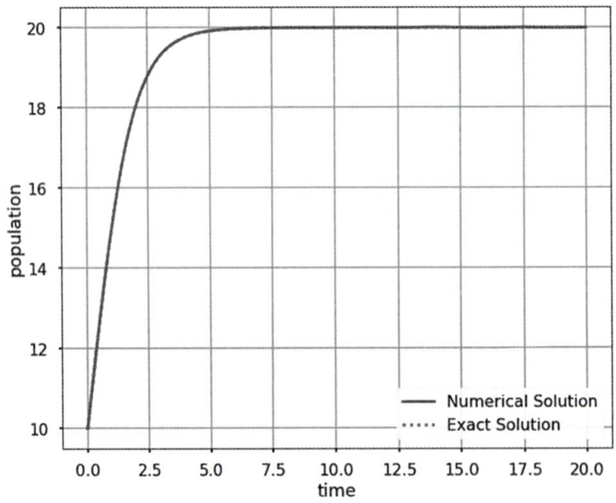

2. 로렌츠 끌개는 원래 대기의 대류를 모델링하기 위해 개발된 상미분방정식이다. 로렌츠 방정식은 다음과 같이 표현할 수 있다.

$$\frac{dx}{dt} = \sigma(y - x)$$

$$\frac{dy}{dt} = x(\rho - z) - y$$

$$\frac{dz}{dt} = xy - \beta z$$

여기서 x, y, z는 3차원 상의 위치를 나타내고 σ, ρ, β는 스칼라 매개변수이다. 로렌츠 끌개에 대해서는 위키피디아[30]를 찾아보거나, 혹은 더욱 자세한 정보를 원한다면 『Viability Theory - New Directions』라는 책을 참고하기 바란다.

함수 my_lorenz(t,S,sigma,rho,beta)를 작성하시오. 여기서 t는 시간을 나타내는 스칼라이고, S는 위치 (x, y, z)를 나타내는 3차원 배열이며, sigma, rho, beta는 σ, ρ, β를 나타내는 양의 스칼라이다. 출력 인수 dS는 S와 같은 크기를 가져야 한다.

테스트 케이스:

```
In [4]: def my_lorenz(t, S, sigma, rho, beta):
            # 여기에 코드를 작성하시오.

            return dS

        s = np.array([1, 2, 3])
        dS = my_lorenz(0, s, 10, 28, 8/3)
        dS
Out[4]: array([10., 23., -6.])
```

3. solve_ivp를 사용하여 로렌츠 방정식을 풀고 [T,X,Y,Z]를 반환하는 함수 my_lorenz_solver(t_span,s0,sigma,rho,beta)를 작성하시오. 입력 인수 t_span은 $[t_0, t_f]$ 형식의 리스트이다. 여기서 t_0은 시작 시간이고 t_f는 종료 시간이다. 입력 인수 s0은 $[x_0, y_0, z_0]$ 형식의 3차원 배열이다. 여기서 (x_0, y_0, z_0)은 시작 위치를 나타낸다. 마지막으로 입력 인수 sigma, rho, beta는 로렌츠 시스템의 스칼라 매개변수 σ, ρ, β이다. 출력 인수 T는 solve_ivp의 출력 인수로 주어지는 시간의 배열이다. 출력 인수 X, Y, Z는 이전 문제의 my_lorenz와 solve_ivp에서 생성되는 수치 적분 해이다.

테스트 케이스:

```
In [5]: def my_lorenz_solver(t_span, s0, sigma, rho, beta):
            # 여기에 코드를 작성하시오.

            return [T, X, Y, Z]
```

30) https://en.wikipedia.org/wiki/Lorenz_system

```
sigma = 10
rho = 28
beta = 8/3
t0 = 0
tf = 50
s0 = np.array([0, 1, 1.05])

[T, X, Y, Z] = my_lorenz_solver([t0, tf], s0, sigma, rho, beta)

from mpl_toolkits import mplot3d

fig = plt.figure(figsize = (10,10))
ax = plt.axes(projection="3d")
ax.grid()

ax.plot3D(X, Y, Z)

# 좌표축 레이블을 설정한다.
ax.set_xlabel("x", labelpad=20)
ax.set_ylabel("y", labelpad=20)
ax.set_zlabel("z", labelpad=20)

plt.show()
```

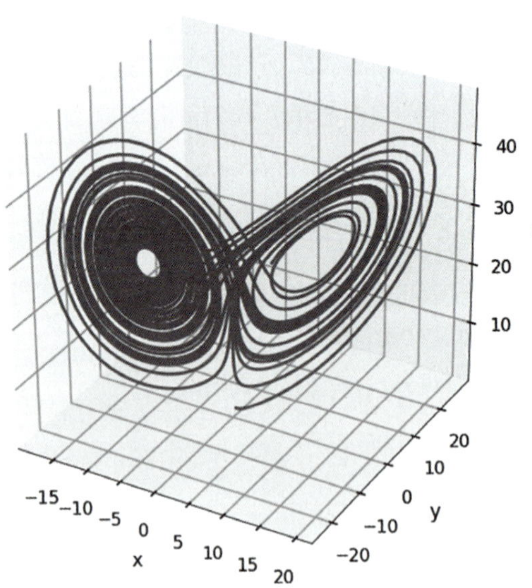

4. 1차원 상의 질량-스프링-댐퍼(MSD) 시스템에 관한 다음 모델을 생각해보자. 이 시스템에서 m은 물체의 질량, c는 감쇠 계수, k는 스프링 강성이다. 댐퍼는 속도

에 저항하여 시스템의 에너지를 분산시키는 메커니즘이다. MSD 시스템은 충격 흡수장치나 구조 시스템과 같은 여러 공학 응용에 관한 단순한 모델이다.

가속도, 속도, 변위 사이의 관계는 다음 MSD 미분방정식으로 표현할 수 있다.

$$m\ddot{x}+c\dot{x}+kx=0$$

이는 다시 다음과 같이 표현할 수 있다.

$$\ddot{x}=\frac{-(\dot{x}+kx)}{m}$$

시스템의 상태를 벡터 $S=[x;v]$로 표시한다. 여기서 x는 정지 상태를 기준 위치로 할 때 질량의 변위이고 v는 속도이다. MSD 방정식을 상태 S에 대한 1계 미분방정식으로 다시 작성하시오. 즉, MSD 방정식을 $dS/dt=f(t,S)$로 다시 작성하시오.

함수 my_msd(t,S,m,c,k)를 작성하시오. 여기서 t는 시간을 나타내는 스칼라, S는 MSD 시스템의 상태를 나타내는 2차원 벡터이다. m, c, k는 각기 질량, 감쇠계수, MSD 방정식의 강성 계수를 나타낸다.

테스트 케이스:

```
In [6]: def my_msd(t, S, m, c, k):
            # 여기에 코드를 작성하시오.

            return ds

        my_msd(0, [1, -1], 10, 1, 100)
Out[6]: array([-1. , -9.9])

In [7]: m = 1
        k = 10
        f = partial(my_msd, m=m, c=0, k=k)
        t_e = np.arange(0, 20, 0.1)
        sol_1=solve_ivp(f,[0,20],[1,0],t_eval=t_e)

        f = partial(my_msd, m=m, c=1, k=k)
        sol_2=solve_ivp(f,[0,20],[1,0],t_eval=t_e)

        f = partial(my_msd, m=m, c=10, k=k)
        sol_3=solve_ivp(f,[0,20],[1,0],t_eval=t_e)

        plt.figure(figsize = (10, 8))
        plt.plot(sol_1.t, sol_1.y[0])
```

```
plt.plot(sol_2.t, sol_2.y[0])
plt.plot(sol_3.t, sol_3.y[0])
plt.title("Numerical Solution of MSD System with Varying Dampling")
plt.xlabel("time")
plt.ylabel("displacement")
plt.legend(["no dampling", "c=1", ">critically damped"], loc=1)
```

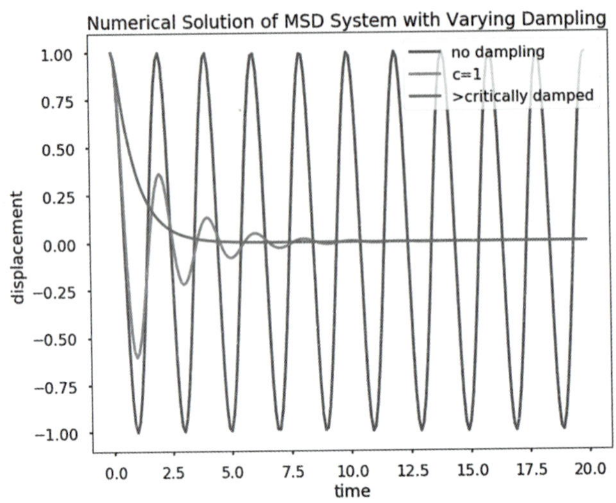

5. 함수 my_forward_euler(ds,t_span,s0)를 작성하시오. 여기서 ds는 1계 미분방정식을 기술하는 함수 객체 $f(t,s)$이고, t_span은 미분방정식의 수치 해를 계산할 시간의 배열이다. s0은 시스템의 초기 조건이며, 그 값은 1이라고 가정한다. 출력 인수는 [t,s] 형식의 리스트인데, 모든 i에 대해 t[i] = t_span[i]가 되어야 하고 s는 시간 t에서 ds의 적분 값이어야 한다. 명시적 오일러 공식 $s[t_i] = s[t_{i-1}] + (t_i - t_{i-1})ds(t_{i-1}, s[t_{i-1}])$을 사용하여 적분을 수행한다. $s[0]$은 s0과 같다.

테스트 케이스:

```
In [8]: def my_forward_euler(ds, t_span, s0):
            # 여기에 코드를 작성하시오.

            return [t, s]
        t_span = np.linspace(0, 1, 10)
        s0 = 1

        # 매개변수 정의
        f = lambda t, s: t*np.exp(-s)
```

```
        t_eul, s_eul = my_forward_euler(f, t_span, s0)

        print(t_eul)
        print(s_eul)

[0. 0.11111111 0.22222222 0.33333333 0.44444444 0.55555556
 0.66666667 0.77777778 0.88888889 1. ]
[1. 1. 1.00454172 1.013584 1.02702534 1.04470783
 1.06642355 1.09192262 1.12092255 1.153118 ]

In [9]: plt.figure(figsize = (10, 8))

        # 정확한 해의 그래프 표시
        t = np.linspace(0, 1, 1000)
        s = np.log(np.exp(s0) + (t**2-t[0])/2)
        plt.plot(t, s, "r", label="Exact")

        # 명시적 오일러 공식을 사용한 결과의 그래프 표시
        plt.plot(t_eul, s_eul, "g", label="Euler")

        # 파이썬 풀이 함수를 사용한 결과의 그래프 표시
        sol = solve_ivp(f, [0, 1], [s0], t_eval=t)
        plt.plot(sol.t, sol.y[0], "b-", label="Python Solver")

        plt.xlabel("t")
        plt.ylabel("f(t)")
        plt.grid()
        plt.legend(loc=2)
        plt.show()
```

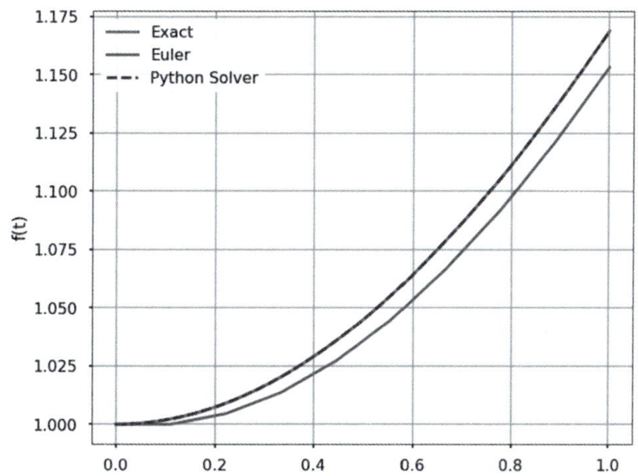

6. 입력 인수와 출력 인수가 문제 5와 동일한 함수 myRK4(ds,t_span,s0)를 작성하시오. 함수 myRK4는 4차 룽게-쿠타 방법을 사용하여 ds를 수치적으로 적분해야 한다.

테스트 케이스:

```
In [10]: def myRK4(ds, t_span, s0):
             # 여기에 코드를 작성하시오.

             return [t, s]

         f = lambda t, s: np.sin(np.exp(s))/(t+1)
         t_span = np.linspace(0, 2*np.pi, 10)
         s0 = 0

         plt.figure(figsize = (10, 8))

         # 룽게-쿠타 방법을 사용한 결과의 그래프 표시
         t, s = myRK4(f, t_span, s0)
         plt.plot(t, s, "r", label="RK4")

         # 파이썬 풀이 함수를 사용한 결과의 그래프 표시
         sol = solve_ivp(f, [0, 2*np.pi], [s0], t_eval=t)
         plt.plot(sol.t, sol.y[0], "b-", label="Python Solver")

         plt.xlabel("t")
         plt.ylabel("f(t)")
         plt.grid()
         plt.legend(loc=2)
         plt.show()
```

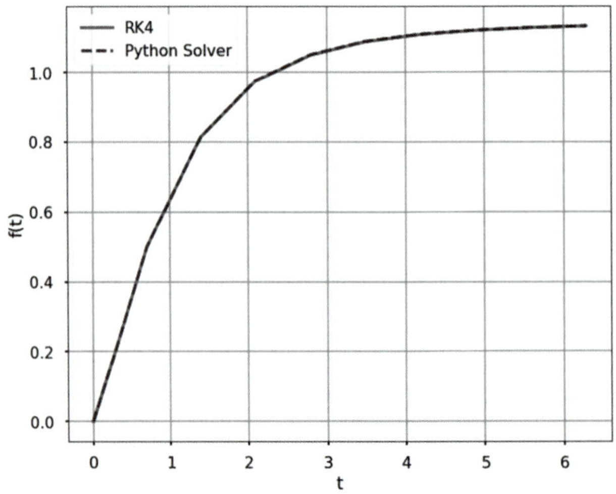

CHAPTER

상미분방정식(ODE)의 경곗값 문제 23

CONTENTS

23.1 ODE 경곗값 문제

이전 장에서는 상미분방정식 초깃값 문제를 소개하였다. 초깃값 문제의 경우 주어지는 모든 값은 대개 구간의 하한 경계에서 동일한 독립변수 값에 대해 지정된다. 이것이 "초기"라는 용어를 사용하는 이유이다. 이 장에서는 또 다른 유형의 문제인 **경곗값 문제**를 소개한다. 이름에서 알 수 있듯이 주어지는 값은 독립변수의 극단, 즉 구간의 경계에 대해 지정된다.

예를 들어, 다음과 같은 간단한 2계 상미분방정식을 생각해보자.

$$\frac{d^2 f(x)}{dx^2} = \frac{df(x)}{dx} + 3$$

독립변수의 정의역이 [0, 20]일 경우 초깃값 문제는 0에서 두 가지 조건을 갖는다. 즉, $f(0)$과 $f'(0)$의 값이 주어질 것이다. 대조적으로 경곗값 문제는 $x = 0$과 $x = 20$에서 값이 지정될 것이다. 특수해를 얻기 위해 1계 ODE를 풀려면 하나의 제약조건이 필요하지만 n계 ODE에는 n개의 제약조건이 필요하다.

아래와 같이 주어지는 n계 상미분방정식에 대한 경곗값 문제는 $[a, b]$의 구간에서 이 방정식을 풀기 위해 a와 b에서 n개의 경계 조건을 지정한다.

$$F\left(x,\ f(x),\ \frac{df(x)}{dx},\ \frac{d^2 f(x)}{dx^2},\ \frac{d^3 f(x)}{dx^3},\ \cdots,\ \frac{d^{n-1} f(x)}{dx^{n-1}}\right) = \frac{d^n f(x)}{dx^n}$$

2계 상미분방정식의 경우 경계 조건은 $f(x)$의 값이나 도함수 $f'(x)$의 값일 수 있으므로 값의 지정에 대해 여러 가지 경우가 생길 수 있다. 예를 들어 경계 조건 값을 다음과 같이 지정할 수 있다.

1. $f(x)$의 두 값, 즉 $f(a)$와 $f(b)$가 지정된다.
2. 도함수 $f'(x)$의 두 값, 즉 $f'(a)$와 $f'(b)$가 지정된다.
3. 위의 두 가지 경우의 혼합 조건이 지정된다. 즉, $f(a)$와 $f'(b)$가 지정되거나 $f'(a)$와 $f(b)$가 지정된다.

2계 ODE 경곗값 문제는 "2점 경곗값 문제"라고도 하는데, 특수해를 얻으려면 두 개의 경계 조건이 필요하기 때문이다. 고계 ODE 문제에는 더 많은 경계 조건이 필요하며, 대개 보다 높은 차수의 도함수 값들이 사용된다. 이 장에서는 2계 경곗값 문제에 집중한다.

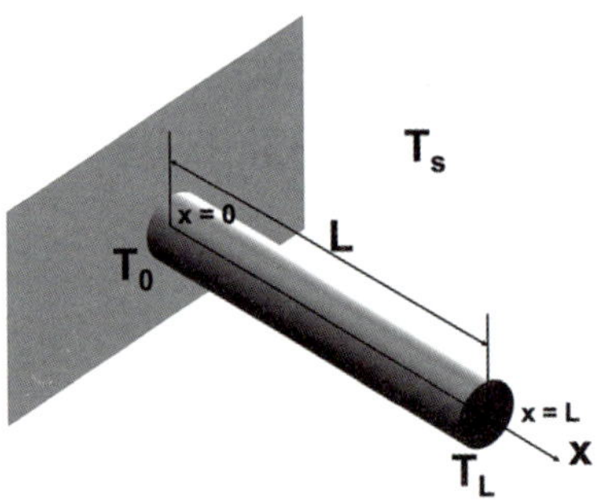

그림 23.1

핀 휜에서의 열 흐름. 변수 L은 $x=0$에서 시작하여 $x=L$에서 끝나는 핀 휜의 길이이다. 양쪽 끝의 온도는 T_0과 T_L이며 T_s는 주변 환경 온도이다.

다음은 경곗값 문제와 그 해의 예이다.

핀 휜은 표면에서의 열 전달을 향상시키기 위해 여러 장치에서 사용된다. 예를 들어 물체 냉각을 위한 방열판에 핀 휜이 사용될 수 있다. 휜의 길이가 L이고 휜의 시작과 끝이 각각 $x=0$과 $x=L$인 그림 23.1의 핀 휜에서 온도분포를 모델링할 수 있다. 양쪽 끝의 온도는 T_0과 T_L이고 T_s는 주변 환경의 온도이다. 대류와 복사를 모두 고려하면 핀 휜의 안정 상태 온도분포 $T(x)$는 다음과 같이 모델링될 수 있다.

$$\frac{d^2T}{dx^2} - \alpha_1(T - T_s) - \alpha_2(T^4 - T_s^4) = 0$$

경계 조건은 $T(0) = T_0$과 $T(L) = T_L$이며, α_1과 α_2는 계수이다. 이것은 두 개의 경

계 조건이 있는 2계 ODE이며, 따라서 이를 풀어 특수해를 얻을 수 있다.

이 장의 나머지 부분에서는 수치 격자 상에서 경곗값 문제에 대한 해를 수치적으로 근사하는 데 사용되는 사격법과 유한 차분법이라는 두 가지 해법을 살펴볼 것이다.

23.2 사격법

사격법은 ODE 경곗값 문제를 이전 장에서 배운 방법을 사용하여 해결할 수 있도록 동등한 초깃값 문제로 변환하는 것을 목표로 개발되었다. 초깃값 문제의 해법은 초깃값에서 시작하여 해를 얻기 위해 전진 방향으로 진행한다. 이 방법은 경곗값 문제에는 작동하지 않는데, 이는 고유한 해를 얻을 수 있을 만큼 충분한 개수의 초깃값 조건이 주어지지 않기 때문이다. 이러한 문제점을 극복하기 위해 사격법이 개발되었다.

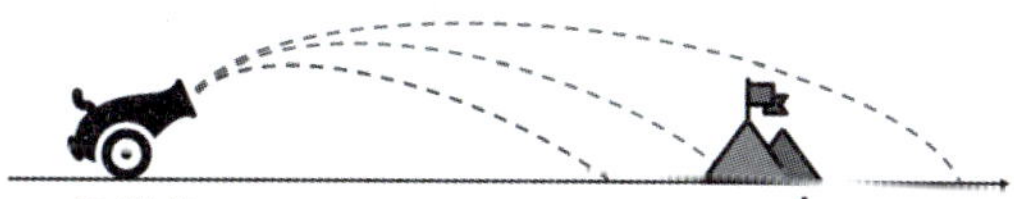

그림 23.2
사격법을 표적 사격으로 비유하고 있다.

"사격법"이라는 이름은 표적 사격과 관련이 있다. 그림 23.2에서와 같이 표적을 쏜 다음 맞힌 위치를 관찰한다. 오차에 기초하여 목표를 조정하고 표적에 더 가깝게 맞힐 수 있기를 희망하면서 다시 쏠 수 있다. 이러한 사격 방법이 반복적인 최적화 방법에 해당한다는 것을 유추할 수 있다.

$f(a) = f_a$와 $f(b) = f_b$가 주어진 아래의 2계 ODE를 통해 사격법이 어떻게 작동하는지 살펴보자.

$$F\left(x,\ f(x),\ \frac{df(x)}{dx}\right) = \frac{d^2f(x)}{dx^2}$$

1단계. $f'(a) = \alpha$를 추측하는 것으로 전체 프로세스를 시작함으로써 이미 주어져 있는 $f(a) = f_a$와 함께 위의 문제를 값 $x = a$에서 두 개의 조건이 있는 초깃값 문제로 바꾼다. 이를 **조준** 단계라고 한다.

2단계. 룽게-쿠타 방법과 같은 이전 장에서 배운 방법을 사용하여 반대쪽 경계 b까지 적분함으로써 $f(b) = f_\beta$를 구한다. 이를 **사격** 단계라고 한다.

3단계. 이제 f_β를 f_b와 비교한다. 대개 초기 추측은 정확하지 않고 $f_\beta \neq f_b$일 것이다.

이제 $f_\beta - f_b = 0$을 목표로 추측을 조정하고 오차가 허용 범위에 들 때까지 프로세스를 반복한다. 이를 반복 단계라고 한다.

사격법의 이면에 있는 아이디어는 매우 간단하지만 최상의 추측을 찾는 것은 쉽지 않으며, 이러한 절차에 많은 반복 계산이 소요될 수 있다. $f_\beta - f_b = 0$에 도달하기 위한 최상의 추측을 찾는 것은 근 찾기 문제에 해당한다. 근 찾기 작업에 많은 반복 계산이 소요될 수 있지만 최상의 추측을 찾는 체계적인 방법을 제공한다. f_β는 α의 함수이기 때문에 이 문제는 $g(\alpha) - f_b = 0$의 근을 찾는 일에 해당한다. 이 문제를 풀기 위해 19장의 어떤 방법을 사용해도 좋다.

실행 예제

예를 들어 로켓을 발사한 후 시간 t에서 로켓의 고도를 $y(t)$라고 하자(표면으로부터의 거리를 미터 단위로 표시함). 중력은 $g = 9.8\ \mathrm{m/s^2}$이다. 발사 후 5초 후에 로켓이 지상에서 50 m 떨어진 곳에 있게 하려면 발사 속도는 얼마여야 할까? (공기 저항으로 인한 속도 저하는 무시함)

이 질문에 답하기 위해 문제를 2계 ODE에 대한 경곗값 문제로 설정할 수 있다. ODE는 다음과 같이 주어진다.

$$\frac{d^2y}{dt^2} = -g$$

두 개의 경계 조건은 $y(0) = 0$과 $y(5) = 50$이다. 답해야할 질문은 "발사 시 $y'(0)$은 얼마여야 할까?"이다.

이것은 아주 간단한 질문이며 정답 $y'(0) = 34.5$는 해석적으로 쉽게 구할 수 있다. 사격법을 사용하여 풀기 위해서는 먼저 미분방정식의 계수를 줄여야 하며, 따라서 2계 ODE는 다음과 같이 변환된다.

$$\frac{dy}{dt} = v$$

$$\frac{dv}{dt} = -g$$

따라서 아래 식을 만족하는 $S(t) = \begin{bmatrix} y(t) \\ v(t) \end{bmatrix}$를 구하는 문제가 된다.

$$\frac{dS(t)}{dt} = \begin{bmatrix} 0 & 1 \\ 0 & -g/v \end{bmatrix} S(t)$$

```
In [1]: import numpy as np
        import matplotlib.pyplot as plt
        from scipy.integrate import solve_ivp
        plt.style.use("seaborn-poster")
        %matplotlib inline
```

첫 번째 추측에서 발사 속도를 25m/s로 둔다.

```
In [2]: F = lambda t, s: np.dot(np.array([[0,1],[0,-9.8/s[1]]]),s)

        t_span = np.linspace(0, 5, 100)
        y0 = 0
        v0 = 25
        t_eval = np.linspace(0, 5, 10)
        sol = solve_ivp(F, [0, 5], [y0, v0], t_eval = t_eval)

        plt.figure(figsize = (10, 8))
        plt.plot(sol.t, sol.y[0])
        plt.plot(5, 50, "ro")
        plt.xlabel("time (s)")
        plt.ylabel("altitude (m)")
        plt.title(f"first guess v={v0} m/s")
        plt.show()
```

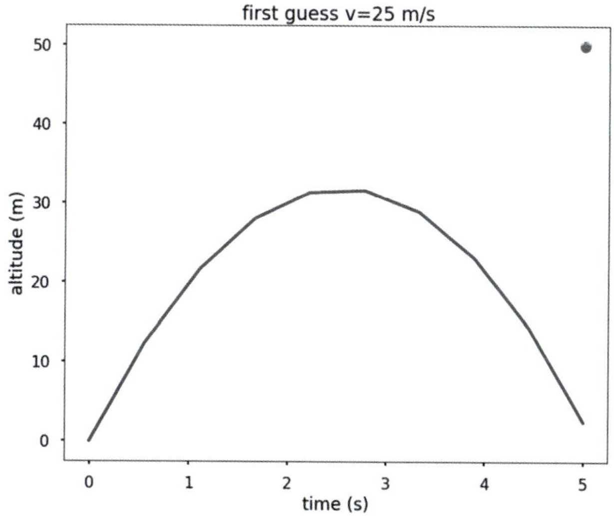

위의 그림은 선택한 초기 속도에 대해 5초 후에 로켓의 고도가 10 m에도 미치지 못하기 때문에 첫 번째 추측이 너무 낮음을 보여준다. 그림에서 오른쪽 상단의 빨간 점이 목표 지점이다. 추측을 조정하여 속도를 40 m/s로 높인 결과는 아래와 같다.

```
In [3]: v0 = 40
        sol = solve_ivp(F, [0, 5], [y0, v0], t_eval = t_eval)

        plt.figure(figsize = (10, 8))
        plt.plot(sol.t, sol.y[0])
        plt.plot(5, 50, "ro")
```

```
    plt.xlabel("time (s)")
    plt.ylabel("altitude (m)")
    plt.title(f"second guess v={v0} m/s")
    plt.show()
```

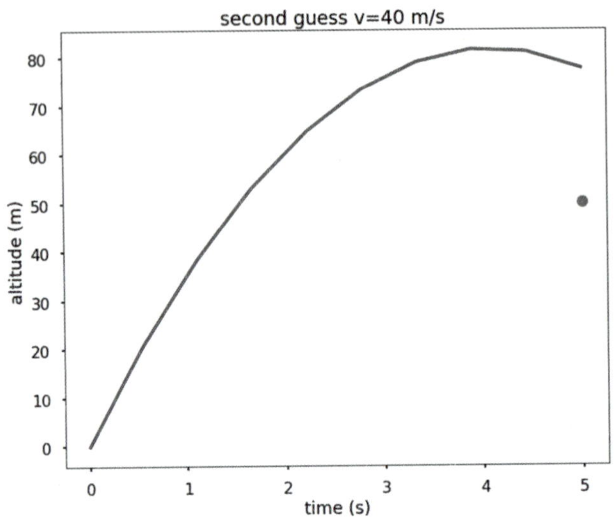

이번에는 속도를 너무 높게 추측하였다. 따라서 이러한 무작위 추측은 결과를 얻는 최상의 방법이 아닐 수 있다. 앞에서 언급했듯이 이 절차를 근 찾기 문제로 취급하면 보다 나은 결과를 얻을 수 있다. 근을 찾기 위해서는 파이썬의 fsolve를 사용하기로 한다. 다음 예에서는 어떻게 정답을 바로 찾는지 보여준다.

```
In [4]: from scipy.optimize import fsolve

        def objective(v0):
            sol = solve_ivp(F, [0, 5], [y0, v0], t_eval = t_eval)
            y = sol.y[0]
            return y[-1] - 50

        v0, = fsolve(objective, 10)
        print(v0)

34.499999999999986

In [5]: sol = solve_ivp(F, [0, 5], [y0, v0], t_eval = t_eval)

        plt.figure(figsize = (10, 8))
        plt.plot(sol.t, sol.y[0])
        plt.plot(5, 50, "ro")
        plt.xlabel("time (s)")
        plt.ylabel("altitude (m)")
```

```
        plt.title(f"root finding v={v0} m/s")
        plt.show()
```

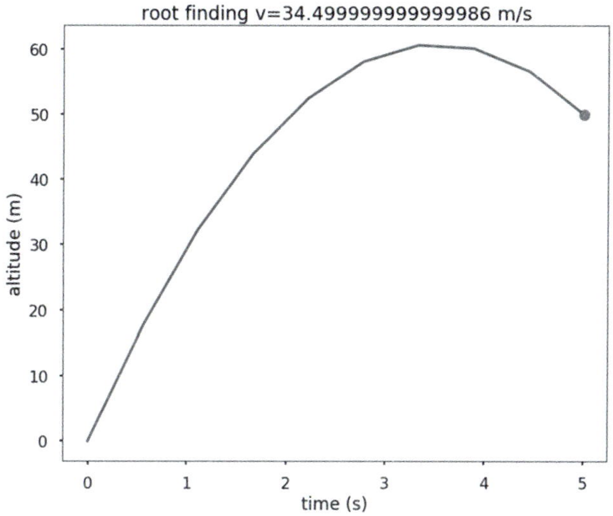

실행 예제

초기 추측을 변경하고 이것이 결과를 변경하는지 살펴보자.

```
In [6]: for v0_guess in range(1, 100, 10):
            v0, = fsolve(objective, v0_guess)
            print("Init: %d, Result: %.1f" %(v0_guess, v0))

Init: 1, Result: 34.5
Init: 11, Result: 34.5
Init: 21, Result: 34.5
Init: 31, Result: 34.5
Init: 41, Result: 34.5
Init: 51, Result: 34.5
Init: 61, Result: 34.5
Init: 71, Result: 34.5
Init: 81, Result: 34.5
Init: 91, Result: 34.5
```

초기 추측값을 변경해도 결과가 변경되지 않으며, 이는 이 방법이 안정적임을 의미한다. 안정성 문제에 대해서는 23.4절을 참고하기 바란다.

23.3 유한 차분법

ODE 경곗값 문제를 해결하는 또 다른 방법은 **유한 차분법**이다. 유한 차분법은 균일한 간격의 격자점에서 유한 차분 공식을 사용하여 미분방정식을 근사한 다음 미분방정식을 대수 연립방정식으로 변환하여 푸는 방법이다.

유한 차분법에서 미분방정식의 도함수는 유한 차분 공식을 사용하여 근사된다(자세한 내용은 20장 참고). 그림 23.3에서와 같이 구간 $[a, b]$를 간격이 h로 동일한 n개의 부분 구간으로 나눌 수 있다.

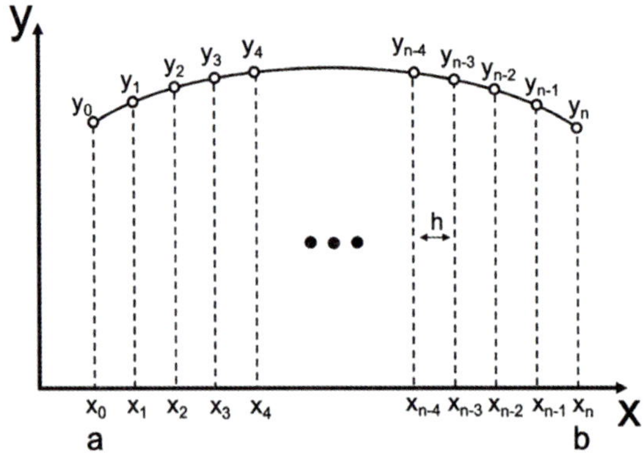

그림 23.3

유한 차분법의 도식화.

대개의 경우 유한 차분법에서는 중심 차분 공식을 사용하는데, 이는 높은 정확도를 갖기 때문이다. 미분방정식은 격자점에서만 적용되며 1차 및 2차 도함수는 다음과 같다.

$$\frac{dy}{dx} = \frac{y_{i+1} - y_{i-1}}{2h}$$

$$\frac{d^2y}{dx^2} = \frac{y_{i-1} - 2y_i + y_{i+1}}{h^2}$$

이러한 유한 차분 공식은 미분방정식에서 y의 도함수들을 대체하는 데 사용되며, 미분방정식이 선형인 경우 $n+1$개의 선형대수 방정식을 갖는 연립방정식으로 이어진다. 미분방정식이 비선형이면 대수 방정식도 비선형이 된다.

예제

유한 차분법을 사용하여 이전 절의 로켓 문제를 풀어보자. 발사 후 로켓의 고도를 그래프로 표시한다. ODE는 아래와 같이 주어진다. 경계 조건은 $y(0) = 0$과 $y(5) = 50$이다. $n = 10$으로 둔다.

$$\frac{d^2y}{dt^2} = -g$$

시간 간격이 $[0, 5]$이고 $n = 10$이므로 $h = 0.5$가 된다. 유한 차분 근사 도함수들을 사용하여 다음을 얻는다.

$$y_0 = 0,\ y_{i-1} - 2y_i + y_{i+1} = -gh^2,\ i = 1,\ 2,\ ...,\ n-1,\ y_{10} = 50$$

행렬 표기법을 사용하여 다음과 같이 표현할 수 있다.

$$\begin{bmatrix} 1 & 0 & & & \\ 1 & -2 & 1 & & \\ & \ddots & \ddots & \ddots & \\ & & 1 & -2 & 1 \\ & & & & 1 \end{bmatrix} \begin{bmatrix} y_0 \\ y_1 \\ \vdots \\ y_{n-1} \\ y_n \end{bmatrix} = \begin{bmatrix} 0 \\ -gh^2 \\ \vdots \\ -gh^2 \\ 50 \end{bmatrix}$$

연립방정식에 11개의 방정식이 있으며, 14장에서 살펴본 방법을 사용하여 이 연립방정식을 풀 수 있다.

```
In [1]: import numpy as np
        import matplotlib.pyplot as plt
        plt.style.use("seaborn-poster")
        %matplotlib inline

        n = 10
        h = (5-0) / n

        # A를 구한다.
        A = np.zeros((n+1, n+1))
        A[0, 0] = 1
        A[n, n] = 1
        for i in range(1, n):
            A[i, i-1] = 1
            A[i, i] = -2
            A[i, i+1] = 1

        print(A)

        # b를 구한다.
        b = np.zeros(n+1)
        b[1:-1] = -9.8*h**2
        b[-1] = 50
        print(b)

        # 선형 연립방정식을 푼다.
        y = np.linalg.solve(A, b)
```

```
    t = np.linspace(0, 5, 11)

    plt.figure(figsize=(10,8))
    plt.plot(t, y)
    plt.plot(5, 50, "ro")
    plt.xlabel("time (s)")
    plt.ylabel("altitude (m)")
    plt.show()
```

```
[[ 1. 0. 0. 0. 0. 0. 0. 0. 0. 0. 0.]
 [ 1. -2. 1. 0. 0. 0. 0. 0. 0. 0. 0.]
 [ 0. 1. -2. 1. 0. 0. 0. 0. 0. 0. 0.]
 [ 0. 0. 1. -2. 1. 0. 0. 0. 0. 0. 0.]
 [ 0. 0. 0. 1. -2. 1. 0. 0. 0. 0. 0.]
 [ 0. 0. 0. 0. 1. -2. 1. 0. 0. 0. 0.]
 [ 0. 0. 0. 0. 0. 1. -2. 1. 0. 0. 0.]
 [ 0. 0. 0. 0. 0. 0. 1. -2. 1. 0. 0.]
 [ 0. 0. 0. 0. 0. 0. 0. 1. -2. 1. 0.]
 [ 0. 0. 0. 0. 0. 0. 0. 0. 1. -2. 1.]
 [ 0. 0. 0. 0. 0. 0. 0. 0. 0. 0. 1.]]
[0. -2.45 -2.45 -2.45 -2.45 -2.45 -2.45 -2.45 -2.45 -2.45 50.]
```

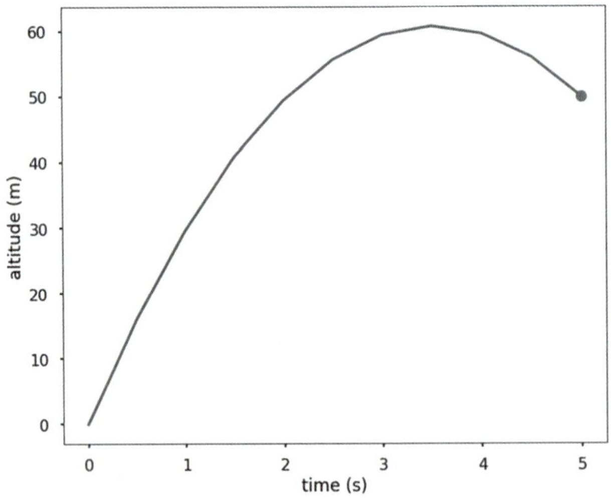

$y'(0)$에 대해 풀어보자. 유한 차분 공식에서 $\frac{dy}{dx} = \frac{y_{i+1} - y_{i-1}}{2h}$임을 알고 있다. 이는 $y'(0) = \frac{y_1 - y_{-1}}{2h}$임을 의미한다. 그러나 y_{-1}이 무엇인지는 알려져 있지 않다. 각 격자점의 y 값을 알고 있기 때문에 y_{-1}을 계산할 수 있다. 2차 도함수를 위한 유한 차분 공식에서 $\frac{y_{-1} - 2y_0 + y_1}{h^2} = -g$

임을 알고 있다. 이 식을 이용하여 y_{-1}을 계산할 수 있으며, 발사 속도를 얻기 위해 계산된 값을 사용한다. 아래 계산을 참고하기 바란다.

```
In [2]: y_n1 = -9.8*h**2 + 2*y[0] - y[1]
        (y[1] - y_n1) / (2*h)
Out[2]: 34.5
```

유한 차분법을 사용하면 정확한 발사 속도를 구할 수 있다. 이 개념에 대한 이해를 돕기 위해 다른 예를 살펴보자.

실행 예제

유한 차분법을 사용하여 다음 선형 경곗값 문제를 풀어보자. 경계 조건은 $y(0)=0$과 $y'(\pi/2)=0$이다.

$$\frac{d^2y(t)}{dt^2} = -4y+4x$$

이 문제에 대한 정확한 해는 $y=x-\sin 2x$이다. n개의 격자점(n은 3에서 100까지)이 사용될 경우 경계점 $y(\pi/2)$에서의 오차를 그래프로 표시한다.

먼저 유한 차분 근사 도함수를 사용하여 다음을 얻는다.

$$y_0=0,\ y_{i-1}-2y_i+y_{i+1}-h^2(-4y_i+4x_i)=0,\ i=1,\ 2,\ ...,\ n-1$$
$$2y_{n-1}-2y_n-h^2(-4y_n+4x_n)=0$$

마지막 방정식은 $\frac{y_{n+1}-y_{n-1}}{2h}=0$(경계 조건 $y'(\pi/2)=0$), 즉 $y_{n+1}=y_{n-1}$에서 도출된다.

행렬 표기법을 사용하여 다음과 같이 표현할 수 있다.

$$\begin{bmatrix} 1 & 0 & & & \\ 1 & -2+4h^2 & 1 & & \\ & \ddots & \ddots & \ddots & \\ & & 1 & -2+4h^2 & 1 \\ & & & 2 & -2+4h^2 \end{bmatrix} \begin{bmatrix} y_0 \\ y_1 \\ \vdots \\ y_{n-1} \\ y_n \end{bmatrix} = \begin{bmatrix} 0 \\ 4h^2x_1 \\ \vdots \\ 4h^2x_{n-1} \\ 4h^2x_n \end{bmatrix}$$

```
In [3]: def get_a_b(n):
            h = (np.pi/2-0) / n
            x = np.linspace(0, np.pi/2, n+1)
            # A를 구한다.
            A = np.zeros((n+1, n+1))
            A[0, 0] = 1
            A[n, n] = -2+4*h**2
            A[n, n-1] = 2
            for i in range(1, n):
```

```
        A[i, i-1] = 1
        A[i, i] = -2+4*h**2
        A[i, i+1] = 1
    # b를 구한다.
    b = np.zeros(n+1)
    for i in range(1, n+1):
        b[i] = 4*h**2*x[i]
    return x, A, b

x = np.pi/2
v = x - np.sin(2*x)

n_s = []
errors = []

for n in range(3, 100, 5):
    x, A, b = get_a_b(n)
    y = np.linalg.solve(A, b)
    n_s.append(n)
    e = v - y[-1]
    errors.append(e)

plt.figure(figsize = (10,8))
plt.plot(n_s, errors)
plt.yscale("log")
plt.xlabel("n grid points")
plt.ylabel("errors at x = $\pi/2$")
plt.show()
```

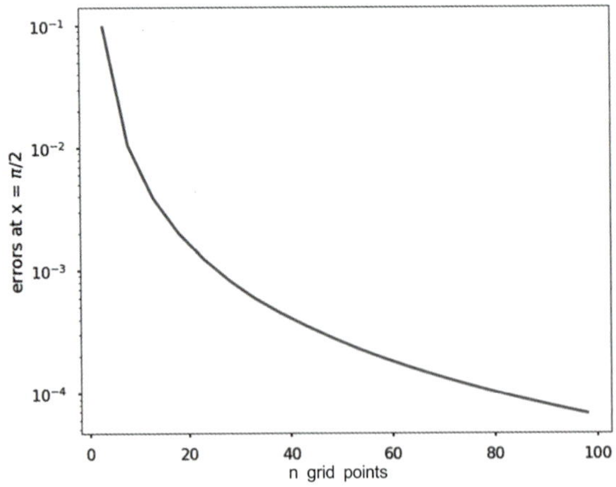

밀도가 높은 격자점을 사용하면 경계점에서 정확한 해에 접근한다.

유한 차분법은 고계 ODE에도 적용할 수 있지만 유한 차분 공식을 사용하여 고차 도함수를 근사해야 한다. 예를 들어, 4계 ODE를 풀려면 다음 계산을 수행해야 한다.

$$\frac{d^4y}{dx^4} = \frac{y_{i-2} - 4y_{i-1} + 6y_i - 4y_{i+1} + y_{i+2}}{h^4}$$

이러한 해법의 이면에 있는 아이디어는 앞에서 제시한 2계 ODE와 유사하기 때문에 고계 ODE에 대해서는 논의하지 않는다.

23.4 수치 오차와 불안정성

경곗값 문제에서도 22장에서 논의된 두 가지 주요 문제인 **수치 오차(정확도)**와 **안정성** 문제가 나타난다. 사격법과 유한 차분법은 오차 측면에서도 차이가 있음에 유의하기 바란다.

사격법의 경우 기본적으로 경곗값 문제를 일련의 초깃값 문제로 변환하기 때문에 수치 오차는 초깃값 문제에 대해 설명한 것과 유사하다. 안정성 측면에서는 23.2절의 예제에서와 같이 초기 추측이 진정한 해에 가깝지 않았음에도 불구하고 정확한 수치적 해를 반환하였다. 이는 오른쪽 경계에서의 제약조건을 추가함으로써 오차가 무한정 증가하는 것을 방지하기 때문이다.

유한 차분법의 경우 수치 오차는 사용된 수치 기법의 정확도 차수에 따라 결정된다. 도함수 근사에 사용되는 기법들의 정확도에 대해서는 20.2절에서 설명한 바 있다. 유한 차분법의 정확도는 미분방정식에 사용되는 차분 방식과 경계 조건의 이산화에 사용되는 차분 방식의 두 가지 절삭 오차 중 큰 오차에 의해 결정된다(단계 크기가 유한 차분법의 정확도에 큰 영향을 미친다는 것을 확인한 바 있음). 유한 차분법은 본질적으로 경곗값 문제를 연립방정식 문제로 바꾸므로, 그 안정성은 결과 연립방정식을 동시에 푸는 데 사용되는 기법의 안정성에 따라 달라진다.

23.5 요약, 그리고 문제

23.5.1 요약

1. 경곗값 문제는 구간의 시작과 끝에서 경계 조건이 지정되는 ODE 문제의 한 유형이다.

2. 사격법은 경곗값 문제를 초깃값 문제로 변환할 수 있으며 근 찾기 방법을 사용하여 해결할 수 있다.
3. 유한 차분법은 도함수를 근사화하기 위해 유한 차분 공식을 사용하고 연립방정식으로 변환한다.
4. 경곗값 문제의 정확성과 안정성은 초깃값 문제의 경우와 유사한 점도 있고 다른 점도 있다.

23.5.2 문제

1. ODE에서 경곗값 문제와 초깃값 문제의 차이점을 설명하시오.
2. 사격법의 원리를 설명하고, 또 초깃값 문제와의 연관성을 설명하시오.
3. 경곗값 문제에 대한 유한 차분법이란 무엇인가? 또 어떻게 적용하는지 설명하시오.
4. $y(0)=0$과 $y(\pi/2)=1$인 다음 경곗값 문제의 해를 구하시오.

$$y''+(1-0.2x)y^2=0$$

5. $y(0)=0$과 $y(\pi)=0$인 다음 경곗값 문제의 해를 구하시오.

$$y''+\sin y+1=0$$

6. 경계 조건이 $y(0)=0$과 $y(12)=0$인 아래 ODE에 대해 $y'(0)$의 값을 구하시오.

$$y''+0.5x^2-6x=0$$

7. 경계 조건이 $y(1)=0$, $y''(1)=0$, $y(2)=1$인 다음 경곗값 문제의 해를 구하시오.

$$y'''+\frac{1}{x}y''-\frac{1}{x^2}y'-0.1(y')^3=0$$

8. 아래 그림과 같이 두 지점 사이에 유연한 케이블이 걸려 있다. 케이블의 밀도는 균일하다고 한다. 케이블의 모양 $y(x)$는 다음 미분방정식에 의해 결정된다.

$$\frac{d^2y}{dx^2}=C\sqrt{1+(\frac{dy}{dx})^2}$$

여기서 C는 가장 낮은 지점에서 케이블의 수평 장력 성분의 크기에 대한 케이블의 단위 길이 당 무게의 비율과 동일한 상수이다. 케이블은 $y(0)=8\text{ m}$와 $y(10)=10\text{ m}$로 지정된 두 점 사이에 걸려 있으며, $C=0.039\text{ m}^{-1}$이다. $x=0$과 $x=10$ 사이의 케이블 모양을 결정하고 그래프로 표현하시오.

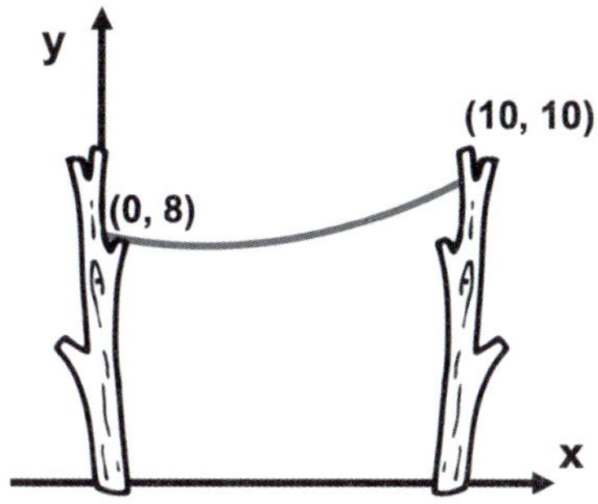

9. 핀 휜은 표면에서의 열 전달을 향상시키기 위해 여러 장치에서 사용된다. 예를 들어 물체 냉각을 위한 방열판에 핀 휜이 사용될 수 있다. 휜의 길이가 L이고 휜의 시작과 끝이 각각 $x=0$과 $x=L$인 아래 그림의 핀 휜에서 온도분포를 모델링한다. 양쪽 끝의 온도는 T_0과 T_L이고 T_s는 주변 환경의 온도이다. 대류와 복사를 모두 고려하면 핀 휜의 안정 상태 온도분포 $T(x)$는 다음과 같이 모델링될 수 있다.

$$\frac{d^2T}{dx^2} - \alpha_1(T - T_s) - \alpha_2(T^4 - T_s^4) = 0$$

경계 조건은 $T(0) = T_0$과 $T(L) = T_L$이며, α_1과 α_2는 계수이다. 이 계수들은 $\alpha_1 = \dfrac{h_c P}{kA_c}$와 $\alpha_2 = \dfrac{\epsilon \sigma_{SB} P}{kA_c}$로 정의되며, 여기서 h_c는 대류 열전달 계수, P는 휜의 단면 경계를 이루는 둘레, ϵ는 휜 표면의 복사 방사율, k는 휜 재질의 열전도율, A_c는 휜의 단면적, $\sigma_{SB} = 5.67 \times 10^{-8}\,\mathrm{W/(m^2K^2)}$는 스테판-볼츠만 상수이다.

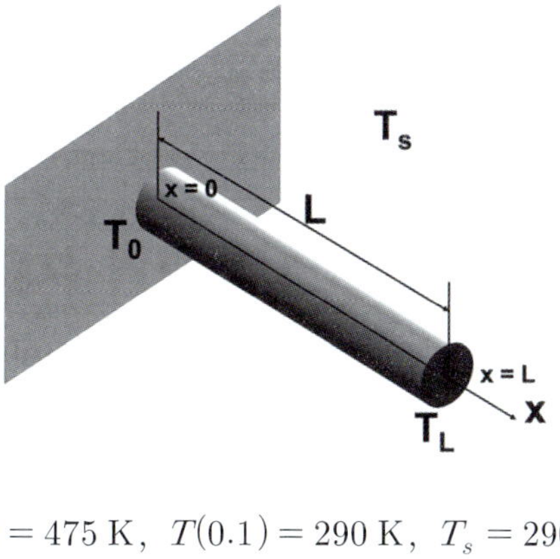

$L = 0.2\,\mathrm{m}$, $T(0) = 475\,\mathrm{K}$, $T(0.1) = 290\,\mathrm{K}$, $T_s = 290\,\mathrm{K}$일 때 온도분포를 결정하시오. 매개변수 값으로 $h_c = 40\,\mathrm{W/m^2/K}$, $P = 0.015\,\mathrm{m}$, $\epsilon = 0.4$, $k = 240\,\mathrm{W/m/K}$, $A_c = 1.55 \times 10^{-5}\,\mathrm{m^2}$ 등을 사용한다.

10. 단순보는 다음 그림과 같이 강도 ω_0의 균일한 하중을 전달한다.

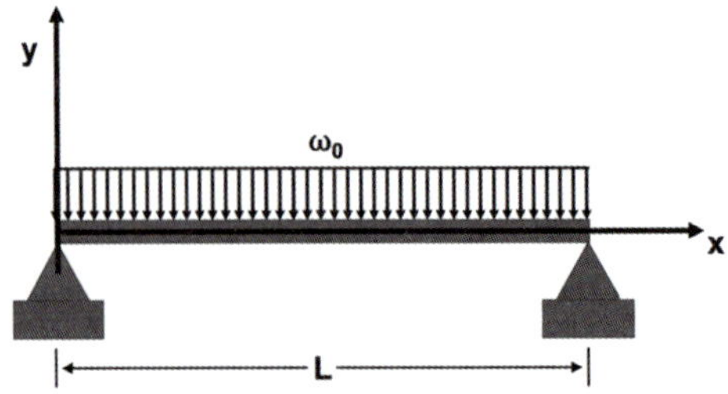

보의 편향 y는 아래 ODE에 의해 제어된다. 여기서 EI는 굽힘 강성이다.

$$EI\frac{d^2y}{dx^2} = \frac{1}{2}\omega_0(Lx - x^2)\left[1 + \left(\frac{dy}{dx}\right)^2\right]^{\frac{3}{2}}$$

$L = 5\ \mathrm{m}$이고, 두 경계 조건은 $y(0) = 0$과 $y(L) = 0$, $EI = 1.8 \times 10^7\ \mathrm{N \cdot m^2}$, $\omega_0 = 15 \times 10^3\ \mathrm{N/m}$인 경우 보의 편향을 x의 함수로 결정하고 그래프로 표현하시오.

CHAPTER 24

푸리에 변환

CONTENTS

24.1 파동의 기초

우리 주변에는 많은 종류의 파동이 존재한다. 예를 들어 연못에 돌을 던지면 파동이 형성되어 이동하는 것을 볼 수 있다. 파동의 유형은 다양하다. 음파, 지진파, (전자레인지에서 사용되는) 마이크로파 등과 같이 눈으로는 볼 수 없는 것들도 있다. 그러나 물리학에서 파동은 한 장소에서 다른 장소로 에너지를 전달하면서 공간과 물질을 통해 이동하는 교란이다. 파동이 어떻게 형성되고 이동하는지 등을 이해하는 것은 파동의 연구에서 중요하다. 이 장에서는 파동의 이해와 연구에 도움이 되는 기본 도구인 **푸리에 변환**을 다룰 것이다. 먼저 파동을 수학적으로 모델링하는 방법을 살펴보자.

24.1.1 수학적 도구를 사용한 파동 모델링

단일 파동은 함수 $F(x,t)$로 표현되는 필드로 모델링할 수 있다. 여기서 x는 공간상의 한 점의 위치이고 t는 시간이다. 가장 간단한 예 하나는 x에 대한 사인파이다.

```
In [1]: import matplotlib.pyplot as plt
        import numpy as np

        plt.style.use("seaborn-poster")
        %matplotlib inline

In [2]: x = np.linspace(0, 20, 201)
        y = np.sin(x)

        plt.figure(figsize = (8, 6))
        plt.plot(x, y, "b")
        plt.ylabel("Amplitude")
        plt.xlabel("Location (x)")
        plt.show()
```

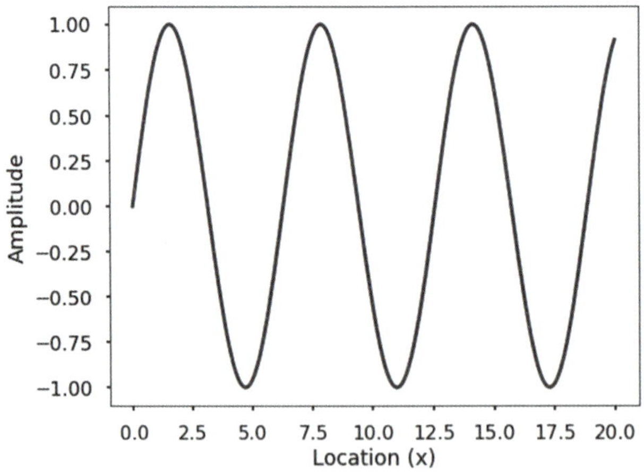

사인파는 시간과 공간 모두에서 변화할 수 있다. 위치에 따른 변화를 그래프로 표시할 경우 특정 시점의 스냅샷은 위치에 따라 변화하는 사인파가 된다. $x=2.5$를 고정점으로 표시하고 있는 아래 그림을 참고하기 바란다. 물론 특정 위치에서도 시간 경과에 따른 변화를 볼 수 있으며, 이에 대한 그래프 표시를 각자 해보기 바란다.

```
In [3]: fig = plt.figure(figsize = (8,8))

        times = np.arange(5)
        n = len(times)

        for t in times:
            plt.subplot(n, 1, t+1)
            y = np.sin(x + t)
            plt.plot(x, y, "b")
            plt.plot(x[25], y [25], "ro")
            plt.ylim(-1.1, 1.1)
            plt.ylabel("y")
            plt.title(f"t = {t}")

        plt.xlabel("location (x)")
        plt.tight_layout()
        plt.show()
```

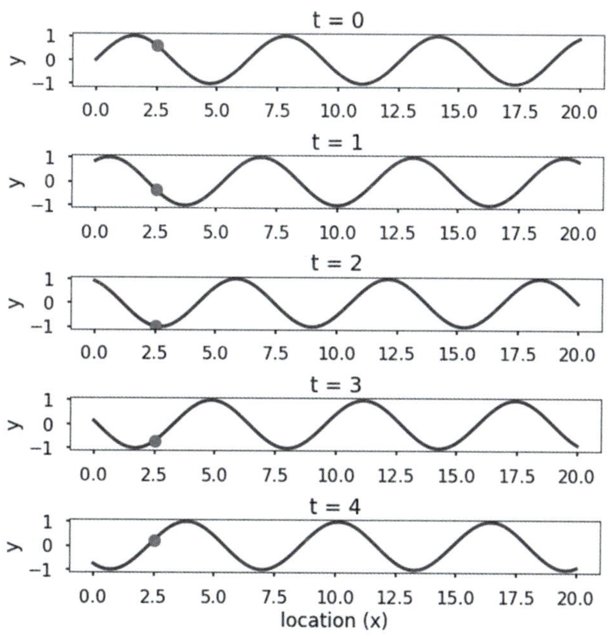

24.1.2 파동의 특성

파동은 시간과 공간 모두에서 연속적인 개체가 될 수 있다. 수치적 계산을 위해서는 다양한 지점에서 시간과 공간을 디지털화해야 한다. 예를 들어, 지구물리학 조사에서 지진을 모니터링하기 위해 가속도계(운동체의 가속도를 측정함)와 같은 센서를 지구상의 여러 위치에 설치할 수 있는데, 이는 공간 이산화에 해당한다. 또한 이러한 센서는 대개 특정 시간에 데이터를 기록하는데, 이는 시간 이산화에 해당한다. 단일 파동에 대해 이산화 유형에 따라 특성 종류가 달라진다(그림 24.1과 24.2 참고).

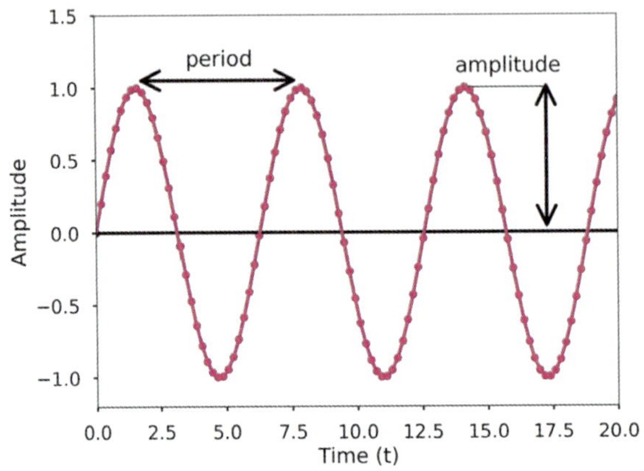

그림 24.1
사인파의 주기와 진폭.

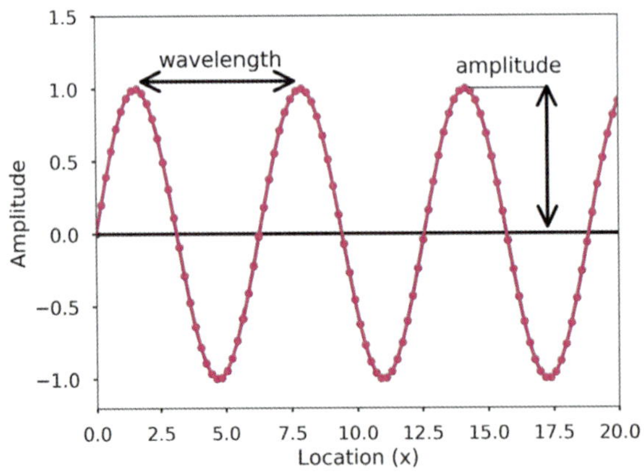

그림 24.2
사인파의 파장과 진폭.

진폭은 최댓값과 기준 값 간의 차이를 설명하는 데 사용된다(위의 그림 참고). 주기적인 신호란 (주기라고 하는) 일정 시간이 지나면 자신을 반복하는 신호이며, 사인파도 일종의 주기적 신호이다. 파동의 **주기**는 한 번의 사이클을 완료하는 데 걸리는 시간이다.

그림 24.1에서 주기는 인접한 두 고점 사이의 시간으로 측정된다. **파장**은 파동에서 인접한 두 개의 마루 또는 골 사이의 공간적 거리로 측정된다. **주파수**는 일정한 시간 동안 고정된 위치를 통과하는 파동의 수를 나타낸다. 주파수는 1초 당 몇 개의 사이클이 통과하는지로 측정할 수 있다. 따라서 주파수의 단위는 사이클/초, 즉 **헤르츠(Hz)**이다. 주파수와 주기는 밀접한 관련이 있다. 주파수는 어떤 일이 얼마나 자주 발생하는지를 나타내는 반면, 주기는 그 일을 완료하는 데 걸리는 시간을 나타낸다. 이를 식으로 표현하면 다음과 같다.

$$\text{주기} = \frac{1}{\text{주파수}}$$

그림 24.1과 24.2에서 사인파 상의 점들에 주목하기 바란다. 이 점들은 시간과 공간에 대한 그래프 표시를 위한 이산화 지점들이다. 이 점들에서만 파동의 값을 측정한다. 일반적으로 파동을 기록할 때 시간에 따라 파동을 측정하는 빈도(즉, 주파수)를 지정해야 한다. 이때 파동 측정을 **샘플링**이라고 하며, 그 빈도를 **샘플링 속도**(Hz)라고 한다. 예를 들어, 2 Hz에서 파동을 샘플링하면 매초마다 두 개의 데이터 포인트를 샘플링한다는 의미이다. 파동의 기초에 대한 소개는 이 정도로 마치고, 다음 방정식으로 표현되는 사인파를 살펴보자.

$$y(t) = A\sin(\omega t + \phi)$$

여기서 A는 파동의 진폭이고 ω는 **각 주파수**인데 라디안/초 단위로 초당 발생하는 사이클 수를 지정한다. ϕ는 신호의 **위상**이다. T가 파동의 주기이고 f가 파동의 주파수이면, ω과 이들의 관계는 다음과 같다.

$$\omega = \frac{2\pi}{T} = 2\pi f$$

실행 예제

0초와 1초 사이의 시간 구간에서 주파수가 각각 5 Hz와 10 Hz인 두 개의 사인파를 생성해보자. 샘플링 속도로는 100 Hz를 사용한다. 두 개의 파동을 그래프로 표시하고 그 차이를 관찰한다. 각각 1초에 몇 개의 사이클이 있는지 세어 보시오.

```
In [4]: # 샘플링 속도
        sr = 100.0
        # 샘플링 구간
        ts = 1.0/sr
```

```
t = np.arange(0,1,ts)

# 신호의 주파수
freq = 5
y = np.sin(2*np.pi*freq*t)

plt.figure(figsize = (8, 8))
plt.subplot(211)
plt.plot(t, y, "b")
plt.ylabel("Amplitude")

freq = 10
y = np.sin(2*np.pi*freq*t)

plt.subplot(212)
plt.plot(t, y, "b")
plt.ylabel("Amplitude")

plt.xlabel("Time (s)")
plt.show()
```

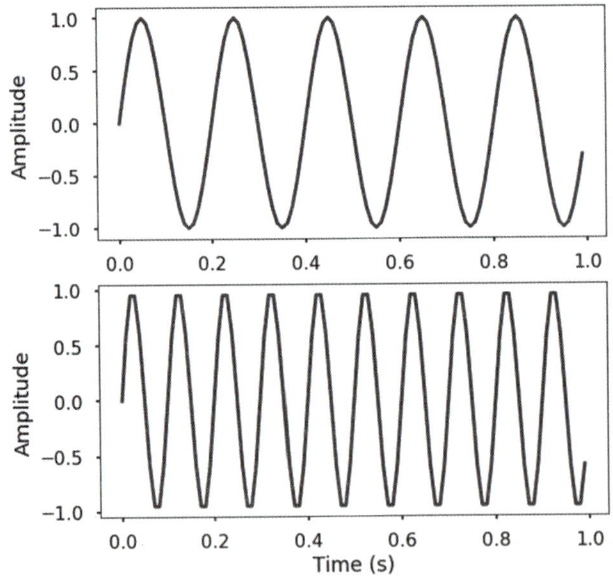

실행 예제

0초와 1초 사이의 시간 구간에서 주파수가 5 Hz이고 샘플링 속도는 100 Hz로 같지만 위상은 각각 0과 10으로 다른 두 개의 사인파를 생성해보자. 두 개의 파동을 그래프로 표시하고 그 차이를 관찰한다.

```
In [5]: # 신호의 주파수
        freq = 5
        y = 5*np.sin(2*np.pi*freq*t)

        plt.figure(figsize = (8, 8))
        plt.subplot(211)
        plt.plot(t, y, "b")
        plt.ylabel("Amplitude")

        y = 10*np.sin(2*np.pi*freq*t + 10)

        plt.subplot(212)
        plt.plot(t, y, "b")
        plt.ylabel("Amplitude")

        plt.xlabel("Time (s)")
        plt.show()
```

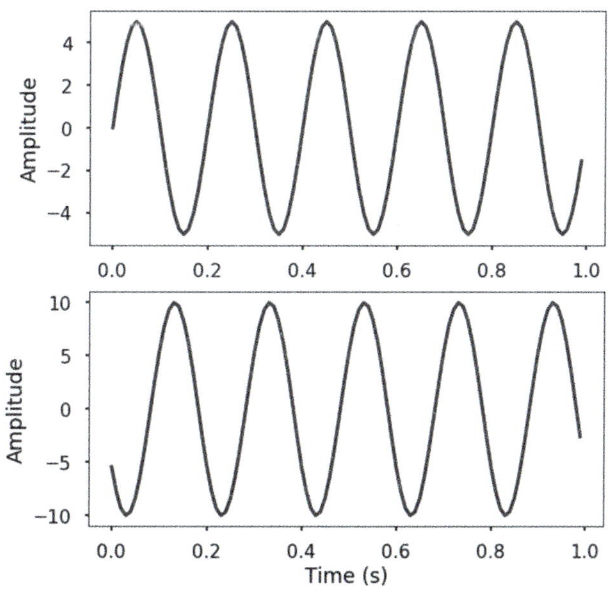

24.2 이산 푸리에 변환(DFT)

이전 절에서는 주기/주파수, 진폭, 위상 등으로 파동을 특성화하는 것이 얼마나 쉬운지 살펴보았지만, 이는 사인파나 코사인파와 같은 단순한 주기적인 신호에만 적용된다. 복잡한 파동의 경우 이러한 특성화가 단순하지 않다. 예를 들어, 그림 24.3은 비교적 복잡한 파동으로 이 경우 주파수와 진폭이 무엇인지 말하기 어렵다.

현실 세계에는 이보다 더 복잡한 경우도 많다. **푸리에 변환**은 이렇게 복잡한 파동을 연구하는 목적으로 사용할 수 있다. 푸리에 변환에서는 모든 신호를 주파수, 진폭, 위상 등을 쉽게 측정할 수 있는 사인파와 코사인파의 합으로 분해한다. 푸리에 변환은 연속 파동에도 적용할 수 있고 이산 파동에도 적용할 수 있다. 이 장에서는 이산 푸리에 변환(Discrete Fourier Transform; DFT)에 대해서만 설명한다.

DFT를 사용하여 신호를 각기 다른 주파수를 갖는 일련의 사인 곡선으로 구성할 수 있다. 그림 24.4의 3D 형체는 DFT 이면의 아이디어를 보여준다. 그림의 신호는 실제로 3개의 다른 사인파를 합친 결과이다. 주파수 영역 신호로 변환할 수 있는 시간 영역 신호를 DFT 진폭 스펙트럼이라고 하며, 여기에서 신호 주파수는 수직 막대로 표시된다. 정규화 후 막대의 높이는 시간 영역에서 신호의 진폭이다. 그림에 표시된 3개의 수직 막대는 3개

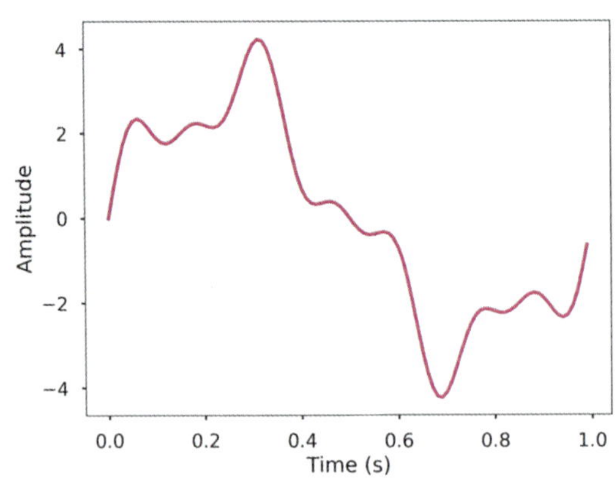

그림 24.3
복잡한 파형.

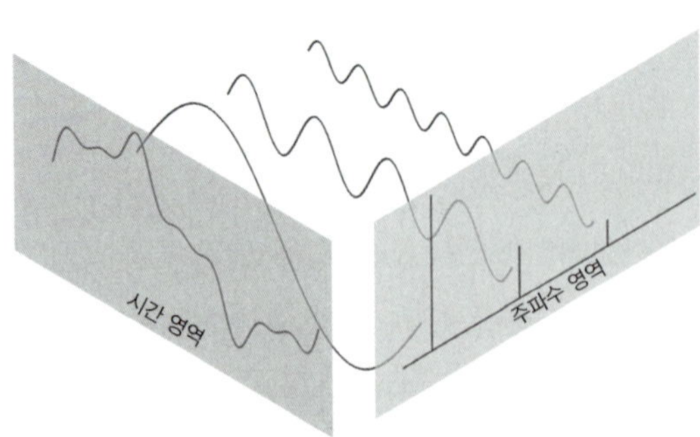

그림 24.4
시간 영역 및 주파수 영역 신호를 사용한 푸리에 변환을 나타내는 그림.

의 사인파 각각의 주파수에 해당한다.

이 절에서는 DFT를 사용하여 DFT 진폭 스펙트럼을 계산하고 그래프로 표시하는 방법에 대해 설명한다.

24.2.1 DFT

DFT는 일련의 균일 간격 시간 영역 신호를 합산하여 일련의 주파수 영역 신호로 변환할 수 있다. DFT는 다음과 같이 정의된다.

$$X_k = \sum_{n=0}^{N-1} x_n \cdot e^{-i2\pi kn/N} = \sum_{n=0}^{N-1} x_n [\cos(2\pi kn/N) - i \cdot \sin(2\pi kn/N)]$$

- N: 샘플 수
- n: 샘플 번호
- k: 주파수 번호 ($k \in [0, N-1]$)
- x_n: 샘플 n에서의 신호 값
- X_k: 진폭, 위상 등의 정보를 모두 포함하는 DFT 값

위의 식에서 가장 오른쪽 식은 복소 지수 함수를 삼각함수로 표현하는 오일러 공식 $e^{i \cdot x} = \cos x + i \cdot \sin x$를 적용한 결과이다.

정의에 따라 $X_0 = \sum_{n=0}^{N-1} x_n$이다. N이 홀수이면 원소 X_1, X_2, ..., $X_{(N-1)/2}$ 등은 양의 주파수 항을 포함하고 원소 $X_{(N+1)/2}$, ..., X_{N-1} 등은 음의 주파수가 감소하는 순서로 음의 주파수 항을 포함한다. N이 짝수이면 원소 X_1, X_2, ..., $X_{N/2-1}$ 등은 양의 주파수 항을 포함하고 원소 $X_{N/2}$, ..., X_{N-1} 등은 음의 주파수가 감소하는 순서로 음의 주파수 항을 포함한다. 여기에서 입력 신호 x는 실수 값 수열이며, 따라서 양의 주파수에 대한 DFT 출력 X_k은 음의 주파수에 대한 출력 X_{N-k}의 켤레이며 스펙트럼은 대칭이다. 일반적으로 양의 주파수에 해당하는 DFT만 그래프로 표시한다.

X_k는 함수 x_n의 복소 사인파 성분 $e^{-i \cdot 2\pi kn/N}$의 진폭 및 위상 정보를 모두 표현하는 복소수이다. 신호의 진폭(amplitude)과 위상(phase)은 각각 다음과 같이 계산할 수 있다. 여기서 $\text{Im}(X_k)$과 $\text{Re}(X_k)$는 각각 복소수의 허수부와 실수부이고 atan2는 arctan 함수의 두 인수 버전이다.

$$\text{amp} = \frac{|X_k|}{N} = \frac{\sqrt{\text{Re}(X_k)^2 + \text{Im}(X_k)^2}}{N}$$

$$\text{phase} = \text{atan2}(\text{Im}(X_k),\ \text{Re}(X_k))$$

DFT에서 반환된 진폭은 샘플 개수로 나누어 정규화하면 DFT에 입력되는 신호의 진폭과 같다. 앞에서 실수 값 신호의 경우 DFT 출력의 절반 정도가 대칭 형태로 반복된다고 언급한 바 있다. 샘플링 속도의 절반에 해당하는 값을 **나이퀴스트 주파수**라고 한다. 이것은 일반적으로 DFT 출력의 한 쪽 절반만 필요하며, 다른 쪽 절반에 포함된 중복 정보를 삭제해도 좋다는 것을 의미한다. 따라서 DFT 출력으로부터 시간 영역 신호의 진폭에 해당하는 진폭을 얻기 위해 N 대신 $N/2$로 나눈다.

이제 DFT를 사용하는 방법을 살펴보자.

실행 예제

주파수가 1, 4, 7 Hz이고 진폭이 3, 1, 0.5이고 위상은 모두 0인 3개의 사인파를 생성해보자. 100 Hz의 샘플링 속도를 사용하는 이 3개의 사인파를 합치면, 이 절의 시작 부분에 표시된 것과 동일한 신호가 된다.

```
In [1]: import matplotlib.pyplot as plt
        import numpy as np

        plt.style.use("seaborn-poster")
        %matplotlib inline

In [2]: # 샘플링 속도
        sr = 100
        # 샘플링 구간
        ts = 1.0/sr
        t = np.arange(0,1,ts)

        freq = 1.
        x = 3*np.sin(2*np.pi*freq*t)

        freq = 4
        x += np.sin(2*np.pi*freq*t)

        freq = 7
        x += 0.5* np.sin(2*np.pi*freq*t)

        plt.figure(figsize = (8, 6))
        plt.plot(t, x, "r")
        plt.ylabel("Amplitude")
```

```
plt.show()
```

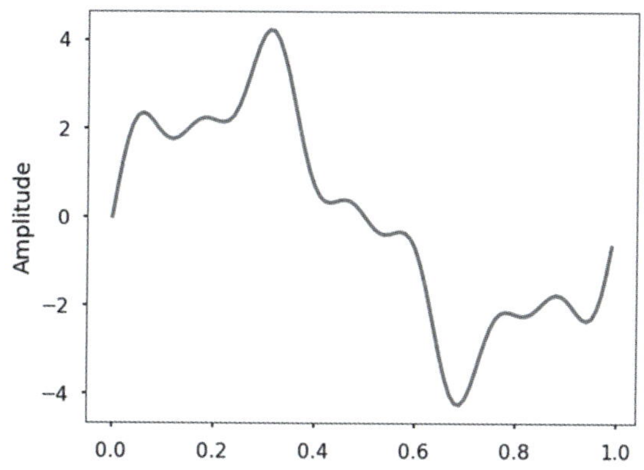

실행 예제

1차원 실수 값 신호 배열 x를 취하는 함수 DFT(x)를 작성해보자. 이 함수는 신호의 DFT를 계산하여 배열로 반환한다. 이 함수를 위에서 생성한 신호에 적용하고 결과를 그래프로 표시해 본다.

```
In [3]: def DFT(x):
            """
            1차원 실수 값 신호 배열 x에 대해
            이산 푸리에 변환을 계산하는 함수
            """

            N = len(x)
            n = np.arange(N)
            k = n.reshape((N, 1))
            e = np.exp(-2j * np.pi * k * n / N)
            X = np.dot(e, x)

            return X

In [4]: X = DFT(x)

        # 주파수 계산
        N = len(X)
        n = np.arange(N)
        T = N/sr
        freq = n/T

        plt.figure(figsize = (8, 6))
```

```
plt.stem(freq, abs(X), "b", markerfmt=" ", basefmt="-b")
plt.xlabel("Freq (Hz)")
plt.ylabel("DFT Amplitude |X(freq)|")
plt.show()
```

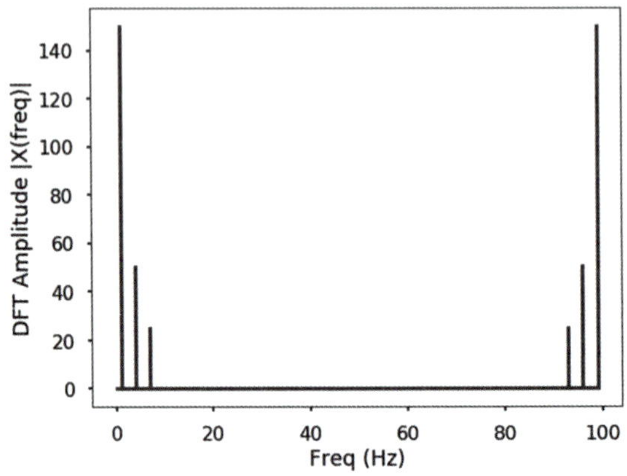

DFT의 출력은 샘플링 속도의 절반에서 대칭이다(각자 다른 샘플링 속도를 시도해보기 바람). 앞서 언급했듯이 샘플링 속도의 이 절반을 **나이퀴스트 주파수**라고 하는데, 전기 엔지니어 해리 나이퀴스트의 이름을 따서 명명되었다.

```
In [5]: n_oneside = N//2
        # get the one side frequency
        f_oneside = freq[:n_oneside]

        # normalize the amplitude
        X_oneside =X[:n_oneside]/n_oneside

        plt.figure(figsize = (12, 6))
        plt.subplot(121)
        plt.stem(f_oneside, abs(X_oneside), "b", markerfmt=" ", basefmt="-b")
        plt.xlabel("Freq (Hz)")
        plt.ylabel("DFT Amplitude |X(freq)|")

        plt.subplot(122)
        plt.stem(f_oneside, abs(X_oneside), "b", markerfmt=" ", basefmt="-b")
        plt.xlabel("Freq (Hz)")
        plt.xlim(0, 10)
        plt.tight_layout()
        plt.show()
```

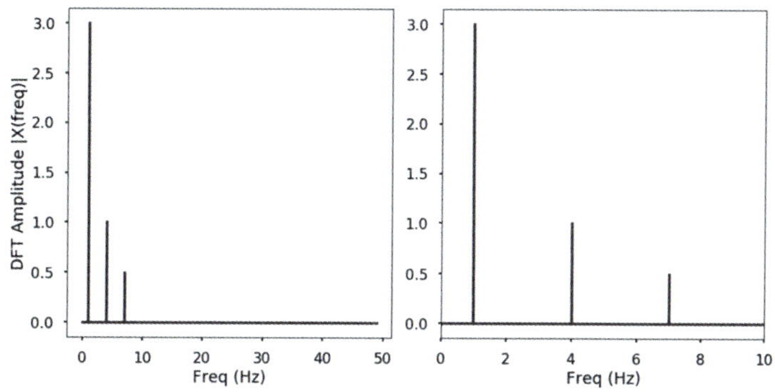

DFT 결과의 전반부를 그래프로 표시하면 예상대로 주파수 1, 4, 7 Hz에서 진폭이 3, 1, 0.5인 3개의 명확한 고점이 나타난다. 이것이 DFT를 사용하여 임의의 신호를 간단한 사인파로 분해하여 분석하는 방법이다.

24.2.2 역 DFT

DFT의 역변환은 다음과 같이 쉽게 계산할 수 있다.

$$x_n = \frac{1}{N}\sum_{k=0}^{N-1} X_k \cdot e^{i \cdot 2\pi kn/N}$$

위의 계산을 수행하는 파이썬 함수의 작성은 연습문제로 남긴다.

24.2.3 DFT의 한계

DFT 구현의 주요 문제는 데이터 포인트가 많은 신호의 경우 효율적이지 않아서 DFT의 계산에 오랜 시간이 걸릴 수 있다는 점이다.

실행 예제

입력으로 주어지는 샘플링 속도에 따라 간단한 신호를 생성하는 함수를 작성하고 샘플링 속도를 변화시켜가며 계산 시간의 차이를 확인해보자.

```
In [6]: def gen_sig(sr):
            """
            샘플링 속도에 따라 간단한 1차원 신호를 생성하는 함수
            """
            ts = 1.0/sr
            t = np.arange(0,1,ts)
```

```
        freq = 1.
        x = 3*np.sin(2*np.pi*freq*t)
        return x

In [7]: # 샘플링 속도: 2000
    sr = 2000
    %timeit DFT(gen_sig(sr))

    120 ms ± 8.27 ms per loop (mean ± std. dev. of 7 runs, 10 loops each)

In [8]: # 샘플링 속도: 20000
    sr = 20000
    %timeit DFT(gen_sig(sr))

    15.9 s ± 1.51 s per loop (mean ±std. dev. of 7 runs, 1 loop each)
```

데이터 포인트의 수가 증가하면 DFT 계산은 많은 시간을 요한다. 다행히 Cooley와 Tukey의 1965년 논문[31]을 통해 대중화된 고속 푸리에 변환으로 이 문제를 효율적으로 해결할 수 있다.

24.3 고속 푸리에 변환(FFT)

고속 푸리에 변환(Fast Fourier Transform; **FFT**)은 샘플링된 신호의 DFT를 계산할 때 사용되는 효율적인 알고리즘이다. 1965년 Cooley와 Tukey의 고전적 논문에서 처음 설명된 아이디어는 1805년 가우스의 미발표 작업으로 거슬러 올라간다. 이것은 DFT를 재귀적으로 더 작은 DFT로 분할하여 계산 수를 줄이는 분할 정복 알고리즘이다. 결과적으로 DFT의 복잡도를 $O(n^2)$에서 $O(n \log n)$으로 줄이는 데 성공하였다. 여기서 n은 데이터 크기이다. 이러한 계산 시간의 단축은 특히 n이 큰 데이터의 경우 중요하며 이러한 이유로 FFT는 공학, 과학, 수학 등에서 널리 사용된다.

이 절에서는 FFT를 사용하여 계산 시간을 줄이는 방법을 살펴볼 것이다. 이 절의 내용은 제이크 밴더플래스[32]가 작성한 튜토리얼[33]에 기반하고 있음을 밝힌다.

---

31) http://www.ams.org/journals/mcom/1965-19-090/S0025-5718-1965-0178586-1/
32) http://vanderplas.com
33) https://jakevdp.github.io/blog/2013/08/28/understanding-the-fft/

24.3.1 DFT의 대칭성

FFT가 어떻게 DFT 계산의 속도를 높이는지에 대한 해답은 DFT의 대칭성을 활용하는 것이다. DFT의 대칭성에 대해 알아보자. DFT 계산식은 다음과 같이 정의된 바 있다.

$$X_k = \sum_{n=0}^{N-1} x_n \cdot e^{-i2\pi kn/N} = \sum_{n=0}^{N-1} x_n [\cos(2\pi kn/N) - i \cdot \sin(2\pi kn/N)]$$

이 식을 사용하여 다음의 계산을 수행할 수 있다.

$$\begin{aligned} X_{N-k} &= \sum_{n=0}^{N-1} x_n [\cos(2\pi(N-k)n/N) - i \cdot \sin(2\pi(N-k)n/N)] \\ &= \sum_{n=0}^{N-1} x_n [\cos(2\pi kn/N) + i \cdot \sin(2\pi kn/N)] \end{aligned}$$

즉, X_{N-k}는 X_k와 허수 부분의 부호만 바뀐 켤레 복소수이다. 따라서 DFT에는 계산을 줄이는 데 사용할 수 있는 대칭성이 분명히 존재한다.

24.3.2 Cooley-Tukey FFT 알고리즘

각기 다른 원리에 기초한 다양한 FFT 계산 방법이 존재하지만 여기에서는 널리 알려져 있는 Cooley-Tukey FFT 알고리즘의 계산 원리를 살펴본다. 먼저 전체 수열을 짝수 번째 항과 홀수 번째 항의 두 부분으로 나눈다.

$$\begin{aligned} X_k &= \sum_{n=0}^{N-1} x_n \cdot e^{-i2\pi kn/N} \\ &= \sum_{m=0}^{N/2-1} x_{2m} \cdot e^{-i2\pi k(2m)/N} + \sum_{m=0}^{N/2-1} x_{2m+1} \cdot e^{-i2\pi k(2m+1)/N} \\ &= \sum_{m=0}^{N/2-1} x_{2m} \cdot e^{-i2\pi km/(N/2)} + e^{-i2\pi k/N} \sum_{m=0}^{N/2-1} x_{2m+1} \cdot e^{-i2\pi km/(N/2)} \end{aligned}$$

위의 계산식에서 절반 크기($\frac{N}{2}$)의 작은 두 합산은 두 개의 작은 DFT이다. 각 합산에서 $0 \le m \le \frac{N}{2}$이지만 $0 \le k < N$이다. 인접한 짝수 번째 항과 홀수 번째 항의 $e^{-i2\pi km/(N/2)}$은 m에 대해서는 값이 고정된 $e^{-i2\pi k/N}$배만큼만 다르며, 따라서 대부분의 계산이 중복된다. 따라서 계산 량의 대부분을 차지하는 $e^{-i2\pi km/(N/2)}$에 대한 계산을 절반으로 줄일 수 있다. 절반 크기의 합산은 다시 재귀적으로 분할하여 계산할 수 있으며,

마지막 두 숫자에 도달할 때까지 짝수 번째 항과 홀수 번째 항으로 분할하는 방식을 계속 적용할 수 있다.

이것이 재귀적 접근 방식을 사용하여 FFT가 작동하는 방식이다. 다소 조잡하지만 FFT의 간단한 구현을 아래에 제시한다. FFT에 대한 입력 신호의 길이는 2의 멱승이어야 한다. 그렇지 않은 경우 2의 멱승 크기가 되도록 0들로 채워야 한다.

```
In [1]: import matplotlib.pyplot as plt
        import numpy as np

        plt.style.use("seaborn-poster")
        %matplotlib inline

In [2]: def FFT(x):
            """
            1차원 Cooley-Tukey FFT 알고리즘의 재귀적 구현;
            입력의 길이는 2의 멱승이어야 한다.
            """
            N = len(x)
            if N == 1:
                return x
            else:
                X_even = FFT(x[::2])
                X_odd = FFT(x[1::2])
                factor = np.exp(-2j*np.pi*np.arange(N)/ N)

            X = np.concatenate(\
                [X_even+factor[:int(N/2)]*X_odd,
                X_even+factor[int(N/2):]*X_odd])
            return X

In [3]: # 샘플링 속도
        sr = 128
        # 샘플링 구간
        ts = 1.0/sr
        t = np.arange(0,1,ts)
```

```
freq = 1.
x = 3*np.sin(2*np.pi*freq*t)

freq = 4
x += np.sin(2*np.pi*freq*t)

freq = 7
x += 0.5* np.sin(2*np.pi*freq*t)

plt.figure(figsize = (8, 6))
plt.plot(t, x, "r")
plt.ylabel("Amplitude")
plt.show()
```

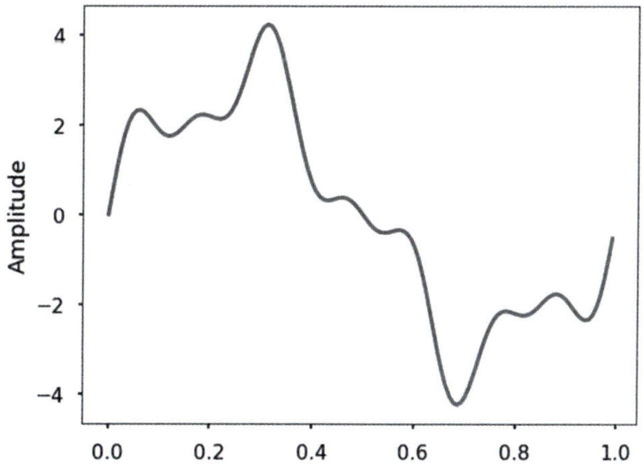

실행 예제

FFT 함수를 사용하여 앞에서 사용한 신호의 푸리에 변환을 계산해보자. 양측 주파수 진폭 스펙트럼과 단측 주파수 진폭 스펙트럼을 각각 그래프로 표시한다.

```
In [4]: X = FFT(x)

        # 주파수 계산
        N = len(X)
        n = np.arange(N)
        T = N/sr
        freq = n/T
```

```
plt.figure(figsize = (12, 6))
plt.subplot(121)
plt.stem(freq, abs(X), "b", markerfmt=" ", basefmt="-b")
plt.xlabel("Freq (Hz)")
plt.ylabel("FFT Amplitude |X(freq)|")

# 단측 스펙트럼을 구한다.
n_oneside = N//2
# 단측 주파수
f_oneside = freq[:n_oneside]

# 진폭의 정규화
X_oneside =X[:n_oneside]/n_oneside

plt.subplot(122)
plt.stem(f_oneside, abs(X_oneside), "b", markerfmt=" ", basefmt="-b")
plt.xlabel("Freq (Hz)")
plt.ylabel("Normalized FFT Amplitude |X(freq)|")
plt.tight_layout()
plt.show()
```

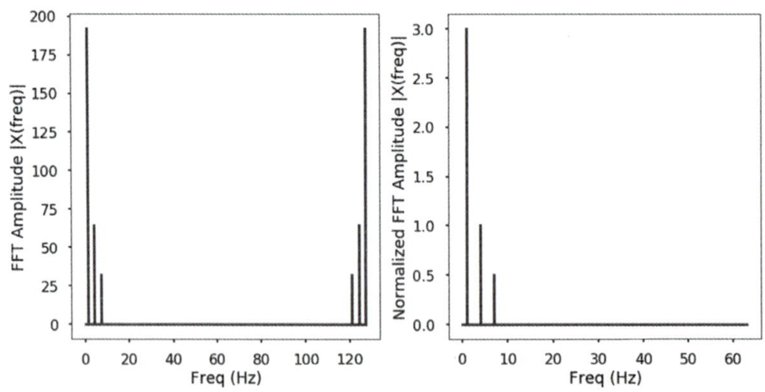

실행 예제

길이가 2048인 간단한 신호를 생성하고 FFT를 실행하는 데 걸리는 시간을 측정해보자. 속도를 DFT의 경우와 비교하시오.

```
In [5]: def gen_sig(sr):
            """
            function to generate
            a simple 1D signal with
            different sampling rate
```

```
        """
        ts = 1.0/sr
        t = np.arange(0,1,ts)

        freq = 1.
        x = 3*np.sin(2*np.pi*freq*t)
        return x

In [6]: # 샘플링 속도: 2048
        sr = 2048
        %timeit FFT(gen_sig(sr))

        16.9 ms ± 1.3 ms per loop (mean ± std. dev. of 7 runs, 100 loops each)
```

따라서 길이가 2048(약 2000)인 신호의 경우 이 FFT 구현은 DFT를 사용하는 120 ms 대신 16.9 ms를 사용한다. FFT 구현을 최적화하여 더 빠르게 만드는 방법들도 있다. 다음 절에서는 훨씬 빠르게 실행되는 파이썬의 FFT 함수들을 소개한다.

24.4 파이썬에서의 FFT

파이썬의 NumPy 패키지와 SciPy 패키지 모두에 훌륭한 FFT 함수들이 포함되어 있다. 이 절에서는 두 패키지를 살펴보고 얼마나 쉽게 사용할 수 있는지 알아볼 것이다. 앞에서 생성된 그림 24.5와 같은 신호를 사용하여 테스트를 실행할 것이다.

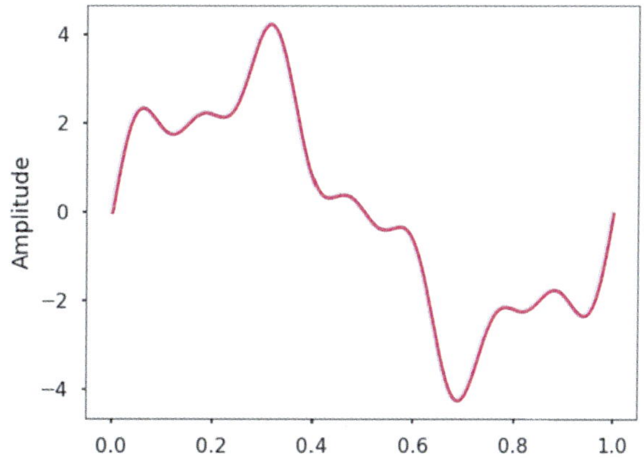

그림 24.5
앞에서 생성된 3개의 주파수를 합친 신호.

24.4.1 NumPy의 FFT

예제

NumPy의 함수 fft와 ifft를 사용하여 FFT 진폭 스펙트럼을 계산하고 역 FFT를 사용하여 원래 신호를 얻는다. 두 결과를 모두 그래프로 표시한다. 길이 2000의 이 신호에 대해 fft 함수의 소요 시간을 측정한다.

```
In [3]: from numpy.fft import fft, ifft

        X = fft(x)
        N = len(X)
        n = np.arange(N)
        T = N/sr
        freq = n/T

        plt.figure(figsize = (12, 6))
        plt.subplot(121)

        plt.stem(freq, np.abs(X), "b", markerfmt=" ", basefmt="-b")
        plt.xlabel("Freq (Hz)")
        plt.ylabel("FFT Amplitude |X(freq)|")
        plt.xlim(0, 10)

        plt.subplot(122)
        plt.plot(t, ifft(X), "r")
        plt.xlabel("Time (s)")
        plt.ylabel("Amplitude")
        plt.tight_layout()
        plt.show()
```

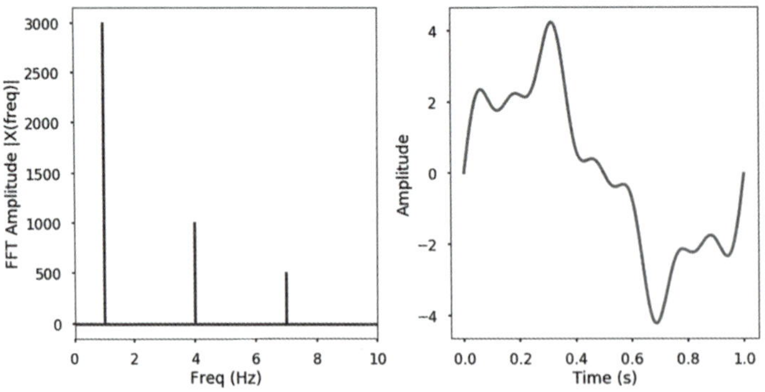


```
In [4]: %timeit fft(x)
```

42.3 µs ± 5.03 µs per loop (mean ± std. dev. of 7 runs, 10000 loops each)

24.4.2 SciPy의 FFT

예제

SciPy의 함수 fft와 ifft를 사용하여 FFT 진폭 스펙트럼을 계산하고 역 FFT를 사용하여 원래 신호를 얻는다. 두 결과를 모두 그래프로 표시한다. 길이 2000의 이 신호에 대해 fft 함수의 소요 시간을 측정한다.

```
In [5]: from scipy.fftpack import fft, ifft

        X = fft(x)

        plt.figure(figsize = (12, 6))

        plt.subplot(121)
        plt.stem(freq, np.abs(X), "b", markerfmt=" ", basefmt="-b")
        plt.xlabel("Freq (Hz)")
        plt.ylabel("FFT Amplitude |X(freq)|")
        plt.xlim(0, 10)

        plt.subplot(122)
        plt.plot(t, ifft(X), "r")
        plt.xlabel("Time (s)")
        plt.ylabel("Amplitude")
        plt.tight_layout()
        plt.show()
```

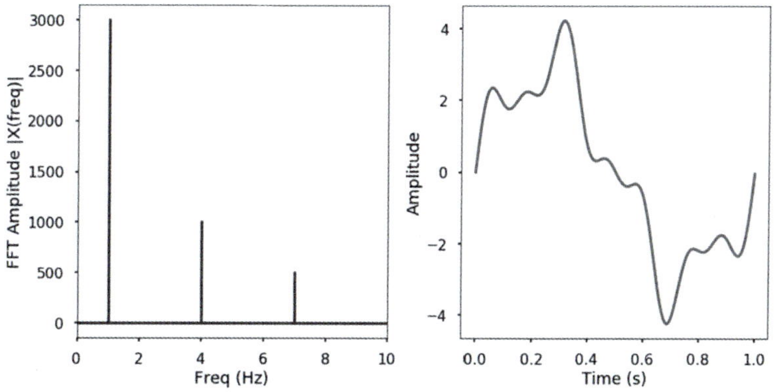


```
In [6]: %timeit fft(x)
```

12.6 µs ± 222 ns per loop (mean ± std. dev. of 7 runs, 100000 loops each)

SciPy 버전의 FFT 함수들이 훨씬 빠르고 사용하기도 쉽다. 실행 시간을 비교한 결과는 다음과 같다.

- 이 책의 DFT 구현: 120 ms
- 이 책의 FFT 구현: 16.9 ms
- NumPy FFT: 42.3 µs
- SciPy FFT: 12.6 µs

24.4.3 추가 예제

실제 응용에서 FFT를 사용하는 방법에 관한 예 두 개를 더 살펴보자.

24.4.3.1 캘리포니아의 전력 수요

먼저 2019년 11월 30일부터 2019년 12월 30일까지 캘리포니아의 전력 수요를 조사한다. 미국 에너지 정보국에서 관련 데이터[34)]를 다운로드할 수 있다. 여기에서는 캘리포니아의 전력 수요 데이터가 이미 다운로드 되어 "930-data-export.csv"에 3열로 저장되어 있다고 가정한다. NumPy를 사용하여 CSV 파일을 읽는 방법은 11장에서 다룬 바 있다. 여기에서는 시계열 데이터를 다룰 때 많이 사용되는 pandas 패키지를 사용한다. 이 패키지에 대해 여기에서 설명하지는 않을 것이며, 사용법에 대해서는 각자 조사하기 바란다.

먼저 데이터를 조사해보자.

```
In [7]: import pandas as pd
```

read_csv 함수는 CSV 파일을 읽는다. 열 1에서 날짜와 시간을 찾는 parse_dates 매개변수에 주목하기 바란다. 데이터를 panda DataFrame 안으로 읽어 들여 변수 df로 지정한다. 그런 다음 원본 파일의 헤더를 사용하기 쉬운 헤더로 변경한다.

```
In [8]: df = pd.read_csv("./data/930-data-export.csv",
                  delimiter=",", parse_dates=[1])
        df.rename(columns={"Timestamp (Hour Ending)":"hour",
                  "Total CAL Demand (MWh)":"demand"},
                  inplace=True)
```

34) https://www.eia.gov/beta/electricity/gridmonitor/dashboard/electric_overview/US48/US48

데이터를 그래프로 표시함으로써 시간 경과에 따라 전력 수요가 어떻게 변하는지 알 수 있다.

```
In [9]: plt.figure(figsize = (12, 6))
        plt.plot(df["hour"], df["demand"])
        plt.xlabel("Datetime")
        plt.ylabel("California electricity demand (MWh)")
        plt.xticks(rotation=25)
        plt.show()
```

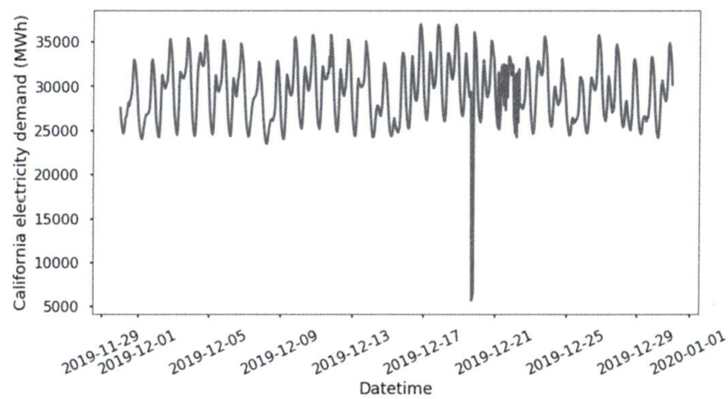

그래프로 표시된 시계열에서는 데이터에 어떤 패턴이 있는지 식별하기 어렵다. 데이터를 주파수 영역으로 변환하고 흥미로운 부분이 있는지 살펴보자.

```
In [10]: X = fft(df["demand"])
         N = len(X)
         n = np.arange(N)
         # get the sampling rate
         sr = 1 / (60*60)
         T = N/sr
         freq = n/T
         # Get the one-sided spectrum
         n_oneside = N//2
         # 단측 주파수
         f_oneside = freq[:n_oneside]

         plt.figure(figsize = (12, 6))
         plt.plot(f_oneside, np.abs(X[:n_oneside]), "b")
```

```
        plt.xlabel("Freq (Hz)")
        plt.ylabel("FFT Amplitude |X(freq)|")
        plt.show()
```

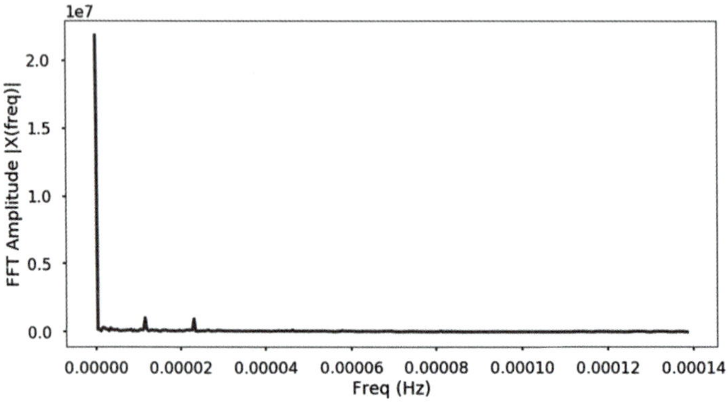

FFT 진폭 그래프에서 명확한 고점들을 확인할 수 있지만, 주파수 측면에서 이들이 무엇인지 말하기는 어렵다. 시간에 대한 결과를 그래프로 표시하고 일부 고점들에 연계된 시간을 표시해보자.

```
In [11]: # 주파수를 시간으로 변환한다.
         t_h = 1/f_oneside / (60 * 60)

         plt.figure(figsize=(12,6))
         plt.plot(t_h, np.abs(X[:n_oneside])/n_oneside)
         plt.xticks([12, 24, 84, 168])
         plt.xlim(0, 200)
         plt.xlabel("Period ($hour$)")
         plt.show()
```

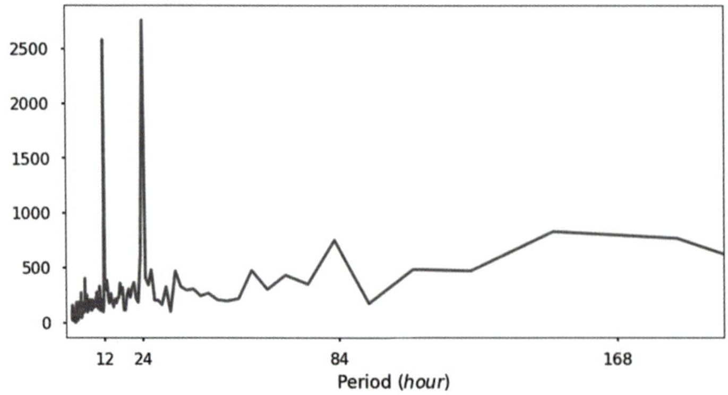

이제 몇 가지 흥미로운 패턴, 즉 12, 24, 84 등의 시점에 연계된 세 개의 고점을 볼 수 있다. 이러한 고점들은 12, 24, 84 등의 시간 주기로 반복되는 신호가 있음을 의미한다. 여기에는 나름의 의미가 있으며 인간의 활동 패턴에 해당한다. FFT는 현실 세계에서 반복되는 신호들의 이해에 도움이 될 수 있다.

24.4.3.2 주파수 영역에서 신호 필터링

필터링은 특정 주파수 범위 내에서 원하지 않는 신호 부분을 제거하기 위한 신호 처리 프로세스이다. 저역 통과 필터는 일정한 기준 주파수 이상의 모든 신호를 제거한다. 고역 통과 필터는 그 반대이다. 저역 통과 필터와 고역 통과 필터를 결합하면 대역 통과 필터를 구성할 수 있다. 즉, 특정 주파수 구간 내의 신호를 남길 수 있다. FFT를 사용하면 신호 필터링을 쉽게 구현할 수 있다. 대역 통과 필터의 기본 사항을 설명하기 위한 다음 예제를 살펴보자. 여기에서는 아주 기본적인 동작을 사용하여 필터링 개념을 보일 뿐이며, 실제 필터링 프로세스는 훨씬 더 복잡하다는 사실을 유념하기 바란다.

예제

이 절의 시작 부분에서 생성된 신호(1, 4, 7 Hz의 혼합 사인파)를 사용하고 6 Hz에서 이 신호를 고역 통과 필터링해보자. 필터링된 신호와 필터링 전후의 FFT 진폭을 그래프로 표시한다.

```
In [12]: from scipy.fftpack import fftfreq
```

```
In [13]: plt.figure(figsize = (8, 6))
         plt.plot(t, x, "r")
         plt.ylabel("Amplitude")
         plt.title("Original signal")
         plt.show()
```

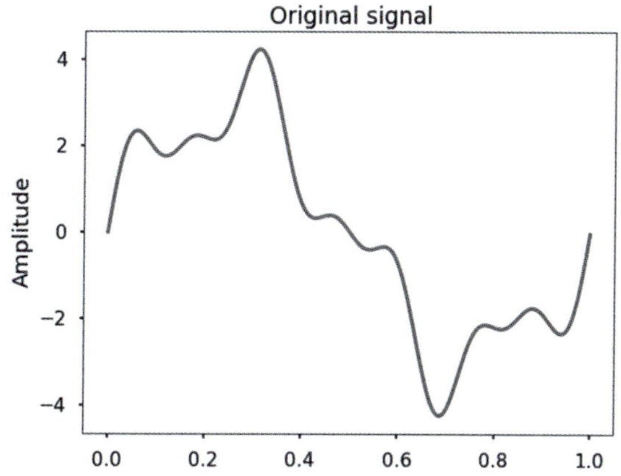

```
In [14]: # 신호에 FFT를 수행한다.
         sig_fft = fft(x)
         # FFT 결과를 복사한다.
         sig_fft_filtered = sig_fft.copy()

         # SciPy 함수를 사용하여 주파수를 구한다.
         freq = fftfreq(len(x), d=1./2000)

         # 컷오프 기준 주파수를 정의한다.
         cut_off = 6

         # 컷오프 기준 주파수 이하의 주파수 절댓값을 갖는 FFT 진폭
         # 원소들을 0으로 변경하여 고역 통과 필터를 구현한다.
         sig_fft_filtered[np.abs(freq) < cut_off] = 0

         # 시간 영역에서 필터링된 신호를 얻는다.
         filtered = ifft(sig_fft_filtered)

         # 필터링된 신호를 그래프로 표시한다.
         plt.figure(figsize = (12, 6))
         plt.plot(t, filtered)
         plt.xlabel("Time (s)")
         plt.ylabel("Amplitude")
         plt.show()

         # 필터링 전후의 FFT 진폭을 그래프로 표시한다.
         plt.figure(figsize = (12, 6))
         plt.subplot(121)
         plt.stem(freq, np.abs(sig_fft), "b", markerfmt=" ", basefmt="-b")
         plt.title("Before filtering")
         plt.xlim(0, 10)
         plt.xlabel("Frequency (Hz)")
         plt.ylabel("FFT Amplitude")
         plt.subplot(122)
         plt.stem(freq, np.abs(sig_fft_filtered), "b", markerfmt=" ", basefmt="-b")
         plt.title("After filtering")
         plt.xlim(0, 10)
         plt.xlabel("Frequency (Hz)")
         plt.ylabel("FFT Amplitude")
         plt.tight_layout()
         plt.show()
```

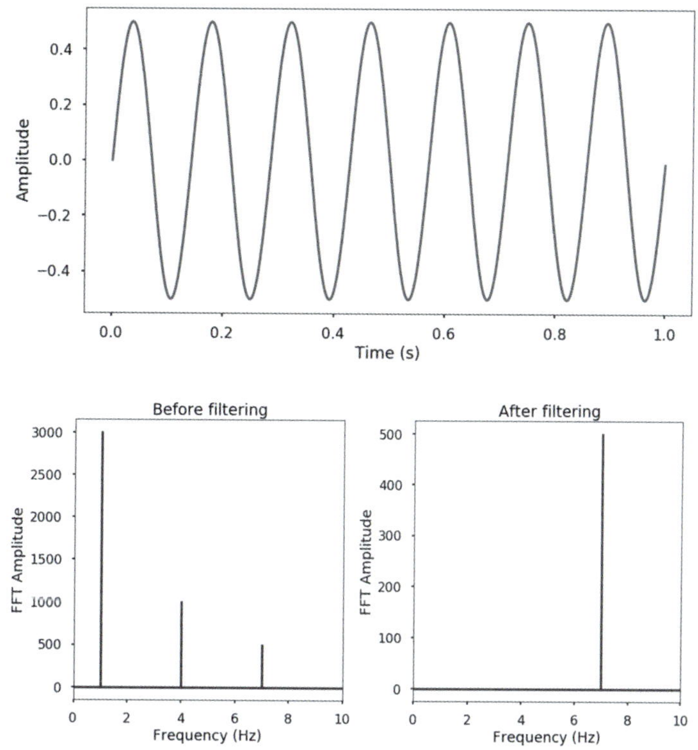

위의 예제에서 주파수 절댓값이 기준 이하일 경우 해당 FFT 진폭 값을 0으로 지정한 후 다시 시간 영역 신호로 돌아간다. 여기에서 불과 몇 단계만으로 아주 기초적인 고역 통과 필터를 구현하고 있다. 따라서 FFT는 원하지 않는 신호를 제거하면서 관심 대상 신호를 얻는 데 도움이 될 수 있다.

24.5 요약, 그리고 문제

24.5.1 요약

1. 주파수, 주기, 진폭, 파장 등의 특성을 포함하여 파동의 기초사항을 학습하였다.
2. 이산 푸리에 변환(DFT)은 사인파 수열의 합을 사용하여 시간 영역 신호를 주파수 영역 신호로 변환하는 방법이다.
3. 고속 푸리에 변환(FFT)은 DFT 계산상의 중복성을 제거함으로써 DFT를 효율적으로 계산하는 데 사용되는 알고리즘이다.

24.5.2 문제

1. 30일 동안 방의 온도를 측정하는 일을 맡게 되었다고 하자. 매일 정오에 온도를 측정하고 값을 기록할 경우, 그 결과로 발생하는 온도 신호의 주파수를 구하시오.
2. 파동의 주파수와 주기 사이의 관계를 설명하시오.
3. 주기와 파장의 차이를 설명하시오. 그들 사이의 유사점은 무엇인가?
4. 신호의 시간 영역 표현과 주파수 영역 표현이 무엇인지 설명하시오.
5. 신호 1은 5 Hz, 진폭 3, 위상 편이 3인 사인파이고 신호 2는 2Hz, 진폭 2, 위상 편이 −2인 사인파이다. 이러한 두 개의 신호를 생성하고, 2초 동안의 신호를 그래프로 표시하시오.

   테스트 케이스:

```
In [1]: # 샘플링 속도
        sr = 100
        # 샘플링 구간
        ts = 1.0/sr
        t = np.arange(0,2,ts)

        freq = 5.
        x = 3*np.sin(2*np.pi*freq*t + 3)

        freq = 2
        x += 2*np.sin(2*np.pi*freq*t - 2)

        plt.figure(figsize = (8, 6))
        plt.plot(t, x, "r")
        plt.ylabel("Amplitude")
        plt.xlabel("Time (s)")
        plt.show()
```

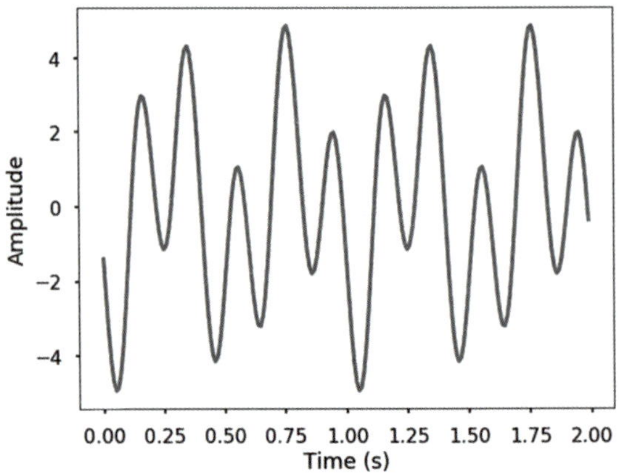

6. 5, 10, 20, 50, 100 Hz 등의 샘플링 속도를 사용하여 문제 5에서 생성한 신호를 샘플링하고, 샘플링 속도에 따른 차이를 확인하시오.
7. 신호 `t = [0,1,2,3]`, `y = [0,3,2,0]`이 주어졌을 때 실제 DFT X를 구하시오. 또 역 DFT에 대한 계산식을 작성하시오. 결과를 얻기 위해 파이썬을 사용해서는 안 된다. 필요한 계산식을 작성하고 값을 계산해보시오.
8. 신호에 대한 DFT 값의 진폭과 위상은 무엇인지 설명하시오.
9. 본문에서 DFT의 구현을 제시하였다. 파이썬으로 역 DFT를 구현하시오.
10. 이전 문제의 DFT 함수와 역 DFT 함수를 사용하여 문제 5에서 생성한 신호에 대한 진폭 스펙트럼을 생성하시오. DFT 진폭을 정규화하여 정확한 시간 영역 진폭을 구하시오.
11. 계산을 더 빠르게 하기 위해 FFT에서 사용된 기법을 설명하시오.
12. SciPy의 `fft` 및 `ifft` 함수를 사용하여 문제 10을 반복하시오.
13. NumPy를 사용하여 문제 5의 신호에 임의의 정규 분포 노이즈를 추가하고 결과로 얻은 FFT 진폭 스펙트럼을 그래프로 표시하시오. 무엇을 관찰할 수 있는가? 노이즈가 있는 신호를 아래의 테스트 케이스에서 표시한다.

    테스트 케이스:

```
In [2]: np.random.seed(10)
        x_noise = x + np.random.normal(0, 2, size = len(x))

        plt.figure(figsize = (8, 6))
        plt.plot(t, x_noise, "r")
        plt.ylabel("Amplitude")
        plt.xlabel("Time (s)")
        plt.show()
```

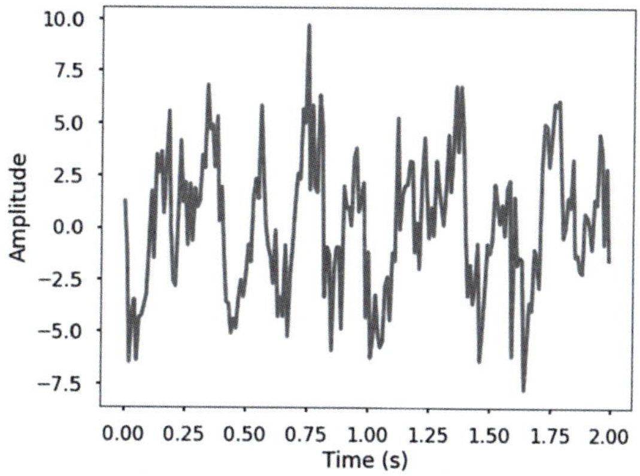

APPENDIX

윈도우에서 파이썬 시작하기 A

A.1 윈도우에서 파이썬 시작하기

A.1.1 윈도우에서 작업 환경 설정

파이썬의 사용에 앞서 컴퓨터에서 파이썬 작업 환경을 설정해야 한다. 이 절에서는 이를 위한 초기 과정을 소개한다.

파이썬 및 관련 패키지를 설치하는 방법은 다양하며, 아나콘다[35] 또는 미니콘다[36]를 사용하여 패키지를 설치하고 관리하는 것이 좋다. 사용 중인 운영체제(예: 윈도우, 맥OS X, 또는 리눅스)에 따라 자신의 컴퓨터에 맞는 설치 프로그램을 다운로드해야 한다. 아나콘다와 미니콘다는 모두 과학계산이나 데이터사이언스에서 파이썬 작업 환경을 관리하는 쉬운 방법을 제공한다.

여기서는 윈도우에서의 설치 과정을 보여준다. 맥OS나 리눅스 사용자의 경우 설치 과정에 대해 1.1장의 내용에 따르기 바란다. 아나콘다와 미니콘다의 주요 차이점은 다음과 같다.

- **아나콘다**는 파이썬 인터프리터, 패키지 관리자, 과학계산에서 일반적으로 사용되는 패키지 등을 포함하는 완전한 배포판이다.
- **미니콘다**는 일반적으로 사용되는 패키지를 포함하지 않는 아나콘다의 "경량형" 버전이다. 다른 모든 패키지들은 각자 설치해야 하지만, 파이썬 인터프리터와 패키지 관리자는 미니콘다에 포함된다.

여기에서 선택한 옵션은 미니콘다이며, 우리가 필요한 패키지만 설치할 것이다. 미니콘다 설치 과정은 다음과 같다.

단계 1. 웹사이트[37]에서 미니콘다 설치 프로그램을 다운로드한다. 다운로드 페이지는

35) https://www.anaconda.com/download/
36) https://conda.io/miniconda.html
37) https://conda.io/miniconda.html

그림 A.1과 같다. 여기에서 운영체제에 따라 다른 설치 프로그램을 선택할 수 있다. 이 예에서는 "Windows"와 "Python 3.7"을 선택한다.

단계 2. "설치 프로그램"을 더블클릭 하여 설치 프로그램을 실행한 다음 안내를 따라 진행하면 성공적으로 설치될 것이다(그림 A.2). 한 가지 주의할 점은 대체 위치를 지정하여 설치 위치를 변경할 수 있다는 것이다. 여기서는 기본 경로를 사용한다(그림 A.3).

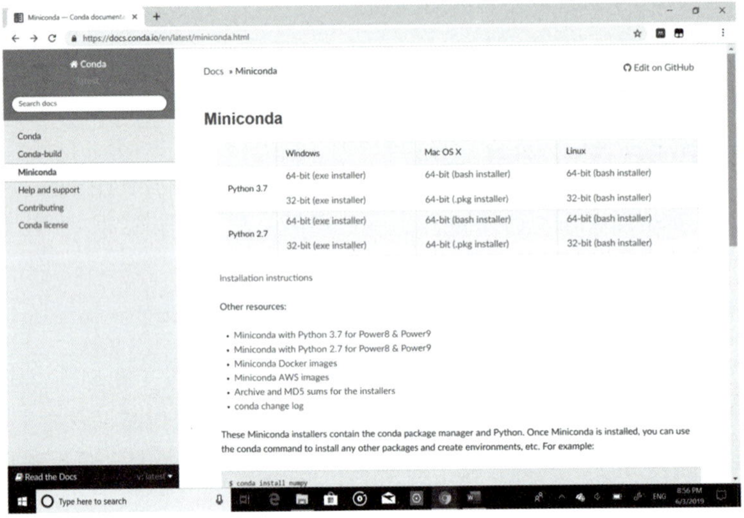

그림 A.1

미니콘다 다운로드 페이지; 운영체제에 맞추어 설치 프로그램을 선택한다.

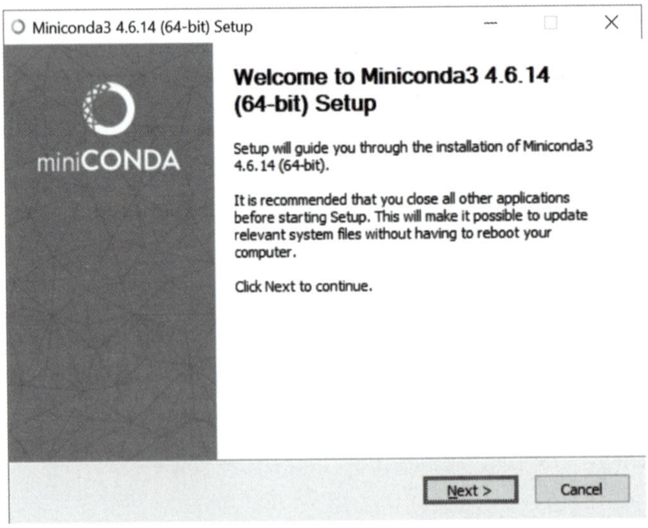

그림 A.2

아나콘다 프롬프트에서 설치 프로그램 실행을 보여주는 스크린샷.

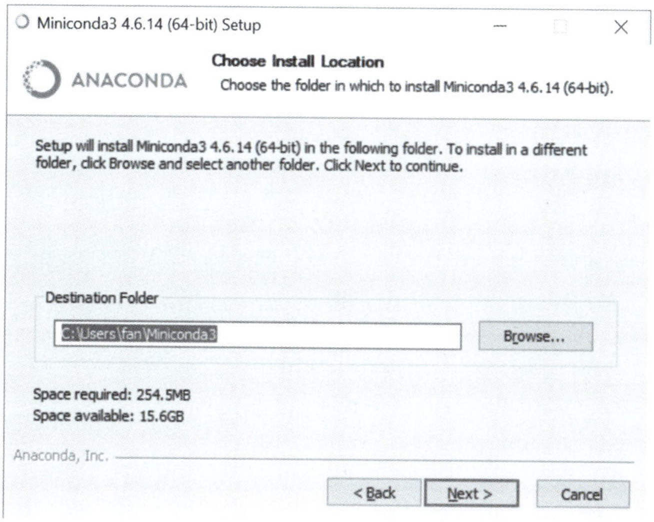

그림 A.3

파일 시스템상의 기본 설치 위치.

설치 후 그림 A.4와 같이 시작 메뉴에서 아나콘다 프롬프트(맥이나 리눅스의 터미널에 해당함)를 열 수 있다. 그런 다음 그림 A.5에 표시된 명령들을 입력하여 설치 성공 여부를 확인할 수 있다.

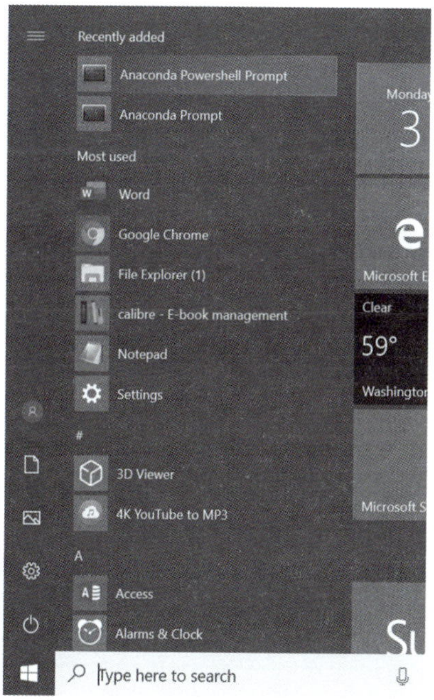

그림 A.4

시작 메뉴에서 아나콘다 프롬프트를 연다.

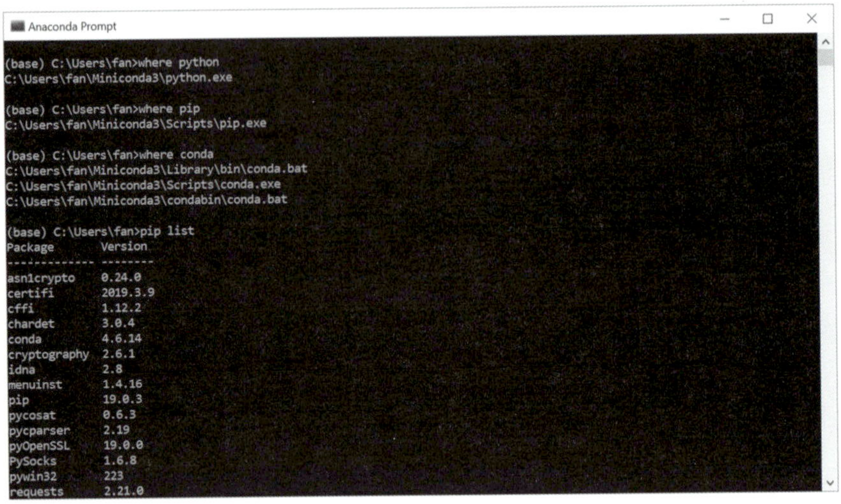

그림 A.5

설치된 미니콘다가 제대로 실행되는지 확인하는 간단한 방법.

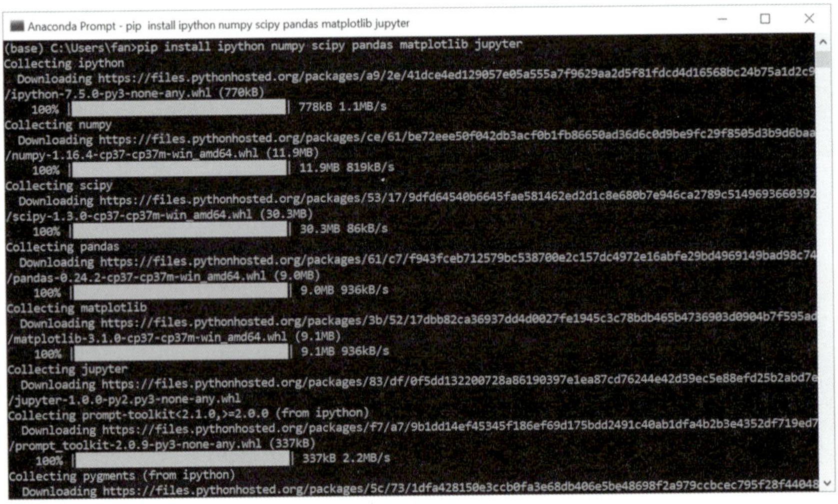

그림 A.6

이 책에서 사용할 패키지의 설치 과정.

단계 3. 그림 A.6에 따라 이 책에서 사용하는 기본 패키지인 `ipython`, `numpy`, `scipy`, `pandas`, `matplotlib`, 주피터 노트북 등을 설치한다. 나중에 패키지 관리에 `pip`와 `conda`를 사용하는 방법을 설명할 것이다.

A.1.2 파이썬 코드를 실행하는 세 가지 방법

파이썬 코드를 실행하는 다양한 방법이 있으며, 각기 다른 용도로 사용된다. 이 절에서는 세 가지 방법을 소개한다.

파이썬 셸 또는 IPython 셸의 사용

파이썬 코드를 실행하는 가장 쉬운 방법은 **파이썬 셸**이나 **IPython**(Interactive Python) **셸**을 사용하는 것이다. IPython 셸은 파이썬 셸보다 강력하며, 탭 자동 완성, 색상으로 강조 표시된 오류 메시지, 기본 UNIX 셸의 통합 등과 같은 기능을 제공한다. 방금 설치된 IPython을 사용하여 "Hello World" 예제를 실행해보자. 파이썬 셸이나 IPython 셸을 시작하는 방법은 아나콘다 프롬프트에서 명령 "IPython"을 입력하는 것이다. 그런 다음 셸에 파이썬 명령을 입력하고 엔터키를 누르면 명령이 실행되고 결과가 즉시 표시된다. 예를 들어, 그림 A.7과 같이 `print("Hello World")`를 입력하여 "Hello World"를 출력할 수 있다.

위의 명령어에서 `print()`는 파이썬의 함수이고 `"Hello World"`는 이 책에서 소개할 문자열 자료형이다.

명령 행에서 파이썬 스크립트/파일 실행

파이썬 코드를 실행하는 두 번째 방법은 모든 명령을 파일에 넣고 확장자가 `.py`인 파일로 저장하는 것이다. 파일 확장자는 무엇이든 될 수 있지만 일반적으로 `.py`를 사용한

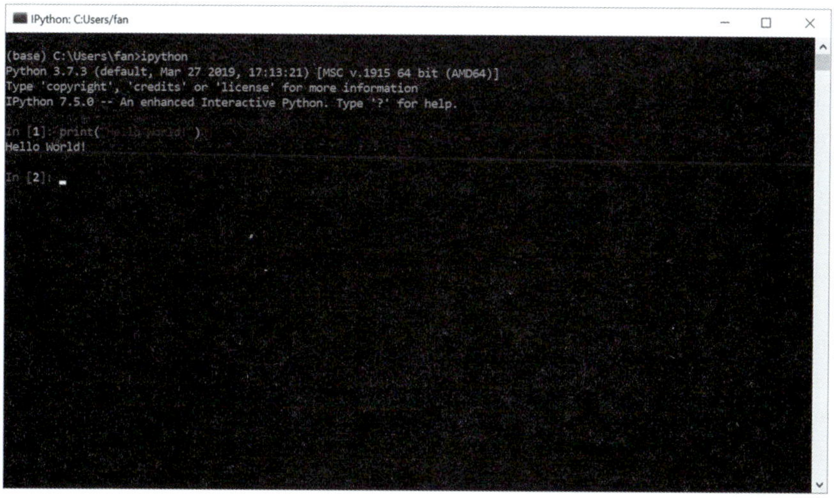

그림 A.7

명령을 입력하여 IPython 셸에서 `print("Hello World")`를 실행한다. `print`는 괄호 안에 있는 모든 내용을 인쇄하는 함수이다.

다. 예를 들어, 즐겨 사용하는 텍스트 편집기(여기서는 Visual Studio Code[38]를 사용)를 사용하여 그림 A.8에 표시된 대로 `hello_world.py`라는 파일에 실행하려는 명령을 입력한 다음, 아나콘다 프롬프트에서 실행한다(그림 A.9).

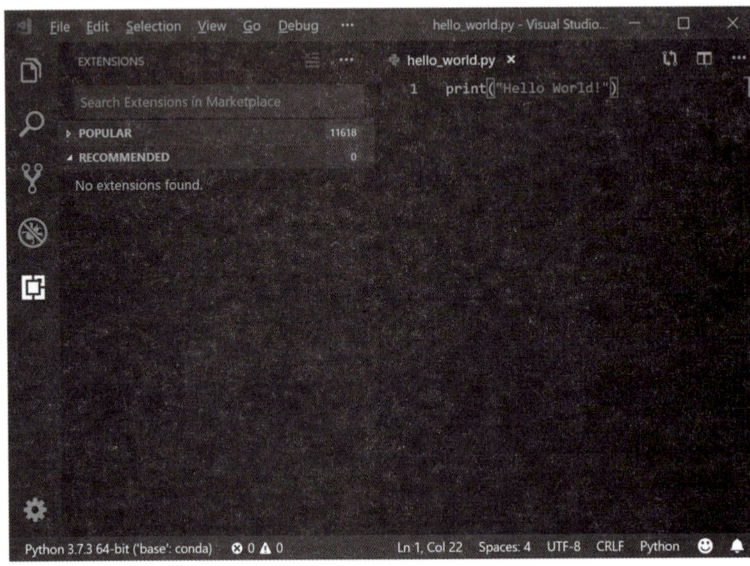

그림 A.8

Visual Studio Code를 사용하는 파이썬 스크립트 파일의 예. 실행하려는 명령을 입력하고 적절한 이름으로 파일을 저장한다.

그림 A.9

명령 행에서 파이썬 스크립트를 실행하려면 "`python hello_world.py`"를 입력하면 된다. 이 행은 파이썬에게 이 파일에 저장된 명령을 실행하도록 지시한다.

38) https://code.visualstudio.com

주피터 노트북의 사용

파이썬을 실행하는 세 번째 방법은 매우 강력한 브라우저 기반 파이썬 환경인 **주피터 노트북**을 사용하는 것이다. 여기에서는 주피터 노트북에서 코드를 실행하는 방법을 간략하게 소개한다. 아나콘다 프롬프트에서 "`jupyter notebook`"을 입력하면 로컬 웹 페이지가 팝업 창에 나타난다. 그림 A.10과 같이 오른쪽 상단 버튼을 사용하여 새로운 Python3 노트북을 만든다.

주피터 노트북에서 코드를 실행하는 것은 쉽다. 셀에 코드를 입력하고 `Shift + Enter`를 눌러 셀을 실행하면 결과는 코드 아래에 표시된다(그림 A.11).

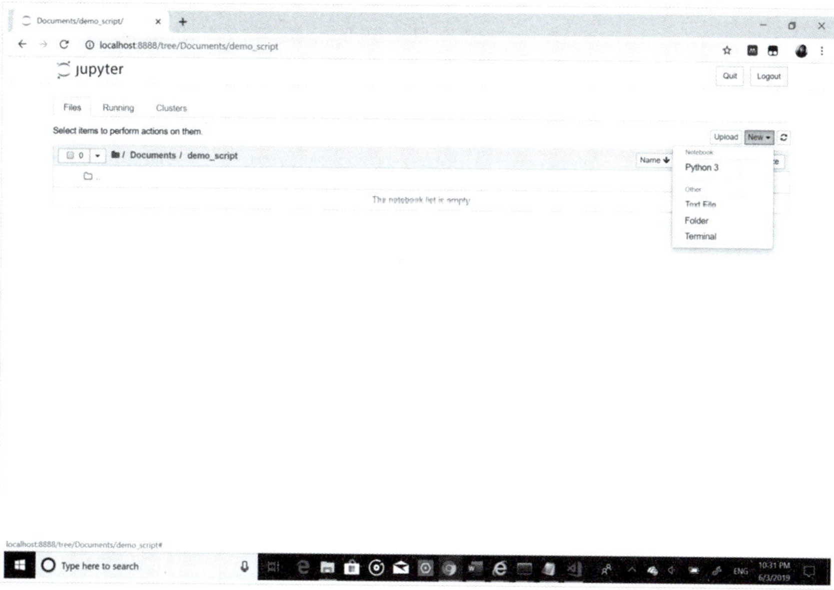

그림 A.10

주피터 노트북 서버를 시작하려면 명령 행에 "`jupyter notebook`"을 입력한다. 그러면 여기에 표시된 대로 브라우저 페이지가 열릴 것이다. 오른쪽 상단의 "New" 버튼을 클릭하고 "Python3"을 선택한다. 그러면 파이썬 코드를 실행할 파이썬 노트북이 생성된다.

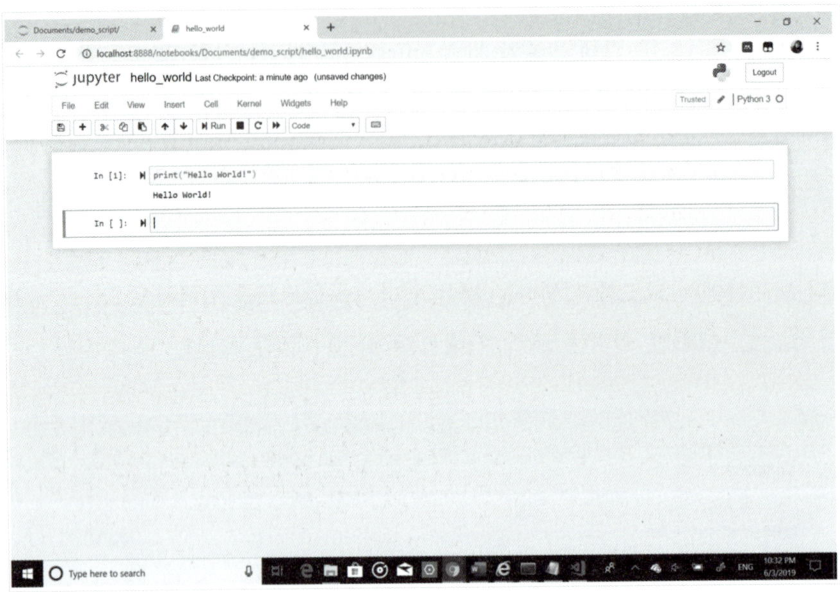

그림 A.11

주피터 노트북에서 "Hello World" 예제를 실행하려면 코드 셀(회색 상자)에 명령을 입력하고 `Shift + Enter`를 누른다.

찾아보기